天津大学建筑学院大运河景观遗产研究丛书 曹磊主编
中国博士后科学基金项目2017M621072

基于『文化基因』视角的京杭大运河水文化遗产保护研究

霍艳虹 著

天津大学出版社
TIANJIN UNIVERSITY PRESS

图书在版编目(CIP)数据

基于“文化基因”视角的京杭大运河水文化遗产保护研究 / 霍艳虹著. —天津：天津大学出版社，2019.9（2025.1 重印）
（天津大学建筑学院大运河景观遗产研究丛书 / 曹磊主编）
中国博士后科学基金项目2017M621072
ISBN 978-7-5618-6298-8

Ⅰ.①基… Ⅱ.①霍… Ⅲ.①大运河－水－文化遗产－保护－研究－中国 Ⅳ.①K928.42

中国版本图书馆CIP数据核字(2018)第255541号

出版发行 天津大学出版社
地　　址 天津市卫津路92号天津大学内(邮编:300072)
电　　话 发行部:022-27403647
网　　址 publish.tju.edu.cn
印　　刷 永清县晔盛亚胶印有限公司
经　　销 全国各地新华书店
开　　本 185mm×260mm
印　　张 16.25
字　　数 437千
版　　次 2019年9月第1版
印　　次 2025年1月第2次
定　　价 98.00元

序

《基于“文化基因”视角的京杭大运河水文化遗产保护研究》一书，是我的学生兼同事霍艳虹博士在其博士论文的基础上不断深入和修整之后完成的著作。当她把即将出版的书稿交到我的手中请我为之作序时，我心亦为之欣喜。仔细算来，从论文的选题确定、构思、成稿到书稿的一再审校、修改、出版，前后经历了六年多的时间，这期间她走过京杭大运河沿线的每一座城市，从博士生到博士后，从而立到不惑，唯一不变的是她对京杭大运河研究的热爱和投入。

这个选题源于我的一项国家自然科学基金研究课题。正是从这个课题开始，天津大学建筑学院风景园林系正式开启了大运河文化及遗产保护的研究之旅；也是从这个课题开始，我们成立了专门从事水文化景观遗产的研究机构——天津大学水文化景观遗产保护研究中心（以下简称研究中心）。经过近十年的发展和不懈努力，研究中心不断壮大，取得了丰硕的科研成果，霍博士即将出版的这部著作正是研究中心“天津大学建筑学院大运河景观遗产研究系列丛书”的重要组成部分。

从创新的角度来看，霍博士并没有沿用传统的“文化基因”概念，而是结合生物学基因的相关概念及理论，赋予抽象的文化基因如同生物基因具有的复制、表达和变异等功能，很好地解释了文化多样性的问题；在此基础上又借鉴了生物进化论及系统发生学的研究方法，对京杭大运河水文化进行了详细的解析，从文化进化论的角度提出文化基因存在同源性，并尝试构建了京杭大运河水文化系统发生树模型，这将使大运河今后的研究更加系统化、完整化，为各个领域间的交叉共融提供了平台，同时也为线性文化遗产保护与利用研究提供一个全新的思路。

今年是中国大运河成功申遗五周年。前不久，中共中央办公厅、国务院办公厅联合印发了《大运河文化保护传承利用规划纲要》，这是党中央、国务院在新时代做出的一项伟大决策部署。作为运河研究学者的我们备受鼓舞，我们将深入挖掘大运河丰富的历史文化资源，保护好、传承好、利用好大运河文化遗产作为己任，结合新时代社会主义建设需求，与各领域专家学者共同携手，为推动大运河文化的创造性转化和创新性发展做出我们应有的贡献。

希望霍博士以此书的出版作为再前进的动力，在大运河研究领域里能更上一层楼！

是以为序。

曹磊

2019 年 3 月

于天津大学建筑学院

前　言

京杭大运河是中国古代人民智慧的结晶，是勤劳的中国人民在工业化到来之前与自然不断斗争并最终与自然和谐相处的产物，是我国乃至世界珍贵的物质与文化遗产汇集廊道。一方面，它经历了 2 500 多年的变迁依然保持旺盛的生命力；另一方面，它贯穿我国南北五大水系、三大平原、四省两市，哺育了沿线众多的历史文化名城，是名副其实的"活着的"、与众不同的超大型线性文化景观遗产。它同时具有时间维度和空间维度。京杭大运河申遗的成功，标志着世界对这个独有的超大型线性水利遗产、运河流域文化和巨型活态文化景观的认可和肯定，也是对我国古今水利成就以及中华文化的尊重。

本书为中国博士后科学基金面上资助项目"基于文化基因视角的京杭大运河水文化遗产保护研究"（2017M62107）最终研究成果、教育部人文社会科学研究青年基金项目"大运河水文化系统发生分析及文化遗产保护研究"（19YJCZH063）阶段性研究成果。该成果是作者以大运河后申遗时代为背景，以国家战略"大运河文化带建设"为指导，在前人大量研究工作的基础上，经过近 6 年研究而取得的。本书从"文化基因"的视角深入挖掘京杭大运河自身存在的文化价值以及文化演进、传承的特点，通过对它的整体性研究，寻找不同地域文化下京杭大运河水文化传承的共性，以期更好地对大运河水文化遗产做出整体性、完整性、连续性的保护研究。本研究借鉴了现代分子生物学中关于基因、基因表达、系统发生学等相关概念，从系统进化理论入手，探讨"文化基因"的传承方式和进化路径，结合生物学系统发生分析的方法构建京杭大运河水文化系统发生树模型，直观描述水文化之间的演进关系。在风景园林学科研究范围内，本书选择具有"文化基因"代表性的淮安传统民居和扬州园林作为个案展开研究，挖掘共性中的个性，突出表现水文化遗产保护的唯一性和不可复制性，同时也彰显不同区域、不同城市的特色。作者希望通过从整体到个体再到整体的研究，为文化遗产保护领域开拓新思路、提供新方法，为城市文化基因的挖掘、历史演进规律再现、历史记忆恢复以及地方情感的建立提供素材，为城市规划和风景园林设计提供可靠的设计依据。

在风景园林学领域引入现代分子生物学中的相关概念、方法和理论，其目的在于厘清庞大且繁杂的京杭大运河水文化系统，构建完整科学的系统发生树模型，以动态、进步的眼光去审视文化的演进和发展，有利于在今后的研究过程中快速抓住自己领域的研究内容和重点，找到与其他领域之间内在的关系，进行交叉研究。目前，这还是一种全新且不成熟的理论和方法，研究采用开放的结构形态，所研究的内容关系密切又各成体系，需要大量的实例和实践进行验证。因此，本书结尾处并没有急于归纳最终论断，以期为今后的研究留下扩充和调整的余地。

编者

2018 年 9 月

前言

目 录

第 1 章　研究背景与述评

1.1　研究缘起

文化是一个民族的灵魂所在，钩沉与记录着城市的前进足迹与思想信息。我国幅员辽阔，有着丰富的地域文化，由于现代人缺乏城市哲学的思考和中国文化体系的认知，传统文化在如火如荼的城市化建设浪潮和房地产开发过程中被逐渐淹没。

京杭大运河作为超大型线性文化景观遗产，一方面，它有着 2 500 多年的历史，具有明显的时代表象；另一方面，它像一条丝带连接着海河、黄河、淮河、长江、钱塘江五大水系，纵贯华北平原、淮海平原和杭嘉湖平原。它像一位母亲哺育了沿线一批知名的繁华城镇，如苏州、扬州、济宁、天津等。这条人工大运河连接着燕赵文化区域、齐鲁文化区域、两淮文化区域、吴越文化区域等我国重要的历史文化区域，这些区域既是古代人类生产、生活集中的区域，也是我国文化遗产分布最为集中、内容最为丰富的区域。在当前城镇化建设快速发展的时期，京杭大运河作为"活着的"、与众不同的超大型线性文化遗产，正在面临着与日俱增的压力和千载难逢的机遇。

1.1.1　大运河后申遗时代对中华文化危机的再思考

2014 年 6 月 22 日上午，在卡塔尔首都多哈召开的联合国教科文组织第 38 届世界遗产委员会会议审议通过了中国大运河申遗项目，将其正式列入《世界遗产名录》(*World Heritage List*)，这对大运河的保护具有里程碑式的意义。

世界遗产委员会认为，大运河是世界上最长的、最古老的人工水道，也是工业革命前规模最大、范围最广的水利工程项目，它促进了中国南北物资的交流和国家领土的统一，反映了中国人民高超的智慧、决心和勇气以及东方文明在水利技术和管理能力方面的杰出成就。历经两千余年的持续发展与演变，大运河直到今天仍发挥着重要的交通、运输、泄洪、灌溉、输水等作用，是大运河沿线地区不可缺少的重要交通运输线路，自古至今在保障中国经济繁荣和社会稳定方面发挥了重要的作用。[①] 更重要的是，京杭大运河是承担中华文明南北交融的重要媒介，是文化传播的空间载体。

---

① 世界遗产委员会对中国大运河的描述：The Grand Canal is a vast waterway system in the north-eastern and central-eastern plains of China, running from Beijing in the north to Zhejiang Province in the south. Constructed in sections from the fifth century B.C. Onwards, it was conceived as a unified means of communication for the Empire for the first time in the 7th century A.D (Sui Dynasty). This led to a series of gigantic constraction sites, creating the world's largest and most extensive civil engineering project prior to the Industrial Revolution. It formed the backbone of the Empire's inland communication system, transporting grain and strategic raw materials, and supplying rice to feed the population. By the 13th century it consisted of more than 2,000 km of artificial waterways, linking five of China's main river basins. It has played an important role in ensuring the country's economic prosperity and stability and is still in use today as a major means of communication.

大运河是“活态的”，这是它的最大特点。《世界遗产名录》里记载的河流遗产一共有 8 处①，除中国的大运河外，其他 7 处都是单纯地作为历史遗迹存在，原始的交通运输功能已经退化，并逐渐被观光旅游等现代休闲功能所取代。从这个角度看来，我国的大运河是世界唯一保留原始功能的“活态”文化遗产，经过 2 500 多年的变迁，依然承载着现代生活中灌溉、货运、泄洪的原始功能。我们要借鉴国外河流“静态”保护和利用的方式方法，让大运河保持年轻的活力，系统性、整体性地保护大运河，让这条古老的大运河更好地向世界展示中华文明。申遗过后我们需要考虑更多的问题，后续保护工作也将面临极大挑战。

1.1.2 运河沿线城市形象趋同化

京杭大运河沿线因得天独厚的自然环境、便捷的水上交通运输功能，诞生了一座座历史文化名城，从古至今充满了无限的变化与生机。沿线城市凭借着大运河这条黄金水道，经济得到发展，商品得以交换，文化得以传播。随运河水生生不息流淌的是影响沿线城市文明的“文化基因”，每个城市、乡镇、街道呈现出来的璀璨的历史文化和各具特色的城市风貌都是 2 500 多年来中华民族发展演变的真实记录。历史在水系两岸留下了丰富的文化遗存，记载着每个地域不同时期的发展史，同时也孕育出了丰富多彩的地域文化和风土人情。

随着时代的发展和科技的进步，陆路交通逐渐取代了水上交通，京杭大运河的运输功能逐渐消退，加之现代城镇化建设进程的加快，运河沿线城市也加入到飞跃发展的队伍中来。这条流淌了 2 500 多年的大运河曾经带给这些城市独特的城市形态和文化内涵，让它们具有无可替代的独立性格特色，然而这些宝贵的城市个性并没有得到现代人的重视和保护，在大力开发以及追求利润最大化的经济利益驱使下，许多城市有意无意地忽视和放弃了珍贵的文化遗产，多样化的城市文化被“千城一面”“万城一颜”所取代。如今，京杭大运河沿线城市在城市形态、肌理、风貌等方面所反映的城市文化逐渐呈现出趋同的发展态势。

1.1.3 遗产运河：为发掘中华文化带来了新的机遇

我国有 5 000 多年的文明历史，拥有丰富的遗产资源，其中不乏长城、大运河、茶马古道、丝绸之路等大型、超大型线性文化遗产。而大型线性文化遗产保护作为文化遗产保护领域的新课题，在中国乃至全世界范围仍处于起步阶段。

大运河是世界上价值最为突出的遗产运河之一。遗产运河（Heritage Canal）是近十年来文化遗产领域兴起的一个遗产种类。联合国教科文组织将遗产运河列入文化线路世界遗产种类，规定遗产运河“代表了人类的迁徙和流动，代表了多维度的商品、思想、知识和价值的互惠和持续不断的交流，并代表了因此产生的文化在时间和空间上的交流和相互滋养，这些滋养长期以来通过物质和非物质遗产不断得到体现”。京杭大运河完全具备了“遗产运河”要求的基本要素，被认为是世界上价值突出的遗产运河之一②（ICOMOS，1996，*International Canal Monument List*）。

京杭大运河是世界工程最大、里程最长的运河，是一种特殊的文化遗产物质载体，它集人文景

① 除中国大运河之外，《世界遗产名录》中记录的河流类世界文化遗产一共有 7 处，分别是荷兰辛厄尔运河内侧的阿姆斯特丹 17 世纪运河环形区域 (2010)、英国庞特基西斯特输水道及运河 (2009)、加拿大丽都运河 (2007)、德国莱茵河中上游河谷 (2002)、法国叙利到沙洛讷间卢瓦尔河谷 (2000)、法国米迪运河 (1996)、法国塞纳河沿岸 (1991)。

② 另一条被认为世界上价值突出的遗产运河是位于广西壮族自治区兴安县境内的灵渠。

观遗产、自然景观遗产和线性文化遗产于一身。同时，它还是至今仍保持原始功能的活态遗产，它见证着中华民族的历史发展、人类社会的进步，也是中国南北经济发展、文化交流的重要廊道。这条南北贯通的大动脉，是中国历史上南粮北运、商旅交通、文化融合、军资调配、水利灌溉的重要生命线。京杭大运河流经 20 个市区，哺育了沿线众多历史文化名城，拥有极为丰富且形式多样的文化遗产，例如各类建筑、园林、码头、粮仓、闸口、桥梁等，因此它也被称为“中国古代文化长廊”。京杭大运河是中国乃至世界范围内罕见的超大型线性文化遗产。可以预见，以线性文化遗产理论及方法对大运河实施保护研究，不仅可以有效扩大遗产保护范围，包括沿线物质文化遗产和不同自然环境及地理条件形成的非物质文化遗产、民族风情等，还可以极大地推动更大范围区域性的遗产保护进程。对运河这样大尺度、多维度、多样化的遗产类型来说，运用线性文化遗产理论保护方法对其进行保护将使其更具原真性、连贯性、整体性、科学性。

1.1.4 南水北调带来机遇与挑战

南水北调是我国战略性的工程，分为东线、中线、西线三条调水线路，与长江、淮河、黄河、海河相互连接，构成我国水资源“四横三纵、南北调配、东西互济”的总体格局。南水北调东线工程的基本任务是从长江下游调水，解决黄淮海平原东部和山东半岛水资源短缺问题。东线以长江下游的扬州市为起点，终点为天津市，其中有相当长的渠段是利用古代运河修整、疏浚、拓宽后输水的，工程穿过江苏省、山东省历史文化遗产密集的区域，这些区域积淀着深厚的历史文化，保留着丰富的文物古迹。在南水北调工程实施的同时，大运河沿线文化遗产保护开发利用也迎来了难得的挑战和机遇。

京杭大运河沿线各类文化遗产、自然环境、生态系统等受南水北调东线工程的影响较大。一方面，大运河遗产本体、自然环境和生态系统受到了大规模建设的威胁，同时沿线居民的传统思想观念、文化风俗、生产生活方式受到冲击；另一方面，南水北调工程为京杭大运河文化遗产保护提供了有利的机遇，为大运河沿线区域的建设带来了大量国家资金的投入，伴随着京杭大运河申遗的成功、国家政策的宣传、社会经济的发展，沿线居民对文化遗产的保护意识不断增强。对京杭大运河沿线文化遗产的保护，我们要充分抓住机遇并迎接挑战，通过南水北调工程激活运河整体水系的功能，将北方断流和瘫痪的河道进行生态化、系统化的修复，从而完成对京杭大运河这条活着的超大型线性文化遗产原真性、连续性、完整性的保护。

本书试图以“文化基因”这一概念为切入点，深化京杭大运河的保护理念，提出沿线城市形象特色塑造的新思路以及文化遗产保护的新方法。

1.2 相关概念界定

1.2.1 模因(Meme)与文化基因

“基因”的概念来自生物遗传学，是生物体遗传进化的基本单位。文化基因是与生物基因相类比而产生的一个全新概念，西方国家也将其称为“模因”，其自身储藏了文化的信息，蕴含着文化的传播规律。近年来，文化基因的概念被越来越多的专业所关注，各个领域的学者好奇于文化基因与生物基因究竟存在什么样的关系以及它对文化的保护和传承有着什么样的影响。

1. 模因

“模因”这个概念第一次出现是在 1976 年，由牛津大学著名的动物学家及生态学家理查德·道金斯在他的著作《自私的基因》(*The Selfish Gene*)一书中提出，其定义为“文化传播和模仿的单位”，用来说明并描述人类文化的传播规律。随后很多领域对这一概念进行了深入研究，具有代表性的有社会生物学奠基人爱德华·威尔逊和物理学家查尔斯·卢姆斯登共同提出的“基因－文化共同进化(Gene-culture coevolution)”理论，他们创造了“culturgen”一词，将其定义为“文化进化过程中遗传的基本单位”(*Gene*, *Mind and Culture*, 1981)。为了研究和使用方便，西方国家将文化传播遗传的基本单位定为 Meme，1988 年《牛津英语词典》将 Meme 一词收录，并对其做以下解释："Meme: An element of culture that may be considered to be passed on by non-genetic means, esp. imitation."(模因：文化的基本单位，通过非遗传的方式，特别是模仿而得到传播。)“模因”成了模因学和社会生物学领域的一个重要概念。

2. 中国“文化基因”

我国学者在“文化基因”的概念和内涵的讨论上呈现百家争鸣之势，纵观各学派之说，主流学说是在社会科学领域针对中国传统文化某一具体问题研究的基础上来定义文化基因的，如刘长林先生在其著作《中国系统思维：文化基因探视》一书中，将民族的“文化基因”定义为那些对民族的文化和历史发展产生过深远影响的心理底层结构和思维方式，并认为思维方式是从方法论的角度对民族文化和其他实践活动的一种抽象，贯穿于一个民族文化和社会实践的各个方面。人类学教授徐杰舜先生在他的文章中把“文化基因”定义为“民族或族群储存特定遗传信息的功能单位”。王东教授认为文化基因是人类文化系统的遗传密码，核心内容是思维方式和价值观念，特别是如何处理人与自然、人与人、国与国、心与物这四大主体关系的核心理念。有学者将文化基因定义为“承载着文化生命赖以延续的遗传信息，即人的真理”。其认为文化是有生命的，文化的生命体现在人的生命的进化上，人类由动物进化成人是文化作用的结果，表达的正是文化核心理论。还有一些学者从美德或恶行方面出发，认为只有“野性文化”才是人类最稳定的“文化基因”，也有把民俗和民间信仰看作文化基因的。由于“文化基因”不像生物基因一样可以成为直接科学实验研究的对象，目前研究学者大都从历史分析、逻辑分析等方面着手，因此其中难免掺杂着研究者的主观因素，更甚者把文化传统和文化基因概念相混淆，或者把某一单纯的文化现象与文化基因相混淆。

3. 本文对于“文化基因(Cene①)”概念的界定

从上述观点中可以看出，对于“文化基因”的概念，西方学者和国内学者对其的理解和定义完全不同。西方学者对模因的研究是从自然科学的角度出发的，最终模因被应用到社会科学领域，他们甚至认为“人类学和社会学在一起也不过是灵长类动物的一个分支和社会生物学而已”。对于这一论断，很快产生了大量的质疑，质疑的关键点在于社会学所说的模因和自然科学所说的基因有本质的不同：生物学中的基因是一种可以通过科学仪器探测到的实体，是可以被计量、分析、实验的一种实实在在的物质；而社会生物学领域中的模因(Meme)则是一种非物质性存在的概念，目前还没有科学家能证明它的存在，如何将模因科学化地展示在世人面前是西方社会生物学亟须解决的问题。

① Cene：Culture Gene 的合成词，读作 [si:n]，与生物学基因(Gene)词形相仿，专指文化基因。

国内学者对于"文化基因"的讨论范畴大都集中在社会科学领域，从哲学的角度对中国传统文化某一方面的具体问题进行探讨研究，最终大都归结为儒学思想、宗教信仰、民间传统甚至是单一文化现象，具有一定的主观性，在"文化基因"一词的使用过程中，也一直存在着误解和混淆。虽然国内学者大都认识到文化基因与生物体中的基因有着根本的不同，但是依然无法用科学客观的语言准确描述这个无形存在的"信息遗传单位"。

本书将"文化基因"作为研究视角，认同"文化基因"在文化传播过程中具有和生物学基因一样的传承和变异的特点。生物体在繁衍的进程中会有杂交变异的情况，杂交（在文化遗产领域可以认为是外来文化与本土文化的交融）是保持物种延续的有效手段，而变异既有优势变异，也有劣势变异，优势变异使物种生命力更加旺盛，劣势变异则会导致物种病态发展甚至走向灭亡。"文化基因"同样具有类似的特征，不同时期、不同地域、不同民族有着不同的文化基因，不同文化的交融也有优劣之分，优势交融会促进人类文明的进步和发展，劣势交融则会使文明发展的进程放慢或是倒退，甚至消亡。正如不同基因的存在决定了生物多样性一样，不同"文化基因"的存在也决定了文化的多样性。

因此，书中对"文化基因"概念的界定仅限于认同其在文化传播过程中具有生物学基因遗传、复制、变异功能的基础上，以运河水文化遗产的历史发展和地域空间为轴，以动态的眼光追寻运河水文化遗产的发展演变规律，按照"文化基因"所依附的文化载体的表现形式，将其分为"隐性文化基因"（如社会意识形态对运河水文化遗产的影响和构成）和"显性文化基因"（如生产生活方式对运河沿线城市形象的影响和外部空间构成等）。

1.2.2 线性文化遗产

京杭大运河是我国最具有历史文化价值、科学与艺术价值的超大型线性文化遗产。线性文化遗产（Lineal or Serial Cultural Heritages）是近年来国际文化遗产保护领域提出的新概念，随着国际社会对其的关注度持续提升，越来越多的学者将其作为价值认同、地域合作、民族交融、文化互动的媒质进行深入研究。线性文化遗产与其他类型遗产的不同之处在于，它侧重于线性路线带来的区域文化交流与相互影响。

线性文化遗产的概念是由文化线路①（Cultural Routes）、遗产廊道（Heritage Corridors）、文化廊道（Cultural Corridors）、历史路径（Historic Pathway）、线状遗迹（Serial Monuments and Sites）等遗产概念综合演变而成的，这些概念的共同特点都是强调空间、时间和文化要素在线状的各个遗产节点上对其文化功能和价值以及从古至今对人类社会、经济发展所产生的影响。这与城市的哲学定义——"城市是人类所进行的生产、生活在空间上的投影"完全一致。

线性文化遗产是指拥有特殊文化资源的线形或带状区域的物质和非物质文化遗产组群，往往出于人类的特定目的而形成一条重要的纽带，将一些原本无关联的城镇或村庄串联起来，构成链状的文化遗存状态，真实再现了历史上的人类活动，物质和非物质文化的交流互动，并赋予其作为重要文化遗产载体的人文意义和文化内涵。京杭大运河属于线性文化遗产，这一概念强调了三个层

① 2003 年版《保护世界文化和自然遗产公约实施指南》中将文化线路定义为：文化线路是一种陆地道路、水道或者混合类型的通道，其形态特征的定型和形成基于它自身具体的和历史的动态发展和功能演变；代表人民的迁徙和流动，代表一定时间内国家、地区内部或国家、地区之间人民的交往，代表多维度的商品、思想、知识和价值的互惠和不断的交流，并代表因此产生的文化在时间和空间上的交流与相互滋养，这些滋养长期以来通过物质和非物质遗产不断得到体现。

面:①京杭大运河是人类出于交通和运输目的而形成的一条重要纽带;②京杭大运河是将沿线的城镇和村庄串联起来,配合交通与运输目的而形成的线形经济带;③这条线形经济带促进了不同地域文化的传播和交流,并为城市景观文化的体现注入了新的内涵。

1.2.3 大运河文化

1."文化"的定义

"文化"在我国语言体系中是早已有的词汇,较早见于《易传》:"观乎天文,以察时变;观乎人文,以化成天下。"其意为统治者通过观天象,可以了解时序的变化;通过观察人类社会的各种现象,可以用教化的手段来治理天下。唐代孔颖达对这句话的解释则为"言圣人观察人文,则诗书礼乐之谓。""文化"即"人文化成",主要指文学艺术和礼仪风俗等上层建筑,这种对"文化"一词的理解从汉唐一直延续到明清时期。在西方,"文化"的英文是"culture",词根来源于拉丁文,原指耕耘、耕作,从这个意义上看,"文化"一词最初表达了人们对于自然界的开拓之情。到了文艺复兴时期,人们将农业、手工业、商业、教育等活动归入了文化的范畴,当把对人的品德和能力的培养也包含进"文化"的概念时,中西方"文化"的含义就相近了。

现在人们对文化有广义和狭义两种理解。广义上的文化包括人类社会活动中物质和精神两个方面的内容。1999 年版的《辞海》中把广义的文化定义为:"人类在社会实践过程中所获得的物质、精神的生产能力和创造的物质、精神财富的总和。"狭义的文化主要指的是社会意识。19 世纪英国学者、人类学家爱德华·泰勒在其《原始文化》中指出:"文化或文明,就其广泛的民族学意义来讲,是一个包括全部的知识、信仰、艺术、道德、法律、风俗以及作为社会成员的人所掌握和接受的任何其他才能和习惯的复合体。"该定义侧重文化中的软件,强调文化是多样性的统一,即知识、习俗、才能的复合体。《辞海》把狭义的文化定义为:"精神生产能力和产品,包括一切社会意识、自然科学、技术科学和社会意识形态。"1952 年,美国的克罗伯(A.L.Kroeber)与克拉克－洪(Clyd Kluckhohn)在《文化:关于概念和定义的批评考察》中认为文化包含三个层次:①文化是行为模型,是显性的外在形象和行为模型、隐性的内在思维和心理模型的统一,这一层次强调文化动的、活的一面和特性,强调其现实意义,文化可谓源于生活而高于生活;②文化符号是文化的载体,是文化群体交流思想、感情、意图的工具、中介,这一层次强调的是文化稳定、静的一面和文化的标志烙印作用;③文化是历史发展的产物,是选择的结果,其中价值是核心,这一层次侧重的是文化的形成机制及作用、功能、特点。他们给出的"文化"的综合性定义是:文化存在于内隐的和外显的模式之中,借助复合的运用得以学习与传播,并构成人类群体的特殊成就,这些成就包括他们制造物品的各种具体式样,文化的基本要素是传统(通过历史衍生和选择得到的)、思想观念和价值观,其中尤以价值观最为重要。这个"文化"定义被现代西方学者所普遍接受。

2. 大运河文化及其特征

京杭大运河穿越了由古代燕赵文化区演变而来的京津文化区、受齐鲁文化浸润的山东大地、受古代吴越文化影响的江浙地区,这些地区经过多年的交流和融合,形成了一条东西不过数十千米,南北却绵延一千七百多千米的狭长线性运河文化区。由于京杭大运河各个河段的原始文化存在差异,加之各段的自然地理条件、河道设施、管理方式和社会结构等方面不尽相同,所以在整个运河文化区内不同河段的区域文化又呈现了不同的特点。

从整体的角度看，运河文化属于一种跨水系、跨地区的区域性文化系统，也是一个典型的动态开放性系统①。王永波先生在《运河文化的运动规律及其启示》一文中提出：运河文化是人类在特定的社会历史条件下，通过跨自然水系的通航、漕运，促进运河流域不同文化区在思想意识、价值形态、社会理念、生产方式、文化艺术、风俗民情等领域的广角度、深层次交流融合，推动沿运河流域的社会政治、经济、科技、文化的全面发展而形成的一种跨水系、跨领域的网带状区域文化集合体。运河相对来说是一个动态开放、不完全可控的文化系统，"沟通、包容、交流、融合"是运河文化的基本特征，人员的流动、物资和信息的交换使得沿运河流域的南北方文化得到了极大的交流与融合，在各自原有的地域文化基础上形成了独特的运河文化，从而达到不同区域的共同繁荣。正如上海师范大学刘士林教授在《大运河城市文化模式初探》一文中所说：运河文化让运河区域的社会经济空前繁荣，南北交流、中外交流让物质文化和非物质文化交相辉映。

大运河是一条文化的河流，从某种意义上讲，文化就是人类思维方式的沟通，大运河串联了南北，沟通了长江、黄河，对中华民族文化大一统格局的形成起到了关键作用。大运河的开通与整修，不仅直接刺激与活跃了各区域的物流与人际交往，同时也影响了古代中国与世界的外交往来及其路径，为不同区域、国家的文化交流提供了通道。随着时代发展与历史演进，大运河文化也朝着多元化、大型化、国际化的方向发展。可以说，善于沟通、包容的宽广胸怀是大运河文化的基本特征，扩散与开放带来的大交流是大运河文化的另一特征，而不断扩大、延伸、创新和发展是大运河文化得以不断发展的源泉。

综上所述，本书中所限定的大运河文化是以上述概念和特征为基础的。一条河流是构不成特定的文化概念的，它只有对所流经区域人民的思想意识、价值观念以及社会结构、民俗风情和生产生活方式等方面产生深远影响，才能造就独特的文化形态，才能形成动态开放的广义文化系统。本书所讨论的大运河文化时段主要是指元、明、清时期，而大运河文化指的是因京杭大运河所流经区域空前的经济繁荣所带来的运河城市的兴起、思想意识与价值形态的形成、思维方式的碰撞、审美情趣的融合以及在不同区域不同文化共同参与作用下形成的多元一体的物质和非物质文化的集合。京杭大运河以连通天然水系的方式沟通了相对独立的地理区域，以人流动的方式打破了不同地域的文化独立性，以物资交换的方式促进了沿线城镇的共同繁荣，以文化包容发展的方式推动了不同地域的文化融合发展。京杭大运河的研究范畴包括京杭大运河沿线的历史、地理、风土人情、传统习俗、生产生活方式、城市风貌、园林建筑、审美情趣、思维方式、宗教信仰和价值观念等。表1-1为大运河文化典型的时间节点与地域性特点。

表1-1　大运河文化典型的时间节点与地域性特点

时间节点	总体特点	地域性特点	文化特点
早期（春秋、战国至秦、汉）	这个时期，运河流域的各个地区之间的文化在相互交流、融汇中不断向前发展，不断减少区域差异而呈现出共同的文化特质	运河的兴修促进了水陆交通网的形成，作为商品集聚地的商业城市开始兴起	春秋时期邦国林立，至战国末年百家合流；到东汉时期，北方运河流域的关中地区、三晋所居的中原地区和齐鲁地区的政治、学术文化已渐趋统一

① 动态开放性系统是系统论的一种分类术语，是相对于静态、孤立或封闭系统而言的。系统论同时也认为，从严格的意义上说，任何系统都是动态开放的，绝对的静态、封闭和孤立系统是不存在的。

续表

时间节点	总体特点	地域性特点	文化特点
隋、唐时期	中国历史上第一次规模巨大的南北文化大交流就发生在这一时期，在运河文化带中，长安是文化中心	这一时期，政治中心在关中，经济中心逐渐南移，出现了政治中心与经济中心分离的情况	南北文化大交流推动了中外经济文化的交流，到唐代，运河是经济生命线，文人墨客来往于运河之上，使唐代成为中国古代最为灿烂夺目的时代，数以万计的外国人出入长安，中国与世界各国展开了全方位的经济文化交流
宋、元时期	大运河把开封、杭州、大都几个大的文化中心连为一体，大一统文化格局出现	北宋时"泰山学派"反思儒学、力倡道统；"程门学派"立足洛阳，高举"天理"旗帜	北宋中期，出现了欧阳修、王安石、"三苏"等一批诗文改革的文学大家，文学走向一条平易畅达、反映现实的道路
明代	大运河促进了运河区域经济的发展，人们需要高质量的生活品质，文学艺术和科技发展站在了一个更高的起点上	文学艺术的传播周期越来越短，文坛上的新生事物很快从运河的一头传到另一头，文化的地域性特点不明晰	小说艺术空前发展，《三国演义》《水浒传》《西游记》都出现在这一时期，书画艺术仍继承宋、元传统
清代	运河文化广泛采纳黄河流域文化和长江流域文化之所长，甚至海外文艺之所长，形成了具有创新精神的区域文化	在北京、天津一带的北方运河城市出现宣传才子佳人和狭义小说的同时，江浙一带的文人由于陷入亡国之痛不能自拔，写了一大批志怪小说，如《红楼梦》通过描写几大家族的兴衰反映了运河地区的社会现状；哲学、经学、史学研究在江浙地区盛行	清王朝建立后，经济获得恢复与发展，文学艺术出现了繁荣与发展，运河流域的文学艺术不但广泛采纳各流派之长，还广泛吸取了各民族乃至海外各国文学艺术的精华，影响波及海外
民国时期	民国时期河运荒废，但因为运河地区是革命势在必得的区域，故运河地区仍是中国文学创作的丰沛源泉	运河沿线丰富的社会生活，吸引了大批世界观、人生观不同的文人从事创作，出生于南方的鲁迅、茅盾、叶圣陶、朱自清、夏衍等陆续到了北方，在小说、散文、诗歌、戏剧等方面做出了开拓性的贡献	民国时期运河流域在中国文学创作上占有十分重要的地位，各种文学思潮、流派、群体在运河区域形成，以运河流域民生为题材的文学巨著大量涌现，其他艺术形式亦名家辈出
当代	中华人民共和国成立初期，河运废弛，人为破坏严重；随着经济发展和社会进步，运河的历史文化功能、经济带动功能、对沿线城市的促进功能引起政府和人们的关注，运河精神也成了人们关注的焦点	南水北调东线工程的启动和大运河"申遗"的成功，无疑又把大运河推上时代的前沿，一大批运河作家、乡土作家以各自地域为背景，横向或纵向地描写运河精神与中华民族的关系，更多的文人加入到运河文化遗产的抢救与保护行列中	结合"申遗"的成功和南水北调工程，当代文人多从文学的角度深入探讨大运河精神、大运河历史风貌及当代风貌的表现，探讨运河精神与时代精神的关系、运河精神在当代生活中的呈现，从而大力宣传与弘扬新时代的运河精神，进一步推动运河文化的研究，在创作的过程中发现历史，抢救遗产，大力倡导运河的保护与发展

1.2.4 水文化

水，是民族之源，也是文化之源，水文化是民族文化的重要组成部分。水文化作为文化领域的新成员，逐渐发展成为全国乃至全球关注的热门话题。2006 年，联合国教科文组织为第十四个世界水日确定的主题是"水与文化"。从中华文明史来看，中华民族的形成在很大程度上与治水、理

水有关。中华民族水文化传统久远、博大精深，对它的传承对于中华民族实现人水和谐的福祉意境有着重要的指导意义。基于上述“文化”的概念提取出水文化的概念，最简明的说法是“水文化就是有关水的文化或是人与水关系的文化”。如果进一步阐述，水文化可以理解为人们在水事活动中，以水为载体创造的各种文化现象的总和，或民族文化中以水为轴心的文化集合体。“文化”的概念有广义和狭义之分，“水文化”也分为广义水文化和狭义水文化。广义的水文化是指人们在水事活动中创造物质财富和精神财富的能力与成果的总和；狭义的水文化是指观念形态的文化，主要包括与水有密切关系的思想意识、价值观念、精神成果等。

本书涉及的水文化概念是基于广义水文化界定的，水文化载体限定为元明清京杭大运河，水文化的认知范围则是风景园林学学科领域。风景园林学是一门建立在广泛的自然科学和人文艺术科学基础上的应用学科，解决的核心问题是协调人与自然的关系，研究的内容除涉及气候、地理、水文等自然元素外，还包含了人工构筑物以及历史文化、传统风俗习惯、地域文化等人文元素，是多学科、多知识复杂交叉的应用科学。基于此，本书将水文化概念概括为：人类在长期的历史发展过程中，通过开凿运河、利用运河、管理运河以及保护运河等行为活动，与大运河产生的互动而形成的一切物质与非物质文化的集合。这其中既包括运河带给沿线人们的思想意识、价值观念、审美情趣、宗教信仰等精神层次的影响，也包括运河对沿线城市形态风貌等物质层次的影响，还包括运河对沿线不同地域民风民俗、方言文化、文学艺术、手工技艺等非物质文化产生的深远影响。

1.3　国内外研究述评

1.3.1　“文化基因”(Cene)的研究

1. 国外研究现状

国外对于模因(Meme)的研究起源于 20 世纪 70 年代，正如达尔文进化论开启了人们对生物学基因的科学研究一样，模因论也开启了人类对文化进化规律的探索与研究，可以说这是一个重大的理论突破。人们试图找到模因与基因的类似功能与特征，尝试将生物学的理论应用到社会生物学和人类社会学上。苏珊·布莱克摩尔(Susan Blackmore)博士认为“任何一个信息，只要它能够通过广义上称为‘模仿’的过程而被‘复制’，它就可以称为模因。”模因靠复制、传播而生存，文化是它的载体。模因论正以其强大的生命力向各个领域(包括生物学、社会学、心理学、哲学、新闻学、传播学和语言文学等)传播和渗透，正在被越来越多的学界领域所关注。

关于模因的研究，国外主要有四个流派，何自然教授对此做过以下总结。

(1)以哲学家丹尼尔·丹尼特(Daniel Dennet)为代表的信息观学派把模因看作一种信息图式，把模因理解为一种信息模式可以进行个人的记忆，这种模因可以被复制到另一个人的记忆中去。

(2)以 Gatherer 为代表的思想传染观坚持模因是文化遗传单位或者模仿单位，是一种可以直接观察到的社会文化现象。模因被当作一种想法或理念，寄生在受感染的宿主大脑中，改变他们的行为，促使他们复制和宣传这种想法或理念。

(3)以 Gabora 为代表的文化进化观则把模因看作是连接生物进化和文化进化的桥梁。模因被视作一种社会文化进化的单位，与文化或社会的表现形式一起存于人类的大脑之中。模因担当了基因的角色，作为除基因外的第二种类型的复制因子，体现在个人的大脑或社会组织中，或者存储在书籍、电脑和其他知识媒体中。

（4）以 Deacon 为代表的模因符号观把模因看作一种符号，把模因论引入符号学中。模因被视为一个标志，或确切地说，作为载体的一个标志，模因通过感染人类的思想、改变人们的行为从而进行复制。

模因论在近四十年的发展中大致经历了以下四个阶段。

第一个发展阶段的标志是 1976 年牛津大学著名动物学家及行为生态学家理查德·道金斯（Richard Dawkins）出版了《自私的基因》（*The Selfish Gene*）一书，使人们第一次意识到生物学中的基因理论可以移植到社会学领域。理查德·道金斯的理论一经抛出便很快得到众人的追捧，哲学家、心理学家丹尼尔·丹尼特在他的两本代表作《意识的解释》（*Consciousness Explained*，1991）和《达尔文的危险观念》（*Darwin' s Dangerous Idea*，1995）中都运用模因理论解释了为什么人类的想法能像基因一样可以长久存在并传承下去。尤其在《达尔文的危险观念》一书中，他认为文化的发展体系是一个与生物进化过程相类似的有规律可循的系统，同样具有遗传、变异和选择的能力。在丹尼特之后，国际上探讨模因的文章和会议越来越多。

第二个发展阶段的标志是 1999 年理查德·道金斯的女弟子苏珊·布莱克摩尔博士出版了《迷米机器》（*The Meme Machine*，1999）一书。苏珊·布莱克摩尔在模因的认识上已经超过了其老师理查德·道金斯，她不再把注意力集中在模因仅作为思想形式的描述上，而是把重点转向这一理论的实际操作上。她在假设的基础上，以一种新的方式集中思考了一些关于模因的社会现象，如宗教信仰、利他主义、大脑和语言的起源等。苏珊的理论是模因发展过程的一座里程碑，她唤起了模因领域的新的研究高潮，模因论作为一个新的分支学科得以兴起。

第三个发展阶段的标志是模因论体系的建立，各个领域的学者利用不同的学科背景对模因进行了广泛的研究，这一阶段的成果呈全面开花的态势。Gatherer 试图运用模因论分析和解决社会问题（如同性恋问题）；Kendal 和 Laland，Marsden，Baldassarre 等做了模因论的实证研究；Sperber，Levinson 和 Millikan 对模因论进行了不同程度的研究。至此，“模因”一词已得到学术界广泛的传播，进入心理学、社会学、文化学、哲学、语言学等各个领域。同时，开始有学者利用 Meme 解释社会文化领域的一些现象，如精神病病因、同性恋的社会禁忌、建筑中的现代主义风格、科学生态学等。

第四个发展阶段的标志是 2008 年 3 月 8 日 TED（Technology，Entertainment，Design）会议的举行。在此次会议上，丹尼尔·丹尼特指出，模因作为人类大脑这个生态系统中的新的实体，具有竞争、并存、复制、繁殖的功能。模因就是一个带有主见的信息包，这样的信息可以承载在一个物理实体上。语言就是可以发出声音来的模因，除此以外，还有很多的模因是不能发出声音的，也就是说，模因有很多种。另外，苏珊·布莱克摩尔在会议上提出了一个新论点：人类已经产生出一种新的模因——teme，其传播方式是通过“技术”和“发明”来保证其自身活着的状态，它利用人类的大脑作为复制机器。苏珊认为模因是一个有机体，随着越来越多的东西出现在人类前进的路上，人类的控制力会变得越来越小。在这次会议之后，有关模因的研究在国外越来越深入和火热，国外的研究也越来越注重理论与实践相结合，实证研究呈上升趋势，尤其是随着越来越多模因中心的建

立，近年国外研究者围绕模因中心展开了很多实证性研究。如模因地图（MM）是模因论发展中的一个新领域，目前有两种形式：一是由 O.Reilly 在 2000 年提出的相当直观的商业模型图，它已经在营销学上得到了很好的应用；二是 2009 年澳大利亚学者 John Paul 提出的“8”字形地图模型，它可以展示模因是如何在时间和空间上进行传播和扩散的，具有较好的工具性和实用性，同时 Paul 还提出了模因地图法，为模因学者提供了一种独特的研究视角。

2. 国内研究现状

与国外相比较，国内的模因学理论发展相对滞后，且研究范畴大都集中在语言学科和翻译学科中。模因在文化领域的研究所占比重并不大（约 3.7%），主要用来研究和解释民族文化或文化传承问题，具有代表性的研究文章有《模因论对社会文化进化的解释力》（王天华，杨宏，2006）、《文化进化的模因论对中华福文化的阐释》（郭卫平，2007）、《模因论下的文化进化与杂合》（刘和林，2007）、《模因论视角下的美国文化渊源》（李清源，魏晓红，2008）等。

相比较舶来词“模因”，在中国具有同样语意、语境的词语是“文化基因”，后者在国内更被学界所接受。刘长林教授的《中国系统思维——文化基因探视》一书是国内关于中国文化基因研究的一部重要理论著作。他把一个民族的心理底层结构和思维方式看作是“文化基因”，以系统论的观点，认为寰道观是中国传统思维最根本的观念之一，“天人合一”的本质就是寰道宇宙观。他在书里还归纳了中国传统思维的十大特点：“一是较早的内向性主体意识和浓厚的情感因素；二是重视关系超过重视实体；三是重视功能动态超过重视形态；四是强调整体，尤其强调整体与局部的关系；五是认为整体运动轨迹是一个圆圈；六是重视形象思维，善于将形象思维与抽象思维融会贯通；七是偏向综合而疏于分析；八是重视平衡均势，强调调和统一；九是重视时间因素超过重视空间因素；十是长于直觉思维和内心体验，弱于抽象形式的逻辑推理。”

王东教授在《中华文明的五次辉煌与文化基因中的五大核心理念》（2003）一文中较为系统地阐述了中华民族文化基因的内涵、特点、发展历程等。他认为中华民族的文化基因包含五大核心理念，即天人合一的宇宙观、仁者爱人的主体观、阴阳交合的发展观、兼容并包的文化观和义利统一、以和为贵的价值观；同时还具有四大特点，即五千年历史、连续不中断、五个高峰期（唐、宋、元、明、清）和三大领域（哲学、实用技术和古代自然科学理论）。在文中，王东教授还指出了研究文化基因的四项基本任务：“在追根溯源的历史求索中寻求文化基因；从全球史观高度评价文化基因；在全球化浪潮中力保文化的民族性，传承文化基因；在面向世界、多元文化、综合创新中优化文化基因。”

清华大学吕嘉先生在《中国文化的“基因”》一文中指出：文化亦有生命；文化的生命标志是实现人的生命转化；中国文化的“基因”，就是阐述以良知为本的人的真理的儒家思想；文化的“基因”包含文化生命赖以延续的遗传信息——人的真理。吕嘉先生认为中国文化是世界上众多文化中唯一的非宗教信仰文化，中国文化的基因传承需要中国人有一个强大的“绝对真理”支撑。

随着社会科学领域对文化基因的深入研究，更多学科背景与更多专业领域的学者加入这个行列。近年来，在城市规划和建筑学领域也陆续出现了一些以文化基因为视角的研究。王蔚和史箴在《与天对话——略析中国园林的传统文化基因》一文中指出，天地礼乐的互补意识在生活和创造实践中的作用是历史上中国自然式园林发展的重要基础。与天对话，在自然秩序之外对自然生机的赞美，在社会礼教之外对乐的精神追求，构成中国园林艺术的深层含义和特有的园林文化的传承基因。南京大学张鸿雁教授在《人类城市化的“城市文化基因”与“城市社会再造文化因子”论——

城市社会进化的人类学与社会学新视角》一文中首次提出"城市文化因子"与"城市社会再造文化因子"的观点，并以此分析城市化与城市进化的关系，从人类生态学及城市社会学的角度，揭示城市发展的内在规律，探求城市发展的文化基因与社会再造文化密码的意义。梁鹤年教授在《文化基因》一文中明确指出绝大部分的规划概念都有其文化基因，经过在西方多年的实践与考证，他发现文化基因在西方历史进程不同的阶段中结合了当时与当地的时代心态、民族性格和历史背景与契机，决定了西方文明的演化。乌再荣的博士论文《基于"文化基因"视角的苏州古代城市空间研究》主要研究了吴文化基因的变异在苏州古代城市社会的变迁与城市空间的演化中所起的控制作用，证明了文化基因从社会性与物质性两方面对城市空间产生控制作用，文化基因的变异是推动城市社会变迁和城市空间演化的内部动力。

3."文化基因"在遗产保护领域的研究

"文化基因"的复制性与传播性也引起了遗产保护领域的关注，相继出现了一些以"文化基因"为切入点的研究成果，尤其是对有特定地域特点的聚落和建筑的研究。王海宁在《聚落形态的文化基因解析——以贵州省青岩镇为例》一文中将青岩镇中最为突出、对空间形态作用最为明显的文化、心理特征看作青岩镇最重要的文化基因复合体。他认为在独特的自然环境和历史发展过程中形成的石文化、军事文化、崇儒尚礼传统和开放的文化心态都是其深层的文化基因，至今仍对青岩镇形态有着较大的影响。他提出文化基因在城镇物质空间的形成与发展过程中起着控制和影响作用，重视城镇文化基因，使之在物质空间中得以保留和呈现，是维护传统聚落风貌特色的关键。安玉源的《从甘南地区传统住居的地域基因浅析地域建筑文化的延续和发展》一文以甘南地区的民居、聚落为例，重点分析了传统住居的地域基因和文化内涵，为甘南地区可持续发展的人居环境建设提供了科学的依据。赵鹤龄等在《文化基因的谱系图构建与传承路径研究——以古滇国文化基因为例》一文中阐述了富有浓厚地域特色的古滇国文化基因，并试图建立完善的古滇国文化基因谱系，最终实现由文化资源向文化资本转变。文章将"文化基因"与生物学基因衔接得更为紧密，将地域文化分为物质文化基因和非物质文化基因进行解构分析，完成文化基因类别划分，构建出符合地域特色的文化基因图谱，根据不同类别的文化基因提出不同的传播路径，以期在地域文化保护中具有针对性和文化传承性。刘沛林在《中国传统聚落景观基因图谱的构建与应用研究》中引入了生物学基因的概念，他借鉴聚落类型学的相关方法，对传统聚落景观进行"基因识别"和"基因图谱"的构建，挖掘传统聚落景观中最核心的历史记忆和环境记忆;提出了确定聚落所遵循的原则，即内在唯一性原则、外在唯一性原则、局部唯一性原则和总体优势性原则。"文化基因"和"景观基因"有相类似的地方，都建立在生物学基因的基础之上，因此刘沛林教授对"景观基因"的研究方法、研究过程以及所应用的理论对今后"文化基因"研究的开展都有着非常大的帮助。在非物质文化遗产保护领域也有学者开始利用"基因"的概念进行研究，如曹帅强、邓运员的《非物质文化遗产景观基因的挖掘及其意象特征以湖南省为例》一文以湖南省 15 项国家级非物质文化遗产为例，通过建立研究区域的非物质文化遗产景观基因的挖掘方法、挖掘体系以及挖掘流程，深入分析了景观基因所隐含的内在特质、外在表达及传承特点，这对"文化基因"在非物质文化遗产保护研究工作中的运用有一定的启迪作用。此外，还有一些关于古村落文化基因的研究论文，相同点是都通过研究历史遗留下来的文化特征对特定的古村落提出规划与保护路径，在这里就不一一赘述。

1.3.2　线性遗产的研究

线性遗产是一个较为笼统的概念，它一般是指那些跨越不同地理单元和文化板块的线状或带状遗产组群，是近年来国际文化遗产保护组织提出的新概念。但是，由于文化体系和意识形态存在差异，这一概念在欧洲、美国和中国的称谓并不统一，如欧洲提倡的是文化线路概念，其重视的是文化的挖掘和保护；美国提倡的是遗产廊道概念，更关注景观和游憩的功能；而我国在引入欧美概念的同时又与国内实际情况相结合，产生了线性文化遗产的概念，既强调了线形或带状的跨区域组成形式，又强调了物质与非物质文化的交流互动，同时赋予其重要的文化遗产载体功能。三个概念既有相通之处，又存在很大差异，因此在国际交流与合作的平台上存在着一定的障碍，急需搭建同一话语平台开展交流与合作。下面主要从这三个概念着手，厘清现阶段国内外在线性遗产领域的研究历程和核心内容，以供参考借鉴。

1.3.2.1　欧洲文化线路的发展历程与研究

1. 文化线路的发展历程

欧洲理事会（CoE）和国际古迹遗址理事会（ICOMOS）是"文化线路"研究的两大主力机构。"文化线路"思想首次出现是在 1964 年欧洲理事会的一份报告中，1987 年欧洲第一条文化线路——圣地亚哥·德·孔波斯特拉朝圣之路的建立，标志着"文化线路"思想真正落地。为更好地促进文化线路项目的开展与实践，1998 年国际古迹遗址理事会在卢森堡设立文化线路科学委员会（CIIC），专门负责文化线路类遗产的研究与管理，这标志着以"交流与对话"为特征的跨地区或跨国家的文化线路作为新型遗产理念得到国际文化遗产领域的认可。文化线路科学委员会对"文化线路"的定义为："文化线路或路线的概念指的是一套整体大于个体之和的价值，正是借助这套价值，文化线路才具有意义。鉴别文化线路的依据是能够证明线路自身意义的一系列要点和物质元素。通过在某段历史时期对某个社会或团体的文明进程起到决定性作用的线索，来承认某条文化线路或路线中能够联系到某个非物质价值的关键要素和实物。"

2002 年，文化线路科学委员会在西班牙马德里召开会议，通过了《马德里共识》，对"文化线路"理念的发展提出了三个要点：①作为理解文化遗产的一种途径，"文化线路"提供了一种新概念，用以揭示文化遗产非物质的、富有生机的动态维度，从而在很大程度上超越了文化遗产的物质内容；②"文化线路"是动态生成的和富有生机的，不能将其简单地界定为像纪念物、历史街区、历史城镇或文化景观等的静态文化要素，它更强调的是动态性和历史文脉的传承性；③不应将"文化线路"等同于"线性的"或"非线性的"文化景观，尽管文化景观也具有许多穿越时代的特征，但在"文化线路"本质上更具有静态性和规定性，一条文化线路可以包含若干个文化景观，它们之间可以相距甚远、互不关联。《马德里共识》首次明确了"文化线路"的遗产价值地位，并在世界遗产保护领域广泛传播，"文化线路"理念的发展由此奠定了基础。

2003 年，"文化线路"首次进入《保护世界文化和自然遗产公约实施指南》（简称《实施指南》），讨论稿中将"文化线路"定义为："文化线路是一种陆地道路、水道或者混合类型的通道，其形态特征的定型和形成基于它自身具体的和历史的动态发展和功能演变；代表人们的迁徙和流动，代表一定时间内国家、地区内部或国家、地区之间人们的交往，代表多维度的商品、思想、知识和价值的互惠和不断的交流，并代表因此产生的文化在时间和空间上的交流与相互滋养，这些滋养长期以来通过物质和非物质遗产不断得到体现。"该定义强化了"文化线路"的三个特征：①它是人类流动和迁徙的路线，在时间、空间和功能上都是动态的；②作为一种带状的、线性的文化遗产景观，具有多维度性，涉及区域是多样的，可以是区域内部，也可以是区域间，甚至可以跨越国家地域限制；③具有多元、多层次的价值结构，可以体现线路本身的文化价值，可以承载线路沿线拥有的生态价值，也可以包含区域内非物质文化遗产所体现的精神价值。

2005 年 10 月，在我国西安召开的第十五届国际古迹遗址大会上，“文化线路”被列为四大专题之一，进入世界文化遗产项目行列。2008 年在加拿大渥太华举行的第十六届国际古迹遗址大会正式通过了《文化线路宪章》，该宪章从遗产的定义、类型到线路的判别、真实性与完整性的评价方法等方面都做了详尽的表述，成为指导、理解、研究及保护文化线路遗产的纲领性文件。“文化线路”在全球范围内得到广泛关注。

2. 文化线路的主要研究内容

近年来，文化线路得到了多领域学者的广泛关注，学者们的研究热情逐渐上升，通过文化线路研究的相关文献可以看出，与“文化线路”相关的研究内容主要集中在四个层面上。

第一层面是对概念的解读以及对内涵的分析。在“文化线路”发展的历程中，最重要的环节就是学者对其内涵进行的多次、多角度的定义，众多遗产保护机构和学者参与其中。除了国际古迹遗址理事会多次讨论修改“文化线路”的定义外，多位学者也从不同角度对其内涵进行了剖析。文化线路科学委员会主席 S. Maria 于 2005 年在西安国际古迹遗址大会上发表文章，全面解读了文化线路的定义、内涵、类型以及完整性、原真性的保护方法。M. Al- berto 以《文化线路宪章草案》为依据，深度剖析了圣地亚哥•德•孔波斯特拉朝圣之路。R. Prieto 在西安会议上对文化线路分析方法的标准化问题上提出了自己的观点，并运用“领地控制理论”从政治控制、社会经济控制和军事控制三个方面对“洲际皇家大道”进行了详细的解析。

第二层面主要集中在对线路精神的研究上。“文化线路”既具有实际物质形态，又具有非物质的精神属性，这种精神属性是无形的，可以内在联结多种文化要素，从而促进文化线路的整体性和连贯性的形成。《马德里共识》一再强调“文化线路”具有连通古今的传承性，这不仅仅指线路中的物质文化遗存，更注重的是历史文脉和线路精神的注入，对比起有形遗产的脆弱、易遭破坏，无形遗产如民俗风情、宗教信仰、民间文化等所扮演的文化传承角色显得更加重要。M. Alberto 认为“文化线路”同时具有物理连接性和精神关联性两大特征。物理连接性指的是无论出于何种原因，线路被实际创造出来，在空间上将不同地理区域连接起来，这种连接形式可以是道路、河流、铁路、山脉、桥梁等，有效促进了不同地域人类之间的流动迁徙、文化交流和物资交换。而线路的使用者便是“线路精神”的创造者、传播者和接受者，这种精神是活态的，随着历史的演变和空间的不同，“线路精神”会一直持续地创新并传承下去。

第三层面是对线路环境的研究。线路环境在文化线路的发展演进过程中扮演着重要的角色，是文化线路形成的重要基础。线路环境分为地理环境和属地环境，地理环境决定的是文化线路的整体走向，属地环境决定的是线路的构架和文化类型。日本学者国荣杉尾将线路环境依据线路类型、长度、形状等分成了四类：①线路位置，包括线路所在的区域位置，线路的轮廓、形状等；②核心区，包括文化区、民族部落区、宗教区、语言区、共同地域特征区等；③一级缓冲区，即对线路本身产生重要影响的区域，或对线路存在潜在影响的区域；④二级缓冲区，即对线路产生间接影响的区域。文化线路是一种跨区域甚至跨国家的大跨度线性遗产群体，是多维度、多形态的，具有很强的非物

质文化遗产关联性和传承性，因此要分析和研究这样一种形态的遗产类型是件很困难的事情。日本学者亘小野在国荣杉尾研究的基础上，尝试运用 GIS 技术分析确定路线环境，并通过“纪伊朝圣之路”项目进行了可行性验证研究。

第四层面是对“文化线路”的保护管理及开发利用。在文化线路保护中最重要的就是保证其“原真性”和“完整性”，以圣地亚哥·德·孔波斯特拉朝圣之路项目为例，M. Alberto 在研究调查这条文化线路的过程中发现，沿线有些城镇虽然已经被列入路线范围，但其在本质和内涵上与线路并无关联，这破坏了文化线路的“原真性”原则；而有些城镇与线路有着千丝万缕的联系，但却未能进入线路范围，这又破坏了文化线路的“完整性”原则。针对这种现象，M. Alberto 划分了三级保护区，即核心区（指线路本身和与线路历史功能密切相关的区域及元素）、次级区（指与线路历史功能相关的线外区域及元素）和缓冲区（指保护外延区域，大小可根据线路的类型和特点具体确定）。对于目前普遍存在的线路破坏现象、城市化建设、保护资金短缺、民众保护意识薄弱等问题，C. W. Louis 在西安遗产大会上以丝绸之路的保护管理为例，提出几点解决措施：建立有效的文化线路遗产保护法律体系、进行跨区域交流合作、搭建国际大平台、提高相关人员的专业素养、加强民众教育、鼓励多学科多领域研究、倡导政府及民众多方参与。

1.3.2.2.　美国遗产廊道的发展与研究现状

1. 遗产廊道的发展历程

遗产廊道（Heritage Corridor）的概念起源于美国，是由一百多年前阿迪朗达克州立公园（Adirondack Park）的核心理念“绿线公园—国家保护区—绿道”逐渐进化形成的概念。它是一种区域化遗产保护的战略方法，是“遗产区域”（Heritage Area）的一种线性表达。美国国家公园局（National Park Service）给出的遗产廊道定义是：“在人类活动基础上所形成的由自然、文化、历史、风景等资源组成的在某方面具有独特性的国家景观，这些由人类活动所形成的物质资源及蕴含其中的传统文化、民俗风情等使其在某种意义上成为国家历史的见证者。”①

美国国家公园局是美国最早的保护自然奇观的机构组织，随着“国家公园”外延的不断扩大以及景观保护体制的内在需求，1961 年科德角国家海滨区率先采用了“分区”的模式，打破了原有国家公园“整体划一”的传统模式，最大限度地保持了当地“活态景观”的原真性。这是遗产廊道史上的创新举措，加快了遗产廊道的发展历程，促进了“绿线公园”和“国家保护区”的诞生。1995 年，由绿线公园进化而来的“绿道”（Greenway）概念再次吸引了公众的目光。简单来说，绿道就是一种线性的绿线公园，其主旨思想是在更大的范围内保护诸如水资源等线性文化遗产。如果说“绿线公园—国家保护区—绿道”是对国家公园体系的一次创新，那么遗产廊道的提出就是对国家公园体系的一场革命。表 1–2 为美国遗产廊道和国家公园体系的区别与联系。

① 1999 年 10 月 26 日，美国国家公园局在众议院听证会上向国会提出并阐释了此定义。

表 1-2　美国遗产廊道和国家公园体系的区别与联系

	类型与分布	资金与技术	管理	保护管理模式	土地所有权
遗产廊道	类型较少，主要涉及交通、工业、农业及河流等，分布较集中，主要位于美国东部	联邦授权的当地实体机构负责筹集资金，国家公园局提供技术以及有限的资金支持	联邦授权的当地实体机构负责制订管理计划，并协助社区、地方政府、企业、非政府组织等进行管理，国家公园局作为伙伴参与规划和实施过程	自下而上的保护策略，强调各利益群体的合作，寻求区域或景观尺度上的环境保护目标与社区及经济发展目标的整合	联邦、州、地方政府或私人所有
国家公园体系	类型多样，涉及自然、历史、军事等诸多领域，涵盖范围广	联邦政府提供经费支持，国家公园局提供技术支持	国家公园局进行管理	自上而下的保护策略，国家公园局不参与公园内的经营项目，专注于资源管理	联邦政府

2. 遗产廊道的研究实践

遗产廊道在美国受到了全社会的关注，这体现了美国遗产保护朝大尺度发展的趋势，更是绿道发展成熟的标志，为线性遗产的保护提供了新思路。绿道的关注点侧重于景观生态和游憩功能，而遗产廊道更强调的是区域历史和文化的保护以及区域经济的发展。1984 年美国国会立法指定伊利诺伊州和密歇根州运河为国家遗产廊道，这标志着遗产廊道的正式确立。截至 2015 年 11 月，美国共有国家遗产区域 49 个，其中 8 个线性遗产区域使用了“遗产廊道”的称谓。它们分别是伊利诺伊州和密歇根州运河国家遗产廊道、黑石河峡谷国家遗产廊道、特拉华和莱海运河国家遗产廊道、伊利运河国家遗产廊道、古拉赫 / 吉奇文化国家遗产廊道、俄亥俄和伊利运河国家遗产廊道、昆伯格河国家遗产廊道以及南卡罗来纳州国家遗产廊道。[①]

遗产廊道的研究内容主要集中在三个方面。一是遗产廊道对旅游经济的影响。遗产旅游是美国最受欢迎的旅游类型之一，而遗产廊道又是遗产旅游的重要载体，有效促进了遗产所在区域的经济发展，增加了当地人的就业机会。J. Johnson 曾以宾夕法尼亚州的 8 个遗产区域为研究对象，研究遗产旅游所带来的经济效益，并通过计算得出夜游旅客每增加 1 个百分点，就会产生 660 万美元的直接经济效益和 113 个就业岗位。该项研究对于指导廊道区域内旅游的市场营销，确定不同类型游客的经济贡献，正确制定旅游方案起到了重要作用。二是对遗产廊道评估的研究。近 30 年来，遗产廊道的数量迅猛增长，有必要对这种遗产模式建立科学的评估体系，用以对其运行体制、发展状况以及投入产出效益进行评价。P. Conzen Michael 团队从游道建立、遗产解说、环境保护、遗迹修复等 8 个方面，对伊利诺伊州和密歇根州运河国家遗产廊道 16 年来的发展进行了评估，肯定了遗产廊道这些年来所取得的成绩，也指出了影响遗产廊道进一步发展的重要原因，即相关法律条文不完善。三是对遗产廊道的开发、营销及制约因素进行分析。Harkness & Sinha 认为人、地、故事是组成遗产廊道的要素，只有将遗产廊道两侧的点状遗产串联起来，才能完整地体验遗产廊道的深层内涵。他们以泰姬遗产廊道为例，提出了以世界文化遗产泰姬陵和阿格拉城堡为中心，设计游道，将廊道两侧的重要遗产串联起来，以达到提升廊道整体质量的效果。C. Cottle 从组织、产品、市场营销等三个方面分析了遗产廊道的旅游发展，指出人员培训和技术支持是遗产廊道旅游可持续发展的重要因素，解说系统能使游客更好地了解、体验遗产文化，是促使遗产旅游有效开展的关键，并且他认为网络将是未来遗产

① 资料参考美国公园管理局网站。

旅游营销的重要平台。

文化线路和遗产廊道虽起源于不同国家和地区，是不同地域、不同现实环境的时代产物，但它们都属于线性文化遗产的范畴，它们之间既存在着相通之处，也存在着一定的差异(图 1–1)，弄清楚它们的起源、进程及研究状况，对我国的线性遗产研究具有很大的启迪和借鉴作用。

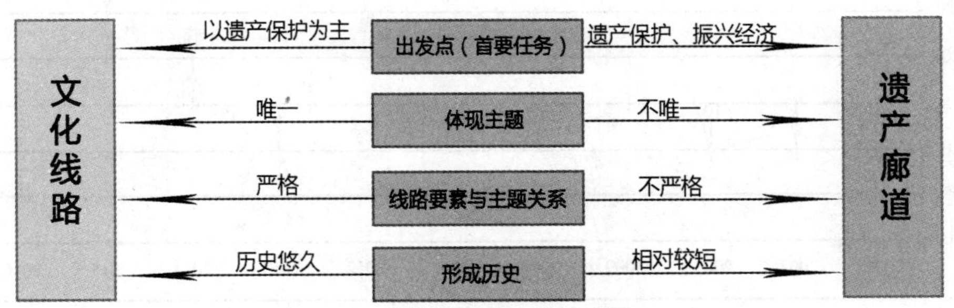

图 1–1　文化线路与遗产廊道比较图

1.3.2.3　我国线性遗产的研究进展

我国是历史悠久的文明古国，拥有丰富的线性文化遗产资源，万里长城、大运河、丝绸之路等均被列为世界文化遗产，它们都具有历史悠久、资源丰富、空间跨度超大、功能持久、生命力强等鲜明特点，在中华大地上呈现出气势磅礴的遗产大格局。然而现实情况并不乐观，线性文化遗产保护在我国还属于起步阶段，遗产保护面临着不少困难。早在 2004 年第 28 届世界遗产大会之后，景观类遗产研究专家俞孔坚教授就曾撰文介绍国外的线性文化及影响，并感叹：这一重要的遗产种类在我国还没有引起足够的重视，还没有人对这些文化线路进行专题研究，其专业教育是贫乏的，文化遗产保护体系中也不包括这方面的内容。美国的“遗产廊道”和欧洲的“文化线路”理论都为我国线性遗产保护提供了宝贵的理论指导和经验借鉴。我国学者也在积极努力，在借鉴欧美理念的同时结合我国具体实际情况，积极寻找适合我国线性遗产保护的理论与方法。

1. 近十年(2006—2016 年)相关研究成果统计

通过 CNKI 学术期刊网(中国知网)对篇名中含有“文化线路”“遗产廊道”“线性文化遗产”词语的文章分别进行检索，检索时间段为 2006 年 1 月 1 日至 2016 年 7 月 1 日，可以得出以下数据和分析结果。

篇名含“文化线路”的文章共计 192 篇(图 1–2)，其中博士论文 6 篇，硕士论文 12 篇。按学科分类，文化类 109 篇，考古类 48 篇，旅游类 33 篇，建筑科学与工程类 23 篇，其他类别均少于 5 篇。[①] 从发文机构看，同济大学、重庆大学和华中科技大学各 6 篇，四川师范大学、四川大学和贵州师范大学各 5 篇，其他机构均不多于 4 篇。从基金来源看，国家自然科学基金资助 8 篇，国家社会科学基金资助 5 篇。

① 跨学科研究的文章在所涉及的学科分类中进行了重复统计。

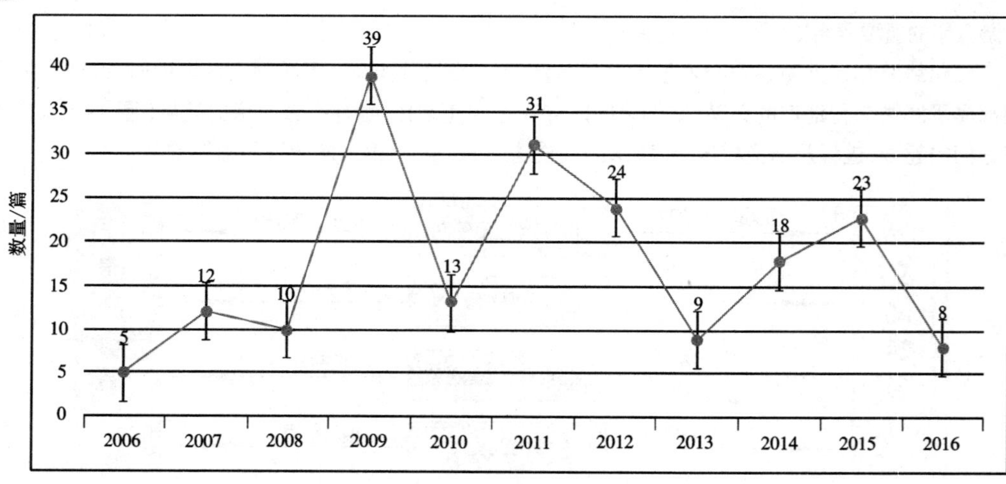

图 1-2　篇名含“文化线路”关键词历年发文量(2006—2016 年)

篇名含“遗产廊道”的文章共计 129 篇(图 1-3),其中博士论文 5 篇,硕士论文 26 篇。按学科分类,建筑科学与工程类 53 篇,文化类 43 篇,旅游类 35 篇,考古类 12 篇,其他类别均少于 3 篇。① 从发文机构看,北京大学 11 篇,西安建筑科技大学 9 篇,云南大学 6 篇,北京林业大学、南京林业大学和昆明学院各 5 篇,南京大学 4 篇,其他机构均不多于 3 篇。从基金来源看,国家自然科学基金资助 10 篇,国家社会科学基金资助 6 篇。

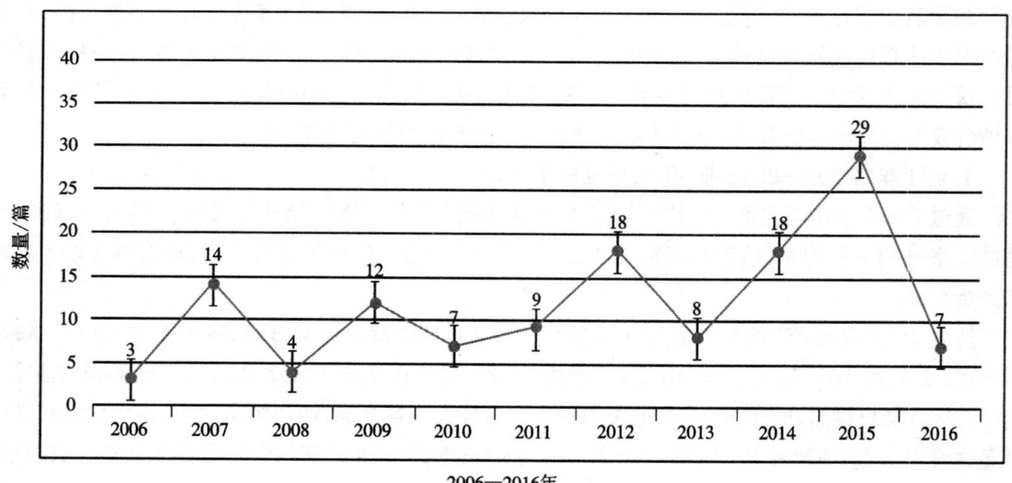

图 1-3　篇名含“遗产廊道”关键词历年发文量(2006—2016 年)

篇名含“线性文化遗产”的文章共计 53 篇(图 1-4),没有博士论文,硕士论文 2 篇。按学科分类,文化类 38 篇,旅游类 12 篇,考古类 5 篇,建筑科学与工程类 4 篇,其他类别均少于 2 篇。② 从

① 跨学科研究的文章的所涉及的学科分类中进行了重复统计。

② 同①。

发文机构看，重庆师范大学 4 篇，曲阜师范大学 3 篇，其他机构均不多于 2 篇。从基金来源看，国家自然科学基金资助 2 篇，国家社会科学基金资助 4 篇。

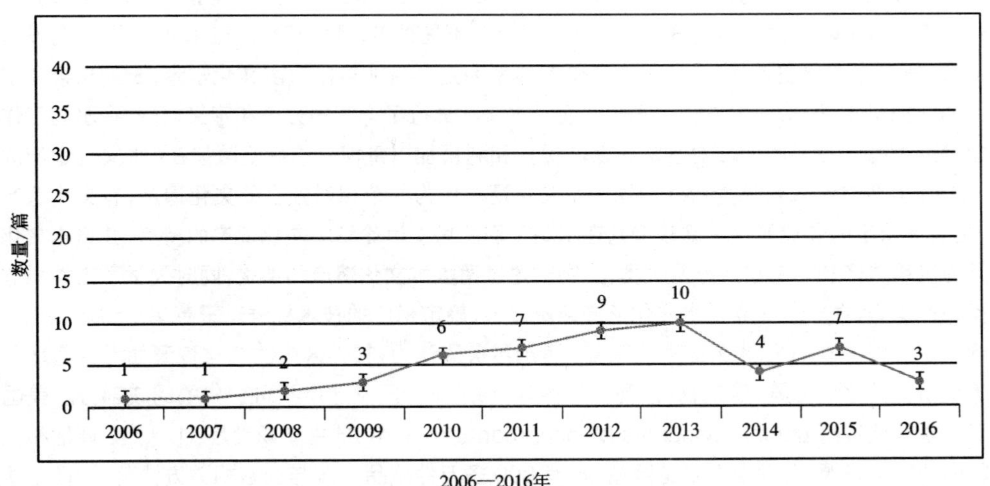

图 1-4　篇名含“线性文化遗产”关键词历年发文量(2006—2016 年)

2. 研究中的问题

通过文献检索和分析可以看出，我国目前对线性遗产还没有统一的概念界定，在研究领域采用“文化线路”和“遗产廊道”概念的文章旗鼓相当，相比较而言，采用“线性遗产”概念的文章数量少且发展缓慢。“文化线路”和“遗产廊道”两者既有共同之处，又存在明显的差别，对两者区分不开是我国学者研究线性遗产时出现概念混淆的根本原因，这也影响到我国线性遗产学术研究和实践的发展，不利于产生国际性的线性遗产交流平台，对国际或各个组织间的遗产对话产生一定的障碍。

从检索到的文章可以看到，无论关键词是“文化线路”“遗产廊道”还是“线性文化遗产”，所研究的对象基本一致，排在前四位的学科不外乎建筑科学与工程、文化、旅游和考古，只是不同检索词下学科排名稍有不同，这说明我国目前对线性遗产概念还不是很清晰，学者们在引进欧美相关概念的同时，没有与我国的具体国情相结合，还没有建立起概念一致的学术平台。

目前，我国线性文化遗产保护所面临的最大困难，归根结底就是没有建立一套完整的、科学的、适合我国国情的遗产保护体系。像我国这样历史悠久、资源丰富的遗产大国，很多线性文化遗产甚至是超大型线性文化遗产都有着极其辉煌灿烂的历史，有的至今依然充满活力与生命力，其周围常常具有丰富且珍贵的遗产存留及旅游资源，但由于种种原因(例如交通落后、地理位置偏远、城市化进程破坏、生态环境脆弱或人们对其的保护意识淡薄等)，致使线性文化遗产沿线地区经济远远落后于其他地区，长此以往，产生的恶性循环更不利于遗产线路的保护和管理。跨区域、跨文化、跨历史的大型线性文化遗产是民族和国家的宝贵财富，保护和发展线性文化遗产是文化传承、经济振兴、身份认同、生态恢复、景观优化、区域和谐的有效途径。我们可以借鉴文化线路的保护理念及方法，从孤立的点走向活态的线，从静态保护走向动态保护，从被动修复走向积极保护，构建符合我国国情的线性遗产保护开发体系是我国线性文化遗产保护未来的发展方向和目标。

1.3.3 水文化遗产的研究

水文化遗产是在文化遗产范畴里更加细化、更加专业性的一种遗产，泛指和“水”相关的一类文化遗产。当前学术界对这类遗产的关注与研究并不是很多，且大都局限在水利工程、水利设施的范畴，以研究水文化遗产的定义、类型和价值体系为主。靳怀堵作为水文化学者，长期从事和水利相关的研究工作，他从物质与非物质两方面对水文化进行了详细的分类和定义，并站在水利工作者的角度强烈呼吁更多的领域对水文化遗产保护和利用加以重视。谭徐明教授在《水文化遗产的定义、特点、类型与价值阐释》一文中，认为水文化遗产作为一个相对独立的文化遗产，有文化遗产共性，更有其特定的专业属性。谭教授站在水利工程的角度讨论了水文化遗产的特点，并将水文化遗产分为工程遗产和非工程遗产两大类，分别构建了两类水文化遗产的架构，同时列举了工程和非工程类遗产类型，并首次建立了水文化遗产评价体系，确定相应的技术标准。王英华、吕娟（2013）详细介绍了美国垦物局文化资源管理模式。美国垦务局认为，其辖区内的文化资源如考古遗址和具有历史价值的水利工程、建筑物、景观和物件等，都是美国国家遗产不可替代的组成部分。美国文化资源管理项目（Cultural Resources Management Program）的主要职责是：①认定、评估和保护辖区内的文化资源；②管理博物馆藏品（已有800多万件藏品）；③与利益相关方协商；④推动遗产教育。文章提出了如何把水文化遗产保护与水利建设工作结合起来的问题，通过梳理美国垦务局对辖区内具有历史价值的水利工程、建筑物、遗址和历史区域等文化资源的管理措施，深入探讨了其对辖区内文化资源的管理理念和模式，以期对我国水利部门文化遗产的保护与利用工作提供借鉴与启迪。该文章虽然借鉴了国外成功的管理理念和模式，但是依然将研究领域限定在水利部门和狭义水文化遗产概念上；虽然指出了国内在管理和保护中存在的问题，但并未提出更进一步的解决措施。

除此之外，还有几篇具有针对性的文章，例如徐红罡、崔芳芳于2008年发表了《广州城市水文化遗产及保护利用》一文，张志荣和李亮在2012年发表了一篇关于京杭大运河杭州段水文化遗产保护与开发的文章；2014年董小梅、董记从推进里运河水文化遗产保护与特色城市建设互动双赢的角度，围绕规划先行、保护优先、特色带动等方面进行思考和探索……此类文章也并不是很多，虽有具体的研究对象和区域特点，但大都是指出存在和亟待解决的问题，保护手段沿用遗产保护的通用方法，并没有针对水文化遗产保护提出相应的、深入的具体措施。

1.3.4 京杭大运河的研究内容及趋势

京杭大运河作为中华民族南北沟通的重要纽带，是人类的伟大创举，它在政治、经济、文化等方面发挥着重要作用。运河沿线诞生了众多名城古镇。经过千年的岁月洗礼，京杭大运河的功能发生了演变，但是运河文化却传承下来，与大运河相关的课题研究逐渐成了显学。值得一提的是，自2006年国家文物局宣布京杭大运河被列入申报世界文化遗产预备清单开始，越来越多的学者和机构参与到大运河申遗项目中。2014年6月，大运河申遗成功，正式列入《世界遗产名录》，整个过程带动全国的科研机构和人员对京杭大运河进行全方位、多元化、多科学的综合研究。

为了对近十年学术界关于京杭大运河的研究与探讨进行总结和梳理，我们以“京杭大运河”为主题，将发表时间限定在2006年1月1日至2016年8月1日，在中国期刊网数据库中共检索到

2 446 篇论文，经过对文章主题、关键词和摘要内容的筛选，将 289 篇与京杭大运河密切相关的研究性论文作为此次分析的目标群。本研究按照研究的内容、涉及的领域，将这些论文分成 18 类，并标注出各论文的出版年份，由此可以清晰得出不同专业领域对京杭大运河的关注点分布以及近十多年的研究发展趋势，见图 1–5。

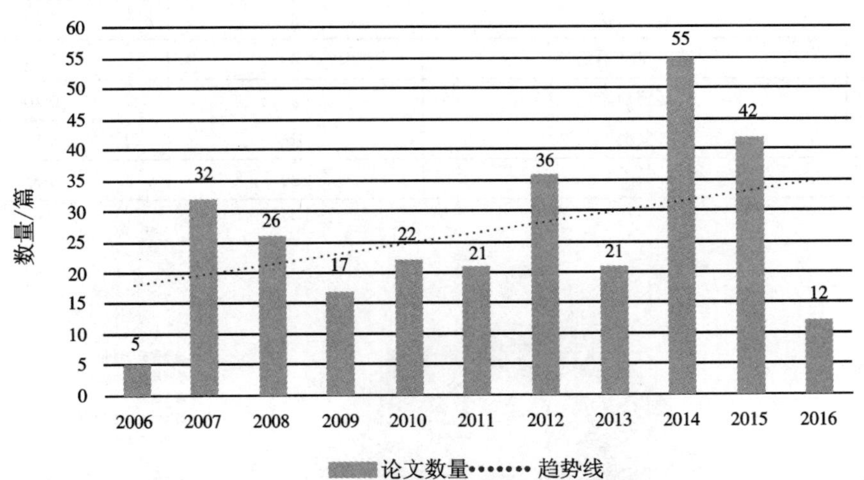

图 1–5　2006—2016 年京杭大运河研究论文数量变化分析

1. 研究内容分类

本研究按研究内容对论文数量和所占比例进行了汇总和排序，从表 1–3 与图 1–6 可以看出，十余年中国内对京杭大运河研究内容占比最多的一项是遗产保护与利用；其次是运河沿线城市对运河两岸进行的景观规划设计；关于运河旅游和沿运河城镇空间发展方面的研究也占有较大比例。

表 1–3　2006—2016 年有关“京杭大运河”论文内容的分类及各类论文占比

排名	研究内容	论文数量 / 篇	所占比例 /%
1	遗产保护与利用	46	15.92
2	景观规划设计	40	13.84
3	运河旅游	37	12.80
4	沿运河城镇空间发展	33	11.42
5	运河历史演变	18	6.23
6	沿运河建筑	17	5.88
7	运河文化	16	5.54
8	古镇街区	15	5.19
9	运河非物质文化遗产	14	4.84
10	运河社会与经济	9	3.11
11	空间信息技术应用	8	2.77
12	沿运河聚落空间	5	1.73

续表

排名	研究内容	论文数量 / 篇	所占比例 /%
13	宗教与信仰	4	1.38
14	运河水文化	4	1.38
15	运河人物	3	1.04
16	遗存、遗产介绍	3	1.04
17	运河功能	2	0.70
18	其他	15	5.19
合计		289	100

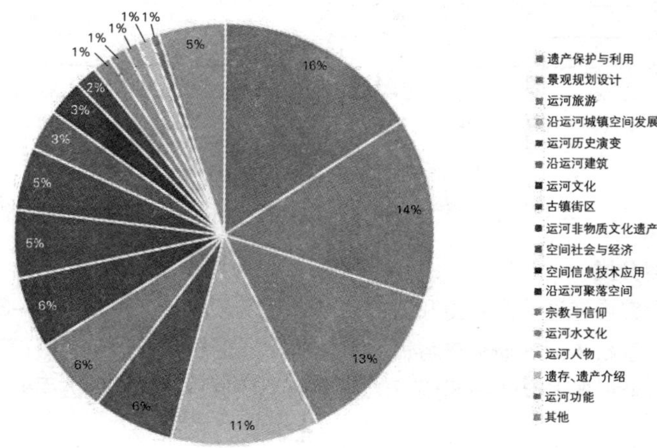

图 1–6　2006—2016 年京杭大运河研究内容占比构成

2. 研究趋势分析

通过对 2006—2016 年京杭大运河研究内容分类中占比较大的前九项进行科学统计分析后，可以明显看出有三个重要的时间节点，这三个节点清晰地体现了各领域学者对京杭大运河研究的发展阶段，这种趋势符合京杭大运河由筹备申遗到申遗成功再到常态化保护发展的发展过程，见图 1–7。

京杭大运河有以下三个研究阶段。

第一阶段是 2007 年之前。该阶段关于京杭大运河的研究较少且涉及的领域和研究内容都很少。大运河申遗项目始于 2006 年 12 月，也正是这个时期，大运河被正式列入申报世界文化遗产的预备名单，由文化部、国家文物局牵头，国家发改委、财政部、国土资源部、环境保护部、住房和城乡建设部、交通运输部、水利部等有关部委共同努力，明确了大运河的发展目标——既要保持其历史文化性，又要兼顾其现代运输功能。因此，在图 1–7 中可以看到，2007 年开始各界对大运河的研究呈突飞猛进、全面开花的态势。

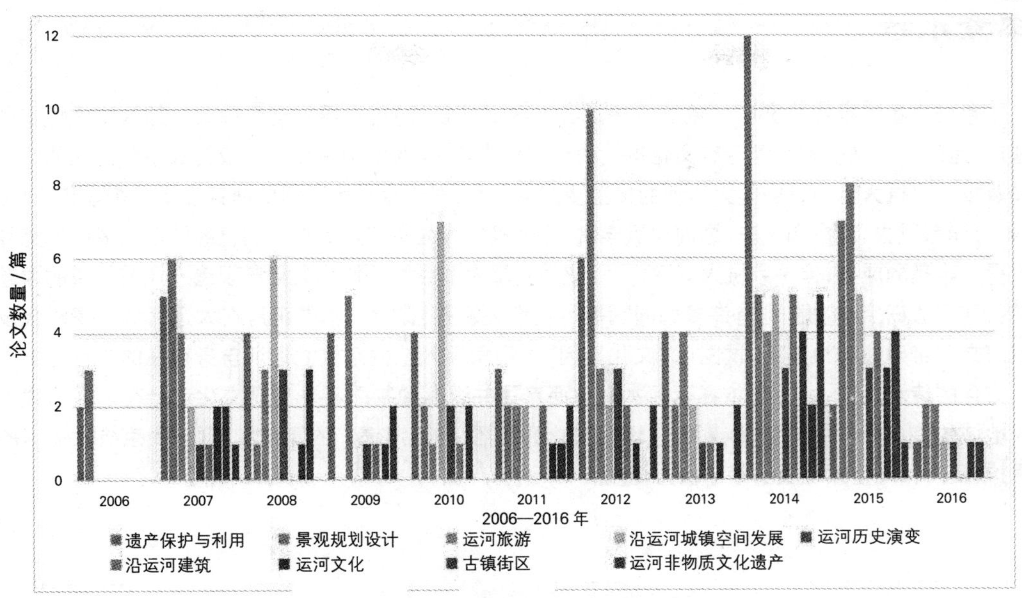

图 1-7 2006—2016 年京杭大运河研究趋势分析

第二阶段为 2007—2014 年。这个时间段是大运河申遗的关键七年，大运河的研究呈现出百家争鸣的态势，专业领域涉及方方面面，包括社会学、历史学、经济学、遗产保护学、建筑学、城市规划、水利工程、交通运输、生态保护等，各领域全方位对京杭大运河展开研究。从图 1-7 中可以看出，2010 年大运河与沿线城镇发展关系的研究异军突起，这标志着大运河沿线城镇对大运河申遗的重视程度达到了新高度，尤其以江南段运河的研究最为突出。2012 年研究最多的则是运河沿线城市及景观规划设计方面的内容，且以滨水城市塑造、运河景观提升规划设计和线性滨水绿地景观规划设计实施完成的成功案例为主，这也正体现了前有研究后有成果、规划先行、科学的城市建设原则，此外大运河遗产保护与利用发展迅速，超过历年发文数量。2014 年是大运河申遗的成功之年，是研究成果最为丰硕的一年，发表文章数量达到了十年来的最高峰。就研究内容来看，大运河的遗产保护和利用方面的文章增长最快，契合社会热点发展和需求成了主旋律，其他各个专业领域的研究也均衡发展，在这一年都达到高潮。

第三阶段是 2015 年至今。随着申遗成功，大运河进入了后申遗时代，政府部门和各领域专家清醒地认识到“大运河申遗的成功，是一个新的开始，今后大运河保护的任务更重”。国家文物局局长励小捷认为：“大运河是活态的，因此对大运河沿线的保护任务难度很大，既要保护大运河本身这个点，也要重视核心区保护和缓冲区保护。”与此同时，大运河及沿线城市也迎来了机遇与挑战，从图 1-7 中可以看到，自申遗成功后大运河的景观规划建设、旅游品牌及旅游线路的研究成为热点，大运河自身文化价值及衍生价值得到越来越多地区和人们的重视，而大运河文化的研究不局限于大运河的水文化，随之衍生的非物质文化、民俗文化、饮食文化等也得到了相应的关注。后申遗时代我们要做的工作还很多，维护好大运河这一世界文化遗产任重道远，不能随着申遗的远去而失去了热情，要将大运河研究作为一门学科、一个专门的领域进行常态化研究。

本章小结

京杭大运河是中华文明的象征，它列入《世界遗产名录》是世界对这个独有的超大型线性水利遗产、运河流域文化和巨型活态文化景观的认可和肯定，是对中国古今水利成就及中华文化的体悟和尊重。京杭大运河是中国大运河的最主要组成部分，对于京杭大运河的研究涉及多个学科，跨越时空，涵盖过去、现在和未来，是内容极丰富、外延极广大的学问。尽管人们已经做了大量的研究并取得了丰硕的成果，但是京杭大运河作为活态的、超大型线性的特殊文化景观遗产还有大量的课题等待我们去研究、挖掘，也有许多的问题等待我们去解答、探索。本书正是在大运河后申遗时代及运河文化带建设的机遇下，试图以“文化基因”的视角深入挖掘京杭大运河自身存在的文化价值以及文化的传承特点，尤其是依托运河水文化而产生并遗存的物质与非物质文化遗产在运河沿线不同地域的传播与发展脉络，以期为大运河文化的传播，为运河遗产的宣传和利用，为京杭大运河的保护、复兴和可持续发展贡献一份力量。

第 2 章　研究内容、方法及创新价值

上一章已经将国内外关于“文化基因”、线性遗产保护以及近十年来关于京杭大运河的研究内容和趋势做了较为详细的讨论和综述，还重点介绍了和本书主题相关的一些概念，并界定了这些概念在本书中的涉及范围，这对于后面章节的深入讨论有很大的帮助。本章将以此为出发点，重点讨论京杭大运河水文化遗产“文化基因”研究的主要内容、方法、意义以及研究的框架和思路，同时还将论及本次研究的特色及创新价值。

2.1　研究内容与理论支撑

2.1.1　研究的主要内容

基于前面的分析和文献述评以及对文化基因、水文化遗产等概念的界定，本书从“文化基因”的视角，把水文化遗产看作具有不同外在表现形式的“蛋白质体”。“文化基因”决定了“蛋白质体”的内涵与外在特征，同时“蛋白质体”也通过“文化基因”的进化和变异得以传承和发展。京杭大运河在本次研究中是水文化遗产概念研究的物质载体，在空间和时间上起到限制作用，这使得本次研究不再是“空中楼阁”。本书将在研究的过程中借鉴生物分子学进化论的思想，认为“文化基因”同自然界万物一样，在历史的长河中随着外在环境的变迁和内在发展的需要，是不断地演变进化的，同样秉承着“优胜劣汰、自然选择”的规律。本书将采用整体性与个案性、静态观与动态观相结合的观点，探求“文化基因”在水文化遗产传承与保护中所起到的作用。

本书涉及的研究尝试在风景园林视域下，引进生物学遗传基因概念，以文化基因作为最基本的遗传单位，以京杭大运河作为线性文化遗产典范，对其沿线地域文化进行深入挖掘与梳理，归类整理出适合中国文化的发展传承路径，通过借鉴生物遗传学相关概念，为线性文化遗产的保护、传承与利用提供全新的研究视角。

目前，基于文化基因的研究大都还限定于对其概念、内涵、领域及其特性等方面的讨论，对某一专业领域实质深入的研究尚少。即使是在文化遗产保护领域有所突破，但都还是停留在某一特定区域，即“点”的处理上，对于以“文化基因”为视角的线性文化遗产保护的研究尚处在空白阶段。作者认为“文化基因”如同生物学遗传基因一样具有复制、传播和变异的功能，同属于“复制因子”，只不过生物学基因决定的是生物的多样性，而“文化基因”决定的是文化的多样性。

本书借鉴现代分子生物学中系统进化的相关理论和观点，站在风景园林学科角度，对京杭大运河这一典型线性文化遗产的水文化系统进行系统的进化分析，并参照生物学中系统发生树的概念和构建理论，尝试构建出京杭大运河水文化系统发生树模型，以期更系统、更直观地展示京杭大运河文化系统的博大精深以及各文化种群之间的相互衍生关系，为今后各学科之间的研究作出基础性的铺垫。本书对文化基因进行了归类整理，以期找到适合我国遗产保护的传承路径，并以此为基础提出相应的保护方法和开发策略，使大运河文化遗产保护体系更具科学性、完整性和原真性。文化基因概念的介入既可使线性文化遗产保护研究深入化、细致化、实质化，又将有助于政府部门、规划师、设计师从文化的角度深入认知运河的内涵与特色，掌握其发展演变脉络，从而在保护的同时抓住其本质，在结合时代创新的基础上保护好城市文脉和地域特色。

2.1.2 理论支撑

1. 文化人类学和社会学

文化人类学是人类学的一个分支学科，它研究人类各民族创造的文化，以揭示人类文化的本质，使用考古学、人种志、人种学、民俗学、语言学的方法、概念、资料，对全世界不同民族作出描述和分析。文化人类学的研究方法和研究成果可以帮助我们研究大运河文化的特殊性和通则性，对分析京杭大运河文化基因的起源和脉络有着十分重要的作用。

社会学是从社会哲学中演化出来的现代学科，起源于 19 世纪三四十年代，专门研究社会事实，包括客观事实（社会行为、社会结构、社会问题等）和主观事实（人性、社会心理学等），是一门拥有多重范式和多重研究方式的学科。社会学理论有助于我们了解京杭大运河沿线城市的社会整体及发展规律，了解沿运河社会的起源、发展、成熟与变迁。

2. 社会生物学和模因学

社会生物学通过研究生物的起源、发展、生物和环境的关系等多个相关学科来研究生物界和社会的规律。将模因和文化基因与生物学遗传基因相类比，用以分析其产生、传递、遗传与变异的新学科，被称为模因学。社会生物学和模因学是国外关于文化基因产生、传递、变异的重要理论基础，它们将对本研究有一定的借鉴作用。

3. 历史学和历史地理学

历史学是人类对自己的历史材料进行筛选和组合的知识形式，它是静态时间中的动态空间概念。历史学的研究方法和研究成果为我们研究文化基因的遗传和变异提供了完整的、客观的研究视角和研究线索。只有梳理清楚运河的前世今生，厘清运河的历史演变规律，才能做到对京杭大运河进行完整性、原真性的科学保护。

历史地理学是年轻的地理学分支学科，是研究不同历史时期地理环境及其演变规律的学科，通俗地讲就是在地理学的基础上添加了时间影响因素，常用于研究历代行政区和疆域的变迁。然而在实际的科研过程中，人们却常常局限于研究历史人文地理方面，忽略研究不同历史时期自然地理环境的变化及其规律，即历史自然地理。研究京杭大运河恰恰需要对历史、人文、自然环境进行全面考量，从中寻找变化和规律。

4. 与遗产保护相关的学科

水文化遗产是本书的研究对象，与遗产保护相关的学科是本书研究的重要理论工具。文化遗产保护是一项与社会、经济、文化、技术等因素密切相关的复杂工程，涉及建筑学、城乡规划学、风景园林学、社会学、旅游管理学等多门学科知识。遗产保护类研究应该具有总体性的布局、较为系统全面的技术流程，并建立新的思维和方法，力求使遗产与自然、遗产与人、遗产与社会之间达到均衡协调的发展。文化遗产保护相关学科的关系见图 2–1。

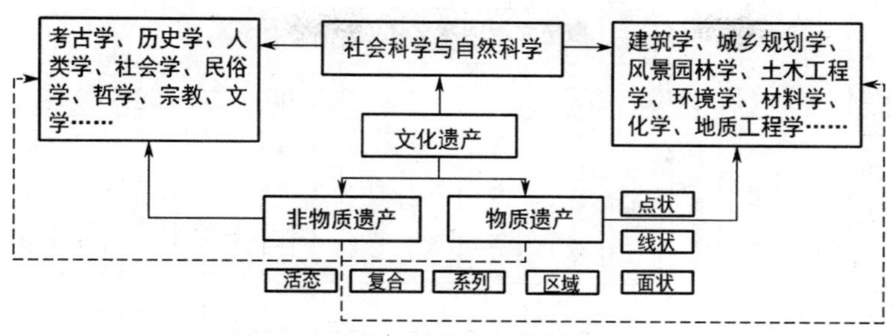

图 2-1　文化遗产保护相关学科关系示意

2.2　研究框架

本书涉及面较广，为了突出“水文化遗产”“文化基因”的研究主题，主要围绕“京杭大运河水文化遗产资源”“文化基因的进化理论和传承路径”和“水文化遗产的保护与利用”三个点展开研究，建构一个基本的研究框架，见图 2-2。

2.3　研究方法和技术路线

2.3.1　研究方法

由于本研究所涉及的内容具有较强的综合性、交叉性和边缘性，一方面离不开风景园林学遗产保护的一般方法，如历史文献分析法、田野调查法、比较类比法、形态分析法以及空间信息技术等；另一方面更要借助于文化人类学、历史地理学、分子生物学、考古学、历史学等学科的相关办法。本研究的具体方法运用及解决问题的切入点如下。

（1）利用田野调查法对京杭大运河沿线城镇水文化遗产进行实际走访，借助社会学的“集体访谈法”和“深度访谈法”收集一手资料。

（2）参照分子生物学的“系统发生学”“系统发生树”“基因及基因家族”“基因的表达与调控”等理论和方法，建立京杭大运河水文化系统，确立京杭大运河水文化遗产中的“文化基因”，并逐步确立主体基因、附着基因、混合基因及变异基因，梳理相互之间的关系。

（3）利用文献分析法和比较类比法对京杭大运河大量、丰富的史料、史志、文章、图片等进行筛选、研读和比较，这也是本次研究的一项重要方法，将历史学的“文献分析法”和美术学的“图形比较法”相结合，加强对京杭大运河水文化遗产特征和文化基因进行判别。

（4）借助城市地理学和建筑学中“类型学”和“形态学”的方法，进行京杭大运河水文化遗产形态提取和原型的判别，这有助于文化基因的分类。

（5）借助遗产保护领域对线性文化遗产保护提出的原则和方法，针对文化基因提出四种不同的传承模式，对水文化遗产进行针对性的保护和利用。

提出问题

京杭大运河水文化遗产保护研究

研究背景与述评
研究缘起
相关概念界定
国内研究述评
国外研究述评

研究内容、方法和创新价值
研究内容
理论支撑
研究框架
研究方法
技术路线
研究目标
研究意义
选题特色
创新价值

分析问题

京杭大运河水文化遗产资源与价值

京杭大运河水文化遗产资源
水文化遗产的定义
水文化遗产资源的分类
水文化遗产等级的构成
水文化遗产资源的价值

京杭大运河水文化遗产资源数据库
京杭大运河非物质水文化遗产数据库

京杭大运河地域性与多元性
文化遗产价值解读
水文化遗产价值综述
京杭大运河自身价值评析

京杭大运河水文化遗产地域性研究

地域性文化交流形成的大背景
自然背景
人文背景
地域性文化载体的独特性

"文化基因"地域性流变特点
京杭大运河地域文化划分法

京杭大运河地域性与多元性
多元文化格局的产生
"文化基因"与地域划分
地域性研究的意义

理论借鉴

"文化基因"的进化理论与传承路径

理论借鉴
现代分子生物学、系统发生学、系统发生树、生物基因、基因家族、基因表达与调控

理论转化与生成
文化进化论假说、京杭大运河水文化系统、京杭大运河水文化系统发生树、文化基因、水文化基因家族解析、水文化基因的表达与调控

"文化基因"类型与传承路径
主体基因及其传承路径
附着基因及其传承路径
混合基因及其传承路径
变异基因及其传承路径

解决问题

实例分析"文化基因"的传承与嬗变

淮安传统民居"文化基因"系统发生分析
淮安段运河系统发生分析
淮安水文化遗产分类与构成
影响淮安传统民居系统发生因素
时间维度——从明到清
空间维度——与徽扬的对比
"文化基因"价值的传承

扬州园林"文化基因"系统发生分析
京杭大运河与扬州的关系
扬州园林系统发生过程
扬州园林的地域文化特色
扬州园林"文化基因"表达与调控
影响扬州园林的其他"文化基因"
"文化基因"的保护、传承与创新

京杭大运河水文化遗产保护与利用

保护特点与问题
保护特点
现存问题
案例分析

保护原则及措施
"文化基因"的保护原则
"文化基因"的传承模式
构建"线性运河"博物馆

"后申遗时代"水文化遗产的利用
现存问题
数字化利用
生态化利用
科技再利用
线性旅游廊道

京杭大运河水文化遗产保护与合理利用保障措施
摸清水文化遗产的历史家底
准确定位水文化遗产历史价值
充分挖掘可展示性文化基因
科学评估既有文化基因完整性
构建科学完整的文化基因体系
加强配套措施

结语

图 2-2　本研究基本框架

2.3.2 技术路线

本次研究对象的载体为京杭大运河，其在时间和空间上都具有跨度大的特点，增加了研究的复杂性。同时，研究的具体内容又是关于水文化遗产的基础性和综合性研究，涉及的知识面、学科领域和研究方法较多，简化的基本技术路线如下。

（1）通过实地调研和大量的史料文献分析，了解京杭大运河水文化遗产的基本特点和现存状态。

（2）依据京杭大运河流经区域、涵盖的地理范围以及所属文化体系，对大运河进行地域文化段落划分。

（3）通过对不同地域运河段落的走访以及对照片、文献内容的比对，发现不同地域文化下水文化遗产的共同性与差异性。

（4）借鉴现代分子生物学中系统发生分析方法，对京杭大运河水文化进行系统发生分析，并尝试构建京杭大运河系统发生树模型。

（5）依据所主宰的功能对文化基因进行类型的划分，并按照文化基因的特点确定不同的传承路径。

（6）在风景园林学研究领域内选取特色鲜明并且具有代表性的水文化遗产展开实例分析，将文化基因及系统发生分析理论带入具体实例，以突出京杭大运河在"文化基因"的传播上所起到的个性塑造与共性融合的作用。以上工作将有利于对京杭大运河这条超大型线性文化景观遗产进行整体性、连续性保护。

（7）根据京杭大运河水文化遗产"文化基因"的属性和类型，构建相应的传承模式，对京杭大运河水文化遗产保护和利用展开研究。

2.4 研究目标和意义

2.4.1 研究目标

本研究希望达到以下三个基本目标。

（1）京杭大运河是一条南北文化交流、人员流动、经济共荣的黄金纽带，通过对它的整体性研究，寻找不同地域文化下各地在文化传承方面的共性，以期为京杭大运河遗产制定整体性、完整性及连续性的保护措施。

（2）通过选择具有代表性的"文化基因"和对典型城市进行个案研究，挖掘共性中的个性，突出表现文化遗产保护的唯一性和不可复制性，同时也彰显不同区域、不同城市的特色魅力。

（3）通过对京杭大运河水文化遗产"文化基因"的研究，以期为其他类型的文化遗产保护研究拓展思路，同时更为线性遗产、大型线性遗产甚至超大型线性遗产的保护研究提供新思路、新方法，为历史文化区域的文化基因挖掘、历史演变再现、历史记忆恢复以及地方情感的建立提供素材，为城市规划和景观设计工作者提供设计依据。

2.4.2 研究意义

本研究是一项关于京杭大运河水文化遗产保护角度和方法的综合性研究，有以下三个方面的研究意义。

1. 对京杭大运河遗产保护方面具有实践指导意义

京杭大运河是一项由文化要素和自然要素共同构成的混合遗产，是由静态遗产与动态遗产共同构成的活态的文化遗产，是由点、线、面共同构成的文化遗产廊道，是由古代遗址、近代遗迹和当代遗产共同构成的中国文化遗产。它反映的是普通民众生产生活的工业遗产、乡土遗产和文化景观遗产等，包括了由物质与非物质共同构成的文化空间。京杭大运河是如此复杂的一项世间巨作，我们对它的保护应该着眼于整体，先整体再局部，以线带点，采用链条式联动保护机制，应形成较之前分散点状保护更科学、更系统、更深化的保护方法，这样更有利于各种社会资源的集中协调与使用。本书在大量先前研究成果的基础上，厘清大运河历史演变规律和大运河对各地域间的影响，整体掌握典型的"文化基因"在各个历史阶段不同地域范围的发展传播特点、历史演变模式，明晰"文化基因"的传承沿袭关系，对宏观上把握京杭大运河保护规模、范围具有指导意义。京杭大运河水文化遗产"文化基因"的梳理、分类、保护、传承方法可以扩展到大运河其他类型遗产保护中去，这对大运河的保护、发展和利用具有理论指导意义。同时，在各地进行遗产保护规划、城市风貌建设、城市景观建设过程中，本书的研究内容同样具有实践指导意义。

2. 对南水北调东线工程长远实施具有战略指导意义

南水北调东线工程利用京杭大运河河道或是与其平行的河道湖泊输水，它的建设和使用对京杭大运河文化遗产的各个元素、环境风貌、生态系统都产生着重大影响。工程的建设过程势必会对周边居民的思想观念、文化传统和生活方式带来巨大冲击。俗话说："每个事物都有它的两面性"，南水北调东线工程在给京杭大运河带来挑战的同时，也带来了千载难逢的发展机遇。政府的重视、资金的投入以及大规模的调水都可以激活京杭大运河的水量承载功能，这不仅可以对大运河断流地段和生态破坏、功能瘫痪地段进行生态修复，还能为京杭大运河实施系统化的线性文化遗产保护提供机会。本研究提供了一个全新的视角，关注的不再是遗产本身外在的表象，而是遗产的内在文化特质，即京杭大运河是"活着的、流动着的文化遗产"。这是一次科学严谨的文化实践，是一项庞大的、影响广泛而又意义深远的系统保护工程。"文化基因"的视角会对南水北调东线工程在建设、实施和使用过程中起战略指导作用，会为工程本身大大增加文化含量，同时也会更好地延续京杭大运河 2 500 多年的历史文脉。

3. 对今后线性文化遗产保护具有理论指导意义

线性文化遗产的表现形式和涵盖内容丰富多样，其中较常见的有天然河流、人工运河、山脉峡谷、公路、铁路等表现形式，它们基本上代表了早期人类的运动迁徙路线，体现着区域文化的交流和发展。

我国是一个线性文化遗产众多的国家，其中不乏大型乃至超大型的线性文化遗产，纵贯中国南北的京杭大运河就是超大型线性文化遗产的杰出代表，与此类似的还有象征中华民族脊梁的长城；有从唐代就开始存在，一直延续至今作为沿路 20 多个少数民族文化传播交流走廊的茶马古道；有连接中国以及中亚、西亚和欧洲国家的丝绸之路；有中国通向印度的佛教之路；有拥有三国栈道文化遗迹的剑门蜀道、沟通关中和边疆地区军事交通的秦直道等。它们的共同特点就是线路悠长、体量庞大，有历史性和内涵性，影响深远，在这些线性文化遗产的身上能灵动地体现中华民族不同时期历史的进步与发展、文化的交流与融合。

与历史文化街区、历史文化村镇和历史文化名城等文化遗产区域保护相比较，线性文化遗产的保护既要有整体感，又要有地域特点，同时还要有相互交流和交融沉淀的历史感。本研究将以“文化基因”为着眼点，首先将京杭大运河看作是一个有机组成的遗产组群，再将其按照不同地域文化截成片段，以面含点、以线带点、多点联动地进行遗产保护，以期为其他线性文化遗产保护工作带来理论指导。

2.5　选题特色和创新之处

2.5.1　选题特色

本研究以“文化基因”为主线，以京杭大运河水文化遗产为载体，以文化遗产保护研究的理论创新为目的，引入系统发生学和人文地理学的概念，通过对京杭大运河水文化遗产资源的整理和分类，初步建立京杭大运河水文化遗产资源数据库和非物质水文化遗产资源数据库。同时，本研究借鉴人文地理学地域划分方法对京杭大运河水文化遗产进行地域性流变分析，借鉴系统发生学对京杭大运河水文化系统进行发生分析，并尝试构建大运河水文化系统发生树模型，进而更深一步地探索大运河水文化遗产的保护方法和开发策略，为文化遗产研究、线性文化遗产研究、文化景观研究、历史城镇（聚落）研究以及城市规划与设计、城市景观设计，提供一个全新的视野和思路。

以往的关于京杭大运河的研究侧重历史及其旅游价值以及遗产廊道建设等方面，相关的遗产保护研究大多运用常规的理念和手法，对某一区段或某一类型进行专项分析研究。本研究放眼京杭大运河全段，从系统发生的角度对京杭大运河时间维度和空间维度进行了全面的探讨，并以淮安传统民居和扬州园林为实例，提取具有代表性的文化基因，并进行详细的分析和阐述，是以往尚未有过的“集线性文化遗产保护、文化系统发生分析、文化基因视角于一体”的交叉性研究。

2.5.2　主要创新之处

本书是关于京杭大运河水文化遗产资源归类整理、文化基因挖掘分类、传承模式与保护方法的研究，具有很强的综合性、交叉性和探索性，特别是借鉴和整合了多学科研究方法，开展了对大型线性文化遗产的保护和利用研究，这是以往很少有人问津的领域。因此，本研究主要具有以下三个较为明显的创新之处。

1. 研究视角的创新

文化是人类在社会历史发展进程中所创造的物质财富和精神财富的总和。一切系统的发育都受基因的控制，基因具有“控制系统性状，规定其发育程序和走向，决定系统全息”三大方面的功能，文化的“基因”对文化系统具有类似的功能。与生物体基因型与表现型之间的对应关系相类比，本研究以“文化基因”的视角，把京杭大运河沿线的文化遗产看作文化基因的载体，研究文化基因对大运河沿线文化遗产所起到的重要作用和内在演变规律。

2. 理论方法的创新

本研究借鉴了生物遗传学中基因的相关理论和方法，对文化基因的类型进行了划分，并用详细实例分析了文化遗产中基因的表达和调控手段。在对文化基因的演变和传承规律上借鉴了现代分子生物学中系统发生分析的方法，采用由整体到局部再到整体的研究方法，尝试构建宏观视角的京杭大运河水文化系统发生树模型，直观地表达大运河水文化衍生体系，然后以具体的水文化遗产——淮安传统民居和扬州园林为例进行详细阐述，找到同源文化基因进行比较分析，发现它们之间的相同与变异之处，使得文化基因在地域文化遗产保护中更有据可循。

3. 保护思路的创新

本书的研究对象为京杭大运河水文化遗产，这是一个全新的研究领域，将京杭大运河的保护范围和保护领域更加具体化、细致化。在保护的方法和思路上，本研究将视野放到“后申遗时代”大背景下，站在风景园林学的角度，将文化基因的概念全面引入水文化遗产保护中，在保证文化基因原真性和完整性的基础上，建议采取“文化基因”战略转嫁、“文化基因”符号提取植入、“文化基因”克隆再生以及“文化基因”生态保育四种文化基因的传承模式。在保护方法和策略上，本研究更是突破传统博物馆的局限，首次提出构建“线性运河博物馆”的设想，为文化遗产保护、城市设计和风景园林设计等领域及相关工作者提供一种历史文化、城市文脉保护的新思路。

本章小结

本章站在统领全篇的角度，对研究内容、理论借鉴与支撑、研究方法和技术路线、研究目标及意义进行了详细的阐述，对本书的结构进行了整体、科学的规划和设计，按照提出问题—分析问题—理论借鉴—解决问题的思路构建出基本研究框架，重点突出“京杭大运河水文化遗产资源”“文化基因的进化理论和传承路径”“京杭大运河水文化遗产保护和利用”等研究内容。在选题上，本书将生物学、系统发生学和人文地理学等概念引入，力图在文化遗产保护理论和方法上有所突破，将京杭大运河全段作为研究范围，运用系统发生分析的方法从时间维度和空间维度分别对京杭大运河水文化遗产进行全面的探讨。本书在研究视角、理论方法和保护思路三个方面突破创新，是集线性文化遗产保护、文化系统发生分析、文化基因挖掘分类、传承保护利用于一体的综合性、交叉性、探索性的研究。

第3章　京杭大运河水文化遗产资源与价值

历史文化遗产指的是具有历史、艺术和科学价值的遗产，包括文化遗址、古墓葬、石窟、寺庙、石刻、壁画、近现代史迹及代表性建筑等不可移动的文物以及历史上各时代的重要实物、艺术品、文献、手稿、图书资料等可移动文物。在此概念的基础上，我们重点探讨的是京杭大运河沿线范围内和运河"水文化"相关的遗产，包括物质性和非物质性文化遗产，它们的共同特点是因运河水而生、成长发展于运河畔、沿运河水运传播于大江南北。如今这些水文化遗产有的已经被历史长河淹没，只能通过文献资料或老者口述寻找它们的痕迹；有的在京杭大运河沿线被完好地保存下来，并至今依然发挥着功用。这些水文化遗产有着共通的"文化基因"源，在不同的地域范围内虽然载体或表现形式略有差别，但所表达的内涵却有着文化同源性。本章将对京杭大运河水文化遗产的定义、构成、价值及分类情况进行研究，并通过多次田野调研和实地走访以及深入的文献资料查阅，初步构建起京杭大运河水文化遗产资源数据库，以期为今后的具体研究工作作好基础性铺垫。

3.1　京杭大运河水文化遗产的定义和分类

3.1.1　京杭大运河水文化遗产的定义

1. 水文化遗产的概念界定

《实施〈世界遗产公约〉操作指南》[①]从三个方面定义了"文化遗产"。

文物：从历史、艺术或科学角度看，具有突出的普遍价值[②]的建筑物、碑雕和碑画，具有考古性质成分或结构、铭文、窟洞以及联合体。

建筑群：从历史、艺术或科学角度看，在建筑式样、分布均匀或与环境景色结合方面具有突出的普遍价值的单体或建筑群。

遗址：从历史、审美、人种学或人类学角度看，具有突出的普遍价值的人类工程或自然与人联合工程以及考古遗址等地方。

水文化遗产，顾名思义是与水相关的一类文化遗产，它具有文化遗产的通用属性，也具有自己的特性。本书的研究范围限定为元明清京杭大运河及沿线。京杭大运河是中华民族悠久历史的文化结晶，是2 500多年来人与自然、与水系和谐共处的文化积淀。京杭大运河及其沿线蕴含着极其丰富的历史文化遗存，各个时代的遗产数量之多、等级之高、品种之全使其在中国乃至世界文化遗产中都占有极其重要的地位，被人们誉为"古代文化长廊""古代科技库""名胜博物馆""民俗陈列室"，包含了历史、科学、艺术各个方面的价值。同时，京杭大运河水文化遗产还具有自身的特点：其一，京杭大运河本身便是水文化遗产的载体，从古至今，人类借助京杭大运河水道这一载体进行人

① 《实施〈世界遗产公约〉操作指南》由联合国教育、科学及文化组织，保护世界文化与自然遗产政府间委员会，世界遗产中心共同编写.

② 突出的普遍价值是指罕见的、超越了国家界限的、对全人类的现在和未来均具有普遍的重要意义的文化和/或自然价值。

员和物资的迁徙和流动；其二，在人员流动过程中，不同区域、不同人群不断进行着物质与文化的多维度交流活动，这种交流活动使得大运河水文化遗产不断地融汇与创新；其三，京杭大运河水文化遗产受到沿线不同地域、不同时代的文化滋养，时间是连续的，空间是大运河流淌过的沿线地区，也是连续的；其四，京杭大运河水文化遗产整体上是一个庞大的遗产体系，在 2 500 多年的交流过程中产生的是物质文化与非物质文化遗产的集合体。

2. 京杭大运河水文化遗产

京杭大运河水文化遗产是由文化和自然共同形成的“文化景观”，是静态遗产与动态遗产共同组成的“活着的、流动的”文化遗产，是由点、线、面构成的“线性文化遗产”，是由古代遗址、近代遗迹和当代遗产共同构成的“遗产廊道”，是集上层建筑、民间建筑和乡土建筑于一体的“全民遗产廊道”，是由物质与非物质要素结合成的“文化空间”。要确保大运河水文化遗产的真实性、完整性和延续性，就要确定水文化遗产的标准和水文化遗产的范畴以及空间界限的划定，因此有必要对大运河庞大复杂的水文化遗产进行分层分类。本研究首先认同文化遗产概念中包含物质文化遗产和非物质文化遗产两大类别，其次依运河沿线水文化遗产与大运河水道所发生的疏密关系，按照圈层理论将其分为核心关系层、附属关系层和衍生关系层（图 3–1、表 3–1），所对应的遗产种类分别是核心水文化遗产、附属水文化遗产和衍生水文化遗产。水利文化是水文化遗产的核心，它包括京杭大运河本身以及其河道、航运、水利等直接相关的历史文化遗产，如航道、桥梁、船闸、堤坝、圩堰、驳岸、纤道、码头等，这类遗产的空间范围紧贴运河沿岸，即运河岸线周围，与运河“零距离”接触；附属遗产指的是由于大运河的开通，所流经的沿线城市在数千年的历史发展过程中产生的与大运河相关的历史文化遗产，如古城、古镇、村落、建筑、园林、会馆、庙宇等；衍生遗产指的是沿线城市范围内的文化遗产，如名胜古迹、历史文物、考古遗址等，这类遗产的空间范围包含了现代行政区划所包括的运河城市市域范围。同时各圈层文化遗产还有各自对应的非物质水文化遗产。

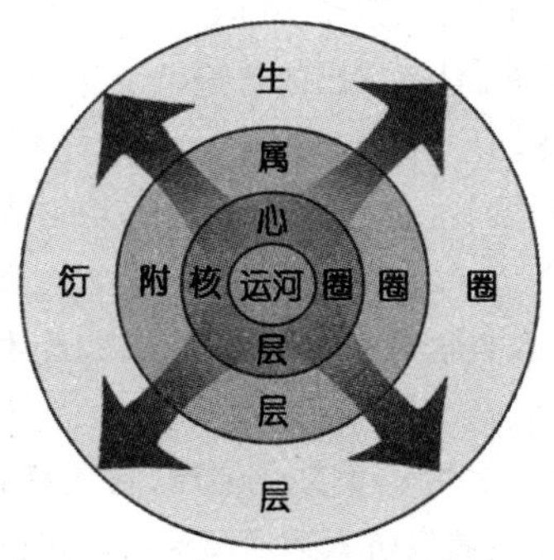

图 3–1　大运河水文化遗产圈层示意

表 3–1　京杭大运河水文化遗产分类体系

圈层	物质水文化遗产	非物质水文化遗产
核心圈层（核心遗产）	与运河河道及漕运、水利设施等直接相关的文化遗产：航道、水道网络、桥梁、船闸、堤坝、圩堰、驳岸、纤道、水柜、码头、仓库、船厂、航标灯塔、碑刻、船舶、皇帝行宫及漕运、盐运管理机构	治水理水的名人事迹、古代治水神话故事、水事活动、与运河直接相关的诗文字画、航运及河工治水技术、运河规章制度、漕运传说、说唱歌舞、船工号子、水上习俗等

续表

圈层	物质水文化遗产	非物质水文化遗产
附属圈层（附属遗产）	运河沿线城市与运河密切相关的历史文化遗产：古城、古镇、古村落、历史文化街区、桥梁、古树、园林、民居、名宅、碑刻、庙宇、古墓、会馆、商行、书院、博物馆等	京杭大运河特别是古运河沿线城乡范围之内的宗教信仰、戏曲、曲艺、民俗风情、建造技艺、典故传说、手工艺、老字号以及各种口述文化资料、实物文化资料等
衍生圈层（衍生遗产）	大运河沿线城市市域范围内的名胜古迹、居民的服装服饰、饮食菜系等	戏剧、小说、民间技艺、烹饪技艺等

3.1.2　文化遗产资源的分类方法

《辞海》对资源的解释是："资财的来源，一般指天然的财源。"联合国环境规划署对资源的定义是："所谓资源，特别是自然资源是指在一定时期、地点条件下能够产生经济价值，以提高人类当前和将来福利的自然因素和条件。"这两种定义局限在对自然资源的解释上。马克思在《资本论》中说："劳动和土地，是财富两个原始的形成要素。"恩格斯认为，劳动和自然界在一起才是一切财富的源泉，自然界为劳动提供了材料，劳动把材料转变为财富。由上述各条定义我们可以总结出：所谓资源，指的是一切可被人类开发和利用的物质、能量和信息的总称，它广泛地存在于自然界和人类社会中，是一种自然存在物或能够给人类带来财富的财富。

由此可见，水文化遗产属于一种资源，我们可以把它看成一种特殊的文化资源，也可以把它看成一种特殊的遗产资源。总之，它可以被人类开发和利用，广泛地存在于自然界和人类社会中，是一种可以提高人类当前和未来福利的财富资源。关于文化遗产资源的分类，学术界存在着不同的见解和方法，大致可归纳为二分法和三分法两大类。

1. 二分法

二分法可以从资源属性、物质属性、统计评价、持续发展、实物形态来划分文化遗产资源。

（1）从资源属性的角度，文化遗产资源可分为自然文化遗产资源和社会文化遗产资源。文化遗产资源包括一切有文化价值的自然遗产资源和社会遗产资源。依据《保护世界文化和自然遗产公约》中对"自然遗产"的定义可以看出，自然文化遗产资源包括从审美或科学角度看具有突出的普遍价值的由物质和生物结构或这类结构群组成的自然面貌；从科学或保护角度看具有突出的普遍价值的地质和自然地理结构以及明确划为受威胁的动物和植物生境区；从科学、保护或自然美角度看具有突出的普遍价值的天然名胜或明确划分的自然区域。社会文化遗产资源主要指人类在社会上通过种种劳动所获得的种种能力和习惯等，它包括社会、经济、技术等因素中可用于文化生产和文化生活的各个方面，主要显现在教育、科学、文艺、道德、法律、风俗、信仰等层面。所以，有人说文化是人类独有的，是人类社会实践的产物。上述文化遗产资源的自然和社会两个方面是相互依存的。

（2）从物质属性的角度，文化遗产资源可分为物质文化遗产资源和非物质文化遗产资源。物质文化遗产资源主要指的是具有历史、艺术和科学价值的文物，它包括可移动文物和不可移动文物。其中，不可移动文物指的是古文化遗址、古墓葬、古建筑、石窟寺、壁画、近现代重要遗迹与代表性建筑；可移动文物指的是历史上各个时代重要的实物、艺术品、文献、手稿、图书资料、代表性实物

等，又分为珍贵文物和一般文物，珍贵文物分为一级文物、二级文物和三级文物。非物质文化遗产资源指的是各民族人民世代相承的、与群众生活密切相关的各种传统文化表现形式（如民俗活动、表演艺术、传统知识技能以及与之相关的器具、实物、手工制品等）和文化空间。非物质文化遗产资源的范围包括：在民间长期口耳相传的诗歌、神话、史诗、故事、传说、歌谣谚语等，传统的音乐、舞蹈、戏剧、曲艺、杂技、木偶戏、皮影戏等民间表演艺术，广大民众世代传承的人生礼仪、岁时活动、节日庆典、民间体育和竞技以及有关生产、生活的其他习俗，有关自然界和宇宙的民间传统知识和实践，传统的手工艺技能以及与上述文化表现形式相关的文化场所等。

（3）从统计评价的角度，文化遗产资源可分为可度量的文化遗产资源和不可度量的文化遗产资源两类。可度量的文化遗产资源指的是可以建立相应的评价体系来具体估计和测量其瞬间价值的资源种类，如历史文物、建筑、工艺品等；不可度量的文化遗产资源是指不可用现实价值来体现的资源类型，如民俗、戏曲等。这种度量价值包括文化遗产所存在的历史价值和社会价值，并不是单纯地用经济价值衡量。可度量的文化遗产资源在文化产业发展的过程中具有非常重要的现实意义。首先，文化遗产资源是文化产业发展的基础，但不是所有文化遗产资源都可以进行产业化经营。发展文化产业要从资源禀赋和市场潜力两个方面对文化资源进行评估。其次，可度量的文化遗产资源体现了人类对这些资源产品属性的认可，是发展文化产业的前提。最后，可度量的文化遗产资源在某种程度上解决了文化资源进入市场的“身份”问题，进一步明确了资源的瞬间价值和可持续开发的永久价值。

（4）从可持续发展的角度，文化遗产资源可分为可再生文化资源和不可再生文化资源。可再生文化资源是文化遗产资源的主流，指的是在每一次的开发中都能增值和创新的文化资源，它包括物质层面和精神层面两个表现层面。可再生物质文化资源主要指的是那些随着社会发展和进步，新产生的具有较高历史价值和人文内涵的建筑物等。可再生精神文化资源主要存在于学者的论著以及个体或群体的审美经验、精神享受和心态活动中。艺术价值较高的作品就属于这一类，如我国的四大文学名著和一些艺术家的传世作品等。不可再生文化资源指的是毁坏后不能再现的文化资源，同样也包括物质层面和精神层面两个层面。物质层面的不可再生文化资源主要是指人类文化遗存，如出土文物、石窟、石刻等；精神层面的不可再生文化资源主要指艺术家的表演或无文字记载的精神文化资源，如一些口口相传的民间传说、手工技艺、音乐歌舞等。

（5）从历史演进的角度，文化遗产资源主要指前人创造的物的凝聚，如果按是否有实物性形态划分，又可分为有形文化遗产和无形文化遗产。有形文化遗产指的是已经出土的和尚埋在地下的各种可移动的文物，包括历史典籍、艺术品及其他各类器物，还可以是不可迁移的历史遗迹，如建筑、壁画、聚落、石刻等。无形文化遗产指的是以人为载体，依赖人的声音、形体动作、表演等行为而表现的文化形式，如传说故事、船工号子、时调等。无形文化遗产不能脱离生产者或享用者而独立存在，因为它不是有形的物，而是“无形”的技艺、技能，这些技艺或技能是依托于从事它们的人身上的，因此在传承过程中更强调对此类无形文化遗产持有人的保护。

2. 三分法

三分法可以从文化内涵、客体属性等视角来划分文化遗产资源。

（1）从文化内涵的角度，文化遗产资源可分为文化观念型、文化活动型和文化产品型三个层次。第一层次是社会心理和精神气质的层次，即观念层次，主要体现为哲学、宗教和道德的层面。

第二层次是文化生产的层次，体现为各类文化活动，大致包括文化艺术和自然科学技术的生产两大类。第三层次是文化产品的层次，包括各种器物和成品，文化产品是可以直接供各主体消费的对象。第一层次比较抽象，通常是在长期的社会发展和文化发展中形成的独具特色的认知传统（包括知识、道德和宗教）、思维方式、风俗习惯和精神风貌等，它是无形的，但作用非常巨大。第二个层次即文化生产的层次，主要强调主体的文化生产能量。文化不是单纯的既定存在，在现实的层面上，它表现为一种生产活动，与物质生产相对应。正是从这一意义上讲，文化是生产力的一部分，就社会现实而言，按照一定的要求为实现某种目标而进行的各类文化活动都属于对文化进行保护、复制和创造的范畴，因而可以笼统地归于文化活动。第三个层次即文化产品的层次，文化产品既包括历史遗留下来的文化器物（如文物古迹），也包括记载历史过往的成品（如书籍、字画等），该层次最具有确定性和可量化性。

（2）从客体属性的角度，文化遗产资源可分为物质文化资源、制度文化资源和精神文化资源。物质文化资源是人类为求生存，为适应和改造自然界所创造的物质文明。当人类创造的物质文化变为“不可再生”的文化遗产资源时，它就具有历史价值、科学价值和艺术价值。文化资源是历史上形成的，是不同时期、不同地区、不同民族政治、经济、文化活动的物质载体。制度文化资源是人类用以规范个人与个人、个人与群体、群体与群体之间的关系和权利、义务等形成的一整套约束人们行为的社会规范。人是社会的人，要生存就必然与他人接触。为维持正常的社会关系和社会生活，就必须约束人们的行为。法律、规章制度、伦理道德是制度文化的主要内涵。精神文化资源是维护社会稳定团结、协调人际关系、规范人们行为、调整人们情绪、寄托人们希望的无形的精神力量。精神文化的内涵十分丰富，包括科学技术、文学艺术、宗教信仰、民情风俗、思想观念、思维方式、心理特征等，这些都是精神文化的重要内容。

3.1.3 京杭大运河水文化遗产资源的分类

京杭大运河水文化遗产的形成是在特定空间内生产和发展的历史过程中产生的，是一个综合性的，互相联系、影响和变化的整体，其形成有两个最重要的因素：一是特有的文化遗产载体，也就是具有凝聚力、开放性、包容性且相对稳定的京杭大运河本身，这是空间轴线因素；二是2 500多年的历史演进过程，也就是京杭大运河这一地理区域内的历史文化的逐步积淀，这是时间轴线因素。首先，京杭大运河本身是京杭大运河水文化遗产资源产生的母体和基础，也是京杭大运河水文化遗产存在和传承的载体，人类借助京杭大运河这一人工开凿以物资运输为目的的河流迁徙和流动；其次，人类在迁徙和流动过程中进行着物质和文化层面的多维交流活动；再次，这些交流活动产生的独特文化在京杭大运河的特定历史时期和地域空间上进行着发展和互动；最后，这种交流活动产生并留下大量因水而生或与水有关的物质和非物质文化遗产。

根据对文化资源内涵的理解，我们可以得出京杭大运河水文化遗产资源概念的关键点——同时具有运河文化属性和水文化属性，具有历史价值、科学价值及艺术价值的一切物质、活动、信息及要素。但在实际调研及资料整理过程中，哪些文化遗产资源才是水文化遗产资源，如何判断、识别京杭大运河水文化遗产呢？我们通过归纳、整理、分析，得出以下几项鉴别条件，只要满足下列条件之一即可纳入京杭大运河水文化遗产资源库：①直接保障大运河通畅或保障大运河运行的相关水利工程设施；②与大运河功能相关的水利设施或建筑物；③因运河而产生和发展的一切物质和非物

质文化遗产;④分布在运河沿线且与运河密切相关的依赖于运河传播和传承的文化遗存;⑤反映历史上运河沿线民众的生产生活、娱乐休闲、风俗民情等的文化遗产。京杭大运河水文化遗产资源具有以下特征:①文化要素和自然要素和谐共存;②静态遗产与动态遗产相辅相成;③由点、线、面各种表现形式共同构成;④古代遗址、近现代史迹、当代遗产三位一体;⑤历史文化遗产和非物质文化遗产资源活态传承并不断发展;⑥其是反映普通民众生产生活的物质与非物质要素共同构成的线性文化空间。

1. 分类目的与原则

京杭大运河水文化遗产是与大运河发展和保护最为密切的一项遗产资源,它代表着我国人工开凿运河的悠久历史和先进技术,承载着我国南北多个民族、多个地域的文化基因,对我们了解运河沿线城镇形成、发展、演变及人民生产生活、风俗习惯的形成都具有重要的意义,同时它为大运河的整体性、完整性、连续性保护提供强有力的理论及实例支撑。随着大运河的申遗成功,京杭大运河文化遗产已经成为各个领域中非常重要的研究对象,而京杭大运河水文化遗产是其中最为重要的组成部分。对京杭大运河水文化遗产资源进行科学的分类是一项非常重要的基础性研究工作。

1)分类目的

首先,分类可以使众多的资源条理化、系统化,为进一步保护、开发利用、科学研究等提供便利条件。其次,京杭大运河水文化遗产资源的分类过程实际上是人们加深对运河水文化遗产以及运河文化的认知过程。分类总是通过对大量资源属性的共性或特性进行研究分出不同级别的从属关系。通过对不同地区、不同要求的水文化遗产资源进行分类,可以从不同侧面加深对京杭大运河水文化遗产属性的认识,甚至发现、总结出一些新的规律和认知,从而促进有关文化遗产资源管理理论水平的提高。

2)分类原则

以研究、保护和利用为目的的京杭大运河水文化遗产资源分类应该遵循两个基本的分类原则:一是对比原则,即划分的类型之间是相对独立的,不会出现交叉和空白;二是简明原则,即分类体系应该尽量简单明了,不宜繁杂冗赘。分类系统分为三个层次:主类、亚类和基本类。其细分的原则如下。

(1)共轭性与排他性原则。同一级、同一类型京杭大运河水文化遗产资源必须具有共同属性,不同类型之间应具有一定的差异。

(2)标准的统一性原则。划分类型所采用的原则必须用同一标准区分类型才能合理。

(3)严格系统原则。京杭大运河水文化遗产资源是一个复杂的系统,它可以分为不同的级别、不同层次的亚系统。分类应逐级进行,避免出现越级划分的逻辑性错误。

(4)有利于水文化遗产保护评估的原则。京杭大运河水文化遗产资源属性分类既要考虑水文化遗产资源结构单体的保护评估,又应考虑水文化遗产资源集合区的保护评估。

2. 分类依据与借鉴

京杭大运河水文化遗产资源的构成种类纷繁复杂,级别参差不齐,既有令世人瞩目的世界级遗产、著名景区,也有名不见经传、破坏严重的小型遗址以及濒临消失的非物质文化遗产,所以在水文化遗产资源的分类方面,现有的国际相关资源分类标准和方案对京杭大运河水文化遗产资源的分类具有十分重要的借鉴意义。

1)《保护世界文化和自然遗产公约》

联合国教科文组织于 1972 年 11 月在法国巴黎举行的第十七次会议上通过《保护世界文化和自然遗产公约》(以下简称《公约》),该公约将世界遗产分为两大类,即世界文化遗产和世界自然遗产。但在日后具体的世界遗产保护与申报的过程中,世界遗产分类又几经修改细化,按照目前联合国教科文组织的划分方法,世界遗产共有五大类,即文化遗产、自然遗产、文化景观、自然与文化双重遗产和人类非物质文化遗产。在实际操作中,世界文化遗产已经被细分为物质文化遗产和非物质文化遗产两大类,按照各类遗产相互间不同层次的包容和从属关系,如表 3–2 所示。

表 3–2　世界遗产分类一览表

<table>
<tr><td rowspan="5">世界遗产</td><td rowspan="3">文化遗产</td><td>物质文化遗产(即原“世界文化遗产”)</td></tr>
<tr><td>文化景观</td></tr>
<tr><td>人类非物质文化遗产</td></tr>
<tr><td>自然遗产</td><td>—</td></tr>
<tr><td>自然与文化双重遗产</td><td>—</td></tr>
</table>

除上述分类外,《公约》还明确了被提名列入《世界遗产名录》的文化遗产项目必须要符合以下一项或几项标准:代表一种独特的艺术成就,一种创造性的天才杰作;能在一定时期内或世界某一文化区域内,对建筑艺术、纪念物艺术、城镇规划或景观设计方面的发展产生过大的影响;能为一种已消逝的文明或文化传统提供一种独特的至少是特殊的见证;可作为一种建筑或建筑群或景观的杰出范例,可展示出人类历史上一个或几个重要阶段;可作为传统的人类居住地或使用地的杰出范例,代表一种或几种文化,尤其在不可逆转之变化的影响下变得易于破坏;与具有特殊普遍意义的事件或现行传统或思想或信仰或文学作品有直接或实质的联系(只有在某些特殊情况下该项标准与其他标准一起作用时,此款才能成为列入《世界遗产名录》的理由)。

2)中国人文旅游资源分类见表 3–3。

表 3–3　中国人文旅游资源分类表

<table>
<tr><th>主类</th><th>亚类</th><th>基本类型</th></tr>
<tr><td rowspan="2">E 遗址遗迹</td><td>EA 史前人类活动场所</td><td>EAA 人类活动遗址;EAB 文化层;EAC 文物散落地;EAD 原始聚落</td></tr>
<tr><td>EB 社会经济文化活动遗址遗迹</td><td>EBA 历史事件发生地;EBB 军事遗址与古战场;EBC 废弃寺庙;EBD 废弃生产地;EBE 交通遗址;EBF 废城与聚落遗迹;EBG 长城遗迹;EBH 烽燧</td></tr>
<tr><td>F 建筑与设施</td><td>FA 综合人文旅游地</td><td>FAA 教学科研实验场所; FAB 康体游乐休闲度假地; FAC 宗教与祭祀活动场所; FAD 园林游憩区域; FAE 文化活动场所; FAF 建设工程与生产地; FAG 社会与商贸活动场所; FAH 动物与植物展示地; FAI 军事观光地; FAJ 边境口岸; FAK 景物观赏点</td></tr>
</table>

续表

主类	亚类	基本类型
F 建筑与设施	FB 单体活动场馆	FBA 聚会接待厅堂(室);FBB 祭拜场馆;FBC 展示演示场馆;FBD 体育健身场馆;FBE 歌舞游乐场馆
	FC 景观建筑与附属型建筑	FCA 佛塔;FCB 塔形建筑物;FCC 楼阁;FCD 石窟;FCE 长城段落;FCF 城(堡);FCG 摩崖字画;FCH 碑碣(林);FCI 广场;FCJ 人工洞穴;FCK 建筑小品
	FD 居住地与社区	FDA 传统与乡土建筑;FDB 特色街巷;FDC 特色社区;FDD 名人故居与历史纪念建筑;FDE 书院;FDF 会馆;FDG 特色店铺;FDH 特色市场
	FE 归葬地	FEA 陵区陵园;FEB 墓(群);FEC 悬棺
	FF 交通建筑	FFA 桥;FFB 车站;FFC 港口渡口与码头;FFD 航空港;FFE 栈道
	FG 水工建筑	FGA 水库观光游憩区段;FGB 水井;FGC 运河与渠道段落;FGD 堤坝段落;FGE 罐区;FGF 提水设施
G 旅游商品	GA 地方旅游商品	GAA 菜品饮食;GAB 农林畜产品与制品;GAC 水产品与制品;GAD 中草药材与制品;GAE 传统手工产品与工艺品;GAF 日用工业品;GAG 其他物品
H 人文活动	HA 人事记录	HAA 人物;HAB 事件
	HB 艺术	HBA 文艺团体;HBB 文学艺术作品
	HC 民间习俗	HCA 地方风俗与民间礼仪;HCB 民间节庆;HCC 民间演艺;HCD 民间健身活动与赛事;HCE 宗教活动;HCF 庙会与民间集会;HCG 饮食习俗;HCH 特色服饰
	HD 现代节庆	HDA 旅游节;HDB 文化节;HDC 商贸农事节;HDD 体育节
数量统计		
4 主类	14 亚类	84 基本类型
[注]如果发现本分类没有包括的基本类型时,使用者可自行增加。增加的基本类型可纳入相应亚类,置于最后,最多可增加 2 个。编号方式为:增加第 1 个基本类型时,该亚类 2 位汉语拼音字母 +Z、增加第 2 个基本类型时,该亚类 2 位汉语拼音字母 +Y。		

3)《保护非物质文化遗产公约》

联合国教科文组织有关非物质文化遗产的国际文件中,最具代表性、权威性和法律意义的文件无疑是联合国教科文组织 2003 年第三十二届会议正式通过的《保护非物质文化遗产公约》。按照公约,非物质文化遗产的范围包括:口头传统,包括作为文化载体的语言;传统表演艺术;民俗活动、礼仪、节庆;有关自然界和宇宙的民间传统知识和实践;传统手工艺技能;与上述表现形式相关的文化空间。

3. 京杭大运河水文化遗产资源分类系统

京杭大运河水文化资源分类系统分为三个层次:主类、亚类和基本类,见表 3-4。

(1)主类。按照物质属性,京杭大运河水文化遗产资源分为运河物质文化遗产资源和运河非物质文化遗产资源。物质文化遗产资源主要指的是具有历史、艺术和科学价值的文物,它包括可移动文物和不可移动文物。非物质文化遗产资源指的是各民族人民世代相传的、与群众生活密切相关的各种传统文化表现形式(如民俗活动、表演艺术、传统知识技能以及与之相关的器具、实物、手工制品等)和文化空间。

(2)亚类。按照遗产资源的规模、属性、存在形态等进行分类,运河物质水文化遗产资源分为运河工程设施、古迹建筑、古墓葬、古迹遗址、文物古迹以及近现代重要史迹六个亚类;运河非物质

水文化遗产资源分为传统戏剧，传统技艺，民间文学，传统杂技、武术与曲艺，传统工艺美术，传统音乐与舞蹈，民俗与歌谣，地名学遗产等八个亚类。

（3）基本类。运河物质水文化遗产资源亚类可按照相对规模等级、存在形态、成因、功能等进行细分；运河非物质水文化遗产资源亚类可以按照存在形式、传承态势、地域范围等进行细分。

表 3-4　京杭大运河水文化遗产资源分类体系

主类	亚类	基本类型
运河物质水文化遗产资源	运河工程设施	航道、水道网络、码头、桥梁、船闸、堤坝、圩堰、驳岸、纤道、水柜、航标灯塔、船舶等
	古迹建筑	运河沿线历史街区的建筑群、寺庙建筑、仓储建筑、会馆建筑、官署衙役、园林建筑、民居宅院、名人故居、教堂、书院、戏楼（台）、城楼（门）等
	古墓葬	与运河历史相关的名人墓葬、墓群等
	古迹遗址	运河沿线古河道遗址、城池遗址、古村落遗址、码头遗址、沉船遗址、漕仓遗址等
	文物古迹	记录运河历史的石刻、墓碑、摩崖石刻、壁画、纪念碑、石牌坊、砖刻、砖雕、镇水兽等
	近现代重要史迹	运河沿线各类旧址、工业遗产、革命纪念碑、名人故居、教堂等
运河非物质水文化遗产资源	传统戏剧	京剧、昆曲、评剧、梆子戏、越剧、皮影戏、木偶戏等
	传统技艺	陶瓷技艺、织造技艺、制砖与营造技艺、冶铸与锻制技艺、漆器与金属器皿制作技艺、印刷与文房四宝制作技艺、食品制作技艺
	民间文学	历史故事、民间传说、神话故事
	传统杂技、武术与曲艺	传统杂技、传统武术、游艺技艺、评话、弹词与评书、大鼓与快板、时调与相声
	传统工艺美术	年画与剪纸艺术、雕刻与雕塑艺术、刺绣与彩扎艺术、梳篦与盆景艺术
	传统音乐与舞蹈	传统乐器、传统音乐、传统舞蹈
	民俗与歌谣	民间信仰、节日习俗、传统庆典、歌谣号子
	地名学遗产	运河沿线地名

京杭大运河水文化遗产资源系统最显著的特点就是具有兼容性、开放性、动态发展性及活态传承性，这为全面统计大运河水文化遗产资源带来了很大的困难。深刻了解大运河水文化遗产资源系统内各级文化遗产资源、同一级别文化遗产资源之间的关系，对了解运河文化及保护运河文化遗产具有重要的意义。

1）物质水文化遗产资源与非物质水文化遗产资源

京杭大运河水文化遗产资源系统的分类是在水文化遗产资源按照存在形态进行归类为物质水文化遗产资源和非物质水文化遗产资源两大类的基础上进一步分类的。物质水文化遗产资源也可以称为有形的水文化遗产资源，例如一座历史建筑，有具体的形状和大小，是显性的；非物质水文化遗产资源也可以称为无形的水文化遗产资源，如地方戏曲、传说故事等，没有显性的形态。但是二者都可以借助一定的手段或载体直观地展示在世人面前，非物质水文化遗产资源可以通过物化的形式来体现，而物质水文化遗产资源也可以反映出活态的、无形的非物质水文化遗产资源，例如香山帮传统建筑营造技艺在运河沿线建筑文化遗产中的体现，传统的表演艺术场景、人物等在雕刻、印刷品或艺术品中的体现，神话传说、故事等通过石刻、雕塑或绘画作品的体现等（图 3-2）。这些手段方法实现了非物质水文化资源向物质水文化资源的转化，这种转化过程有利于人们对京杭大运河水文化遗产有直观认知和深入了解，更有利于将无形的非物质水文化遗产记载、传承、保护下来，同时在保护的前提下可以对其加以开发和利用，让非物质水文化遗产更好地活态传承下去。同样，一些物质水文化遗产资源也可以体现出非物质水文化遗产资源特征，例如传统的手工艺品年画、雕版印刷品、蓝印花布、桃符、版画、惠山泥人等，它们是非物质水文化遗产资源中传统手工艺类的物质载体，如图 3–3 所示。

图 3–2　非物质水文化遗产资源的活态呈现

2)历史资源与现实资源在水文化遗产中的转变

京杭大运河本身是一条大型的、活态的线性文化遗产，它的活态性决定了与其相关的水文化遗产资源系统是一种动态的系统，在不同的历史时段，水文化遗产资源系统的范畴会有所变化。在近 2 500 多年的运河历史中，京杭大运河沿线遗留下来的历史水文化遗产资源数以千计，这些都是社会生产力发展和文化生活的历史实证。随着科学技术的不断发展、文化的不断演进，新的文化现象开始涌现，新的运河水文化资源也会在原有的基础上不断地衍生，或成为大运河新的水文化资源。在这个过程中，运河水文化资源的范围也将不断地延伸与扩展，种类将更加繁多。而随着时间的推移，这些今天新衍生的现实水文化资源或将会成为明天的历史水文化遗产，所以说，只要京杭大运河活态存在，水文化就会不断地在现有基础上衍生，人类的知识和智慧也将极大地丰富和扩大运河水文化的范畴，而随着历史的沉积，水文化遗产也势必会越来越丰富。运河文化资源景观系统结构如图 3–4 所示。

1 | 2
3 | 4

1. 古运河锡绣
2. 洛房泥塑
3. 丹阳瓷刻
4. 铜版绘画

图 3-3　非物质水文化遗产资源的物质载体

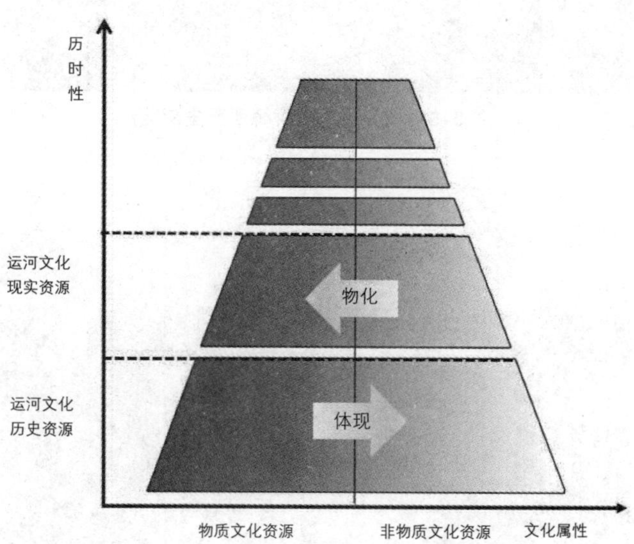

图 3-4　运河文化资源景观系统结构图

京杭大运河水文化遗产历史资源主要指的是前人创造并保留下来有关运河水事、水利、生产生活等方面的文化遗产，包括依托运河而产生的一切物质与非物质文化遗产。国家文物局前局长单霁翔曾在全国政协十届五次会议中指出，大运河文化遗产的内容如下：第一，运河的河道，包括码头、船闸、堤坝、桥梁等水工设施；第二，运河沿线的诸如衙署、钞关、官仓、会馆、驿站、庙宇等方面的相关设施；第三，依托运河发展起来的历史性的城镇、历史性的街区、历史性的村镇等。典型的运河水文化遗产历史资源主要有以下几个方面。

（1）历史文化城镇及历史街区。其包括国家级历史文化名城、国家级历史文化名镇、省级历史文化名城、省级历史文化名镇、历史街区。历史文化城镇是指分布在运河沿线，因运河开发或漕运发展而兴起的，在我国古代政治、经济、文化、军事等方面具有独特地位和较大影响的，有丰富的运河历史文化遗存和文化传统内容并且长期以来一直在使用和发展的城镇。历史文化城镇作为历史性的遗产资源，强调的不仅是一座城市作为整体性文物的价值，更强调其极具特性的整体历史传统风格，它们是我国城市古代历史文化遗产中最为集中且价值最高的代表。历史街区指的是运河沿线保存文物特别丰富并且具有重大历史价值的城镇、街道、村庄。例如杭州市拱宸桥桥西历史街区、无锡市清名桥历史街区等，见图 3–5 和图 3–6。

图 3–5　杭州市拱宸桥桥西历史街区

图 3–6　无锡市清名桥历史街区

（2）遗址古迹。遗址古迹指的是自京杭大运河开挖以来，运河沿线人们从事经济、文化、科学、

教育、艺术等活动场所的遗址，包括历史事件发生地、军事遗址、商贸遗址、水工遗址等，如古遗址、废弃的庙宇、古航道、古纤道、桥梁、船闸、堤坝、圩堰、驳岸、水柜、码头、仓库、船厂、航标灯塔、碑刻、船舶及漕运（盐运）管理机构、官邸、皇帝行宫等。这类遗址往往文化色彩浓厚，给现代人提供了遥想古代社会发展进程和各地历史兴衰的空间。

（3）建筑与园林遗迹。其指的是用于运河沿线居民生产生活、社会管理、宗教信仰、审美娱乐的建筑及附属设施，包括宗教与礼制场所、园林、名人故居、艺术建筑与附属景观建筑、归葬地、传统乡土建筑等。例如临清运河畔由徽商捐资的临清舍利宝塔，著名的聊城清代河道总署杨以增的私人藏书楼——海源阁等，均属于此类遗产。

（4）可移动性的文物古迹。这一类指的是可以随意移动摆放位置的文物，根据其历史、艺术、科学价值等，可以分为珍贵文物和一般文物两大等级。珍贵文物又可以根据其历史、艺术、科学价值等标准分为一级文物、二级文物、三级文物。此类别包括文物古玩、名人字画、名人作品、档案遗迹等。

（5）民俗及文化活动。民俗及文化活动包括：口头传承的非物质水文化遗产，如方言、名人事迹、曲艺、漕运传说、船工号子、故事、说唱、地名等；通过表演、说唱等行为来体现的水文化遗产，如传统表演艺术、民俗活动、水上习俗、宗教礼仪、节庆等，像苏州的评弹、昆曲等就是典型的运河沿线人民群众文化活动类的水文化遗产。

（6）传统工艺、艺术。传统工艺、艺术是人们凝聚的系统性技艺和艺术，包括传统的医学、传统的建筑营造技法以及凝聚了个人创新因素的艺术类非物质水文化，比如书法、绘画、泥塑、雕刻、剪纸等诸多传统民间工艺。

3.2　京杭大运河水文化遗产资源的构成

3.2.1　京杭大运河水文化遗产等级构成

京杭大运河水文化遗产等级构成如下。

（1）世界遗产名录。截至 2018 年 7 月，我国已有 53 项文化遗产和自然遗产被列入《世界遗产名录》，其中世界文化遗产 36 项、世界文化与自然双重遗产 4 项、世界自然遗产 13 项。中国在世界遗产名录国家中排名第二位，仅次于拥有 54 项世界遗产的意大利。其中京杭大运河沿线 4 省 2 市中的北京拥有 6 项、河北 2 项（含扩展项目 1 项）、山东 2 项、江苏 2 项（含扩展项目 1 项）、浙江 1 项，一共 13 项，不算扩展项目，共 11 项，占 24.5%，其中直接在运河沿线城市的为山东曲阜孔庙、孔府、孔林，苏州古典园林以及西湖文化景观 3 项。另运河沿线有“人类口头和非物质遗产代表作”2 项，分别是昆曲和古琴，前者在苏州，后者则与苏州、扬州等地有关。

（2）中国世界文化遗产预备名单。从国家文物局 2006 年底公布的《中国世界文化遗产预备名单》中可以看到，预备名单中共有 35 项文化遗产，其中京杭大运河沿线省市共有 13 项（包括多省市共有），占总数的 37%，这 13 项并于 2014 年 6 月 22 日被正式列入《世界遗产名录》。当前联合国教科文组织官网公布的《中国世界文化遗产预备名单》共有 61 项，其中与京杭大运河直接相关的文化遗产有瘦西湖和扬州历史城区、海上丝绸之路以及江南水乡古镇、灵渠等。

（3）全国重点文物保护单位。国务院分别于1961年、1982年、1988年、1996年、2001年、2006年和2013年公布了7批共4 296处全国重点文物保护单位，在京杭大运河沿线省市中，北京126处、天津28处、河北273处、山东191处、江苏230处、浙江229处，合计1 077处，占总数的25%。其中江苏省的运河城市重点文物占70%以上[①]。

（4）国家级非物质文化遗产。国务院在2006年公布了第一批国家级非物质文化遗产名录，分为民间文学、民间音乐、民间舞蹈、传统戏剧、曲艺、杂技与竞技、民间美术、传统手工技艺、传统医药、民俗10个大类，共计518项。随后在2008年、2011年和2014年又公布了第二到第四批国家级非物质文化遗产名录，使得名录中受保护的非物质文化遗产达到1 372项。据初步统计，含各省市共有在内，京杭大运河沿线城市中非物质文化遗产数达100余项，且涵盖了所有非物质文化遗产的类型。

（5）七大古都和国家级历史文化名城。根据《中华人民共和国文物保护法》，历史文化名城指的是保存文物特别丰富并且具有重大历史价值或者革命纪念意义的城市。它们是我国城市古代历史文化遗产中的最为集中、价值最高的代表。在我国七大古都中，运河城市北京市和杭州市名列其中。1982年、1986年和1994年，我国分三批公布了99座国家历史文化名城，后经多次增补，截至2016年，国家历史文化名城共129座。其中属于京杭大运河沿线的历史文化名城一共12座，分别是北京、天津、苏州、扬州、徐州、镇江、淮安、无锡、常州、杭州、曲阜和聊城，加上苏州下属县级市常熟，运河沿线历史文化名城占全国历史文化名城的10%。其数量之多、密度之大、价值之高在中国版图上应该是独一无二的，可见京杭大运河对沿线城市的形成、发展和延续具有非常深远的意义，同时也能看到国家对京杭大运河这条活着的、超大型线性文化遗产保护的重视和决心，这对于研究整体的运河文化、运河文化遗产，以及对大运河文化遗产实施完整性、连续性的保护非常有益。

（6）国家级历史文化名镇。国家级历史文化名镇指的是保存文物特别丰富且具有重大历史价值或纪念意义、能够较为完整地反映一些历史时期传统风貌和地方民族特色的镇，是由建设部和国家文物局从2003年起共同组织评选的。目前，国家已经陆续公布了6批中国历史文化名镇，其中属于京杭大运河沿线城市的就有20个（分别是天津市西青区杨柳青镇，昆山市周庄镇、千灯镇和锦溪镇，苏州市吴江区同里镇、黎里镇和震泽镇，苏州市吴中区甪直镇、木渎镇和东山镇，无锡市锡山区荡口镇，扬州市江都区邵伯镇和大桥镇，常州市新北区孟河镇，常熟市沙家浜镇，太仓市沙溪古镇，浙江嘉善县西塘镇，桐乡市乌镇，湖州市南浔镇以及德清县新市镇），京杭大运河沿线古镇，见表3–5。

表3–5　京杭大运河沿线古镇一览表

省市	数量	地级市	古镇
北京市	2	—	朝阳区东坝镇（金狮古镇）；通州区张家湾镇
天津市	7	—	**西青区杨柳青镇**；武清区河西务镇；武清区杨村镇；北辰区北仓镇；静海区独流镇；静海区静海镇；静海区唐官屯镇

① 数据源自国家文物局网站“文博数据库”（引用日期2016年10月18日）.

续表

省市	数量	地级市	古镇
河北省	9	沧州市	沧县张官屯镇;沧县兴济镇;沧县捷地镇;青县马厂镇;泊头市泊头镇;东光县东光镇;东光县连镇;景县安陵镇;吴桥县桑园镇
	3	衡水市	故城县故城镇;故城县郑家口镇;故城县建国镇
	1	邢台市	清河县油坊镇
山东省	5	德州市	武城县四女寺镇;武城县大官营镇;武城县甲马营镇;夏津县渡口驿镇;武城县魏庄镇
	6	聊城市	阳谷县张秋古镇;阳谷县七级镇;阳谷县阿城镇;阳谷县张秋镇;东阿县周店镇(现为周店村);临清镇(现为临清市)
	7	济宁市	梁山县靳口镇(现为靳口村);梁山县袁口镇(现为袁口村);汶上县南旺镇;任城区长沟镇;微山县仲浅镇(现为仲浅村);微山县鲁桥镇;鱼台县南阳镇
	1	泰安市	东平县州城镇
	1	枣庄市	台儿庄区台儿庄镇
江苏省	2	徐州市	邳州市土山镇;新沂市窑湾镇
	1	宿迁市	宿豫区皂河镇
	4	淮安市	淮安区板闸镇(现已并入淮城镇);淮安区河下古镇;淮阴区码头镇;洪泽区蒋坝镇
	9	扬州市	邗江区瓜洲镇;**江都区邵伯镇**;**江都区大桥镇**;江都区湾头镇;宝应县安宜古镇;高邮市车逻镇;高邮市界首古镇;高邮市高邮古镇;高邮市清水潭镇
	1	常州市	**新北区孟河镇**
	3	无锡市	**锡山区荡口镇**;惠山区回山镇;无锡新区梅村镇
	13	苏州市	**吴江区同里镇**;**吴江区震泽镇**;**吴江区黎里镇**;**吴中区甪直镇**;**吴中区东山镇**;吴中区西山镇;吴中区光福镇;**吴中区木渎镇**;**太仓市沙溪古镇**;**昆山市周庄镇**;**昆山市锦溪镇**;**昆山市千灯镇**;**常熟市沙家浜镇**
浙江省	2	湖州市	**南浔区南浔镇**;**德清县新市镇**
	2	嘉兴市	**桐乡市乌镇**;**嘉善县西塘镇**
合计:共79个			

注:古镇按目前所在行政区域列表,黑色字体为国家级历史文化名镇(20个)

由此可见,京杭大运河沿线文化遗产等级高、类型齐全,包括各种物质、非物质、口头非物质文化遗产,全国重点文物保护单位、古都、国家级历史文化名城、历史文化名镇等,在全国所占比重非常大,江苏、浙江两省最为突出,这将会吸引各个领域对京杭大运河各类遗产保护的研究和重视。

3.2.2 京杭大运河水文化遗产资源结构组成

按照水文化资源与京杭大运河的亲疏关系,我们将京杭大运河水文化遗产的空间分布划分为核心区、控制区和缓冲区三个层次,各类遗产根据所处位置划分为核心遗产、关联遗产和连带遗产,从而进行分层认定。

第一层次,核心区——核心遗产:京杭大运河自身与河道、航运(漕运)、水利等直接相关的历史文化遗产,物质的遗址遗迹有航道、水道网络、桥梁、船闸、堤坝、圩堰、驳岸、纤道、水柜、码头、仓库、船厂、航标灯塔、碑刻、船舶、关榷、皇帝行宫及漕运(盐运、治运)管理机构等。非物质的有名人

事迹、诗文字画、航运及河工治水技术、漕运传说、故事、说唱、戏曲、船工号子、水上习俗、地名等。这类水文化遗产的空间范围应是紧贴京杭大运河沿岸，即运河沿线周边，与运河保持"零距离"。

第二层次，控制区——关联遗产：京杭大运河沿线城乡与运河密切相关的历史文化遗产，如古城、镇、村落、桥梁、古树、园林、民居、名宅、碑刻、庙宇、古墓、会馆、商行、市场、工厂等。非物质文化遗产包括各种口述文化资料、实物文化资料等。这类水文化遗产的空间范围应是运河特别是古运河沿线城乡范围之内。

第三层次，缓冲区——连带遗产：京杭大运河沿线城市范围内的水文化遗产，如名胜古迹、历史文物、考古遗址等。非物质文化遗产如戏剧、小说、传说、工艺、民俗等。这类水文化遗产的空间范围应主要在现代运河沿线城市行政区划（包括市域）范围内。

第一层次是京杭大运河水文化遗产资源的核心区，第二层次是大运河水文化遗产资源的控制区，第三层次是大运河水文化遗产资源的缓冲区。相应的遗产也可以分为核心遗产资源，如漕运总督署院落遗址、洪泽湖大堤、淮清大闸、河道总督府遗址、镇淮楼、水上立交、瓜州古渡、御码头、行宫等都属于核心水文化遗产；而沿线的跨河民居、桥梁、商铺等则属于关联水文化遗产范畴。第三类连带遗产资源所涵盖的范畴比较大，所有在运河城市范围内的文化遗产资源大都可以划定到这一类中。

3.2.3 构建京杭大运河水文化遗产资源数据库

为了详细、直观地分析京杭大运河水文化遗产资源情况，本研究尝试构建京杭大运河水文化遗产资源数据库。经初步调研和文献资料查阅，整理后的数据库包含水文化遗产资源总数 560 个，其中笔者对于北京、天津、聊城、临清、扬州、无锡、苏州和杭州的部分水文化遗产已经进行了实地考察，未考察地区的遗产资源均通过翻阅大量文献资料进行考证后整理入库。该信息数据库依据水文化遗产的所属河段、类型、年代、保护等级、保存现状、具体存在地点等逐一进行了编号分类整理。其中类型的划分和年代的确定对京杭大运河水文化遗产的研究具有科学意义，保护等级的划分和保存现状的明晰对京杭大运河水文化遗产的保护具有实践意义，具体信息详见附录 A。

1. 水文化遗产分布

我国在地理上存在着西高东低的自然特征，多数江河都是由西向东流的。京杭大运河却是利用海河、黄河、淮河、长江、钱塘江等自然河流的部分河段，通过修凿新渠连接而成的，因此大运河的各段水位水量情况各异，加之沿途各段地貌与气候条件等自然因素差异很大，大运河不同河段的水源、水流向、通航方式等也各不相同。根据这些自然条件的差异，京杭大运河自北向南依次分为通惠河段、北运河段、南运河段、鲁运河段、中运河段、里运河段和江南运河段 7 个运河段落。这 7 个运河段落分布着不同数量与类型的运河水文化遗产，其数量见表 3–6。

表 3–6　京杭大运河沿线水文化遗产分布表

运河段落	通惠河段	北运河段	南运河段	鲁运河段	中运河段	里运河段	江南运河段	总计
数量 / 项	22	39	21	79	10	99	290	560

2. 类型的划分

京杭大运河沿线水文化遗产类型众多，本研究尝试将水文化遗产分为 6 大类，见表 3–7。

（1）运河水利工程设施遗址：包括码头、闸坝、桥梁、栈道等与大运河直接关联的水文化遗产。

（2）古迹建筑：包括分布在运河沿线的寺庙、教堂、会馆、园林、商铺、民居、故居、书院、古塔、城楼等建筑类遗产。

（3）古墓葬：主要指的是和京杭大运河相关联的名人墓葬或墓葬群。

（4）古迹遗址：主要指运河沿线各类古代遗址，包括城池遗址、炮台遗址、码头遗址、寺庙遗址、沉船遗址、漕仓遗址等。

（5）文物古迹：主要指运河沿线遗存的与运河开凿、航运、历史发展等内容相关的各类碑刻，包括墓碑、摩崖石刻、纪念碑、石牌坊、石刻、砖刻等。

（6）近现代重要史迹：主要指近现代的各种纪念物（建筑），包括各种旧址、革命纪念馆（碑）、近代名人故居、近现代工业遗产等。

表 3–7　京杭大运河沿线水文化遗产类型表

类型	运河水利工程设施遗址	古迹建筑	古墓葬	古迹遗址	文物古迹	近现代重要史迹	总计
数量 / 项	225	266	3	22	27	17	560

3. 保护等级

京杭大运河沿线水文化遗产保护等级各异，根据实地考察，运河沿线遗产可分为国家级文物保护单位、省级文物保护单位、市县级文物保护单位，同时还有大量的水文化遗产没有被列入文物保护单位。这些遗产有的有专门机构管理，处于较好的保护状态，有的则无人管理，处于荒废状态。根据现场实地考察调研以及深入查阅文献资料，在构建数据库时将京杭大运河的水文化遗产按照保护等级分为 6 类，并将每一个遗产点进行了归类整理，见表 3–8。

表 3–8　京杭大运河沿线水文化遗产保护等级分类表

遗产保护等级	国家级文保单位	省级文保单位	市县级文保单位	非文保单位	已纳入保护范围	保护状态不详	总计
数量 / 项	48	62	205	160	49	36	560

4. 保存现状

京杭大运河沿线水文化遗产保存状况差别很大，各个省市区域范围内的保护状况也不尽相同，有的水文化遗产原物保存良好，具有文化遗产的真实性和完整性，遗产价值很高；有的水文化遗产经过改建修复，保存状况较好，存在较高的科学研究价值；有的水文化遗产原物破坏严重，基本只剩遗址（或遗迹）可考；有的则已经不存在，或被完全重建。通过实地调研考察以及深入查阅文献资料进行分析，将京杭大运河水文化遗产的保护现状大致分为以下 8 种类型，见表 3–9。

表 3-9　京杭大运河沿线水文化遗产保护现状分类表

遗产保护现状	原物保存良好	原物保存较好	原物易地保存	改建恢复	完全重建	原物破坏严重	原物不存，遗址可考	保护现状不明	总计
数量 / 项	59	130	10	63	70	44	57	127	560

5. 水文化遗产与京杭大运河关系

参照俞孔坚教授团队所研究的文化遗产与运河关系的方法，以水文化遗产点与京杭大运河的关系为出发点，将大运河沿线的水文化遗产大致分为与运河功能相关的遗产、与运河历史相关的遗产、与运河空间相关的遗产三大类。

（1）与功能相关的遗产，指的是运河沿线分布的大量与运河的运转直接相关的遗产，包括运河上的闸、坝、桥、码头、渡口、钞关等。

（2）与历史相关的遗产，指的是某些虽然与运河的日常运转没有直接关系，却是由于运河漕运、商贸等功能发展衍生而成的遗产，包括各地的商贸会馆、驿站、寺庙、清真寺、陵墓、碑刻等与运河有历史发生学上的关系的遗产。

（3）与空间相关的遗产，指的是单体遗产点与运河没有明显的功能和历史联系，但其空间位置靠近运河水文化遗产，是广义的运河遗产不可分割的一部分。

按照水文化遗产与京杭大运河关系而区分的功能相关、历史相关、空间相关三大类遗产数目情况，见表 3-10。

表 3-10　水文化遗产与京杭大运河关系分类表

关系类型	与功能相关的遗产	与历史相关的遗产	与空间相关的遗产	总计
数量 / 项	228	252	80	560

京杭大运河沿线水文化遗产内容丰富、种类繁多，通过实地调研和文献资料整理双重工作叠加作用，初步整理出 560 种水文化遗产。由于大运河跨越地域广泛、历史悠久，每个地域范围依据运河历史、地理位置、现代保护等要素的不同，其所包含的水文化遗产数量和种类也大不相同，本研究按照地理河段进行了大致归类，见表 3-11。

表 3-11　京杭大运河沿线分区段分类型水文化遗产名录

河段区域	遗产类型	遗产名称
通惠河段	运河水利工程设施	广源闸，西城闸，朝宗闸，海子闸，文明闸，魏林闸，万宁桥，庆丰闸遗址，平津闸，普济闸，通州闸，永通桥
	古迹建筑	北新仓，禄米仓，南新仓，兴平仓，东岳庙，十方诸佛宝塔，山东会馆，南下坡清真寺，常营清真寺
	古墓葬	—
	古迹遗址	—
	文物古迹	石道碑
	近现代重要史迹	—

续表

河段区域	遗产类型	遗产名称
北运河段	运河水利工程设施	石坝遗址，广利闸，通运桥，秦营古码头遗址，三角坝沉船，东西仓沉船，聂官屯沉船，筐儿港坝，五街沉船，耳闸
	古迹建筑	督闸署，大运西仓，大运中仓，总督仓场署遗址，燃灯塔，佑胜教寺，通州清真寺，张家湾运河码头遗址，张家湾清真寺，河西务清真寺，杨村清真寺，天穆清真北寺，天穆清真南寺，大悲禅院
	古墓葬	—
	古迹遗址	十四仓遗址，河西务城址，小河遗址，蒙村遗址，辛庄遗址，仓上遗址，杨村遗址
	文物古迹	元代管河公判署（又名通永道署铁狮），御制重修马驹桥碑记，土桥镇水兽，凤河桥碑
	近现代重要史迹	金刚桥，望海楼教堂，大红桥，同义庄清真寺
南运河段	运河水利工程设施	九宣闸，捷地闸
	古迹建筑	天后宫，天津文庙，广东会馆，石家大院，文昌阁，唐官屯清真寺，清真北大寺，捷地清真寺，泊头清真寺，东关铁佛寺
	古墓葬	苏禄王墓
	古迹遗址	天津鼓楼，沧州旧城，东光码头遗址，窑厂店古砖窑遗址
	文物古迹	靳官屯闸碑，沧州铁狮子，捷地乾隆碑，捷地石姥姆坐像
	近现代重要史迹	—
鲁运河段	运河水利工程设施	问津桥，月径桥，永济桥，会通闸，通济桥，头闸，二闸，戴闸，魏湾闸，土闸，梁家乡闸，辛闸，小码头，大码头，通济闸，李海务闸，周店闸，七级闸，刘楼闸，阿城闸，张秋下闸，张秋上闸，张秋古桥，靳口古闸遗址，袁口古闸遗址，开河古闸遗址，柳林闸遗址，十里闸遗址，长沟古桥遗址，大石桥，南阳闸，闸口桥，圣母池泉群，古码头，台儿庄船闸
	古迹建筑	临清清真北寺，临清清真东寺，临清大宁寺，临清钞关，鳌头矶，临清歇马亭古岱庙，临清魏湾钞关，山陕会馆，光岳楼，小礼拜寺（聊城清真寺），海源阁，七级镇古街，海会寺，张秋镇，清真东寺，清真南寺，陈家老宅，张秋山陕会馆，南旺分水龙王庙，东大寺，太白楼，竹竿巷，黄家街教堂，济阳会馆，吕家宅院，礼拜堂教士楼，清真寺，东西古街，新河神庙，台儿庄清真寺，清真南寺，太和号及周边商号，山西会馆，乾隆行宫，兴化寺大雄宝殿
	古墓葬	—
	古迹遗址	济州城墙，黄河故河道河堤
	文物古迹	开河石碑，运河石碑，佛庙石碑，济宁桥亭记碑，明崇祯碑
	近现代重要史迹	基督教堂，天主教耶稣圣心大教堂
中运河段	运河水利工程设施	通汇桥，荆山桥
	古迹建筑	窑湾古镇中宁街，窑湾山西会馆，龙王庙行宫，大王庙，孔庙大成殿，天后宫
	古墓葬	—
	古迹遗址	—
	文物古迹	三皇庙碑刻
	近现代重要史迹	耶稣堂

续表

河段区域	遗产类型	遗产名称
里运河段	运河水利工程设施	清江大闸，文渠，龙光闸，平津堰，高邮段古运河，御码头，昭关坝，子婴闸，车逻闸，高邮船闸，东关古渡，兴文桥，茱萸湾古闸
	古迹建筑	清江浦楼，慈云禅寺，清江文庙，东西大街，清宴园，关帝庙大殿，丰济仓，周恩来故居，淮安东岳庙，吴承恩故居，江宁会馆，古枚里，河下古镇石板街，润州会馆，文通塔，总督漕运公署遗址，镇淮楼，淮安古城墙遗址，孟城驿，镇国寺塔，当铺，高邮奎楼及城墙，高邮王氏故居，百岁巷纱帽厅，人民路民居，北门街明清民居，中二街民居，陈家巷民居，县府街清代民居，秦家大院，百岁巷民居，禹王庙，界首镇护国寺大殿，绿荫禅林，千佛庵巷清真寺，菱塘清真寺，净土寺塔，童氏住宅，史宅厅房，于氏姊妹楼，广福庵，邵伯清真寺大殿，嘶马镇关帝庙大殿，个园，何园，扬州城遗址，重宁寺，天宁寺，大明寺及鉴真纪念堂，汪姓盐商住宅，平园，珍园，刘氏庭园，壶园，长生寺阁，盐运使司衙署门厅，莲性寺白塔，文峰塔，二十四桥，大虹桥，文昌阁，卢姓盐商宅院，小金山，棣园，岭南会馆，湖北会馆楠木厅，永宁宫古戏台，廖姓盐商住宅，诸姓盐商住宅，周姓盐商住宅，丁姓盐商住宅，马氏住宅
里运河段	古墓葬	普哈丁墓，隋炀帝陵
	古迹遗址	禹王庙遗址，马棚湾铁牛，江都铁牛，古邗沟遗迹
	文物古迹	康熙乾隆碑，捐修码头记事碑，宝镇寺碑，东关古渡，乾隆清碑
	近现代重要史迹	天主教堂，朱自清故居，扬州教案旧址
江南运河段	运河水利工程设施	通阜桥，大京口桥，小京口桥，北水关石闸，虎踞桥，千秋桥，南水关石闸，练湖闸，五洞桥，文亨桥，广济桥，新坊桥，飞虹桥，毗陵桥，万安桥，惠济桥，清明桥，耕读桥，伯渎桥，枫桥，江村桥，彩云桥，越城桥，行春桥，宝带桥，三里桥，垂虹桥遗址，运河古纤道，安民桥，安德桥，白龙桥，升明桥，泰安桥，中和桥，长虹桥，长生桥，西山庙桥，万点桥，绿水桥，青山桥，普济桥，星桥，通贵桥，白姆桥，龙华寺桥，引善桥，同善桥，下津桥，上津桥，长善浜桥，普安桥，鸭蛋桥，南濠桥，吉水桥，程桥，吴门桥，水关桥，兴龙桥，寿星桥，官太尉桥，永丰仓船埠，觅渡桥，三堡船闸，德胜坝，武林门，龙门闸，浙江闸，圣塘闸，钱塘闸，艮山门，东河滚水坝，秀城桥，秋泾桥，国界桥，文星桥，北丽桥，塔塘桥，司马高桥，乌镇“双桥”，语儿桥，大积桥，大德桥，大有桥，栖凤桥，定泉桥，升平桥，众安桥，大通新桥，浮澜桥，福兴桥，长安虹桥，广济长桥，古通济桥，拱宸桥，欢喜永宁桥，祥符桥，桂芳桥，东新桥，上塘桥，广济桥，赤岸桥，衣锦桥，隆兴桥，福德桥，嵇接骨桥，六部桥，老南星桥，海月桥，化仙桥，小诸桥，美政桥，洋泮桥，庆余桥，仙林桥，丰乐桥，西斜桥，西桥，望仙桥，通江桥，上仓桥，凤山桥，水澄桥，复兴桥，洋桥，梁家桥，新宫桥，三圣桥，铁佛寺桥，府桥，柴垛桥，荐桥，积善桥，油局桥，盐桥，登云桥，平安桥，梅东高桥，万安桥，解放桥，淳佑桥，健民桥，安乐桥，斗富二桥，斗富三桥，章家桥，菜市桥，太平桥，新桥，东河第一桥，宝善桥，凤起桥

续表

河段区域	遗产类型	遗产名称
江南运河段	古迹建筑	观音洞一条街，西津渡，待渡亭，新河街一条街，慈寿塔，福音堂，古定福禅寺，老存仁堂药店，城隍庙戏台，清真寺，招隐寺，火星庙戏台，文笔塔，西瀛门城墙，盛怀宣故居，约园，近园，意园，未园，天宁寺，清凉寺，县文庙大成殿，崇法寺大殿，阳湖县城隍庙戏楼，关帝庙大殿，青果巷历史文化保护街区，前北岸、后北岸，天宁寺——舣舟亭历史风貌保护区，寄畅园，龙光塔，惠山祠庙园林，开原寺，天主堂，东林书院，西水仙庙，妙光塔，南禅寺，南水仙庙，上海蚕业学堂，三里亭，十里亭，杨家桥天主堂，铁岭关，寒山寺，横塘驿站，楞枷寺塔，孔庙，蚕花殿，济东会馆，岭南会馆头门，山东会馆门墙，天和药铺，潮州会馆，安徽会馆，戒幢律寺，留园，汀州会馆，梨园公所，金门，胥门，盘门，全晋会馆，拙政园，环秀山庄，玄妙观三清殿，耦园，罗汉院双塔，苏州文庙，网师园，瑞光寺塔，报恩寺塔，五峰园，狮子林，艺圃，怡园，织造署旧址，开元寺无梁殿，沧浪亭，武安会馆，春晖堂杨宅，钱宅，畅园，可园，关帝庙，春申君庙，五路财神殿戏楼，宣州会馆，嘉应会馆，觉海寺，清真寺，西驿亭，修真观戏台，孔庙大成殿，崇福寺金刚殿，汇芳园，化度寺，接待寺，大中祥符律寺，潮王庙，金祝庙，金刚寺，文昌阁，天仙戏院，丹桂茶园，小河直街历史街区，凤山水城门，胡庆余堂，梵天寺经幢，龙兴寺经幢，基督教青年会所旧址，天主教堂，六和塔，凤凰寺，清河坊街历史街区，小营巷旧城风貌保护区，鼓楼传统建筑街巷群保护区，中山中路、中山南路传统商业街保护区，五柳巷，湖边村典型民居保护区
	古墓葬	—
	古迹遗址	大窑路窑群遗址，吴城遗址，越城遗址，阊门遗址，临安城遗址
	文物古迹	焦山碑林，清真寺石刻，乾隆御碑，惠山寺石经幢，天下第二泉石刻，白公堤石幢，石碑坊
	近现代重要史迹	圣公会十字堂，苏州海关旧址，高家花园，天主教堂，郁达夫旧居，潮州会馆，夏衍故居

3.2.4　京杭大运河沿线非物质水文化遗产资源

京杭大运河非物质水文化遗产是水文化遗产中一个非常重要的组成部分。它是指那些以非物质形态存在，随着京杭大运河开凿贯通而诞生或经京杭大运河地域间传播演变而形成的文化遗产形态。它与运河沿线民众的生活联系紧密，是经过长久而有效传承的文化表现形式。它是以人为本的活态水文化遗产，特别强调人类的技艺、经验、精神等非物质元素在水文化遗产中所起到的主导性作用，是一种活态传承、不断衍变的水文化遗产。

《保护非物质文化遗产国际公约》对“非物质文化遗产”（Intangible Cultural Heritage）给出了明确的定义：非物质文化遗产指被各群体、团体、有时为个人视为其文化遗产的各种实践、表演、表现形式、知识和技能及其有关的工具、实物、工艺品和文化场所。各个群体和团体随着其所处环境、与自然界的相互关系和历史条件的变化，不断使这种代代相传的非物质文化遗产得到创新，同时使它们自己具有一种认同感和历史感，从而促进了文化的多样性和人类的创造力。

1. 非物质文化遗产与中华文化体系

我国拥有约 960 万平方千米的土地，从南到北跨热带、亚热带、暖温带、中温带、寒温带气候带，有温带季风气候、亚热带季风气候、热带季风气候、温带大陆性季风气候、高原山地气候等气候类型，在漫长的历史发展进程中，形成了特点鲜明的文化差异性和文化多样性。我国是世界人口大国，是一个多民族国家，也是世界四大文明古国之一，具有五千年文字可考的文明史，是文化遗产最为丰富的国家之一。

2001 年 5 月，联合国教科文组织在法国巴黎宣布第一批“人类口述和非物质文化遗产代表作”名录，中国的昆曲艺术首批入选。截至 2016 年，我国共有 31 个项目入选联合国教科文组织“人类口述和非物质文化遗产代表作”名录，有中国木拱桥传统营造技艺等 7 个项目入选“急需保护的非物质文化遗产名录”，成为世界上入选项目最多的国家。

中国传统文化博大精深，辉煌灿烂，既有京杭大运河、万里长城、秦始皇陵、明清皇宫皇陵、佛教大石窟、苏州园林、黄山、泰山、西湖以及颐和园等世界自然和文化遗产，也有昆曲、古琴、京剧等国粹艺术，还有丝绸织造、瓷器烧制、端午风俗、妈祖文化等非物质文化遗产精粹。我国的非物质文化遗产与物质文化遗产恰似一根根经线与纬线，共同编织出中华文化丰富多彩、色彩斑斓的美好景象，生动地塑造出中国这个东方文明古国的巨人形象。

2. 京杭大运河的非物质水文化遗产

在我国农业文明鼎盛时期的“运河时代”，京杭大运河作为国家统一的保障线、经济交流的大动脉、文化融合的主纽带、沿线城市的母亲河、对外经济文化交流的开放之河，发挥了难以估量的历史作用。京杭大运河作为活态的、线性的、依然在发展变化着的特殊的文化遗产廊道，不仅留下了异常丰富的物质水文化遗产，也留下了内涵深厚、外延广泛的非物质水文化遗产。

对于非物质水文化遗产，要实现有效的、高水平的保护，必须对遗产的具体内容进行科学并系统化的甄别与明确的界定。

首先，学界应当对人类口述与非物质文化遗产形成的文化性与空间性界定。人类生存的时间和空间并不是自然状态下的时间和空间，而是经过人类“文化”了的时间和空间，即人类为自然界的空间和时间附加了许多人文意义。在人类文化中，有一些特定的文化空间成为一种文化表现形式，民间的祭祀性空间便是一个典型代表。例如，遍布京杭大运河沿线及沿海地区的妈祖庙、天后宫等对妈祖的祭祀；也有时间主导的文化表现形式，例如，京杭大运河漕运时期北京通州的“开漕节”。文化的时间性和空间性是非物质水文化遗产的重要表征。

其次，非物质水文化遗产是人类口述与非物质文化遗产的发展演变与京杭大运河联系的考察。京杭大运河非物质水文化遗产的形成、传承与发展变化都与京杭大运河有着直接或间接的连带关系，有着内生、发展、演变和传承的必然联系。主要体现在以下六个方面。

第一，与京杭大运河直接关联的非物质水文化遗产，即京杭大运河本体建设过程中所形成的非物质遗产项目，如运河开凿与疏浚中的传统勘测度量技艺，运河构筑闸坝、加固堤防、堵决筑堤等方面的传统技艺，分水、引水、蓄水、泄水等传统设施营造技艺等。

第二，与京杭大运河的原生性功用直接关联的非物质水文化遗产，如漕运舟船的传统制造技艺，漕粮仓廒的传统营造与防潮、防蛀技艺，巨型原木的传统水陆转运技艺，船舶过闸、盘坝的传统技艺等。

第三，由京杭大运河沿线生活所派生的人类口述遗产，如关于京杭大运河的各类故事、传说，关于京杭大运河的河工号子、船工号子，由京杭大运河助推传播的民歌、童谣等，由京杭大运河产生的社会风俗、礼仪、节庆，以及一些重要的因京杭大运河而形成的方言等。

第四，在京杭大运河沿线地区形成或传承、发展的表演艺术，如戏曲艺术中的京剧、昆曲、梆子

戏等，曲艺中的扬州评话、苏州评弹、相声、单弦、评书等，音乐艺术中的古琴艺术、宗教音乐，舞蹈艺术中的京西太平鼓、天津法鼓、余杭滚灯等。

第五，由于京杭大运河的交通助推，促进需求而产生或传承发展的传统手工艺技能，如临清的贡砖烧造技艺，苏州的金砖制作技艺，宋锦等高档丝织品、刺绣品的制作技艺，玉雕、漆器等手工艺品制作技艺及雕版印刷技艺、木版水印技艺，青瓷和紫砂烧造技艺，碧螺春、龙井茶和花茶加工制作技艺，以及北京烤鸭、天津狗不理包子等食品加工技艺等。

第六，率先在京杭大运河沿线地区形成或传承、发展的中华传统武术、中华传统杂技，以及其他具有代表性的游艺项目。

京杭大运河已经与沿线人民的社会、经济、文化生活融为一体，因此其文化必然从物质层面扩展到社会层面、精神层面，形成大运河沿线所独有的社会组织形式、民俗礼仪等。通过实地考察和深入的文献研究，笔者初步整理京杭大运河沿线的非物质水文化遗产项目 71 个，主要包括饮食文化、历史传说、戏曲（曲艺）、手工业制品、文化和绘画艺术、风俗礼仪、民间游艺活动等。京杭大运河沿线非物质水文化遗产分布情况见表 3–12，详见附录 B。

表 3–12　京杭大运河沿线非物质水文化遗产分布一览表

河流	口头传说和表述	表演艺术	社会风俗、礼仪、节庆	有关自然界和宇宙的知识及实践	传统的手工艺技能	合计
通惠河与北运河	—	2	—	—	3	5
南运河	—	2	—	—	—	2
鲁运河	—	10	—	—	3	13
中运河	—	—	—	—	—	0
里运河	1	6	-	1	3	11
江南运河	1	11	11	1	16	40
合计	2	31	11	2	25	71

3. 京杭大运河非物质水文化遗产保护的重要性及深远意义

京杭大运河的非物质水文化遗产蕴含着中华民族特有的精神价值、思维方式、价值取向和艺术品质，体现着中华民族的生命力和创造力，是中华民族智慧、劳动与创造的结晶。京杭大运河沿线的非物质水文化遗产是中华文化的重要组成部分。在漫长的历史年代里，运河的血脉不仅滋养了中华民族的肌体和力量，也培植了中华民族的智慧、精神和民族特质。目前，已经入选世界遗产名录的中国的物质遗产和非物质遗产中，许多具有代表性的遗产项目和京杭大运河有着直接或间接的联系，具有典型的水文化遗产特征，它们是世界遗产的重要组成部分，也是人类文明的瑰宝。

保护、发展和传承大运河非物质水文化遗产，是保护中华传统文化、增强软实力、实现中华民族伟大复兴的必然要求，也是中华儿女义不容辞的义务与责任。在担负这种传承和保护责任的同时，得到精神、物质和文化等多层面的收获，同时为整体性、原真性、完整性保护京杭大运河文化遗产，使其活态传承下去做好基础研究工作。

3.3 京杭大运河水文化遗产的价值

一般而言，资源的价值是具有能满足人们需要的属性的。要认识京杭大运河水文化遗产的价值，就应当从历史、现实与未来的多个视角，从可持续利用的角度出发，全面研究京杭大运河满足人们现实和潜在需求的功能，从而全面判断其相应的价值。任何孤立的价值判断以及由此而导致的孤立的工程举措，都将为后世留下不可弥补的遗憾。

3.3.1 文化遗产六条价值标准的解读

水文化遗产是文化遗产的一项重要组成部分，而文化遗产属性是京杭大运河最重要的属性。从已经发表的研究成果中看，目前关于京杭大运河遗产价值的专门认知和阐述尚不系统、完善，比较系统的研究是《国际运河古迹清单》中有关京杭大运河的遗产价值的认识部分。《国际运河古迹清单》是世界遗产委员会及 ICOMOS 委托研究的产物，它集中了世界遗产运河研究领域权威专家的意见，可以说是世界遗产运河研究的权威文件。该文件在《实施〈世界遗产公约〉操作指南》（1996 年版）文化遗产标准（6 条）的基础上，针对京杭大运河的价值进行了评价。

标准一：水利工程技术方面代表了人类创造精神的杰作。

京杭大运河是由多条自然河流之间若干人工河段构成的连续水道。无论是隋唐宋时期的大运河，还是元明清时期的大运河，都形成了不同历史时期以都城为中心的贯通海河、黄河、长江、淮河和钱塘江的骨干水路。水资源地域和时空的差异、各江河洪水的影响，尤其是黄河巨量泥沙和反复迁徙的水道，造成了中国大运河开凿过程中所面对的各种复杂的工程技术难题。在京杭大运河长达 1 794 千米的连续水道中，每一河段都是具有水量调度、节制等功能的独立工程体系，由水工建筑群形成的供水工程、水道水量节制工程等战胜了天然河道干扰与水道供水的问题，为大运河的通航提供了保障。京杭大运河在水利工程规划和建筑方面体现了中华民族伟大的创造力，代表了 17 世纪工业革命前水利工程规划和建筑的最高水平。例如昆明湖水源工程、戴坝村——南旺分水枢纽工程、高家堰（洪泽湖大堤）、吴江塘路等都是京杭大运河上最为杰出的水利工程典范。

标准二：体现了在一段时间内或世界某一文化区域内重要的价值观交流，对建筑、技术、古迹艺术、城镇规划或景观设计的发展产生过重大影响。

此项标准最初提出的目的旨在定义一项文化遗产在世界一定的历史时期和地域范围内具有重要的影响，直至 1996 年才开始使用“价值观的交流（Interchange of Human Values）”来代替“影响（Influence）”一词。按照更改后的定义，这条标准不仅适用于那些可以当作“模板”且对于别的地区产生重要影响的建筑、技术、艺术、城镇和景观作品，也同样适用于那些接受“模板”或“原型”影响并将这种影响和本土特色进行融合的作品。

由京杭大运河漕运衍生了不同区域的物质交流，更为不同区域的文化交流提供了通道。京杭大运河连续水道全长 1 794 千米，在陆路交通不发达的古代，大运河成为中国内陆地区最为重要的南北贯通的交通干线，在 2 500 余年的运转中，为各地域间的文化和经济交流提供了便捷通道。隋唐宋时期，大运河过钱塘江，水道延伸至明州（今宁波）出海港，国势强大的唐代和文化发达的两宋时代，中国文化影响力深入东亚、南亚等地区，大运河成为中外物质交流和宗教传播的重要通道。各国的船队多是越过海洋到达杭州、扬州等港口，再沿着京杭大运河水道抵达运河沿线的各个城

市。日本、朝鲜等国的佛教高僧来我国传播佛教，以及我国的僧人出国宣法取经都是要依靠大运河的水路出入。宋代，除僧人外，还有大量的外国使节、学者和商人沿运河而行，有的甚至在沿运河城市出任官职。元代，随着京杭大运河的全线贯通，欧洲人开始出现在运河上，其中最为著名的是意大利商人马可·波罗，他曾多次到达中国，并在运河地区做官，游历过许多运河沿线城镇。明代，京杭大运河畅通，南亚各国朝贡使臣多从福建、浙江沿海登陆，沿运河北上，除携带贡品外，还有大量的货物、典籍、文物等在运河沿线城镇交易。明后期，以意大利人利玛窦为代表的西方传教士借助京杭大运河南北往来传教，同时向沿运河城镇居民介绍西方先进的科学技术，并学习中国的传统习俗。到了清代，运河是外来宗教最早的传播路径，清真寺、基督教堂、天主教堂和修道院等最早出现在大运河沿线地区，并由此向我国广阔的内陆乡村和城市延伸。

标准三：能为现存的或已消逝的文明或文化传统提供独特的或至少是特殊的见证。

此项标准提出的目的在于帮助识别那些见证历史中人类文明重大发展的遗产，在最初的标准阐释里，主要偏向于寻找那些已经消逝的文明和文化的证据（以考古遗存为主）。随着近年来的修订，这条标准中加入了仍然存在的“活的（living）”文化，遗产的类型也由原来的考古遗址为主扩展到了文化景观、文化线路、运河遗产和历史城镇等。

在春秋战国至清代长达 2 500 多年的时间里，以都城为中心的运河开凿和以漕运运输为主的大运河管理，体现出不同历史时期国家意志对江河拥有权和水资源分配权的垄断。受地域自然条件的影响，中国粮食产区主要分布在东南地区，而统一帝国时期，都城往往位于北方，政治中心和经济中心分离，这决定了京杭大运河在支撑国家经济中的交通命脉地位。京杭大运河开凿和运用的历史贯穿于中国整个历史发展进程的重要时期，为中国各个历史时期政治、经济、社会、文化形态等提供了重要的见证。

京杭大运河最初只是出于军事目的而修建的区间运河。战国时期开凿的沟通黄河与淮河流域的鸿沟、沟通淮河与长江流域的邗沟，以及三国时期曹操所开的白沟、平虏渠和利漕渠，主要是为了战争时期运输军队及粮草。隋朝结束了 300 多年的分裂局面，又重新出现了大一统的帝国。隋炀帝开凿了永济渠和通济渠，系统整治了山阳渎（即邗沟）、江南河。隋朝在历史上存留不到 40 年（公元 581—618 年），然而留下的大运河在此后的 600 多年的时间里分别以唐东都洛阳和宋汴京开封为目的地，以漕运为主要功能，成了唐宋帝国的经济大动脉。

到了元明清时期，大运河截弯取直，成就了现在的京杭大运河，以北京都城为北端，以江南杭州为南端，在北方政治中心和南方经济中心之间建立起更为直接的沟通途径。京杭大运河在黄淮交汇处成功穿越黄河，又越过地形高差达 50 多米的运河之脊山东地垒段，成功解决了坡度较陡的北京段水源问题，这是我国当时在水利工程技术领域世界领先的见证。

京杭大运河是我国最重要的南北沟通路径。为了实现漕运目标，国家不惜征集大量的物力，动用数以百万计的民力兴建运河和管理运河，通过国家法规和制度建设、强制性的水量调度保障运河供水。京杭大运河成为粮食产区与需求地的联系纽带，实现了政治中心与经济中心的联系。京杭大运河推动了不同地域的物资交换，由此而形成并繁荣了诸多运河城镇，影响了沿线居民的生活形态和习俗，衍生出丰富的地域文化。大运河的开凿和经营，反映了不同时期中国的政治、社会、经济和文化形态，是我国 2 500 多年历史发展进程的生动见证。

标准四：是一种建筑、建筑群、技术整体或景观的杰出范例，展现历史上一个（或几个）重要发

展阶段。

此项标准是所有标准中被使用次数最多的一条，它用来鉴别在一定的地区范围和历史时期中被认为是一项杰作而成为榜样的遗产。在早期的标准四阐释中只包括建筑和建筑群，20 世纪 90 年代以后才逐渐加入景观和技术价值，其中技术价值正是由于 1994 年加拿大运河专家会议的建议而加入的，这也意味着它非常适合使用在代表某一文化下技术特色的运河遗产的价值认定中。通过对遗产使用这条标准的频率统计，可以看出当前使用标准四最多的遗产类型是宗教遗产，其次是历史城镇、军事设施及景观，技术类（特别是水利技术）仍然较少出现，这说明运河在世界遗产的未来发展中仍然具有很大的空间。

京杭大运河始凿于公元前 486 年春秋时期，是中国文明史上运河水利技术的杰出范例，同时也是亚洲地区乃至世界范围内古代交通运河的珍稀实例，以及水利技术体系的伟大代表作。京杭大运河的技术特色主要体现在对于水资源的利用上，它的水工设施构造完善实用，能完美地协调运作，可达到精确的水量调配、控制效果，在确保航运的同时兼顾灌溉和泄洪等多种功能。京杭大运河相关水利设施的增废和改进体现了中国古代水利技术在 2 500 余年中随着自然和社会的发展而持续有机更新、形成自身独特体系的过程；同时，京杭大运河绵延千里的水道与周边自然、人文环境逐渐融合形成了独特的运河沿线景观形态，形成超大型线性的水文化遗产廊道，是我国运河文化的重要载体和运河景观的杰出范例。

标准五：是传统人类聚居、土地使用或海洋开发的杰出范例，代表一种（或几种）文化或者人类与环境的相互作用，特别是由于不可扭转的变化的影响而脆弱易损。

此项标准是所有突出普遍价值标准中被使用最少的一条，不过随着遗产概念的更新，这条标准中的概念也被不断地扩大，可以用于更多的遗产项目价值认定。最初这条标准的阐释中只有传统人类聚居地的杰出范例，因此常被专门指向历史村落和城镇，后来随着文化景观概念的兴起，阐释中逐渐加入了“土地使用”“海洋开发”的新内容，同时强调代表的是“人类与环境的相互作用”，因此，与土地利用相关的农业遗产以及和古代渔民使用海洋资源形成的文化景观也可以纳入这条标准。同时我们也可以预见，随着“人类与环境相互作用”的概念被不断拓宽，与其他自然资源的杰出利用和改造相关的遗产也可以纳入这条标准，其中自然也包括了水资源的开发利用。

京杭大运河见证了持续 2 500 多年的、成功的水利资源开发实践，以可持续的方式兼顾航运运输、灌溉、泄洪等多项功能，并在绵延千里的过程中协调地融入了周边沿线自然生态系统和社会生态系统，不仅滋养了众多繁华的运河城镇，而且呈现出水乡风貌、自然田园风貌，保护了生态系统和生物多样性。作为人类充分利用自然条件人工建造的大型水利工程，京杭大运河以其独特的水文化为底蕴而产生的运河沿线生产生活居住方式体现出人与自然的完美和谐。

标准六：与具有突出普遍意义的事件、文化传统、观点、信仰、艺术作品或文学作品有直接或实质的联系。

此项标准从最初提出到 20 世纪 80 年代仅仅关联到重要人物、事件、观点、信仰或哲学等，到了 20 世纪 90 年代才逐渐加入活着的文化传统、艺术和文学作品等，扩充了标准的概念和适用范围。标准六在现状适用中最常见的是将遗产与宗教信仰主题相关联，其次是将遗产与政治主题相关联，然后是将遗产与文化主题相关联。

3.3.2　京杭大运河水文化遗产价值综述

"价值"是一项主观的评论,"突出普遍价值"是世界遗产保护运动根据联合国教科文组织促进人类和平与相互理解的目的而设置的价值衡量标准,它旨在引导不同国家、地区,受不同文明熏陶的人们建立一个基于全人类共识的价值观,其方式就是将所有国家和地区的文化遗产通过价值的认定,从普世价值的角度来重新解释和展示他们的遗产。如果说"突出普遍价值"是联合国教科文组织从人类和平立场而制定的评价标准的话,那么除此之外,京杭大运河水文化遗产的价值还可以有基于其他群体立场或基于其他角度的评价。不过,鉴于京杭大运河历史、文化内涵的丰富性、多元性和综合性,要做到全方位地阐释大运河水文化遗产的其他价值,实在是力有不逮,因此,只能从国内外已有研究中寻找相关线索,为今后的深入研究构建一个用于更深层次解读京杭大运河水文化遗产的更广泛的角度,同时提出后续价值研究的一些建议。本研究以京杭大运河的突出普遍价值作为出发点,在研究工作中进一步从其他角度出发来深入理解和阐释京杭大运河水文化遗产。

3.3.2.1　京杭大运河水文化遗产的社会价值

京杭大运河水文化遗产是中华民族利用自然水资源、社会发展遗存下来的具有科学技术性、实用功能性的宝贵遗产资源,具有现实社会价值。清光绪二十六年(1900 年),清政府正式下令停止各省河运漕粮,京杭大运河的部分河道逐渐湮废、淤堵,致使局部河段断航,因此京杭大运河贯通南北的交通命脉角色逐渐淡化下来。随着时代进步,现代公路、铁路等新型交通方式兴起,京杭大运河不再发挥其核心的交通纽带作用。但是由于京杭大运河本身存在着极其优质的通航条件,并且连接了南方许多重要的城市,现在济宁以南的城市中古老的运河仍然在延续着航运功能,因此大运河是"活着的""生命力旺盛"的文化遗产,与其功能相关联的一些水文化遗产也依旧发挥着使用功能,如河道本身、桥梁、闸坝等仍然具有社会价值。20 世纪 90 年代,京杭大运河被列为国家内河航运的重点规划对象,目的是将其扩建为承载量仅次于长江的"黄金水道"。在这一阶段的工程中,大量古代河道被截弯取直、拓宽,一些早期的水利设施(如船闸)结合现代技术进行了改造。21 世纪初,基本完成航运改造的京杭大运河的部分河道达到了三级甚至二级航运标准。据相关记载,长江到济宁的大运河可允许千吨级船舶通过,年通过能力可达到 2 500 万吨。如今,在京杭大运河的河道上经常能看到往来不绝的货运船只,它们将从山东和两淮地区出产的原煤运送到上海、南京、杭州等东部重要的工业城市。因此,无论是从货运量还是对于东部核心城市发展的贡献来看,京杭大运河的河道和与其功能相关的水文化遗产仍然具有极高的交通运输价值。

除了作为纯粹的交通航线外,京杭大运河在当代还面临着重要的角色转换,它所承担的娱乐休闲功能日益加强,并且逐渐成为沿运城市旅游休闲的重要文化资源,因此,京杭大运河水文化遗产又增添了新的社会功能和价值,运河水文化遗产角色的转换也是迎合国际的一个普遍趋势。近代铁路交通发展起来以后,许多曾经在历史上有过重要交通意义的运河都逐渐失去了原有的交通功能,随着 19 世纪末休闲度假风潮的兴起,那些古代运河遗产都开始变成了游览胜地,国外的重要运河遗产案例中,米迪运河、里多运河都是如此。近年来随着保护工作的逐步开展,京杭大运河(特别是已经不再使用的古运河河道)在娱乐休闲方面的优势也逐渐显现出来,因为它联系着东部最重要也是最发达的历史文化名城,如杭州、苏州、无锡、扬州等。这些城市的历史本来就与运河有着千丝万缕的联系,而今古代河道也都穿城而过,在城内遗留下大量且珍贵的水文化遗产。所以,无论从地理优势还是从文化关联上看,京杭大运河都是历史文化名城游览的重要元素之一。娱乐休闲功

能与交通功能不同的是，它对于城市的文明建设和社会和谐的无形贡献更加显著。一些重要的古运河沿线区域集中展现着大运河水文化遗产，例如杭州拱宸桥桥西历史街区、小河直街历史街区、苏州的平江路、无锡的“江南水弄堂”、扬州的东关街等，如今都已成为城市历史景观的代表，甚至成为城市的文化名片。

此外，京杭大运河水文化遗产也开始承担起重要的公众教育职能。运河沿线的古代水文化遗产遗迹，诸如寺庙、园林、河工设施、古桥、古纤道、钞关、粮仓等类型丰富，反映了中国传统社会生产生活的方方面面。这些古代遗址遗迹对游客和城市居民来讲是最生动、最形象的历史文化教材。如今，随着京杭大运河被列入《世界遗产名录》，各沿线城市的保护工作紧锣密鼓地开展起来并日渐深入，大运河相关遗产（包括水文化遗产）的展示和博物馆的建设已经陆续完成。例如，杭州市拱宸桥东岸就建有京杭大运河博物馆（图 3–7），拱宸桥西岸的桥西历史文化街区内还有三座具有江南气息的文化艺术专题博物馆①（图 3–8）。这些各具特色的博物馆与京杭大运河共同组成了杭州市青少年文化教育的重要场所，也是游客了解杭州、了解京杭大运河的重要途径。

图 3–7　杭州拱宸桥畔中国京杭大运河博物馆

图 3–8　京杭大运河文化艺术专题博物馆

① 分别是：中国刀剪剑博物馆、中国伞博物馆、中国扇博物馆。

3.3.2.2　京杭大运河水文化遗产的精神价值

京杭大运河本身虽然并不能归类为宗教遗产，但由于其在历史文化交流中所发挥的重要作用，运河两岸出现了许多和宗教、信仰相关的建筑，靠水传播交流的特点也将这类建筑遗迹归类为水文化遗产，因此沿线城市也是我国最早发展宗教信仰的城市，这也使得运河沿线居民的生活和心理状态悄然改变。京杭大运河孕育了许多本土民间信仰、民间传统，如今这些与京杭大运河紧密关联的非物质文化遗产已经成为当地居民精神情感的重要组成部分，并且成为增强他们身份感的重要文化基因。

首先从整体上看，京杭大运河作为一条重要的水利工程带给了全中国人民无比的自豪感，并且成为同胞之间感情融和的见证。不仅如此，在京杭大运河的沿线形成了许多特有的信仰形式，这些信仰至今仍然对当地百姓有着突出的精神价值。另一个特殊的现象是在运河修建和使用过程中，运河沿线各地纷纷建造龙王庙，并广泛流行起水神信仰。水崇拜一直是我国道教民间崇拜的一个古老话题，在我国古人的心中，水是“具有生命力、生长力”的。京杭大运河沿线的龙王庙更是和水利及民生息息相关，其中最著名的就是在南旺修建的分水龙王庙。因为南旺水利枢纽工程成功将汶河水引入大运河，实现南北同时补水，因此此龙王庙得“分水”之名。南旺分水枢纽水系见图 3–9。这座龙王庙，除用来祭龙王、禹王等水神之外，还祭开凿南旺分水工程的明代工部尚书宋礼、济宁同知潘叔正及农民水利家白英老人，因此可以说明各地的民间信仰、世界观和人生哲学已经成为京杭大运河历史的重要组成部分，与沿线居民的精神世界和情感世界有着紧密的联系。

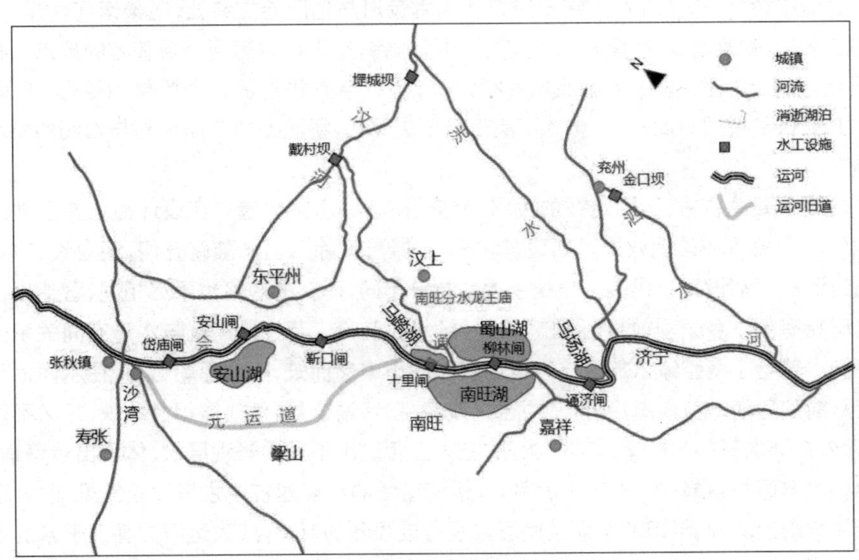

图 3–9　南旺分水枢纽水系图

如果说民俗信仰的诞生说明了京杭大运河水文化遗产对于地方社区有重要的精神价值的话，那么一些因运河而产生的特有的民俗活动则证明了人们对运河的情感价值。历史上京杭大运河沿线有着非常丰富的民俗活动，嘉兴的网船会是其中一项较有特色的代表。网船会与一般庙会不同，它以嘉兴城北刘王庙前的莲泗荡为庙会聚集地。据史料记载，自清咸丰时期起，每年清明、中秋、除夕期间都会有成千上万来自江浙沪地区的渔民从京杭大运河沿线循水而来，举办迎神赛会，祭祀

“刘猛将”。每年举办庙会时，渔船布满宽阔的荡面，气势恢宏。网船会是京杭大运河江南段船民和渔民的一个重大盛会，对于这些他们来说，由于职业的特殊性，一年四季都在水上漂泊，亲友间的聚会和联络十分困难，所以网船会是难得的联络感情、会见亲友的机会。

3.3.2.3 京杭大运河水文化遗产的美学价值

在人类历史中，真正伟大的工程都不仅取得技术上的成就，而且具备体现时代文化和艺术的特点。京杭大运河本身作为大型水利工程来说在艺术和美学方面的价值是不容忽视的，而其保留下来的众多水文化遗产也具有极强的文化、艺术和美学价值。它不仅仅是一项规模宏大的水利交通工程，更是在水利设施的外形、河岸景观、沿线建筑等一系列水文化遗产方面拥有一套统一、和谐的设计美学，充分体现了中国传统社会的审美意趣。

在京杭大运河上的水利和交通工程设施中最具有艺术代表性的当属古桥了。现在保存较好的著名古桥有杭州的拱宸桥、苏州的宝带桥、无锡的清名桥、扬州的五亭桥等（图 3-10），它们的结构、造型以及装饰手法多变，随着周边自然和人文环境的差异呈现出丰富的景观效果。例如，拱宸桥位于杭州市内京杭大运河的城市河段上，是京杭大运河南端的标志建筑，在较宽阔的河面上设计成三孔薄墩联拱驼峰桥，中心桥洞最大，既满足了大型船只通过的需要，同时在视觉上又能构成较为稳定的三角形，显得桥身宏伟、庄严、壮丽，整体姿态与“拱宸”的寓意（象征对帝王的相迎和敬意）极为契合，见图 3-11。苏州的宝带桥虽然没有位于主航道上，但横跨较长的距离，因此设计成 53 孔的石拱桥，从形象上如同一条玉带横于平静的湖面上，同时从功能上兼具泄洪的作用。无锡清名桥原名清宁桥，位于江苏省无锡市南门外的古运河与伯渎巷交会处，飞架运河两岸，为单孔石拱桥，全由花岗岩砌筑而成，整座桥造型匀称，稳固雄伟，是无锡古运河上最著名的景点。扬州的五亭桥位于瘦西湖上，是中国最著名的景观桥之一，桥身平面并不是一个简单的矩形，而呈“工”字形，桥下 15 处拱形桥洞彼此相连，整体浑重而又不失灵巧，桥面上的 5 座风亭与稳固的桥基形成刚柔并济的效果。

除了玲珑多姿的古桥，运河沿线的民居、寺庙、街巷等水文化遗产在设计上也更多地体现出与水道之间的空间关系和景观效果。如建筑和院落的设计，除了面向陆路开门，还会设计水门，在各家各户临运河一侧都设置小码头。根据主人的身份不同，码头的规格也不尽相同，营造出在运河航道上观看时特有的水乡景观效果（图 3-12）。扬州的普哈丁墓也是建筑与水道空间关系处理得当的代表案例。普哈丁墓整体依靠京杭大运河河畔的小山岗而筑，正门面朝运河，在水面上可以看到各进院落从前到后随地势逐渐抬升，其中古树茂密、粉墙漏窗、翼角飞檐相互掩映，却又不能一览无余；从水面入口处的开阔到院落内部的幽深，整体上营造出不同的景观层次，体现出步移景异、渐入佳境的中国古典园林意趣（图 3-13）。另外，运河沿线的寺庙建筑中古塔比较常见，因为塔身以其竖直的形体与周边宽阔、平坦的水面及民居景观形成强烈的对比，成为运河方圆几千米的景观视觉中心，同时也是游人过客怀古、抒情的重要文化场所。如瓜州至扬州古运河畔就有高旻寺塔和文峰塔两座古塔、“一支塔影认通州”的燃灯佛舍利塔、临清八景之一的舍利塔、西湖之南钱塘江畔的六和塔，它们都是现存的大运河水文化遗产中古代临水寺庙景观建筑的杰出代表。

1. 拱宸桥（杭州）
2. 清名桥（无锡）
3. 宝带桥（苏州）
4. 五亭桥（扬州）

图 3–10　京杭大运河上的著名古桥

图 3–11　拱宸桥美学结构分析图

图 3-12　古运河水乡景观

图 3-13　古运河畔的普哈丁园

图 3-14　京杭大运河著名临水寺庙古塔

京杭大运河水文化遗产在社会价值、精神价值和美学价值各方面都具备丰富的内容，随着不同学科的兴起和发展，京杭大运河水文化遗产的价值将会受到越来越多的关注，在其他方面的价值也将逐渐显现出来。首先，作为一条经历了中国古代2 500多年历史的长河，京杭大运河遗留下来太多的珍贵水文化遗产，具有极高的研究价值，其研究领域不应仅限于水利工程技术史、航运交通史等传统方向，随着文化人类学、文化地理学、风景园林学等学科的发展，运河水文化遗产的研究也将为文化传播、文化扩散现象、地域文化关联与发展、文化景观等领域提供重要线索。例如民间戏曲、神话传说、文学、绘画风格、匠作技艺等非物质水文化遗产均会随着大运河的传播而发生演变。其次，京杭大运河的开凿作为一项开山劈河的巨型工程，也使周围的生态环境发生了极大改变，因此对于京杭大运河的生态价值的研究将对运河沿线城市、乡村等的水文化遗产资源的整合、合理利用和可持续发展做出积极贡献。最后，京杭大运河水文化遗产还具有极高的记忆价值，它对于运河沿线的社区居民来说是承载了家族传统和先辈故事的重要载体，也承载着离家在外人们对家乡的情感连接，这些记忆和情感连接对于其他中国人来说也具有非凡的民族情结。如近代在无锡段运河沿线形成了密集的民族工商业，包括茂新面粉厂、庆丰纱厂、北仓门蚕丝仓库和永泰丝厂等，虽然这些民族工商业逐渐退出了历史舞台，但是曾经在此地工作、生活的人们已经和这些遗产及古老的京杭大运河发生了记忆关联，是一代人生命中的重要生活场所。

3.3.3　京杭大运河自身价值评析

如果从一个比较理想的角度来看，京杭大运河无疑符合上述所有六条文化遗产的申报标准。然而世界遗产保护的概念更看重的是遗产通过符合某些特定的价值标准而能够“组织出一个能够打动人的故事”，表达出遗产自身的精神特质。从这个角度来讲，在每条标准上都积极阐释有可能造成舍本逐末的现象，使得京杭大运河自身文化遗产的整体形象不够清晰明确。这就要求我们在充分认识京杭大运河价值丰富性的基础之上，还要通过一定的增删润色工作，对京杭大运河进行价值的“修饰”，将遗产的整体价值表述得更加有焦点和突出性，从而得到国际社会的普遍认同。从当前世界遗产中新类型的概念出发，我们将分别阐释京杭大运河价值的不同方面，以期为其水文化遗产价值的评述选择更适合的标准。

1. 历史文化价值

京杭大运河的历史文化价值主要体现在对南北交通、农业文明以及社会发展的贡献上。首先京杭大运河加强了中国南北之间的交通和交流，促进了南北方文化的交融，在方便南粮北运的同时促进了沿线城市的迅猛发展；其次京杭大运河的开通加强了江南地区的经济建设，巩固了中央政府对全国的统治，京杭大运河为大一统的中国经济做出了重要的贡献，促进了中国以一个强国的身份在世界崛起。京杭大运河是中华文明历史发展的一种独特见证，也是和世界取得交流联系的重要纽带，其便利的水路交通将中国文化传播到世界，再将世界文化传播到中国多个地域，由此推动中华民族文明的进步。可以说京杭大运河不仅为我们留下了丰富的历史文化遗存，还孕育了一座座璀璨明珠般的名城古镇，积淀了深厚悠久的文化底蕴。它更是代表着中华民族古代劳动人民的智慧、文化和精神，是祖先留给我们的珍贵的物质和精神财富，是活着的、流动的重要人类遗产。

2. 水利史中的技术价值

“遗产运河”这一类型产生于20世纪90年代，在这个类型的基本定义中虽然提到运河应具有历史和技术方面的突出普遍价值，但在《国际运河古迹名录》的制定上却更加注重识别和评估运河在技术方面的价值。在这份具有国际影响力的文献中，京杭大运河不仅在单体构造中获多项提名，并且被评为世界上最具有技术重要性的运河之一。《国际运河古迹名录》的权威性结论，标志着京杭大运河在技术层面上的杰出价值已经得到了世界范围的认可，这也是京杭大运河以遗产运河类型进行保护的最大优势所在。另外，水利史研究一直是我国一个非常传统的学科，而有关京杭大运河水利史方面的著作颇丰，既有姚汉源、史念海等学术大家的综合性著作，也有当代学者的深化研究成果。由于这些学术方面的沉积，京杭大运河在水利技术上的价值已经得到了深入的认可，其技术与文化之间的深层联系也被逐渐揭开。例如，谭徐明教授就认为“米迪运河、里多运河是工业革命时期的标志性工程，而京杭大运河则代表了工业革命前水利规划和土木工程所能达到的顶峰……显示出中国运河工程技术在17世纪前领先世界的水平。”这表明中国的学者已经敏锐地捕捉到《国际运河古迹名录》中除工业技术之外其他技术体系的缺失，并且试图将工业革命前与工业革命、西方与东方不同的技术体系加以区分，为中国大运河技术的独特性在世界技术上建立合法的地位。在当前提倡文化多样性的背景下，京杭大运河所代表的东方传统水利技术成就可以赢得更为广泛的认可。

如果将京杭大运河明确地定位为遗产运河类型的话，则从技术价值的角度出发，可以直接呼应突出普遍价值的标准一和标准四。

3. 艺术与文化景观价值

京杭大运河的保护工作开展以来，其独特的运河景观一直受到国内外各界的关注。现阶段的研究成果主要集中在景观生态学、风景园林学等学科领域，它的直接目的是服务于具体沿河景观的设计和保护。不过，一些专家已经隐约意识到京杭大运河在文化景观方面的价值。例如，俞孔坚等人指出，京杭大运河具有“有机进化的景观”的特征和价值，而现在京杭大运河正受到当前城乡建设和自然破坏的严重威胁，这可以从世界遗产登录标准的第五条来阐释它在文化景观方面的特点。另外，张廷皓指出京杭大运河“产生于一个对水有着极大需求的国度，它产生于一个对水有着独到理解的国度，它产生于一个有能力处理水资源复杂问题的国度”。这种关系既包括物质生活上的相互依存，也包括精神上的依赖和挑战，因此符合“关联性景观”的定义，可以呼应突出普遍价值标准六的阐释内容。事实上，京杭大运河作为文化景观的特质独一无二，因为它是在巨型尺度上改造水资源的稀有案例（目前所知为世界上唯一案例），同时也是多种文化景观类型的结合体，包括有机进化的景观和关联性景观，这在世界其他地区极为罕见，因此如果京杭大运河在文化景观方面的价值得到充分发掘的话，在突出普遍价值方面也是具有强大的说服力的。不过，从现阶段的研究水平和研究深度来看，京杭大运河在文化景观方面价值的研究深度与满足突出普遍价值标准之间仍然存在一定的差距。从遗产构成的角度及其真实性和完整性等方面还没有充分的证据，而且国内基本没有正式地从“文化景观”的概念和价值评估体系来研究京杭大运河。京杭大运河的水资源利用模式、生态系统和背后所体现的自然观和哲学理念等基础研究课题并没有完全展开，所以从现阶段的成果来说，京杭大运河作为文化景观类型的突出普遍价值仍然得不到完全的彰显和表达。

4. 线性文化价值

京杭大运河作为文化生成线路的特征十分突出，符合线性文化的识别要求。首先，京杭大运河作为航运水路与一种特殊的制度（漕运）相关联，漕运制度乃是中国传统文化中的独创，它保障了国家统治对于大规模经济物资流动的需求，奠定了大一统国家的物质基础。其次，伴随着漕运制度运河沿线形成了特有的漕运文化，它带来了两岸各地商贾、文化、技艺等多方面的交流和互动，在文化的多维度交流和融合中形成了统一的中华文明。从这个角度看，京杭大运河是一条带来融合与统一的文化线路。另外，京杭大运河还同时在中外文化交流中扮演了重要的角色，它完全满足突出普遍价值中标准三和标准六的要求。从当前的世界遗产现状来看，京杭大运河无论是其空间跨度还是历史长度都是世界遗产中同类水道运河类中的翘楚，其文化交流的复杂性、深度和广度都远远超出同类遗产。国际虽然将水道类遗产列入《世界遗产名录》，但是都没有从文化线路的角度进行价值阐述。总之，京杭大运河是一项具有一定代表性的、可以填补名录空白的、特殊的文化线路，这在当前世界遗产中是极为稀缺的，是人类历史中最为重要的文化财富。

但是相比遗产运河来说，京杭大运河作为文化线路的研究也尚处于起步阶段。首先，由于构成京杭大运河文化线路的要素类型非常复杂、规模巨大，因此为遗产元素的调查研究带来了许多困难，由于人员的研究精力有限，所以无法在短期内摸清具体遗存的数量和保存状况。其次，当前京杭大运河的漕运文化研究虽然已有一定的基础，但是基于文化交流的各个主题，还缺乏针对性和系统性的专题研究。仅仅从这个角度来看，京杭大运河作为线性文化线路所具有的突出普遍价值的研究并不能在短期内得到充分结论。

以上三种特殊的文化遗产类型为我们提供了三种不同的价值认知角度，由于水文化遗产属于文化遗产的涵盖范畴，所以在后面针对水文化遗产价值的研究角度和价值类型标准判定中可以借鉴本小节的述评和分析内容。当然也可以针对复合类型遗产的价值研究，如果将这三种遗产类型的价值体系综合，会形成一个庞大而复杂的遗产价值识别体系，它所能展现的价值将远远超过我们的想象，并且更能从多角度反映人类文化各种现象的本质。但是复合类型遗产价值研究角度在遗产保护实际操作中势必会更加耗费人力、物力、财力和时间，在国际上常规做法中极少被应用。

本章小结

在以“漕运”为主导功能的农业时代，河道、水源、水利工程设施、航运工程设施以及管理与运行机构既是保障京杭大运河漕运功能的基本要素，又构成了京杭大运河的完整体系。随着大运河漕运功能的完善通畅、运河沿线地区城镇与乡村的发展繁荣，大量商市、街区、园林、建筑、石刻、墓葬以及戏曲歌舞、民俗传说等应运而生，这些都与“水文化”有着千丝万缕的联，京杭大运河从而成为中华大地上一条名副其实的水文化遗产廊道。本章在借鉴了文化遗产资源各种分类方法的基础上，提出了京杭大运河水文化遗产资源分类方法，并按照水文化资源与京杭大运河的关系亲疏，将其划分为核心区、重心区和影响辐射区三个层次，各类遗产根据所处位置划分为核心遗产、关联遗产和连带遗产，从而对京杭大运河水文化遗产资源进行分层认定。为了详细、直观地分析京杭大运河水文化遗产资源情况，本章还尝试构建京杭大运河水文化遗产资源数据库，初步整理定位水文化遗产资源总数 560 个，对各个水文化遗产所属河段、类型、年代、保护等级、保存现状、具体存在地点

等逐一进行了编号分类整理，以期为未来的研究打下基础。同时，本章也对京杭大运河沿线非物质水文化遗产进行了分类整理。在对京杭大运河水文化遗产价值解读时仅仅就它的社会价值、精神价值和美学价值进行了分析，针对其中一些特点和重要案例做出初步的阐释，希望以此能唤起更多领域专家学者对运河水文化遗产价值的关注，使其具有更完善、更科学的价值体系。

第 4 章　京杭大运河水文化遗产的地域性流变及地域划分

京杭大运河是一项与众不同的世界文化遗产，是全国范围内乃至世界范围内都少有的至今仍然“活着的”世界文化遗产。从学术角度来看，京杭大运河不仅代表着一种或多种文化的延续，而且向世人展示着一种活态传承的精神与存在方式。京杭大运河绵延 1 700 多千米，对于这种“超大型、活着的”文化遗产而言，“文化基因”和“地域文化”之间会产生什么样的交互作用？两者是否存在着动态的依附关系？这对京杭大运河水文化遗产的保护和传承有何影响？

本章将从南北方文化交流和中外文化交流的角度分析京杭大运河在地域文化交流中所起到的纽带作用，从历史演进的角度看京杭大运河“文化基因”的地域性流变特点，将京杭大运河既视为一种文化遗产形式，又视为“文化基因”的载体，从全新的视角解析京杭大运河的地域性流变特点。为更好地利用不同地域的文化内涵和外在表征，本章在既有的京杭大运河地理分段基础上，以文化为着眼点，按照文化基因元、文化信息链、文化地域和文化圈层的顺序为大运河水文化进行层级划分，为后面章节更细致深入的京杭大运河水文化遗产研究、分析进行基础铺垫。

4.1　京杭大运河地域性文化交流形成的大背景

京杭大运河被列为世界最宏伟的古代工程之一。中华民族的文化是多元一体的文化，各个区域地理环境不同造成自然条件的差别，经济发展水平不同引起社会条件的差异，生活习俗不同带来文化背景上的差异，以及军事上的封建割据形成政治上的隔绝，这一切造就地域文化的不同特色。随着京杭大运河的南北大贯通和迅速开发，京杭大运河区域的社会经济达到了前所未有的兴盛与繁荣，这不仅为运河区域文化事业的发展提供了雄厚的物质基础，还为南北方的文化交流，甚至中外的文化交流做出了杰出贡献。各地域文化和外来文化之间相互接触、融合，从而推动了中华民族多元一体的大一统文化不断进步和发展。

4.1.1　自然背景

1. 我国地理位置的特点

在古代交通尚不发达的情况下，中国是一个相对封闭的、巨大的地理文化单元。另外，希腊、埃及、美索不达米亚等古代文明发达的地区都在欧亚大陆的另一端，与我国遥遥相望；印度与我国之间横亘着喜马拉雅山脉；虽然北部的草原和东南方向的海洋具备着较好的交通条件，但是西伯利亚地区没有发达的古代文明；古代拉美文明远在太平洋以东，并不方便与我国往来。

正是这种特殊的地理位置和地理环境造就了中国古代文明的特殊性和相对封闭性。而这种特殊性和相对封闭性一方面决定了我国内部文化交流线路具有与其他国家不同的文化特征；另一方面一旦这种地理隔阂消失后，中国便会与世界其他地域进行更为丰富多彩的文化交流活动。

2. 我国版图内部特殊的地理构造

我国山脉众多，东西走向的山脉从北到南主要有：天山—阴山、昆仑山—秦岭和南岭。东北—西南走向的山脉自西向东主要有：大兴安岭—太行山—巫山—雪峰山、长白山—武夷山以及台湾山脉。西北—东南走向的山脉主要有阿尔泰山和祁连山。这些纵向和横向的山脉将中国划分为若干个相对较为封闭的地理单元。

由这些山脉分割形成的地理单元按照我国地形的阶梯状分布，依次为：第一阶梯，分布着青藏高原、柴达木盆地及其他小盆地；第二阶梯，从北到南分别分布着准噶尔盆地、塔里木盆地、内蒙古高原、黄土高原、四川盆地和云贵高原；第三阶梯，从北到南依次为东北平原、华北平原和长江中下游平原，此外，还分布着一些山脉和丘陵，它们多分布在平原的边缘地带。我国地形高度的三大阶梯特色及面临内陆和海洋等位置的不同的这些地理单元有着非常明显的气候环境差异，这也从自然环境因素上影响了不同地理单元内人类的生活方式和文化传统。相对独立的地理单元会形成相对独立的文化单元，这证明了地理的差异造就了具有文化多样性的地域文化特色，各区域之间的文化差异和彼此需求迫切需要一条方便连接的线性交通路线的出现，京杭大运河完美担负了我国第三阶梯地理区域中南北文化交流沟通的重任。

3. 大运河诞生的地理交通条件

我国的水资源非常丰富，其中地表水径流量排名世界第六位，因此具有发展内河航道的自然条件。同时，我国适合发展航运的自然河流覆盖全国大部分地区，正是这些水系网络将相对密闭的地理单元串联起来，为各个地理单元的交流创造了先天的渠道。内河航道具有适合大规模物资运输的特点，并且行程较为固定，对于像我国这样地域广阔、资源分布有明显地域特色且以农业为基础的国度来说，内河航道是最为经济适用的交通方式选择。

前面介绍了我国地形总体为西北高东南低的态势，呈三级阶梯状，这种山系分布情况决定了我国河流大都以东西流向为主，天然形成的水系大多是从西往东汇入大海的。在第三阶梯地域内，自北向南分布着海河、黄河、淮河、长江、钱塘江五大水系流域，这种水系分割的地理环境也是京杭大运河诞生的自然背景。南北走向的京杭大运河充分利用这五大水系流域间的天然湖泊水域，如著名的昆明湖、瘦西湖、南湖、洪泽湖、骆马湖、高邮湖、邵伯湖、微山湖、东平湖等，通过人工挖掘连接它们，开拓出一条畅通的水路。

4.1.2 人文背景

1. 大一统的国家

在我国版图内，气候和地理环境上适合农耕的地理单元最多，因此我国最多的文化单元也是以农耕为主的。它们分享农耕技术的成果，开始了早期的文化交流，并在先秦时期完成了文化的统一，形成了能够代表中华文明的主体文化。继文化思想统一之后，中国的政治也趋于统一。春秋战国时期，虽然邦国林立、诸侯割据，但是在《禹贡》中所记录的以九州水道网络为全国赋税运输系统的思想反映了当时人们心中对于统一的政治理想的普遍认同。秦王朝于公元前 221 年使中国终于完成了实质性统一，大一统国家的政治模式一直延续到清朝时期，大一统造成的文化影响甚为深远。

这种影响首先反映在交通上。因为“统一而发达的交通系统是大一统国家赖以生存的主要工具，它们不但是帝国领土的统治工具，更是帝国经由公开的督察与秘密的安全人员实行政治控制工具。”其次，这种影响表现为大一统国家必然会设置一个强大的国都，将其作为政治与文化的中心。在这两种因素的作用下，在中国这个典型的统一王朝里就出现了一种特殊的文化交流路线，这种路线必然是由国都呈放射状指向各地区的，它们之间之所以频繁交流，一是由于统一的政治体制要控制地方，二是统一的国家需要将地方（往往是各经济中心区）大量的物资、人力和科学技术输送到国都。这种线路的特点是：地域跨度广（国土辽阔），以线状或带状形式存在，交流历时久（政治稳定时期长），因此在这种环境下形成的文化交流与融合影响力度，要远远大于地区之间的往来交流，京杭大运河就是这种线性文化交流路径的典型代表，具备上述所有特征。

2. 中国文化具有多元性

我国幅员辽阔、地大物博、少数民族众多，文化呈多元性共生发展。费孝通先生称中华民族具有多元一体的格局，这也从民族学的角度阐释了中华文明的多元性。我国的地理版图在历史上不仅存在着强大的汉族政权和文化，还存在着许多少数民族文化。南北朝时期的民族大融合足以证明少数民族文化与汉文化之间有着极深的渊源和联系。历史上各个民族也是通过一些特殊的方式来完成交流与融合的，如通婚、通商、朝贡、战争等。目前，大部分民族文化还是保留着自己的民族的特色，处在与汉民族相对隔离的地理单元，正因为文化存在着差异性，才会产生异质文化碰撞和相互接受的过程，只有在这样的一个过程中，“文化基因”才能真正发挥作用，不断地在碰撞中复制、变异、传播、淘汰、优化，在保留传统精髓的基础上不断进步发展。

即使同在汉文化主打的核心区域里，大一统的文化和政治导致了官方性质的文化交流占用了更多的资源而成为主流，我们也不能忽视各个地域之间频繁的文化交流现象，这往往更能促进地域间的协同发展和经济繁荣，因为它们之间有着更多的文化认同感，也有着统一的政治基础，所以这些地域之间的文化交流会以一种更平和而贴近生活的方式进行。

4.1.3　京杭大运河作为地域性文化交流载体的独特性

中国古代的交通主要依靠陆路交通和水路交通，我国古代人民对于后者的依赖和利用要远远高于前者，同时也比世界上其他国家对于水路的利用要早很多，技术也发达很多。由于我国幅员辽阔，在古代又是统一的封建制国家，因此各个地域的交流则需要更多的人力和物力。如果仅靠陆路交通运送人员和物资，不仅费时费力，而且陆路中有很多地方是无法通行的险要地段。古代的中国人很早就意识到这一点，他们利用聪明才智发现水路交通的优势，水路交通不仅有更大的运载量，而且比陆路交通更为经济、安全、便捷，加之我国境内天然湖泊、河流资源丰富，分布范围广泛，这也为水运的畅通和经久不衰创造了前提条件。

早期人们多利用天然河流运输，然而在春秋战国时期，由于诸侯分裂自治，各个国家为了保证自己领土内的物资运输和军事战争的优势，开始投入大量人力、物力修筑人工渠。另外一个原因就是中国的天然河道大多是东西走向的，这对于南北地区的交通有很大的限制性，这也促使古人利用人工开凿渠道沟通联络东西走向的不同区域的自然河流，形成四通八达的水运网络。到了秦汉时期，国家文化和政治大一统，特别是国家漕运的特殊需求，这才开启了由国家主导统一开凿运河的时代。

到了隋唐时期，政府开始开凿京杭大运河，运河使用一直延续到宋、元、明、清。京杭大运河是一条掌控国家命脉的人工大运河，虽然在历代修凿的过程中，河道走向和规模屡有变迁，但它们所承担的特殊历史使命是相同的：一是作为维持国家运转的漕粮运输专用通道；二是沟通我国南北各个自然流域，使得地域间的商贸、文化和人员往来得以实现。

绵延 1 794 千米大运河连接的是国内重要的政治文化区域和经济发达区域。由此可见，京杭大运河对于促进我国古代主流文化的交流与融合起到了非常重要的作用，这是其他陆路交通所不能比拟的。此外，京杭大运河在连接海上丝绸之路和陆路丝绸之路方面都有天然优势，是古代中国与其他国家取得交流的重要渠道。

总的来说，大运河的开通加强了不同地域的文化交流与融会，从而可以看出京杭大运河作为文化载体的独特性，沿运河的各自然水系以及不同文化区、不同民族、不同社团、不同阶层相互交流、相互影响。在政治、经济、军事、商业、教育、文化、科技、艺术、民俗、哲学、宗教等人类社会的各个领域进行文化的交流、传播与融合，形成具有自身特色的大运河文化。大运河文化的表现形式则由跨流域通航所产生的原流域文化表现形式融合、变异而来，还有部分是因原流域文化表现形式改变从而促使产生了以其他物质形态存在的表现形式。

4.2 京杭大运河“文化基因”的地域性流变

文化有着双重特性，一是被广泛认可的相对稳定性，另一个则是较少被关注的历史流变性和地域流变性。对于文化传统的整体性理解比较恰当地描述了文化遗产的存在方式，也恰恰体现了遗产保护工作中普遍存在的矛盾，即静态的、终结性的理论研究多于对文化流变性的关注。

4.2.1 地域文化介质与地域文化流变性

1. 地域文化介质

不论是文化传统还是文化遗产（包括物质文化遗产和非物质文化遗产），它们的相关研究都会基于一个明确的目的，那就是从中发现或者传承一种历史形态的文化信息，这种信息的承载形式则被称为媒介或者介质。在传播学理论体系中，介质一词常被用来描述一种文化形式对于文化信息的承载和传播功能，并将其描述为“承载并传递民族文化物质的机构、中介，也就是民族文化最早、最原始的传播物质。”一种文化遗产的存在形式常常被视作一种文化基因抑或是一个地域人们记忆的存储器，人们以此为样本探讨该地域文化或该地域上民族文化的本原形式以及相关的历史、社会意义。如果说文化遗产本身是一种传播介质，那么包裹在其四周的自然因素和人文因素很显然也具有与这种介质相似的作用，根据传播学对介质的理解，我们可以将这种文化遗产周边环境称为“地域文化介质”。

地域文化介质对于某种文化形式的传播、发展、变异具有最直接的推动作用，这一现象似乎可以解释为什么某种文化遗产形式总是会在某个特定的地域产生、发展、壮大，而其内涵亦可以表现出复杂性和变异性，并且这种小范围的变异文化往往是一种新文化形式诞生的温床。

2. 地域文化流变性

我国地大物博、民族众多，地理环境复杂，在交通不发达的古代形成若干个相对独立的地理文

化单元。尽管相对于更大范围的文化系统来说，这种地域文化具有一定的局部特性，但我们仍不可将其看作一个完全静态和封闭的文化系统。地域文化中隐含着一种开放性，它是与更大范围的文化变迁保持关联的“支流”。这种具有支流特征的地域文化环境是一种或多种文化基因在特定的空间中传承并产生流变的理想介质，这个过程如同一条大河从上游冲刷下来许多石头，这些石头经过周边环境的影响在下游不同支流的浅滩上形成不同颜色和质地的石头一样。在文化传播过程中，文化基因的“源”与“流”，纵向与横向都兼具动态传承性，形成许多来自主流文化又不同于主流文化的文化传统。尤其在一些受多元文化影响的地区，这种流变特点不仅使一个地方的文化遗产具有独特的人文吸引力，更能从学术研究的层面反映文化传播、交流与变异的真实状态与可能性。

对于具有强烈地域色彩、并处于活态传承中的文化遗产来说，由复杂与多元的地域文化语境所构成的“地域文化介质”是其文化基因在地域中的延续与发展，是表达其个性的内部动因。事实证明，这种特殊的文化介质可使多种文化基因在其传播过程中实现复杂的交流、融合与变异，从而产生出新的文化形式。因此，在做文化基因学术研究的过程中，要特别重视对文化基因载体所处的地域文化介质的研究，处理好文化基因与文化介质之间的关系，往往比单纯研究文化遗产本身更具有可操作性和现实意义，同时也为文化遗产的保护和传承提供更广阔的思路和视野。

4.2.2　京杭大运河“文化基因”的地域性流变特点

京杭大运河对于我国南北文化的交流发挥着重要的作用，它既以一种文化遗产的形式存在，又是至今仍活态存在、发展的大型线性文化景观，同时还是“文化基因”的载体，沟通与融合着运河沿线诸多的地域文化。我们可以通过对两个问题的深入探讨来解析京杭大运河地域性流变的特点：一是我国南北方文化中究竟存在着什么样的差异；二是京杭大运河在促进南北方文化交流的过程中究竟充当着怎样的角色。

1. 南北地域文化交流与融合的历史进程

我国南北方文化差异最为明显的是在魏晋南北朝时期，而且早在南北朝后期就已经存在相对独立、表征差异明显的南北地域文化体系了。魏晋时期南方文化主要以江左[①]文化为主体，而北方文化则主要是以齐鲁文化[②]、关陇[③]文化为主。因受地域等因素的影响，南北文化的风格和审美情趣大不相同，各成体系，各具特色。江左人士受两晋以来的观念影响，门阀意识浓厚，家学渊源较深，显示了家族文化的巨大威力，具有较高的艺术修养，所以他们更注重文学艺术才华，体现在性格上就是江左人士清隽、秀逸。而山东、关陇人士多为礼乐、经术传家，或出身于军事贵族，重军功，体现了强劲的政治文化，因而体现在性格上多为儒雅、敦厚、质朴，抑或刚直豪爽。这种南北文化的交流与融合在隋唐统一之后就表现得十分突出和明显。京杭大运河的开凿和贯通，无疑是对这种南北文化交流起到了莫大的促进作用。

隋朝时期我国已经实现了政治和地理的全国大统一，由于文化本身的特点和文化所包含的相

① 江左，是一个地理名词，即江东。因长江在安徽境内向东北方向斜流，以此段江为标准确定东西和左右。江左在地理上大致范围包括今苏南、皖南、浙北、赣东北等地。

② 齐鲁文化，确切地说是齐文化和鲁文化的统称。比较而言，齐文化尚功利，鲁文化重伦理；齐文化讲求革新，鲁文化尊重传统。两种文化在发展中逐渐有机地融合在一起，形成了具有丰富历史内涵的齐鲁文化。

③ 关：今陕西关中地区。陇：今甘肃乌鞘岭以东，宝鸡以西地区以及宁夏全境，因为在陇山（也叫六盘山）周围而称为陇，甘肃也因此简称陇。关中和甘肃、宁夏合称为关陇地区。广义的关陇地区还包括陕北、山西西部、内蒙古南部地区。

关因素十分复杂烦冗，在文化意义上的大统一并不像政治和地理那样可以在短时间内完成。隋文帝杨坚的政权是建立在关陇军事贵族集团的基础之上的，因而他选择以关陇文化为本体，吸收山东齐鲁文化而排抑江左文化。南北文化的交流与融合真正开始于隋炀帝时期，因为隋炀帝杨广在称帝之前长期居住在江南扬州地区，被江左文化长期熏陶，对江左文化有着密切的接触和全面的认知。隋炀帝即位后一改之前隋文帝排斥江左文化的策略，致力于南北文化的交流与融合，在学官任命上大胆启用了徐文远、褚徵、陆德明、鲁世达、包恺等江南著名的大儒。隋炀帝动用举国之力开凿南北大运河，大运河的开通加之隋炀帝的诏令，使得江左地区的一大批文学之士沿着水路来到长安，有的甚至在长安安居乐业长期生活了下来。南方人在长安长期受到北方"经世致用、建功立业"意识的影响，他们的思想意识和文化观念发生着重大的转变，与此同时，随着江左文化被朝廷逐渐重视，江左民众也加大了交流范围，在南北人员的持续交往中，以江左文化为主的南方文化逐渐与以齐鲁文化和关陇文化为主的北方文化相融合。

唐朝建立之后，南方的士大夫试图利用政治力量扩大文化影响力，其中一部分更是亲自来到北方，如越州余姚人虞世南、杭州钱塘人褚亮、苏州人陆德明以及扬州江都人曹宪等，他们或精于儒经，或以文辞知名于当世，这使得初唐时期运河流域的南方文化在长安一带显露威势。唐玄宗时期，又有一批江淮之士声名显赫起来，如润州丹徒人马怀素、杭州盐官人褚无量、徐州刘知几、湖州长城人徐坚、会稽永兴人贺知章以及越州人贺朝、万齐融；扬州人张若虚、邢巨；湖州人包融。他们均以江左文人志士"名扬上京"，且他们大多为唐玄宗集贤院学士[①]。

发生在唐朝天宝年间的安史之乱对大运河流域的北方文化而言是一次极其重大的破坏，战乱中，大批北方人举家南迁。据周振鹤先生的研究，安史之乱后的南迁浪潮在淮汉以南沉积下来，形成三道波痕：第一道远达湖南、岭南和闽南地区；第二道则集中在长江沿线地区；第三道在淮南江北地区、鄂北地区和川中地区。移民的人群中包括一些官吏、音乐家、画家和诗人等。比较有名的有天宝年间享誉京城的歌唱家韦青、吉州永新女歌唱家许合子和善笛者李谟等，他们流落江淮，并将其高超的音乐艺术带到了那里，这对江淮地区的音乐发展具有重要的推动和促进作用[②]。此外还有峡中女诗人李季兰，河中人卢纶（他与吉中孚、韩翃、钱起、司空曙等"联藻文林，银黄相望，且铜臭味，契分俱深"，时号"大历十才子"），这些诗人来到南方，与当地文士有诗书交往，对当时诗歌的发展起到了巨大的推动作用。正是由于"大历十才子"的诗歌创作活动，才使"唐之文体，至此一变"。更有一批在江淮地区为官之士，他们为当地的文化发展做出了重大贡献，如京兆人杜佑，贞元三年曾任扬州大都督府长史，充淮南节度使，在扬州期间得到刘秩的《政典》一书，"寻味厥旨，以为条目未尽，因而广之"，成书 200 卷，"号曰'通典'"，此书当时大为流行，为"士君子所称"。贞元初年，京兆诗人韦应物出任苏州刺史一职，他号召当时的名士苏州人顾况、丘丹，河间人刘长卿，会稽人秦系，吴人皎然等为宾上客，咏颂唱和，促进了多地区的文化交流与融合。白居易于长庆二年以中书舍人移官杭州刺史，不久其好友元稹罢相，授越州刺史，二人之间"篇什往来，不见旬浃。常会与境上，数日而别""虽通、江悬邈，而二人来往赠答，凡所为诗，有自三十、五十韵乃至百韵者。江南人士，传道讽诵，流闻阙下，里巷相传，为之纸贵。"这些地方官吏，延揽名士，又频繁地举行诗会，他们的诗作又"里巷相传"，这无疑对江淮地区文化的繁荣起到了积极作用。京杭大运河开通后，长江

① 陈怡，吕舟. 京杭大运河突出普遍价值的认知与保护 [M]. 北京：电子工业出版社，2014.

② 周振鹤. 唐代安史之乱和北方人民的南迁 [J]. 中华文史论丛，1987（2）.

下游地区的经济文化发展迅速。安史之乱之后，北方长期混战，特别是藩镇割据势力下的河北地区由于赋税不入朝廷，所以永济渠也逐渐失去了作用，使得运河流域的河北地区文化发展相对落后，而南方的江淮地区则出现了苏州、杭州、扬州等经济、文化繁荣的中心大城市。这种文化发展的不平衡性最终必然导致我国经济、文化中心的逐渐南移之势。

到了明清时期，京杭大运河空前繁荣。京杭大运河流经区域构成了我国东部的一条经济繁荣带、文化兴盛带、城镇隆起带和人才流动带。在这个时期思想潮流、社会发展、经济往来、文化传播、人员交流等方面都突飞猛进，南北文化有了更为激烈的碰撞和更为紧密的融合。明清思想是围绕运河展开的，运河的开通使人们的思想冲破程朱理学的束缚，萌发出了新的思想，新思想随运河流动、传播。明清时期运河两岸是中国在那个时代思想最活跃和最有朝气的地区。明清时期的思想家或出生、成长在运河两岸，或在运河两岸地区求学、游历、任职，其思想产生于运河、传播于运河，可以说大运河是明清新思想孕育滋养的沃土。

京杭大运河商品经济的繁荣更是直接导致了一批运河城镇的崛起，极大地促进着运河流域农村城镇化的历史进程，变革着旧的社会生产关系，孕育了新的生产关系的萌芽，同时也发展了风格日新月异的运河都市文化。据不完全统计，明代北京的会馆即有 40 余所，苏州亦有 40 余所，另有公所 120 余处。聊城有山陕、苏州、江西、赣江等 8 大会馆依河岸而建。天津亦有山西、闽粤、浙江等会馆[①]。由此也形成了颇具特色的会馆文化和商帮文化。清代北京的山陕商人会馆多达 71 所，徽商会馆有 36 所[②]。在运河开凿并畅通后兴起且呈现空前繁荣的重要商业城市如通县、天津、德州、临清、聊城、张秋、济宁、淮安、扬州、苏州、杭州等，客商云集，货物山积，像一串串镶嵌在运河上的明珠成为沿运河地区的一个个经济文化中心。全国范围的商品大流通是前所未有的，由此带来了运河区域商品经济的空前繁荣，也促进了运河地区人们思想观念的转变，也就是由北方地区传统的重农抑商观念向“农商皆本”的认识转变。明清时期的江西商帮、福建商帮、广州商帮、宁波商帮和龙游商帮都活跃在运河两岸，在进行贸易的同时更是带来了全新的思想观念，这些走出家门的商人是各种新思想的传播者和最先接受者。运河上当时的许多城镇是“百物聚处，商贾往来，南北通衡，不分昼夜”。这一切都极大地刺激和影响着运河沿线的居民，使之于耳濡目染中发生了思想观念的转变。在明清时期，京杭大运河使南北文化交流达到了顶峰，这也大大促使沿运河的各个地域之间社会差距缩小并使各民族、各地域之间的文化认同感渐趋一致。高建军先生在《运河民俗的文化蕴义及其对当代的影响》中对运河沿线南北文化的交融是这样描述的：“运河区域诸城乡广大居民有着共同的节日习俗，甚至各地的饮食习俗也因运河而广泛交融。旧时，江南的扬州、江北的济宁居民煮茶皆取运河之水，天津居民饮食亦“皆运汲于河水”。扬州富商宴席上‘饵燕窝，进参汤’，德州人照样把‘燕翅席’作为高档享受，曲阜的孔府宴中招待贵宾宴席为‘鱼翅四大件’‘海参三大件’，故海参、鱼翅、燕窝、鱿鱼、火腿等贵重食品充斥于运河城镇市场，如济宁城区就有多家海鲜行。此外，像通州的雪酒、泰州的枯酒、高邮的木瓜酒、宝应的乔家白酒以及绍兴老酒等，皆为诸市场上的寻常之品。同时随着南北风情文化的趋同，甚至在行业语言中，流行着南北各地商人共同熟悉的江湖式的切口，举凡称谓、建筑、起居饮食、家具衣饰、动物、器械、人体、身份职业、行业、数目、姓氏乃至天文地理等方面，都广泛使用暗语或特定的手势，此类词汇数目达三四千个，成为运河区域民

① 高建军. 运河民俗的文化蕴义及其对当代的影响 [J]. 济宁师专学报，2001(2)：7-12.

② 王瑞平. 论明清时期大运河上涌动的思想浪潮 [J]. 聊城大学学报（社会科学版），2010(1)：1-5.

间文化的一个突出现象。”

综上所述，京杭大运河对南北文化交流（主要是思想、艺术和文学等主流文化交流）的促进作用首先是通过各地域间人员的流动来实现的。江南大量的名士沿着运河北上希冀得到朝廷的重用，将南方文化带到北方；安史之乱后，北方人员大量迁徙，同时一些到南方做官的文人士大夫一方面将一些音乐、绘画、诗歌创作等带到南方，另一方面加强了与南方文人学士的交流，激发了新的创作灵感和热情，极大地促进了南北方文化的交流互动和融合。明清时期也是大运河空前繁荣鼎盛时期，带动南北文化交流的主力军则是行走在运河沿线各地的商人，他们把不同地域的文化带入，又以吸纳包容的姿态融合了当地的文化，他们既是文化的携带者，也是文化的改造者和传播者，对我国南北方文化大融合起到了不可小觑的作用。其次，在广义的文化交流方面（如宗教信仰、民间习俗、手工技艺等更多的方面），他们通过商贸流通、人口迁徙等方式在京杭大运河上频繁交流，在俚俗文化等方面促进了各地域间的和谐统一，这也是一个非常重要的特点。

2. 外来文化对“文化基因”地域性流变的影响

京杭大运河不仅沟通了五大水系，并且也把我国内地与海外的世界联系了起来，成为中外文化交流的重要通道。外国的使团、留学生或者传教士登陆后，经京杭大运河到达京师，或者沿着京杭大运河游历中国的大好河山，感受着中国文化的魅力，将中国文化带回自己的国家；或者沿着京杭大运河地区开展传播宗教的活动，将西方的思想、文化和科学技术带给中国。

自秦汉以来，我国就以丝绸之路的方式打开了通往世界的大门。唐朝是真正发挥京杭大运河作用的第一个王朝。唐朝时期，国门向世界打开，世界各国的商人沿着江南运河、邗沟、汴河前往唐朝的首都——长安。隔海相望的新罗、日本，远隔重洋的阿拉伯帝国、波斯、天竺等国与我国交往频繁，而经过唐朝不断疏浚的京杭大运河也能够容纳这些国家的庞大船队。从这个角度讲，京杭大运河在作为国际经济贸易往来通道的同时，也带来了丰富多彩的多国文化。

隋唐时期，中外文化交流的突出特色是以政治交流、宗教传播、商业贸易为主要纽带，其中留学生、僧侣、遣唐使、商人等往来不绝。文化交流的内容极为丰富，既有佛教、伊斯兰教等宗教方面的传播，也有语言、文学、历史、典籍、音乐、舞蹈、书法、绘画、体育、杂技、天文、历法、算学、医学、律令、官制，甚至包括服饰、饮食、居室、礼仪等各个方面的相互学习、交流和影响，科学发明也在这一时期得到了相互交流和及时传播。

隋唐时期，京杭大运河作为我国与东南亚四邻及西亚各国家连通的路线主要有以下几条。

与新罗的连接线路有两条：一是由朝鲜半岛经过黄海到达唐登州文登县赤山镇，然后经青（青州）、齐（济南）、汴州（开封）到达首都长安，这是一条陆路；另一条是沿着山东、苏北海岸南下至楚州（淮安），再转行运河，或由此西去汴、洛，或南下扬州，因此该水路沿线多有新罗移民者居住，建有“新罗坊”“新罗馆”等。

与日本的连接线路有三条：第一条是先经过朝鲜半岛渡海，至登州（蓬莱）上岸，再沿前述新罗入唐道抵达长安；第二条是由日本出发，直接跨海西行，至中国长江口岸及苏北海岸一带登陆，入扬州、楚州（淮安），利用京杭大运河（山阳渎、汴水）直达长安；第三条是从日本直接横渡中国东海，南下至明州（宁波）及浙江沿海登陆，溯钱塘江或由浙东运河经越州（绍兴）至杭州，再由江南运河、淮扬运河、汴水等运道至长安。

我国在唐宋时期与西亚及南亚国家的交往基本上是依靠京杭大运河与海上丝绸之路完成的。

外域国家的航船经由海道首先抵达广州，从广州可经过多条路线到达关中地区。第一条是自广州溯浈水（北江）至浈昌（南雄），翻越大庾岭而入江西，集结于洪州（南昌），由此分为两道，其一出彭蠡湖（鄱阳湖）顺江而下，至扬州；另一则东经仙霞岭至衢州，沿钱塘江至杭州入江南运河，至扬州，再由扬州沿山阳渎、汴水前往洛阳、长安。这其中也有一部分物品在扬州装上海船，转销日本、新罗等地。

北宋时期，国内局势发生了变化，首先国家的政治经济重心东移至汴京，其次国家疆域发生变化，这使得重要的文化交流路线有所调整，不过京杭大运河在其中仍然发挥着重要的作用。南宋时期，朝廷将国都安置在了南方，因此汴水以北的运河河道基本上被淹没废弃，而淮扬段、江南段运河仍然延续着北宋时期的情势继续进行着各种文化、商贸的沟通交流。

宋朝时，高丽多次派遣留学生到中国交流学习。他们一般在登州（蓬莱）、密州港（山东诸城）登陆，再由广济河或者沿陆路至京师开封入国子监或太学学习，之后或者在运河地区任官至老，或者再经由运河返回高丽。他们学习儒家经义，在传播宋儒思想方面起到了桥梁作用。到了元朝时期，也有许多高丽文人不断进入中国学习与生活，最具代表性的是李齐贤，他是高丽后期最为著名的诗人，在延祐二年奉召入元，沿着京杭大运河广泛游历河北、河南、江苏、浙江以及陕西、山西、四川等地，并结识了许多知名文人和书画家，创作了大量诗歌，促进了两国的文化交流。李齐贤的画像及其诗歌作品见图 4–1。

到了元朝，不仅我国的国家制度与文化地理形势有非常大的调整，世界的形势也发生了巨大的变化。首先是元朝政府将国都设置在大都（北京），这使得国家的政治、经济中心全部向东部偏移，再加上西北部地区的丝绸之路自宋代起就开始交通不畅，因此自元代开始，我国与外域国家的交流除了蒙古帝国境内的草原丝绸之路外，大多依靠东部的海上交通。元代时期，世界格局发生了巨大的变化，阿拉伯国家开始衰落，欧洲的基督教国家呈现兴起之势，因此这些基督教国家开始与东方国家进行商贸、政治、文化、经济、宗教的交流；此外，日本、高丽也与我国维持着密切的往来，主要以宗教、文化交流为主。

除了留学生外，还有一类人在这个时期对中外文化的传播起到了重要作用。高丽僧人曾多次赴北宋求法，如谛观、圆应、义天、坦然、寿介、继常、颖流、院子金保和萎善等，他们多在登州（蓬莱）登陆后，沿广济河至京师开封，再沿汴河、真楚运河、江南运河南下，沿路拜访名僧，广学佛法。日本也有僧人来我国交流学习，同样也是沿运河南下北上，到各地求法传佛，有的僧人将朝圣途中的所见所闻记录下来，形成很多关于运河的宝贵资料，如法桥僧人的《在唐记》，成寻的《参天台五台山记》《成算法师记》《心觉入唐记》和《寂照入唐记》等。其中成寻的《参天台五台山记》对京杭大运河沿线的记述最为详细生动，为后世了解和感受当时运河沿线的环境、人物、生活、场景都留下了珍贵资料。

说到元朝国内外文化的传播与交流，不得不提到 13 世纪意大利著名的旅行家和商人马可•波罗。他曾在运河区域生活多年，游历过很多城市，对运河区域的情况记述颇多。《马可•波罗游记》介绍了元代运河的情况，包括运河的运输、沿线城镇、风俗民情和经济状况等，为我们研究京杭大运河文化提供了极为丰富的历史资料。《马可•波罗游记》在西方产生了巨大的影响，它使欧洲人首次细致而全面地了解中国文明，并燃起了欧洲各界人士对中国的兴趣，这大大促进了中国与各个国家的交流。（图 4–1）

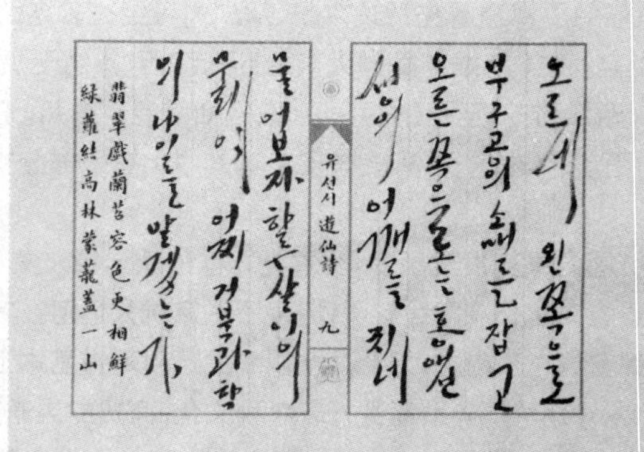

图 4–1 李齐贤画像及其诗歌作品

《马可·波罗游记》关于“天城”杭州的内容如下。

“……按照通常的估计，这座城方圆约有一百英里(160.9 千米)，它的街道和运河都十分宽阔，还有许多广场和集市，因为时常赶集的人数众多，所以占据了极宽敞的地方……城内除了陆上交通外，还有各种水上通道，可以到达城市各处。所有的运河与街道都很宽阔，所以运载居民必需品的船只与车辆都能很方便地往来穿梭。

据说，该城中各种大小桥梁的数目可达一万二千座，那些架在大运河上用来连接各大街道的桥梁的桥拱都建得很高，建筑精巧，竖着桅杆的船可以在桥拱下顺利通过。同时，车马也可以在桥上畅通无阻，而且从桥顶到街道的斜坡建造得十分合适。如果没有那么多的桥梁，就无法构成各处水陆纵横交错的十字路……”

明清时期，基督教在华的传播也遵循了前朝的方式，即以京杭大运河为主线。在这次中西文化交流的高潮中，京杭大运河不仅把传教士送进了京城，还把西方先进的科技引进了中国，同时又把中国传统文化的精华输送到了西方。此时的文化交流涉及信仰、科学、艺术、文化等各个方面，它所产生的影响比唐宋时期更加广泛和深远。明朝后期，西方传教士们纷纷来到中国传播“上帝的福音”，最为突出的是明朝万历年间来到中国传教的意大利天主教传教士利玛窦。他采取灵活务实的传教方针，结交中国士大夫阶层，取得他们的好感和支持，并两度沿运河北上进京拜见明神宗朱翊，得到了在华传教的合法权利。他也是第一位阅读中国文学并对中国典籍进行钻研的西方学者，在向中国传播西方天文、数学、地理等科学技术知识的同时，他还编写了许多关于中国文化的著述，在中西方文化交流方面做出了重要贡献，同时也通过中国，让日本和朝鲜半岛国家对西方文明有了更为全面的了解和认知。由于京杭大运河在南北交通中的特殊地位，所以来华的传教士都是经运河往来南北的，运河沿线的商业城市也是他们早期传教的主要场所，为了便于传教，这些传教士大都以科学知识为敲门砖，从而将西方的自然科学技术介绍到中国。有些传教士还参与修历或供奉朝廷，从事科技创新工作，他们充当了中外文化交流的桥梁和媒介。通过京杭大运河往来于中国南北的传教士们，在“传播福音”的同时，也拉开了“西学东渐”的序幕。与此同时，传教士们也把中国的先进科学技术和传统文化带入西方国家，促使“中学西渐”，从而谱写了十七八世纪中西文化大交流的宏伟篇章。

由上可以看出，我国历史上重要的文化传播与交流、社会的发展和经济的繁荣都离不开京杭大运河这条交通大纽带。从地理位置上看，它北部连接北京，南部连接着我国最富庶的江南沿海城

市；从交通路线上看，京杭大运河的一端承接着陆上丝绸之路，另一端连接着海上丝绸之路，因此它承担着文化交流的重任。与中国交流的国家不仅包括东亚、东南亚的诸国，还包括隋唐时期的阿拉伯世界国家，以及元代以后的基督教世界国家。这些都将以“文化基因”的形式存在于京杭大运河流淌的生命中，每一种具体的“文化基因”在不同的地域范围内有着具体的表达形式，各个地域文化之间又呈现出千丝万缕的联系，历史的演变、社会的变革也是“文化基因”地域性流变产生的内在动力。只有通过表象找到内因，才能找到解决问题的方法，因此研究“文化基因”通过京杭大运河传播、交流、发展、演变的规律，才是保护京杭大运河文化遗产最行之有效的方法，才能真正做到科学的、连续的、整体的保护。

4.3　“元—链—域—层”地域文化划分法

长期以来，我们所理解的地域文化是一种制度性文化。制度性文化的功能是强大的，时间使其产生层次性的分化，统一局面下的地方行政设置又使文化的空间地域从游移而转向固定。地方行政设置使地域文化越来越依附于功能性的地区划分，使文化边缘越来越清晰，行政界限的划分也使地域文化的界限越来越清晰，常常会出现两个紧密相邻的村落被划分到不同地域文化范围的现象，地域文化正在被行政区划所代替。

但在实际生活中我们会发现，地域文化与行政区划并不是完全重合的，简单地按照行政区划确定地域文化存在着盲目性和主观性。地域文化的形成与发展是一个过程，这里所指的地域应该是在某种特色文化所笼罩下的地理范围，而文化的模糊性往往使得“地域”并没有一个清晰明确的界限，尤其是边缘或交会地带模糊的现象更为突出。这些交会地带在早期由于地形制约和人口稀少的原因，往往还能成为地域文化的界限标志。但随着交通的发达和人员流动，文化的交流和发展达到一定程度后，这些本来空白的地带也会被蒙上一种文化的色彩。这种文化往往表现出多元化的中和性文化，它受两种或两种以上地域文化的影响，在历史的长河中这些地带的属性、地界往往不定，表现出“亦此亦彼”的特征，正是这种“亦此亦彼”的地带连接了不同的地域文化。

本研究所关注的京杭大运河水文化遗产是京杭大运河水文化的主要载体。本研究运用传统的文化区域划分方法对于京杭大运河来说是不科学的，无论从时间维度考虑还是从空间区域划分考虑，京杭大运河都有其复杂性和独特性。它承载着交通运输、人员流动、文化交流的功能。它身上体现得更多的是交流、融合、包容和共生的文化气质。因此，本研究试图从“元—链—域—层”四个层面对京杭大运河水文化进行文化圈层划分，打破传统制度性地理区段划分方法对文化的强行斩断，充分考虑文化的核心性和蔓延性以及边界间的交叉性和渗透性。

元，指的是文化基因元，是文化圈层划分中的最基本单元，可以是具体的、物质性的，也可以是民俗、习惯、方言、饮食、技艺等非物质性的，它们呈自发的、无规律的点状分布。

链，指的是文化信息链，是一种具有文化传递交流功能的线形渠道，可以是有形的交通线路链，也可以是无形的信息关系链，它们将点状分散的各个信息元连接起来，使各信息元之间可以发生关系。

域，指的是文化地域，是文化基因元通过文化信息链连接构成的一种网状结构，这个网所笼罩的区域应该具有相似的文化形貌，虽然与行政区域存在着一定的关系，但不局限于行政区域分界线

的限定。在这个文化地域内的人们的文化背景、生活习惯、语言习惯、饮食习惯、审美意识、宗教信仰等都应该具有相似性。

层，指的是以一个文化地域为核心而画的圈层，越靠近圈层中心，地域文化特征越明显，越靠近圈层边缘，文化的混合性和渗透性越明显，圈层与圈层之间都是相互套叠的关系，没有明显的分界线，是由一个文化地域向另一个文化地域逐渐过渡的过程。处在圈层叠加部分的文化也会出现多元共生现象。“元—链—域—层”的结构模型见图 4–2。

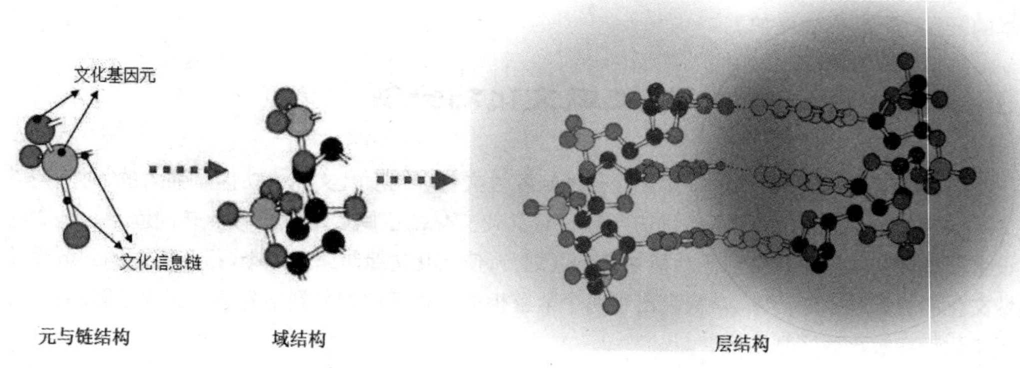

图 4–2　元—链—域—层结构模型（作者自绘）

4.4　京杭大运河多元文化格局与地域性划分

4.4.1　京杭大运河多元文化格局的产生

中华民族的文化是多元一体的文化。中国地域广大，各区域的地理环境、经济发展水平、自然条件及人们的生活条件、生活习俗都有很大的不同。数千年的历史发展、断断续续的封建割据形成的政治、经济文化上的相互隔绝是造成文化多元化的主要原因。

京杭大运河的贯通一方面使得运河沿线的社会经济达到了空前的繁荣，另一方面也为运河沿线区域文化事业的发展提供了物质基础和广泛的交流环境。我国的传统文化发源于齐鲁地区和中原地区，大运河的贯通为传统文化向淮扬地区和江南地区的传播提供了便利条件。历朝历代的政治文化中心都是通过京杭大运河连为一体，从而使各个区域的文化实现大融合，形成了多元一体的中华文化。

除在京杭大运河区域形成了多元一体的文化之外，京杭大运河作为交通大动脉也起到了在全国范围内促进文化大交融，甚至与邻近国家和地区进行文化交流的作用。如日本、东南亚、西亚、欧洲、东非等国家或地区通过商业贸易、外国使节、留学生、宗教人士等，使先进的中国文化得以由此传播到全世界，同时也将世界上其他先进的文明由运河引入我国内陆地区，并且结合本土文化扎根生长，如元代的意大利商人马可·波罗和明朝的苏禄国王都是中华文化的著名传播者。因此，京杭大运河不仅是地域文化的滋生地，更是不同地域文化传播、共生的纽带，在这种开放、交流、包容、和谐的运河性格下中国逐渐形成了多元文化的大格局。

4.4.2　京杭大运河地域性文化圈层的划分

现今被各个研究领域广泛接受并且沿用的京杭大运河分段方式是由姚汉源先生在其著作《京杭运河史》中依据始建时间和地理位置两个重要因素而提出的。该书将京杭大运河分为通惠河、北运河、南运河、鲁运河、中运河、里运河、江南运河等 7 段，全长 1 794 千米。

（1）通惠河。通惠河西起北京东便门的大通桥，向东经过乐家花园八咀桥、通惠闸，在通州区卧龙桥接北运河，全长 20.34 千米，现为北京城的排水河道。

（2）北运河。北运河又称白河，最早自汉末三国起便开通了漕运，由通州至天津，全长 186 千米，利用河北省东北部的潮白河下游水源，经通州区东南到天津的天然河道，现在已经成为排洪和灌溉的输水河道。

（3）南运河。南运河又称御河或卫河，指的是京杭大运河天津至临清段，全长 414 千米，是利用发源于山西境内太行山东麓向东北流的卫河自临清到天津以南的一段天然河道。南运河从西南流向东北，在沧州进入河北境内，直抵天津。南运河流经河北省临西、清河、故城、景县、阜城、南皮、泊头市、沧县、沧州市区、青县等县市和山东省的临清、夏津、武城、德州城区，在天津市与子牙河、北运河汇流入海河。

（4）鲁运河。鲁运河细分可分为鲁北运河和鲁南运河，指的是京杭大运河经过山东省的一段河道，北起临清，经由运河水脊南旺，到达台儿庄，利用汶水、泗水的水源沿途经南阳湖、独山湖、昭阳湖、微山湖等水面，全长 480 千米。

（5）中运河。中运河指的是自台儿庄向南穿过淮河至淮阴清江大闸的一段大运河，全长 186 千米。中运河途径黄河、淮河和大运河三水交汇处，水大流急，因此历代沿河修筑堤防很多。中运河、微山湖、骆马湖和中国第四大淡水湖洪泽湖互相连通，用玄武岩、条石构筑成的洪泽湖大堤蔚为壮观，堪称“水上长城”。

（6）里运河。里运河自淮阴清江大闸起，至邗江瓜州入江口，全长 170 多千米，是大运河最古老的一段，古称邗沟，连接了长江与淮河。目前功能以航运、灌溉和区域排涝为主，是京杭大运河中能够长期保持航运通畅的两个河段之一。

（7）江南运河。江南运河北起镇江市长江谏壁闸，南至杭州市钱塘江三堡船闸，跨越江苏和浙江两省，途径镇江市、杭州市、无锡市、苏州市、嘉兴市和杭州市，全长 337 千米，航道稳定，航运通畅，年货运量达 2 000 万吨以上。

本研究主要针对的是京杭大运河水文化及水文化遗产，生硬的地理划分并不符合文化的流动性、交流性和融合性特点，依据前面的分析，本研究尝试采用“元—链—域—层”的划分方法，将京杭大运河划分为京城文化圈层、津卫文化圈层、燕赵文化圈层、齐鲁文化圈层、楚汉文化圈层、淮扬文化圈层和吴越文化圈层七大文化圈层。

（1）京城文化圈层。此是以北京城为核心的辐射圈层。代表文化基因元有皇家文化、宫廷文化和士大夫文化，城市布局及建筑形式呈现规整、对称、大气、庄重的特点，辐射范围包括京津冀。

（2）津卫文化圈层。此是以天津三岔河口为核心的辐射圈层。代表文化基因元有卫城文化、商埠文化和租界文化，津卫文化具有开放、包容、多元、中西合璧的特点，辐射范围包括京津冀。

（3）燕赵文化圈层。此是以河北省为核心的辐射圈层。其南以黄河为界、东以大海为界、西以太行山为界、北以燕山山脉为界，辐射范围包括京、津以及河南和山东两省黄河以北的部分区域。燕赵文化是以汉民族为主体的一种文化，代表文化基因元有平原文化、旱地农耕文化、农业文化。

(4)齐鲁文化圈层。此是以山东省为核心的辐射圈层。鲁文化以儒家思想为指导，重伦理、尊传统；因齐地滨海，齐文化则吸收了东夷文化加以发展，尚功利、求变革。两种古老的文化虽然存在着差异，但在发展过程中逐渐有机地融合在一起，形成具有丰富历史内涵的齐鲁文化，辐射河北、河南、安徽、江苏部分区域。

(5)楚汉文化圈层。此是以徐州为核心的辐射圈层。其处在黄河、长江两大文化体系之中，秉承着汉文化的优良传统，是中华文化的重要组成部分。徐州既是汉文化的发祥地，又是楚人的起源地，辐射范围涵盖山东、江苏、安徽、湖北等部分区域。

(6)淮扬文化圈层。此是以淮安和扬州为核心的辐射圈层，涵盖整个苏北区域。最为显著的文化基因元便是运河文化和盐文化。淮扬地区皆因运河开通而兴起，随着盐业的垄断发展而繁荣，又因运河的没落而衰败。运河文化造就了淮扬人的开放与包容，盐文化造就了淮扬人悠闲自得、享受安逸的性格。

(7)吴越文化圈层。此是以苏州、杭州为核心的辐射圈层，以太湖流域为中心，辐射范围包括上海、江苏南部、浙江、安徽南部、江西东北部等区域。以钱塘江为界，吴越文化又可细分为“吴文化”和“越文化”，两者同源同出。吴越文化风格细腻、恬淡、婉约、雅致、清新，与其他地域文化风格有着明显的区别。

4.4.3 京杭大运河水文化地域性划分的意义

京杭大运河水文化是一个庞大的、复杂的、综合的文化系统，既具有时间维度又具有空间维度。在历史发展过程中，京杭大运河更多地起到传播、交流、融合、发展的作用，对我国多元化大一统的文化格局起着至关重要的作用。而在社会高度发展的今天，尤其是快速发展的城镇化进程使各种文化思想频繁碰撞，我们必须站在地域空间的高度，审视不同地域文化的差异、交流和发展，重视地域文化的差异性和动态性，寻找它们的传播路径和演变规律。地域文化不存在高低贵贱之分，多元的地域文化体现的是空间、时间、人居形态和文化的对应关系。地域文化始终是一个继承和借鉴的过程，继承优秀的本土传统文化基因，借鉴先进的外来文化基因，通过交流、排异、融合、积淀的过程实现地域文化的源远流长。本书从不同的文化基因元入手，找到不同文化层级的核心所在，结合我国地域文化的划分，将京杭大运河水文化进行地域性文化圈层划分，将有助于对京杭大运河水文化遗产的分类研究，有助于更科学、准确地把握不同地域、不同类别水文化遗产所蕴含的“文化基因”，从而能更好地帮助我们理解一些在京杭大运河沿线地区所表现出来的特殊文化现象。同时在开展京杭大运河水文化遗产保护工作中，可以有据可循，不会盲目地仿古重建或刻意地模仿照搬，可以最大化保护城市文脉和地域特色，既有效避免运河沿线城市建设出现“千城一面”“万城一颜”的局面，又可以避免城市间划线生硬、缺少过渡空间的问题。

本章小结

京杭大运河对于我国南北文化的交流起着至关重要的作用，它既是一种文化遗产的存在形式，又是至今仍在活态发展中的大型线性文化景观，同时它又是“文化基因”的载体，沟通与融合着运

河沿线丰富的地域文化。自京杭大运河南北大贯通以来，运河区域的社会经济达到了前所未有的兴盛与繁荣，这不仅为运河沿线城市文化事业的发展提供了雄厚的物质基础，而且为南北方的文化交流，甚至中外的文化交流都做出了巨大的贡献。各个地域文化与外来文化之间相互接触、融合、创新，推动着中华民族多元大一统文化的进步和发展。

本章正是从南北方文化交流和中外文化交流的角度具体分析了京杭大运河在地域文化交流中所起到的纽带作用，从历史演进的角度阐述京杭大运河"文化基因"的地域性流变特点。京杭大运河北端连接着历史上多个朝代的都城北京，南端连接着富庶的江南沿海城市，沟通着陆上丝绸之路和海上丝绸之路，是日本、韩国、东南亚诸国以及隋唐时期阿拉伯世界国家和元代之后的基督教世界国家与中国沟通的重要通道，这些交流的历史和记忆都将以"文化基因"的形式存在于京杭大运河流淌的生命中。研究"文化基因"的传播、交流、发展、演变规律，是保护京杭大运河水文化遗产最为有效的途径。

本研究从"元—链—域—层"四个层面对京杭大运河沿线区域进行了文化圈层的划分，这种划分方法充分考虑了文化的核心性和蔓延性，有效弥补了传统制度性行政地理区段划分方法对文化的强行切分，关注到了文化区域边界间的交叉性和渗透性。这将有助于对京杭大运河水文化遗产的分类研究，有助于更科学、更准确地把握不同地域、不同类别水文化所蕴含的"文化基因"，可以帮助研究京杭大运河沿线地区所表现出来的各种文化现象，为今后京杭大运河水文化遗产更深入细致的研究做好了基础铺垫工作。

第5章 "文化基因"的进化理论与传承路径研究

"基因"的概念来自生物遗传学，它作为最小、最基本的单位参与生物体的遗传和进化。"文化基因"一词是模仿生物学遗传基因而产生的，西方国家的学者则将其称为"模因"(Meme)。正如达尔文进化论开启了人类对生物遗传学基因的研究一样，"模因论"开启了人类对文化演进传承规律的探索和研究。本书认为"文化基因"如同生物学遗传基因一样具有复制、表达和变异的功能，同属于"遗传因子"，只不过生物学基因决定了生物的多样性，而"文化基因"决定了文化的多样性。本章节将从分子生物学的基本相关概念、基因的表达方式以及基因的传承进化理论入手，通过研究对比生物学进化论与文化进化论的联系与区别，站在风景园林学科的角度，探讨"文化基因"的传承方式及进化路径，并借此研究对京杭大运河的水文化基因家族进行系统发生分析，构建京杭大运河水文化的进化树模型，用以直观描述各类水文化遗产之间的进化关系，以期从中发现京杭大运河水文化遗产形成或进化的历史规律。

5.1 现代分子生物学理论借鉴

现代生物学研究的目标是在分子水平上掌握细胞的功能并揭示生命的本质，从20世纪40年代开始，无数生命科学家用他们的智慧和汗水，赢得了当代自然科学最伟大的革命的胜利——揭开生物遗传之谜。本书立足水文化及水文化遗产概念领域，认为任何一种文化都有其发源、进化、发展、传承的过程和规律，这与生物学家达尔文所提倡的"物种进化论"有着异曲同工之妙，本节在介绍生物进化论的同时，试图总结发现其理论和方法，以期能在文化系统中得以借鉴和应用。

5.1.1 生物学进化论

在生物学界，多年来人们常常会反复提出下面三个与生命和一切生物学现象有关的问题。

①生命是怎样起源的?

②为什么"有其父必有其子"?

③为什么不同地方的不同生物会有相同或相似的特征?

1.发展历史

直到19世纪初，上述问题人们只能从宗教或迷信的角度进行回答。1859年，伟大的英国生物学家达尔文发表了著名的《物种起源》一书，确立了进化论的概念。正是达尔文的生物进化学说，打破了上帝造人的传统观念，改变了社会对人类在整个世界中的地位的看法，极大地推动了人类思想的进步。

我们需要正确理解进化论，它并不是将什么演化都归结到进化中来，所谓进化论，最为科学的

方法应该是以史为鉴，在历史的事实中找出生命生存规律和发展方向的系统性的科学理论。古希腊时期曾经出现过一些零星的演化思想，包括现在“演化论”者的演化无方向存在即合理，这些都不是系统性的科学理论。我国古代也出现过进化论的理论雏形：战国时期著名思想家列子，在他的著作《说符》中提到“天地万物，与我并生，类也。类无贵贱，徒以小大智力而相制，迭相食；非相为而生之。人取可食者而食之，岂天本为人生之？且蚊蚋噆肤，虎狼食肉，非天本为蚊蚋生人、虎狼生肉者哉”。这句话说明列子认为物种之间的关系绝不是所谓上天出于目的性安排的结果，自然界中的生物（包括人）都是自然发展的产物，人也不是比其他动物更为高贵的生灵。

在众多的理论观点中，英国生物学家达尔文的进化论（也被称作达尔文学说）是最经典和最具代表性的，对后世的科学发展影响最为深远。达尔文曾以自然科学家的身份参加了历时五年的环球旅行，采集了大量的动、植物标本和化石，并细心地对其进行比较、鉴别和研究，提出并解答了一系列学术问题，如：相似的动物为什么居住在相隔千里的不同地区？同一个小岛上为什么聚集着许多不同的动物？低等动物与高等动物有些什么样的联系？人是如何产生的？……达尔文通过发表一系列论文，逐步阐述了生物进化的观点，并出版了具有划时代意义的科学巨著《物种起源》，用大量的事实证明了“物竞天择，适者生存”的进化论思想。在这部科学巨著中达尔文主要论证了以下两个问题。

第一，世界上的一切物种都是可变的，生物都是进化的，并预言从低级到高级的变化过程中必定有过渡物种存在。这一理论从根本上取代了创世说，成为生物学研究的奠基石。

第二，自然选择是生物进化的动力，达尔文指出物种的变异是由于大自然的环境和生物群体的生存竞争造成的。在同一种群中的个体存在着变异，那些具有能适应环境的有利变异的个体存活下来，并繁殖后代，不具有有利变异的个体就被淘汰。如果自然条件的变化是有方向的，则在历史过程中，经过长期的自然选择，微小的变异就得到积累而成为显著的变异，由此可能导致亚种和新种的形成。

达尔文关于生物进化的学说及其唯物主义的物种起源理论彻底否定了上帝创造万物的旧思想，推翻了物种不变的神话，是生物科学史上最伟大的创举之一，具有不可磨灭的贡献。

2. 理论内容

其一，种群是生物进化的基本单位。生物进化的基本单位是种群，而不是个体。种群指的是生活在同一区域内的同种生物个体的总和。一个物种通常包括许多分布在不同地方的种群。每个种群中的个体具有基本相同的遗传基础，但也存在着一定的个体差异，所以种群一般具有杂种性，杂种性的存在便意味着等位基因的存在。在一个种群中能进行生殖的生物个体所含有的全部基因称为种群的基因库。其中在一个种群基因库中，某个基因占全部等位基因数的比率称为基因频率。种群的基因频率若保持相对稳定，则该种群的基因型也保持稳定。但在自然界中种群基因频率的改变是不可避免的，于是基因型也逐渐变化。

其二，生物世界是不连续性的。当记录研究跨越一个较长的历史时期时，主要存在的物种就会有很大的变化。造成这种变化的多为环境因素，比如特定区域内的温度、降雨量变化以及气候条件改变等，这些外部条件都会以“自然选择压力”的形式在生物体的世代遗传中体现出来。正是在这种“自然选择压力”之下，新物种才不断诞生，与环境不再相容的旧的物种则不断消亡。达尔文在《物种起源》一书中写道：对于每一个动、植物种群来说，因为总是有大大多于可能生存下来的个体出生，所以为生存而斗争是长期的、永久的。如果某些个体偶然获得了对于自身有利的变异，就会在生与死的斗争中占同类的上风，从而生存下来。根据遗传学原理，任何生存下来的个体都倾向于扩增其经过修饰的新性状，以保持生存优势。

其三，地理隔离是物种形成的必要条件。地理隔离是由于某些地理障碍而发生的，大河、大山、沙漠、海峡和远距离都能将种群阻隔开来，使他们不能往来接触，停止了不同物种之间的基因交流，一个种群中所发生的突变不会扩散到另一个种群中去，使不同的种群朝不同的方向演化。长期的地理隔离使两个种群分别接触不同的环境，各自积累了变异。

5.1.2 文化进化论假说

当今处在科学大爆炸的年代，进化论除了作为生物学的重要分支得到重视和发展外，其思想和原理在其他学术领域也得到广泛的应用，并形成许多新兴交叉学科，如演化金融学、演化证券学、演化经济学等。本书立足于文化遗产保护的角度大胆提出“文化进化论”假说，首次创新性地将进化论的理论和研究方法交叉进风景园林学领域，希望对文化遗产的保护提供一个新的思路和方法。

在展开探讨文化进化论假说之前，我们也应该提出这样三个与文化及一切文化产物相关的问题。

①我们现在所接触到或所看到的文化和文化现象都有着怎样一个起源?

②为什么不同地域文化背景下会有相同或相似的文化元素或文化现象?

③文化的进化和生物的进化有着怎样的联系和区别?

1. 不同背景下的文化进化论

哲学背景下的文化进化论最早起源于古希腊，思想家们对宇宙的起源和发展进行了种种猜测，同时也对宇宙的本质和目的进行了哲学的思考。1859 年《物种起源》出版后，以达尔文生物进化论为基础逐渐形成了关于人类文化演进的学说，它基本的核心内容是人的心理一致说、逐渐进化、自然选择、适者生存等观点。达尔文以其浓厚的自我意识充任了领导 19 世纪后半期直到 20 世纪前期的时代思想先锋。作为哲学人类学的一个重要理论，文化进化论是当时人类学的指导思想和理论框架，文化进化论从萌芽到形成的理论过程体现了人类思考自己的文化命运的历史进程。

人类文化学背景下的文化进化论所反映的内容就“进化”观点而言，与生物进化论是一样的。只不过二者的区别在于:生物进化论中的进化是一种自然的过程，也就是说生物界中的进化过程是没有“人”和“人”的意识参与的，而文化进化论所反映的“进化”过程，不仅有“人”的加入，还有“人”的意识的加入，强调“人”的进化，指出人向自然人、向社会人、再向文明人的转变。从这个角度“文化进化论”便与“生物进化论”明显地区别开了。

2. 文化进化论假说内容

本书中的文化进化论是在风景园林学和文化遗产保护学背景下提出的，为了区分哲学上和人类学上的说法，故在文化进化论后加以假说。文化进化论假说同样遵循着达尔文进化论中所提倡的“进化”观点，认为每一个国家、每一个民族、每一个地域都有自己独特的文化性，这个文化在表象上看虽然呈现着千姿百态的现象和表达方式，但它们应该具有同源性，同时也应该具有时间维度和空间维度，具体体现在以下三个方面。

第一，“文化基因”是文化进化的基本单位。一个地域内常常会有一个主导的文化系统，有时候由于存在着某一特定因素，这个特定因素可以是共同的民族构成、相似的自然条件、相似的政治政策，甚至是一条水系或交通通道也会让几个地域产生一套庞大的文化系统。如果文化系统过于庞杂冗赘，还可以依据文化的内涵特征和表现形式将其划分成文化（亚）系统，每个文化（亚）系统由若干个文化种群构成，每个文化种群具有相同或相近的遗传基础，种群的结构是否稳定受制于“文化基因”在进化、传承、发展过程中是否有外界干扰而发生突变。事实上经过时间维度和空间维度的变化，绝大多数“文化基因”都会有不同程度的突变，因此各文化种群之间也会存在着一定的差异性。

第二，大的文化系统相对来说具有比较稳定的结构，而文化种群具有不连续性。当我们对某一文化的追踪研究跨越一个较长的时间维度或一个较大的空间维度时，种群就会发生很大的变化。造成这种变化的因素很多，比如说每个历史时期的主导思想和意识形态、审美情趣、科技发展水平、社会政治经济等，还有不同地域空间的民族构成、自然地理环境、气候条件、经济发展水平、风俗习惯等，这些客观因素都会导致“文化基因”在传播过程中出现“打开”或“关闭”的情况。在外部条件适宜的环境下，“文化基因”处于“打开”状态，使该“文化基因”所在的文化种群连续进化下去；相反，当外部条件出现了不适宜的环境时，“文化基因”便被“关闭”，那么该“文化基因”所在的文化种群将被迫停止进化，从而出现中断的现象，如在外族入侵时，较大差异和政见、政策的变化促使本土文化的进化暂时关闭和中断，宋、元、清三朝都出现了这一现象。只有外部条件适宜，“文化基因”才会再次“打开”，参与种群的进化。这也符合达尔文进化论中提到的“自然选择压力”一说，我们可以称之为“文化选择”。只有在这种选择压力下，新的文化才会不断涌现，不适合社会发展的旧的文化才会被改造或被直接淘汰。只有坚持“优胜劣汰、适者生存”的规律，才能促使人类文化不断地进步，社会才会更加文明。外来文化亦是如此，中国在半封建、半殖民地时期，外来文化与中华文化遭遇碰撞，出现了两种并存的局面：一种是外来文化强烈地感受到了中华文化的冲击力而逐渐吸取了中华文化中的先进部分，从而部分中华文化融入外来文化中；另一方面，中华文化逐渐熟悉了外来文化，并择其本身可借鉴的部分，形成一种新的模式，如具有“晚清第一园”的扬州何园，无论在园林要素的构成上还是庭园结构布局上，都完美地体现了中西合璧的文化融合。

第三，自然地理条件造成了不同地域的分隔，也造就了不同文化系统的形成。尤其在交通不发达的古代，天然的河流、山脉、沙漠、海峡都是阻隔文化基因传播的主要因素，各个地域的文化不能彼此往来接触，因此文化种群也不会扩散到彼此的地域中去。长时期的阻隔会使不同的文化种群在适合自己的地域环境下朝着不同的方向进化，加上不同变异因素的日积月累，使得本身同源的文化种群也会分离得越来越远。这也可以很好地解释同是中华民族的子孙，为什么南方和北方人民的生活习惯有如此大的差异性；对同一汉语词汇的应用会因地域差别而产生褒义和贬义两种不同的概念，并可能形成一定的文化冲突。

5.2 分子生物学相关概念解析

5.2.1 基因

基因是控制生物性状的基本遗传单位。基因，也称遗传因子，是具有遗传效应的 DNA 片段，它

支持着生命的基本构造和性能，储存着生物生命过程中的全部信息。基因具有双重属性：物质性（存在方式）和信息性（功能属性）。基因具有两个特点：一是能够忠实地复制自己，以保持生物的基本特征；二是在进化、传承、发展的过程中，受环境或遗传因素影响，能够发生突变和变异，这也是产生新物种的必然方式。

5.2.2 基因家族

来源于同一个祖先，在基因组的进化过程中，由一个基因通过基因重复或基因突变而产生两个或更多的拷贝基因，这些基因便称为基因家族。基因家族在结构和功能上具有明显的相似性，具有编码相似的蛋白质产物。同一系列的基因家族可以紧密地排列在一起，形成一个基因链；也可以分布在同一染色体不同部位或不同的染色体上，各自具有不同的表达和调控方式。

5.2.3 基因表达与调控

基因表达是指细胞在生命过程中，把储存在 DNA 顺序中的遗传信息经过转录和翻译，转变成具有生物活性的蛋白质分子，蛋白质形成我们能看见的各具特色的生物体个体。

基因调控则是指对从 DNA 到蛋白质这个过程的调节过程。基因调控是现代分子生物学研究领域的重要课题之一，搞清楚基因表达调控的时间和空间概念，有助于帮助了解生物生长发育的规律、形态结构特征及其生物学功能。

5.3 分子系统发生与系统发生树

5.3.1 系统发生学

1. 系统发生学概念

系统发生（或种系发生、系统发育，Phylogeny）指的是生物形成或进化的历史。系统发生学是进化生物学的一个重要研究领域，它研究的是物种之间的进化关系，其基本思想是比较物种的特征，并认为特征相似的物种在遗传学上接近。系统发生分析早在达尔文时代就已经开始了，从那时起，科学家们就开始寻找物种的源头，分析物种之间的进化关系，给各个物种分门别类。经典系统发生学研究所涉及的特征主要是生物表型特征，所谓经典表型特征主要指形态学的（结构的）特征，如生物体的大小、颜色、触角个数等，也包括某些生理的、生化的以及行为习惯的特征。其通过表型比较来推断生物体的基因型，研究物种之间的进化关系。

2. 分子系统发生分析

随着人们对物种进化研究的深入，科学家们发现光是利用表型特征研究物种之间的进化关系是有限的，有时候关系很远的物种也能进化出相似的表型，这是由称为趋同进化的过程造成的。因此科学家们对物种的分类依据逐渐从宏观形态发展到了微观分子上，并且有了突破性的进展，系统发生分析也从表型分析阶段进入分子分析阶段。生物科学家们认为，现今世界上存在的核酸和蛋白质分子都是从其祖先经过不断进化而形成的，作为生物遗传物质的核酸和作为生命机器的蛋白质分子中存在着关于生物进化的信息，可用于系统发生关系研究。分子系统发生分析直接利用从核酸序列或蛋白质分子提取的信息，作为物种的特征，通过比较生物分子序列，分析序列之间的关系，构造系统发生树，进而阐明各个物种的进化关系。

在现代分子进化研究中，根据现有生物基因或物种多样性来重建生物的进化史是一个非常重要的问题。一个可靠的系统发生推断将揭示出有关生物进化过程的顺序，有助于我们了解生物进化的历史和进化机制。其基本原理非常好理解，从一条序列转变为另一条序列所需要的变换越多，则这两条序列的相关性就越小，从共同祖先分歧的时间就越早，进化距离就越大；相反，两个序列越相似，那么它们之间的进化距离就可能越小。

现代分子生物学认为：所有的生物都可以追溯到共同的祖先，生物的产生和分化就像树一样地生长、分叉，以树的形式来表示生物之间的进化关系是非常自然的事。可以用树中的各个分支点代表一类生物起源的相对时间，两个分支点靠得越近，则对应的两群生物进化关系越密切。

5.3.2　系统发生树

系统发生树是表明被认为具有共同祖先的各物种相互间演化关系的树，是一种亲缘分支分类方法，又称为系统发育树、系统演化树、系统进化树、种系发生树、演化树、进化树、系统树。它用来表示系统发生研究的结果，描述物种之间的进化关系。生物系统发生树模型见图 5-1。

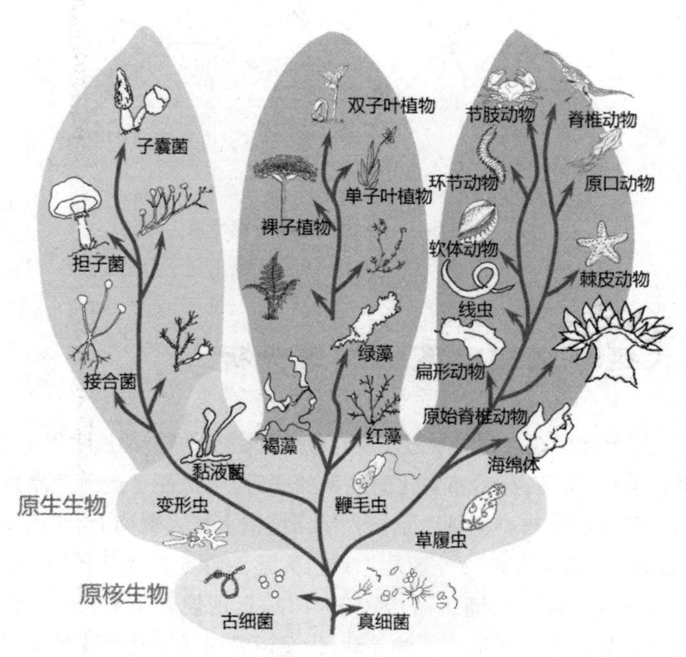

图 5-1　生物系统发生树模型

系统发生树是一种二杈或多杈树，所谓树，实际上是一个无向非循环图。系统发生树由一系列节点和分支组成，其中每个节点代表一个分类单元（物种或序列），而节点之间的连线代表物种之间的进化关系。树的节点又分为外部节点和内部节点;树节点间的连线称为分支,其中一端与叶节点相连的为外枝,不与叶节点相连的为内枝。在一般情况下,外部节点代表实际观察到的分类单元,而内部节点又称为分支点,它代表了进化事件发生的位置,或代表分类单元进化历程中的祖先。分类单元是一种由研究者选定的基本单位,在同一研究中,分类单元一般应当一致。

系统发生树有许多形式,可分为有根树和无根树、一般树和二杈树、有权值树和无权值树等。在一棵有根树中,有一个唯一的根节点,代表所有其他节点的共同祖先,这样的树能够反映进化层次,从根节点历经进化到任何其他节点只有一条路径。系统发生分析中一个重要的差别是,有的节点能由系统发生树推断出共同祖先和进化方向,而有的则不能。无根树没有层次结构,只能说明节点之间的关系,没有关于进化发生方向的信息,但是,通过使用外部参考物种(那些明确地最早从被研究物种中分化出来的物种),可以在无根树中指派根节点。例如,在研究人类和大猩猩时,可用狒狒作为外部参考物种,树的根节点可以放在连接狒狒与人和大猩猩共同祖先的分支上。系统发生树具有以下特点。①如果是一棵有根树,则树根代表在进化历史上是最早的并且与其他所有分类单元都有联系的分类单元;②如果找不到可以作为树根的单元,则系统发生树便是一棵无根树;③从根节点出发,到任何一个节点的路径均指明进化时间或者进化距离。系统发生树的特点示意见图 5-1。

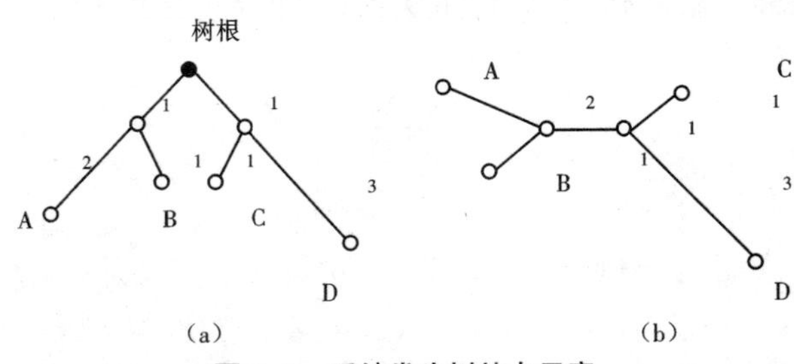

图 5-1　系统发生树特点示意

(a)有根树;(b)无根树

5.4　京杭大运河水文化系统发生分析

京杭大运河在千百年的疏浚和修筑过程中,其流经的各个城市都被赋予了不同的文化特征,在为沿线城市提供着地理、交通、经济和文化的联系的同时,也促使了运河两岸城市的不断发展,形成了一个以运河为联系的城市共同体。京杭大运河经济上联系着南北、东西,在文化上横贯着燕赵、齐鲁、楚汉、江淮、吴越等区域文化圈层。京杭大运河最初是为了军事和漕运的目的而修建的,因此,运河的最原始功能是交通运输,因为有了水,运河便有了水利的功能,同时也有了对生态环境的调节功能。随着货物运输与人的流动,大运河带来了文化的交流与传播,于是形成了运河沿线特有的文化现象。由此可见,运河文化离不开水,所有文化及文化现象的发生、传播与演变均与运河水有关,所以说,京杭大运河文化系统的源头应该是水文化。

5.4.1　京杭大运河水文化系统

通过前两章对京杭大运河水文化及水文化遗产的梳理,以及对京杭大运河沿线地域性文化的

流变分析，发现京杭大运河的主体文化是水文化，而且同时具有时间性和空间性，无论是物质文化遗产还是非物质文化遗产，都可以通过寻根的方法追溯到水文化这个根源上来。研究判断京杭大运河水文化系统是否符合生物学中系统发生分析的理论和规律，可以利用系统发生分析的方法研究京杭大运河水文化形成或进化的历史，研究京杭大运河沿线各种文化之间的进化关系，找到“文化基因”在整个水文化系统中的传播及演变规律，从而找到大运河沿线各地域城镇之间的文化共同点与差异性，为文化遗产保护工作及城乡规划建设工作提供依据和素材。

5.4.2 京杭大运河水文化系统发生树模型

京杭大运河水文化系统遵循着达尔文进化论中所提倡的“进化”观点，它既具有完整的运河文化体系，又具有每个地域、每个文化分支的独特完整性。虽然在表象上看，运河文化千姿百态、包罗万象，但它们都具有一个共同的文化祖先——运河水文化，这便是文化系统同源性的体现。京杭大运河的历史跨越 2 500 多年，在空间上延伸了 1 700 余千米，同时具有时间维度和空间维度，完全符合文化进化论假说中的内容，具体体现在以下三个方面。

第一，京杭大运河水文化系统具有相对稳定的结构，千百年来不断地延伸发展、繁衍分支。经过漫长的历史进化和大跨度空间的演变，文化种群不断地发生变化，甚至出现了不连续性。京杭大运河是一条文化的河流，善于沟通、包容开放是运河水文化的基本特征。从某种意义上讲，文化就是沟通与交流，京杭大运河不仅直接串联起南北，沟通了海河、黄河、淮河、长江和钱塘江，而且间接地连接起更为广阔的空间，对中国文化大格局的形成具有十分重要的作用，同时其也是联系古代中国与世界的桥梁，是古代东方主要的国际交通路线之一。张开教授在她所著的《扬州运河文化的传播与交流》一书中说道：“若不是运河对于南北水陆交流的有机联动，若不是运河流淌滋养南北文化，若不是形成了漕运的交通基础设施，中国南北文化难以沟通，南北饮食、戏曲、经济等层面的交流不会如此兴盛，中国文化的向心力也不会如此强大。”大运河的开通与历代的整修，对于古代中国北方先进生产技术与文化的向南传播、演进、发展具有重要的交通走廊意义。自隋炀帝开通江南运河之后，江南地区与中原地区紧密联系在一起，从此形成了北方与中原文化沿运河南迁的局面，北方的生活方式、文化成就、经济物资通过运河融入南方地区的社会发展，也直接促进了南方经济中心的兴起。由于隋唐以后，北方与中原地区频遭战争与灾荒的侵扰，经济中心逐渐转移至江南地区，此时运河又将江南地区的丝织工艺、陶瓷制造术、建筑技术、造纸术、印刷术、指南针以及各种文化书籍大量运往北方，江南物产对于北方与中原人们的生活方式与价值观念产生了深远的影响。同时江南学子游学、求仕，商人经商，多由运河北上，又把江南社会的文化、风俗、生活方式带往中原与北方，为京杭大运河水文化基因的传播、进化起到了媒介助推作用。

京杭大运河的畅通带来了诸多文化因素的交流传播，如不同时期、不同地域的思想观念、意识形态、审美情趣、科技发展水平、社会政治经济等都通过运河发生关系，在交流、碰撞、融合的过程中进化。进化过程中，大运河“文化基因”受到外界环境的变化影响，也会做出相应的调整。按照达尔文进化论中所说的“自然选择压力”，“文化基因”也遵守“优胜劣汰、适者生存”的自然发展规律。在外部条件适宜的环境下，“文化基因”处于“打开”状态，该“文化基因”所在的文化种群连续进化下去；相反，当外部条件出现了不适宜的环境，“文化基因”便“关闭”了，那么该“文化基因”所在的文化种群被迫停止进化，从而出现中断的现象，甚至会彻底消亡。比如，兴起于运河沿线城镇的各地方会馆属于商业文化种群，是地方组织文化基因家族中的一员，是京杭大运河水文化系统中的一项“文化基因”。商会是中国明清时期都市中由同乡或同业组成的团体，京杭大运河的开通带动了沿线城镇的经济发展和商品贸易活动，各地的商人和物品随着运河水系流动起来，这便是外界带给会馆文化基因打开、繁衍、进化的一个有利时机。因此在明清时期，尤其是明中期以后，运河沿线诸多城镇出现了大量的以工商业者、行帮为主体的同乡会馆，这些会馆的主要职能便是维护同乡同业的利益，协调工商业务及不正常竞争；同乡商帮在会馆可以集会、宴请、祭祀、联络乡谊等。到了清朝末期，由于黄河改道，北方多段运河堤岸损坏，河道淤塞，运河漕运开始衰败，大量漕粮改走海运。直到清光绪二十七年（1901 年），清政府正式诏令京杭大运河停运，京杭大运河沿线市镇船舶往来、商旅辐辏的兴盛繁荣景象逐渐褪去，这尤以北方城市明显。工商业萧条，从商士旅迁移别处，兴盛三个多世纪的会馆文化基因在恶劣的外部环境中被迫关闭进化功能，而逐渐退出了历史舞台。

第二，自然地理条件造成了不同地域的分隔。京杭大运河作为总长度为 1 794 千米的超大型线性文化遗产，贯穿五大天然水系、流经七大地域文化区。在运河全线开通之前，各区域间由于地理、气候、环境等自然条件的差异，政治、历史背景的不同，形成了各自相对独立且封闭的文化环境；畅通之后的大运河促进了运河周边区域的社会发展，促进大半个中国纵向和横向的文化交流，加快了各地域间文化的融合和进化。这种融合和进化，体现在各个文化种群和文化基因的外在表象上，外来文化基因会努力地使自己适应新的地域环境。为了生存，本地文化基因和外来文化基因结合、变异，朝着新的方向进化，甚至会衍生出一种新的文化基因。历史的前进会使文化基因不停地进化、变异，这也会使它与自己同源的文化种族分离得越来越远。例如，明清时期的戏曲文化基因家族的进化过程以及京剧文化基因的诞生，完全符合第二点所陈述的进化规律。明清时期的京杭大运河沿线及邻近地区的市镇吸纳和集聚了中国戏曲的各种声腔，正所谓是“商路即戏路”“水路即戏路”。不管哪一地区出现了新的戏曲声腔，艺人们都会想尽办法走出本地，到更广阔的地方去传播，而京杭大运河正是一个重要的传播通道，这里有戏曲生长进化的需求者、欣赏者、研磨者和供养者。明代时期中国最著名的四大声腔（海盐腔、余姚腔、弋阳腔和昆山腔）无一例外都到了运河沿线，最终通过运河的传播汇集到京城。为了适应京城欣赏者，到了清代，四大声腔变为南昆（昆山腔）、北弋（弋阳腔）、东柳（柳子戏）和西梆（秦腔）。清乾隆五十五年（1790 年），乾隆八十大寿皇会之际，徽班“三庆班”顺京杭大运河北上，为乾隆祝寿，从此徽班的“二黄腔”在京城成为最受欢迎的声腔。在戏剧文化基因的进化过程中，二黄腔又结合昆山腔、弋阳腔、秦腔逐渐演化，成为被誉为国粹的京剧，很好地体现了不同戏剧文化基因汇集、融合、变异及最终诞生新的文化基因的过程。京剧系统发生分析见图 5-2。

刘士林先生曾谈及过：“中国区域文化虽然众多，但以北方的齐鲁文化与江南文化最为可观。齐鲁文化本质上是一种伦理文化，而江南文化本质上是一种诗性文化，它们代表着中国人最基本的生存需要与文化理想，因而两者之间的双向交流十分重要。大运河使两种在原则上针锋相对的伦理与审美文化，在现实中获得了接触、理解与融合的可能，在两者之间起到重要的沟通与交流作用，对古代中国文化大格局的形成具有十分重要的作用。”可见，京杭大运河对不同地域文化基因的交流与融合、新文化基因的产生与传播都有着举足轻重的作用。

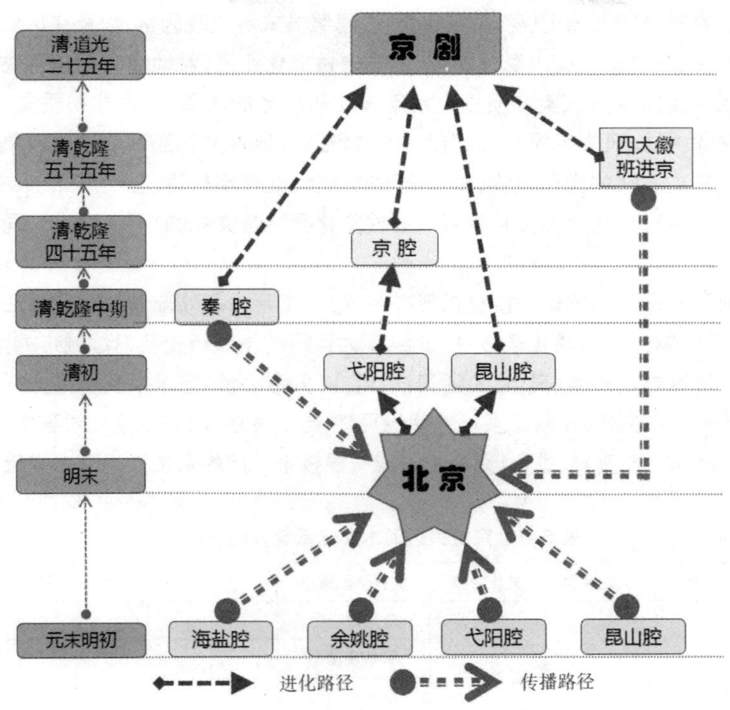

图 5-2 京剧系统发生分析示意

第三，“文化基因”是京杭大运河水文化系统中的最基本单位。京杭大运河水文化系统的内涵是：人类在长期的历史发展过程中，通过开凿运河、利用运河、管理运河以及保护运河等行为，与大运河产生互动而形成的一切物质与非物质文化的集合。这其中既包括运河带给沿线人们的思想意识、价值观念、审美情趣、宗教信仰等精神层次的影响，也包括运河对沿线城市的兴起以及建设、城市形态风貌、建筑、园林、码头、桥、亭等物质文化的影响，还包括运河对沿线不同地域民风民俗、方言文化、文学艺术、手工技艺等非物质文化产生的深远影响。京杭大运河水文化系统是一个跨地域、跨时间的庞大文化系统，为了更细化深入的研究，我们需要对这个庞大的系统进行拆解，依据文化的内涵特征和表现形式，由大到小依次分为文化系统—亚文化系（统）—文化种群—亚文化种群—文化基因家族—文化基因蛋白，每种（亚）文化系统由若干个文化种群构成，每个文化种群具有相同或相近的遗传基础，种群的结构是否稳定受制于“文化基因”在进化、传承、发展过程中是否有外界干扰而发生突变，事实上经过时间维度和空间维度的变化，绝大多数“文化基因”都会有不同程度的突变，因此各文化种群之间也会存在着一定的差异性。

在实际生活中，所有与文化相关的物质与非物质文化遗产都可以被视为文化蛋白质，这些蛋白质是不同的文化基因、文化基因家族或是文化种群的外在表现。与京杭大运河水文化相关的“蛋白质”包括山水地貌、城市风貌、民居建筑、园林建筑、街巷空间、手工技艺、乡村聚落文化、历史遗迹、历史典故、神话传说、民俗风情、宗教信仰、文学艺术、饮食习俗、农耕文化、商贾文化等，不同的“文化基因”支持着不同的“蛋白质”表现方式。从功能性角度出发，京杭大运河水文化系统可分成三个亚系统，分别是意识形态系、生产生活系和外部表现构成系。意识形态系反映的是人类在社会发展过程中所形成的政治理念、价值观念、审美情趣、思维方式等主观因素，以及在历史演进中遗留下来的民族文化和民族性格，具有内隐性特征，属于隐性文化亚系，对地域文化具有决定性和控制性作用。生产生活系反映的是人类物质生产活动方式和产品的总和，多为非物质文化类，如交通方式、服装服饰、耕作方式、风俗习惯等，具有外显性特征，属显性文化亚系。外部表象构成系反映的是可触及的具有物质实体的文化事物，多为物质文化类，如民宅村落、自然风光、人文建筑、遗产遗迹等，具有外显性特征，也属显性文化亚系。显性文化受隐性文化的控制和影响，同时又是隐性文化的具体体现。

京杭大运河的水文化系统也是由意识形态系、生产生活系和外部表象构成系三个文化亚系构成，三个亚系相互影响、相互制约（表 5–1）。纵观大运河的发展历史及沿线城市的演变规律，不难看出，与运河相关的建筑、桥梁、风俗、生活习惯、商业、方言、文学艺术以及思维方式等文化基因都来自同一个源头——水文化，在两千多年的朝代更替、历史发展、时空变迁的过程中，许多外来的优秀文化基因被传播、融合、变异、进化，逐渐生长成一棵枝繁叶茂的京杭大运河水文化系统发生树。

表 5–1　京杭大运河水文化系统分级一览表

文化系统	文化亚系	文化种群	文化亚种	文化基因家族	文化基因蛋白
京杭大运河水文化	意识形态	历史文化	城镇演进	政治中心型	
				军事重镇型	
				商品集散型	
				生产贸易型	
			历史人物	帝王将相	
				科学家	
				民间人物	
			历史事件	政治事件	
				军事事件	
		行为文化	信仰文化	民间信仰	风俗习惯、水神信仰、镇水神兽
				宗教信仰	儒释道、伊斯兰教、基督教、天主教
			语言文化	戏剧文化	京剧、昆曲、越剧、评剧、梆子戏、皮影戏、木偶戏
				曲艺文化	评话、弹词、评书、大鼓、快板、相声、时调
				方言文化	
				歌谣文化	船工号子、童谣、民歌
			文学艺术	诗词赋咏	
				书法绘画	
				民间文学	
				名人名著	
		制度文化		上层文化	政治文化、军事文化、经济文化、社会文化
				宗族文化	族谱文化、宗祠文化

续表

文化系统	文化亚系	文化种群	文化亚种	文化基因家族	文化基因蛋白
京杭大运河水文化	生产生活方式	农耕文化		水田文化	桑田文化、渔业文化、稻作文化
				旱地文化	灌溉文化、冬闲文化
		交通文化		水路文化	舟船文化、纤道文化
				陆路文化	车文化、马文化
		餐饮文化		食文化	菜系文化、进餐礼仪
				酒文化	酿酒文化、酒令文化
				茶文化	茶道文化、茶具文化
		商业文化		地方组织	会馆、会所、行会
				传统技艺	陶瓷制作技艺、织造技艺、制砖与营造技艺、冶铸与锻铸技艺、漆器与金属器皿制作技艺、印刷与文房四宝制作技艺、食品制作技艺
				传统工艺美术	年画、剪纸、雕刻、雕塑、刺绣、扎染、梳篦、盆景
				回商文化	
				盐商文化	
		文体文化		传统体育	传统武术、传统杂技、游艺项目
				传统文艺	传统音乐、传统舞蹈、传统乐器
	外部表象特征	自然环境		地理环境	
				气候环境	
				社会环境	
		城市风貌		平原风貌	
				水乡风貌	
				城市文脉	京城文化、津门文化、燕赵文化、齐鲁文化、楚汉文化、淮扬文化、江南文化
				城市肌理	城市形态、质感色彩、路网形态、街区尺度、空间场所
		聚落文化		建筑文化	官式建筑、园林建筑、传统民居、商业建筑、仓储建筑
				园林文化	皇家园林、私家园林、衙署园林、寺庙园林、庭院文化、植物文化
				街巷文化	尺度空间、交通格局、路面铺设、牌坊门阁
				风水文化	选址布局、居住环境、图腾文化
		水工文化		桥文化	
				闸坝文化	
				码头文化	御码头、大码头、小码头
				邮驿文化	马驿文化、水马驿文化

按照分子生物学进化原理，京杭大运河文化系统的共同祖先为运河之水所带来的文化。运河沿线市镇产生和分化的各种文化种群、文化基因家族像树一样生长、分叉，文化基因犹如整个文化

系统末端的树叶，枝繁叶茂体现着京杭大运河水文化旺盛的生命力。京杭大运河水文化系统发生树模型以直观的形式表示各文化基因之间的进化关系。从形式上分，京杭大运河水文化系统发生树为一棵有根树，且是一棵无具体权值的多枝杈树。在这棵树中，有一个唯一的根节点，即京杭大运河水文化，它代表着其他节点的共同祖先，反映水文化各级的进化层次及进化方向。京杭大运河水文化系统发生树不是一棵固定的标本树，而是一棵随着时代变迁而不断变化发展的有生命力的进化树，见图 5-3。

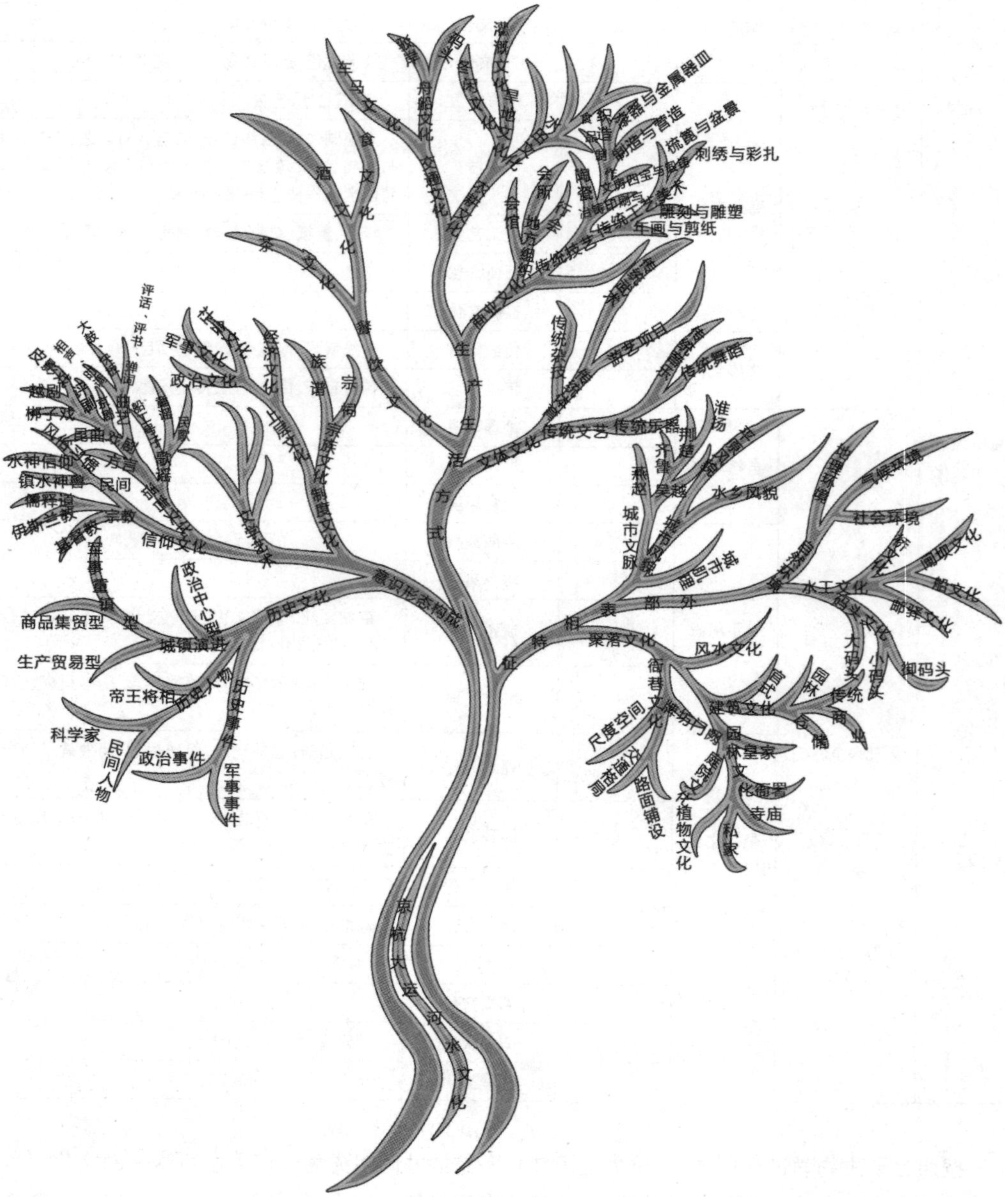

图 5-3　京杭大运河水文化系统发生树模型

5.4.3 京杭大运河水文化基因家族解析

什么是京杭大运河水文化的基因家族呢？简单解释，由一个共同的祖先基因（大运河水文化基因）经过重复和突变产生的在内涵本质和外延表象上具有相似序列的一组相关文化基因，它们可以产生“编码”相似的“蛋白质”产物，这组相关的文化基因称为文化基因家族。比如运河沿线广泛流行的民间信仰便可以看作是一个文化基因家族，在民间信仰文化的基础上，通过信仰内容的细化、信仰活动的不同以及信仰形式的差异，可以重复和突变产生风俗习惯、水神信仰和镇水神兽信仰等多个文化基因，这些文化基因在内涵上都体现着对神的崇拜敬仰和对平安生活的祈祷祝福，而在外延表现上也都是以一些神像、神兽雕塑、图腾、祭祀活动等方式加以体现，因此可以说它们的基因编码程序非常相似，所表达出来的表象蛋白质体也有一定的相通之处，因此，我们可以认定风俗习惯、水神信仰和镇水神兽同属于民间信仰文化基因家族。图 5-4 为京杭大运河沿线镇水神兽的“基因表达”。

拱宸桥下镇水神兽　戴村坝镇水神兽　永济渠镇水神兽

金口坝镇水神兽　通州庆丰闸镇水神兽　聊城镇水神兽

北京后门桥镇水神兽　阳谷七级闸镇水神兽　张秋西关桥镇水神兽

扬州铁犀　沧州铁狮　张秋镇戊己山铁牛

图 5-4 京杭大运河沿线镇水神兽的“基因表达”

5.4.4 京杭大运河水文化基因的表达与调控

生物遗传学领域认为自然界生物的生长发育及各种生命活动都由基因控制。为了适应不同的环境以及完成分化、发育、繁殖和代谢等各种生命活动，生物基因受到严密的调控，按不同时间阶段以及不同的细胞、组织和器官顺序表达，调整体内相应蛋白质的种类和数量，使生物适应不同的内环境和外环境，按照不同阶段逐渐发育成长，这种生物基因的表达与调控促使自然界生物呈多样性发展。作为文化进化领域范围内内容，文化基因的表达与调控过程同样也促进了文化多样性的发展与繁荣。每一个文化基因都积极参与到京杭大运河水文化系统的分支、繁衍、进化的发展过程中，文化基因的表达是通过一系列具有功能性、结构性、感触性的"蛋白质体"完成的，"蛋白质体"也就是地表上我们人类能看到、使用、接触、传播的各种文化实体，文化基因的存在能控制不同"蛋白质体"具有不同的内涵思想和表象特征。

京杭大运河水文化基因的表达同时具有时间性和空间性。其时间性受 2 500 多年历史进程的影响，各个时期和朝代的京杭大运河都具有不同的历史使命和主要功能。京杭大运河始于春秋，成于隋代，改于元代，盛于明代，衰于清代，今始复兴，运河由初始战争之需转为漕粮运输通道，由经济衰败而废到如今经济繁荣、运河文化振兴。在京杭大运河流淌的历史岁月里，无论是功能的转变还是衰落、振兴，文化基因始终没有消亡，它只是随着外界环境的变化来切换"打开"与"关闭"的模式，这样我们能看到的"表达蛋白质"，也就是外在表象即会发生相应的变化。在京杭大运河文化基因表达过程中所出现的外部环境因素、自然因素、政治因素和人文因素所起到的干预影响作用即为京杭大运河文化基因的调控。如今京杭大运河又呈现出一派欣欣向荣的发展趋势，尤其是申遗前后，京杭大运河得到我国乃至全世界专家学者的重视。良好的基因调控机制促使京杭大运河文化基因处于全方位"打开"的状态，这也是一种生命力的象征，只有基因打开才会发生复制、繁衍、变异、进化等一系列动作，才会使京杭大运河水文化系统发生树更加枝繁叶茂。

5.5 "文化基因"的类型与传承路径

多重文化交织在一起往往会引发文化的交替与演变，但隶属特定地域的主体文化往往具有很强的传承性与生命力，这类文化并不会因为外来文化的冲击、历史的演变或社会的变迁而突然消失，这便是该区域文化基因影响的结果。文化基因的系统发生树就像是一条载有文化系统遗传信息的大树，树上的各种文化基因和遗传信息通过交换、重组甚至突变完成文化的传播与传承。

正如生物基因按照不同的功能、结构有着不同的分类一样，文化基因同样可以按照所主宰的不同功能进行类型划分，不同类型的文化基因有着不同的传承路径。如何选择正确路径，前提条件便是对文化基因进行正确的分类。参照刘沛林教授对传统聚落景观基因分类的原则及方法，京杭大运河文化基因的分类可遵循以下原则：①是否地位显著，具有地域文化主导性；②是否具有文化识别性，为某一运河沿线城市所特有；③是否具有文化关联性，由两个或多个运河城市所共有；④是否具有变异特质，在历史演变中融合新元素。依据上述分类原则，京杭大运河文化基因可划分为主体基因、附着基因、混合基因和变异基因四类，见图 5-5。

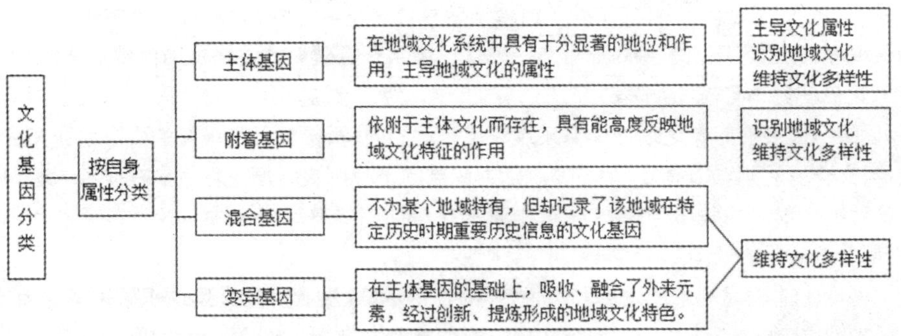

图 5–5 文化基因类型划分示意

5.5.1 主体基因及其传承路径

从生物遗传学角度解释，主体基因指的是控制生物体质量性状、决定生物体属性、对外在表现特征起主导性的基因。从文化传承的角度解析，主体基因指的是在地域文化系统中具有十分显著的地位和作用，主导地域文化的属性并对该地域文化外部表象影响较大的基因类型。主体基因作为其他类型文化基因的母体，在形成蛋白质的形态方面起决定性作用，一旦作为母体的主体基因缺失或消亡，地域文化也就无从谈起，地域特色也便不复存在了。例如有运河明珠之称的苏州市，它被誉为“东方威尼斯”，城内水网交错的街巷空间格局，各式各样、姿态优美、年代不一的桥，随处可见的轻舟、渔歌唱晚的水乡情调，都给国内外人们留下了“江南水乡”的印象，这些外部表象特征都是主体基因“水文化”起着主导作用。苏州在城市布局上是我国唯一的水、路并行叠加的城市，“人家尽枕河，水巷小桥多”的城市形态影响着周边无锡、常州、湖州、嘉兴等城市形态的形成，这种水乡文化的可识别性是鲜明的和个性化的，具有很强的地域文化风格，见图 5–6。

图 5–6 “水文化基因”使苏州地域文化鲜明且独具个性

但是，在过去的几十年中，苏州除了山塘河等主体河道尚存外，大部分的河道迫于城市建设压力已经被填埋，原生态江南水乡的正常运转模式已遭到严重破坏，水、路叠加已被陆路代替，交通模式的单一化已使城市形态格局发生了质的变化，这已经严重破坏了水网大面积的生态功能和正常运行，其后果可能要在百年之后才能真正展现出来。届时，再修复已遭破坏的生态系统将会付出极大的代价，文化基因则难以修复，地域发展活力受到的干扰则更为严重。我们在研究大运河周边城市遭到某种结构形态的破坏时，往往注重物质本身，而常常忽略了它对主体文化基因和传承路径的破坏，这是非常危险的倾向。

为了保证主体基因的永续发展和良性传承，在传承路径的选择上，建议积极采取保育措施，设置核心保护圈层，加强主体基因在地域文化中的主导地位，找到主体基因的发展脉络与历史演变规律，使历史传承和现代文明有机地结合起来。法国当代的著名社会学家布迪厄（Pierre Bourdieu）认为文化的本质功能是通过文化资源的转换和运作实现文化价值的积累。主体基因作为文化基因家族中的核心要素，只有充分挖掘和发挥其文化资本撬动之力，才能激发出地域发展的新活力，这要求我们在对待主体文化基因时，应采取文化战略转嫁及文化符号提炼植入的模式进行传承，以达到地域文化全面复兴的效果。

5.5.2 附着基因及其传承路径

附着基因是主体基因的外延延伸和外在体现，它是以主体基因为载体，紧密依附于主体基因而存在的一种文化基因类型。它一方面具有能高度反映地域文化特征的属性，另一方面具有加强主体基因特征的作用。如建筑文化基因中具有浓郁地方特色的形体、色彩、材质、体量、建筑构造、装饰纹样等元素都属于附着基因；又如带有地域风情的方言腔调、戏剧艺术表现方式、节庆习俗等非物质文化元素也属于附着基因。大运河交通的便利发达，各地区人员流动频繁，带来的是区域间文化的交流与融合，属于地域特色的文化元素扩大了地域范围，越来越趋同化、融合化，因此，必须重视附着基因的保育工作。本研究建议规划设计可以采取五种地理隔离和塑造城市特色的手法，将最能反映地域传统文化的元素保留下来，构建真实的历史遗存；或将典型的文化符号植入规划设计领域，使文化更具有地域特色和文化归属感。

地理隔离和城市特色塑造的五种规划手法内容如下。

手法一，借鉴中国传统"借景"手法，将山川自然引入城市。钱学森先生提出的"山水城市"理论正是这一规划手法的具体代表。天津五大道的南北向道路均以接近海河为目标，杭州天山路以北至石祥路中心片区的东西向道路均以京杭大运河为南北主轴布置，聊城则以东昌湖与京杭大运河相联系，这些城市结构逻辑概念是对周边自然环境条件的尊重，也是一种必然的结构联系。

手法二，道路骨架所反映出来的城市结构逻辑是构成城市特色的重要元素。这种手法在国外的一些城市建设中较为常见，如巴西利亚新城（图 5-7）、澳大利亚的堪培拉（图 5-8）等城市都是有着极明显结构逻辑的城市形态典范。在我国，有这种模式的城市很少，京杭大运河沿线的城市大都因运河自然生长发育而成，在形成初期没有人为规划，因运河而生、沿运河而长的城市形态便是运河城市最大的特色。如扬州最新版城市规划方案中提出"两廊三轴五区"的城市结构形态，其中"三轴"中的一轴便是瘦西湖—古城—古运河文化轴，该轴指的是北起蜀冈瘦西湖风景区，南至瓜州，联系"两古一湖"的扬州重要历史文化遗存轴线，这条轴线不仅记载并展现了扬州城市演变的总体脉络，也是现代扬州城市发展建设的重要景观轴线，见图 5-9。

图 5-7　巴西利亚新城鸟瞰（李雄飞教授提供）

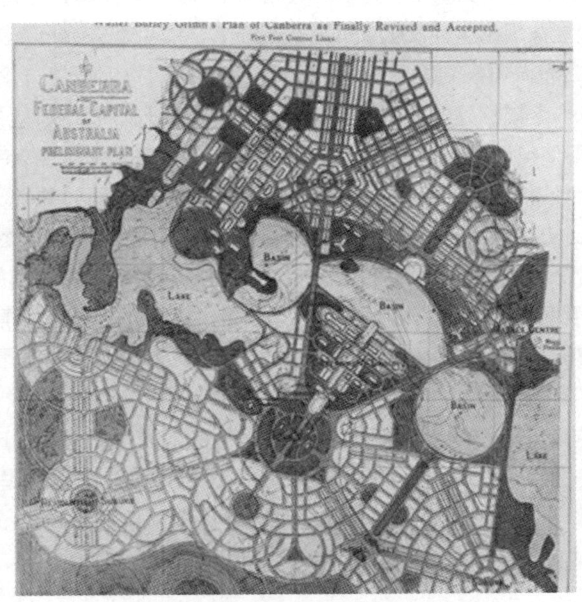

图 5-8　堪培拉城市平面图（李雄飞教授提供）

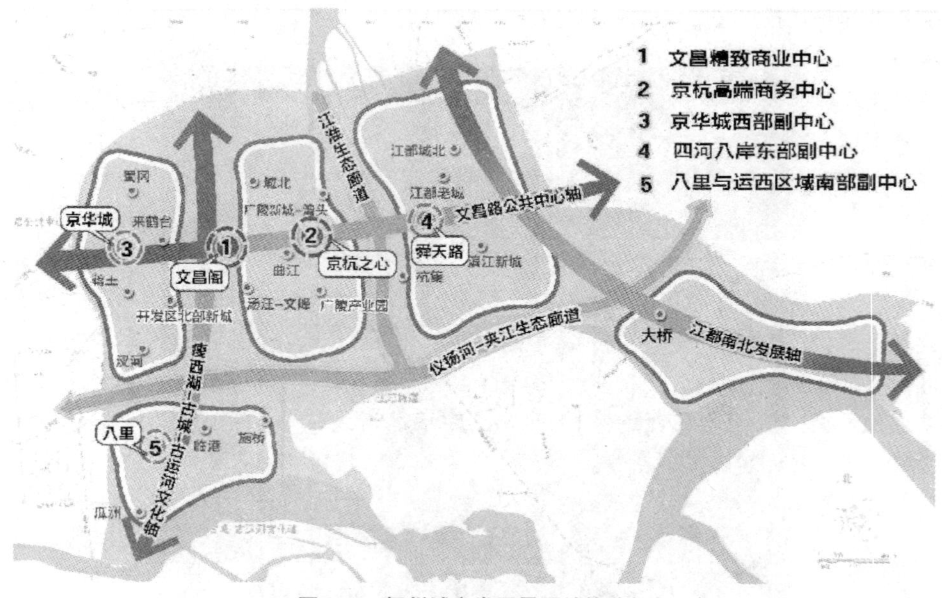

图 5-9　扬州城市发展景观结构分析

手法三，文化遗存建筑是城市的标志性建筑。如杭州的六和塔、通州的燃灯佛塔、苏州的寒山寺、扬州的瘦西湖园林群、聊城的光岳楼、临清的鳌头矶、沧州的铁狮子等都属于依附于主体文化基因的主要组成部分，是城市重要的特色构件。由于这些文化遗存建筑或建筑群的体量较大，故它们对现代城市景观结构的形成产生重要的影响。城市新的建筑群，尤其是在空间上与古建筑遗存距离较近的，应该在外观上体现出古建筑的文化基因特征，与古建筑群有所呼应。吴良镛先生在城市文化国际研讨会暨第二届城市规划国际论坛（2007）上指出：“拘泥于建筑论建筑，就保护论保护，尽管在多方努力下，有些零星的建筑得以保护，但是由于新建设发展太快，规划太大，周边建筑体量过大、过高，历史建筑即使得到保护了，也是淹没在新建设的汪洋大海之中，传统环境风格也就荡然无存，失去了原有的魅力……文化遗产的保护要与文化环境的创造同时并举，不能脱节。”

如位于苏州古城历史街区中心的苏州博物馆新馆，紧临中国四大名园之一的拙政园和清代忠王府，特殊的地理位置使其备受瞩目。新建筑作品不但需要满足一般博物馆的功能要求，还需要满足城市设计中建筑高度低于 24 米的限制要求，更要与周边的环境和园林、建筑融合协调。建筑大师贝聿铭在设计博物馆时充分考虑到苏州城的历史文脉和强大的“文化基因”，提取苏派建筑“粉墙黛瓦”“叠山理水”“花窗门洞”等基因符号与现代建筑基因相融合，既传承了古典园林的精髓，又做到古今交辉。这种“文化基因”传承路径的应用使得新苏州博物馆落成即成为经典，使其成为一座集现代化馆舍建筑、古建筑与创新山水园林三位一体的综合性建筑设计作品。它带给人们强烈现代感的同时也给人留下不可磨灭的苏派古韵印象，在现代创新中使“文化基因”得以继承、地域文化得以延续，见图 5-10。

图 5–10 苏州传统“文化基因”在现代建筑中的应用

手法四，街道线性空间的文化基因体现。古代中国的城市中，线性空间的街道既是交通性通道，也是一种人际交往、信息交流的通道，它与现代街道重交通的“管道式空间”完全不同。在依靠步行与畜力车通行的上千年历史中，这是中华文化基因的一个重要附属基因，也是城市特色重要的元素构成。城门、牌坊、店面、四合院以及其他形态院落空间的入口、寺庙、园林等，人们都可以慢行、交往、交易、休闲，甚至可以在这些场所进行琴棋书画的活动；而如今汽车时代街道的多数功能已经消逝，也造成了文化基因的断裂。即便如此，街道作为线性空间在城市特色风貌构成中依然是一项重要的特色元素。我国由于传统文化的影响，棋盘式格局形成的笔直街道对于城市特色塑造来说是很不利的条件，因此，在京杭大运河沿线的城市中，特别是北方水网较少的城市，可以通过以下方式调整，以此来保证文化基因的正常发展。

第一，适当增加街头小游园的设置，建议距离 200~300 米，将其作为市民休息、交际的空间场所，以减少一条街一面墙的死板空间印象。第二，建筑的退线距离不一定整齐划一，公共建筑的退线距离除了必要的人流疏散、停车空间外，适当增加一定的绿化空间以供人们休闲使用。第三，重要的街道节点，可适度增加一些标志性或纪念性的柱状、门状、半门状等装饰物，类似于古城中牌坊的作用，并配置相应的休息座椅及绿化景观。第四，保留具有一定历史意义的景观特色街道，南方的运河城市在这方面做得比较好，如杭州的拱宸桥西历史街区、苏州的山塘街、无锡的清名桥历史街区以及扬州的东关街历史街区，在这些历史街区中能看到文化基因的延续与传承、发展与演变，这些是最珍贵的城市记忆，值得京杭大运河沿线城市在城市建设和文化挖掘中借鉴、发扬、升华。

手法五，雕塑、小品及城市家具的设置。雕塑是反映城市主体文化基因的精神产物，是城市精神最集中、最高度概括的象征性艺术品，是一种典型的附着基因。有时城市建设的指导者仅凭主观好恶决定城市雕塑的主题，人为地割裂历史并破坏文化基因，造成了不伦不类的环境形象。雕塑作品虽小，但它需要创作者对城市文脉的全方位了解、精准的把握和高度的概括，让人在欣赏作品的同时产生对这座城市历史及文化的向往。如地处苏北腹地的淮安市，2014 年在通往南京的高速路入口处落成了一座大型城市雕塑，三片钢架结构的白色船帆高耸入云，一群青铜铸造的骏马穿越其间，底座上篆书八个大字“南船北马，九省通衢”，雕塑作品气势恢宏，格外引人注目（图 5–11）。历史悠久的文化名城淮安，地处淮河与京杭大运河的交汇之地，在中国古代漕运和交通史上一直被视为咽喉要地。明清两代负责运输的漕运总督署和负责河防要务的河道总督署都曾设置于此，南方的物资、客船、商船至此后将改由马车继续北上，故有“南船北马”之称。虽然漕运早已退出历史舞台，京杭大运河的交通功能减弱，然而纵贯我国东部沿海的铁路大通道，连通北京和上海的“京沪”高速、连通黑龙江同江和海南三亚的“同三”高速以及宁连（南京至连云港）、宁徐（南京至徐州）、宁盐(南京至盐城)等省内高速公路均在此交会，历史上“九省通衢”的交通要冲地位正以新的面貌突显于世。这无疑是一个成功的运河城市雕塑案例，它不仅回顾了淮安的辉煌历史，而且展望淮安的美好未来。

图 5–11　淮安城市雕塑

5.5.3　混合基因及其传承路径

混合基因指的是两种或两种以上、同地区或不同地区的文化基因融合后形成的新的基因类型，它虽然不为某个地域所特有，但可能在历史发展演变过程中保留特殊的文化记忆和信息，因此，混合基因也是地域文化基因家族中的重要成员。混合基因的存在可以有效地保持地域文化系统的生态平衡和文化多样性。规划者应该采取“共生”的态度对待混合基因，共生不是指简单的存在，更多的是指在传承的基础上，使混合基因高度融合，与现代地域文化完美镶嵌。混合基因是时代发展的产物，也是人们创新的产物，在传承路径的选择上，混合基因需要正确的引导，去莠保良、生态保育，既要保留并完善其物质载体，又要加强混合基因内在精神的活态传承。

在运河城市中，混合基因最典型的当属天津。天津自设立租界以来，最先在一片荒凉之中建立的是西开教堂，其精神控制先于城市住宅和城区的建设。九国租界形成后，天津陆续建设了相应的娱乐设施、公共建筑以及配套的住宅建筑等，在建设“小洋楼”的过程中，九个国家的工程师除了坚持本国的建筑文化形态外，更是相互学习借鉴，将其他国家建筑的特点应用到自己租界内的建筑中。如在日租界中可以看到许多建筑借鉴了法、英、德、意的建筑样式和装饰纹样，形成了“日法合璧”“日英合璧”等建筑样式，在围墙设计上，各国的建筑亦难于区分出明显的艺术符号应用，这是混合基因的一种表述方式。除了租界区，在天津的老城里也出现了不少所谓的“洋门脸”，当时人

们会自觉不自觉地采用一些租界中各国的建筑符号，并逐渐形成一种“约定俗成”的设计方法和建造措施，这是两种或多种不同背景文化之间的融合，是本土与外来文化之间的融合。这是城市文化基因中的混合基因，也是塑造城市特色的重要因素。

5.5.4 变异基因及其传承路径

生物遗传学中的变异基因指的是相对稳定的基因结构里有改变组成方式或排列顺序的碱基对，这对生物体的外观形态和结构有着或好或坏的影响，良性变异可以产生新的物种，恶性变异可以发生病变，变异也属于一种遗传形式。与生物学类似的是伴随着人类文明的进步，文化基因也会发生不同程度的变异以适应不同历史时期的不同社会形态。文化基因变异也分为两种：如在现代的城市建设中能保留地域特有的建筑风格与肌理，在保证功能的基础上加入一些融合时代感的元素，这便是良性的文化基因变异；相反，在快速的城镇化进程中，那些谋取个人利益为出发点的所谓的文化产业开发，完全不顾历史文脉和地域特色，根据开发者的喜好强行在传统文化中加入外来元素，或是干脆抛弃传统文化，这是一种外在强力致使文化基因变异甚至是突变的恶性变异现象，最终后果将会导致地域文化减弱甚至消亡。针对变异基因的两面性，传承路径应该采取“优胜劣汰”的模式，继续维持良性变异的基因，去除恶性变异基因。

本章小结

本章是京杭大运河水文化从现状资源分析、历史进程演变到典型文化基因进化分析及水文化遗产传承演变的一个理论过渡章节。本章引入现代分子生物学中关于生物进化研究的理论和方法，站在风景园林学和文化遗产保护的角度提出了文化进化论假说，认为每一个国家、每一个民族、每一个地域都有自己独特的文化性，它们应该同时具有时间维度和空间维度，这一文化在表象上看虽然呈现着千姿百态的现象和表达方式，但它们应该有着一个共同的祖先，具有文化基因同源性。本章重点借鉴了分子系统发生分析法和系统发生树的构建方法，在此基础上构建出京杭大运河水文化系统发生树模型，这是一个开放性的研究模型，可以随着研究的深入和时间的变迁不断地积累完善发生树模型的枝干结构，希望通过系统发生树模型的建立使京杭大运河的研究更加系统化、完善化，使相对应的京杭大运河水文化遗产保护有据可循，不会在保护过程中缺失文化遗产的原真性和完整性。同时，也为其他类型的文化遗产研究以及城市设计者提供一个新思路，更好地将文化融入设计领域。

第6章 京杭大运河水文化遗产“文化基因”的传承与嬗变

京杭大运河是中国古代人民的智慧结晶，是前人在工业化到来之前通过与自然不断斗争最终与其和谐相处的产物，是我国乃至世界重要且珍贵的物质与文化遗产汇集廊道。在中国的历史上，我们常以地理位置或行政区域来划分论定某种文化形态和特征，然而有时候会出现特殊情况，可能会由于某种事件或者某种因素诞生一种打破地理界线的文化大区域，这种大区域被称为地文大区[①]。元、明、清时期的京杭大运河经过截弯取直真正起到了贯通南北的作用，它作为连接我国东部地区若干个文化圈的人工水道，对国家政治的大一统、经济的繁荣和文化的交流融合起到了重要的作用。随着国家现代化的快速发展以及南水北调东线工程投入使用，大运河被正式列入世界遗产名录等工作的出色完成，学术界对京杭大运河的研究又出现新一轮空前的热潮。为了避免在保护和开发利用过程中出现简单模仿、破坏性变异以及张冠李戴等现象的发生，我们有必要把京杭大运河流域纳入一个整体区域，把运河文化作为一个整体文化体系，从“文化基因”的视角去研究各类文化在京杭大运河区域内的传播、传承、演变，从根本上发现该类文化在不同运河城市中的个性与共性。

本章在众多京杭大运河水文化遗产中，从风景园林学的研究范围出发，选取京杭大运河水文化系统发生树中的具体枝节进行实例性分析，结合前几章理论借鉴与生成的内容，详细具体地阐述“文化系统发生分析”和“文化基因”在京杭大运河水文化遗产中的体现和应用。经过反复比较研究，最终确定选择与京杭大运河关系紧密、受大运河兴衰影响较大的淮安传统民居和扬州园林为研究实例。从水文化遗产分级来看，它们属于控制区内的关联性水文化遗产；从京杭大运河水文化系统中看，它们属于外部表象特征文化亚系、聚落文化种群，能真实反映京杭大运河的历史文化进程、运河城市变迁和人们依运河生活的重要信息，是多类型文化基因的载体，具有很强的代表性和可研究性。

6.1 淮安段运河水文化遗产资源概述

淮安市位于江苏省北部，东与盐城接壤，西临安徽省，南接扬州市，北与连云港市、宿迁市毗邻，总面积 1.01 万平方千米；辖四区三县，即清江浦区、洪泽区、淮安区、淮阴区（原为淮阴县）；盱眙县、涟水县、金湖县。

淮安市无高山峻岭，地势西高东低，以平原为主。淮安市境内河川交错，水网密布，内河航运的主干线京杭大运河流经于此，淮沭新河、苏北灌溉总渠、淮河入江水道、淮河干流、古黄河等九条河流在境内纵横交错。境内有全国“五大淡水湖”之一的洪泽湖以及白马湖、宝应湖和高邮湖。

① “地文大区”一词指的是打破常规的地理位置和行政区域划分，形成的一种更广泛、更包容的文化大区或人文大系。

6.1.1　淮安段运河系统发生分析

6.1.1.1　先秦两汉时期:邗沟的开凿和淮安的兴起

淮安位于淮河下游,离黄河和长江尾间很近。邗沟开凿之前,南船北上是由长江入黄海,由云梯关溯淮而上,至淮阴古城,向北达齐鲁,向西达皖豫而入中原。所以,在以自然河道作为交通主要动脉的上古时期,控扼淮水、泗水咽喉的淮阴城最早兴起并繁荣起来。

吴王夫差开凿邗沟,沟通江、淮,又有陆上干道通达南北,江、淮、河、济古代的四大水系就可以通过邗沟、淮河、泗水、汴水和鸿沟连接起来,成为一个完整的水陆运输系统,古淮安地区不仅扼交通要道,而且具有灌溉优势,农业发达,所以成为春秋战国时期列强争夺的重要地区。淮河流域、长江流域、黄河流域这三大富庶的流域通过邗沟贯穿起来,对古代淮安的兴起和发展起了关键性作用。

秦统一六国后,推行郡县制。淮安市设置的县邑有淮阴、盱眙、东阳等。西汉年间,又增设淮浦、射阳、富陵等县。秦汉时期,境内农业生产条件特别是灌溉条件得到明显改善。“汉献帝建安初年,广陵太守陈登筑高家堰三十里(十五千米),遏淮河洪水,以保护农田,名捍淮堰。”同时修破釜塘灌溉农田,铁质农具和牛耕也得到推广,虽然战乱频频,但农业生产仍有较大发展。东汉陈登则筑邗沟西道,使江淮交通更为便捷。由此,承平之年,境内手工业和商业比较繁荣,文化也发展到较高水平。

魏晋南北朝时期,“南入长江必经邗沟,北伐中原必由泗水,加之原淮河两岸土壤肥沃,水利条件良好,适宜种植小麦和水稻,有垦殖之利。因此淮阴更是‘南必得而后进取有资,北必得而后饷运无阻’的要塞之地。”魏晋南北朝时期淮安长期处于战争和对峙的前沿,常年战乱带来的是凄惨景象和文化经济的严重破坏。

6.1.1.2　隋唐五代宋元时期:京杭大运河的开凿和淮安兴衰

隋唐五代时期,淮安境内长期处于安定的环境,“经过三国、两晋、南北朝的纷争扰攘而衰败下来的淮安地区,由于南北漕运的兴起和发展,又重新恢复起来,再度发展为运河沿线的重要商业都会。”这时期大运河的开凿和淮北盐场的建设对淮安的繁荣产生了巨大的作用。隋时京杭大运河贯通,位于淮扬运河入淮末口的楚州(今淮安区)、位于通济渠入淮处汴口的泗州(今盱眙县城对岸)都是漕运重要的通道。唐代,淮北海盐生产逐渐发展,涟水成为全国的四大盐场之一。为了运销淮盐,唐垂拱四年(688 年)开运盐河,淮安盐运又兴。隋唐时期,运河上的漕船、盐船和其他商船不断,与泗水并行的陆上干道也商旅频繁,从而促进了沿线的楚州、泗州和淮阴、泗口、涟水、盱眙等城镇的繁荣,其中楚州被白居易誉为“淮水东南第一州”。

北宋年间,淮安境内较为太平。沿淮河的沙河、洪泽渠和龟山运河的开凿,使漕运、盐运得到进一步发展。政府鼓励垦殖、修复和增建水利灌溉设施,引进并推广“占城稻”,农业得到恢复发展。

在南宋之前,黄河下游河道绝大部分时间都是流经华北平原由渤海湾入海。南宋建炎二年(1128 年)冬,南宋东京留守杜充妄图以水为兵,抵御金兵南下,人为决河。1128—1193 年,黄河决溢入泗、入淮计有八次,黄河水患危及淮安。南宋和金、元对峙时期,淮安市境内再度成为战场前线,遭受兵火的长期荼毒。经历长期战乱,市内一片凄凉。而由黄河夺淮带来的频繁水灾,又使其雪上加霜,愈发萧条。

6.1.1.3 明清到民国时期:漕运兴、淮安盛到漕运衰、淮安败

明太祖朱元璋置淮安府,领海、泗、东安三州,山阳、清河、沭阳、盐城、桃源、赣榆、天长、盱眙八县,当时淮安府共辖三州八县。明永乐年间,淮安漕运又兴。明陈瑄总理漕运时,开清江浦河,在河上建移风、清江、福兴、新庄四道节制闸,接着又在清江闸附近建立淮安漕粮中转仓。"此后,这里又创办了全国最大的内河漕船厂——清江督造船厂。"清江浦便因此繁华起来。"清江浦以北的京杭大运河,由于黄河夺淮等原因,不仅迁缓难行,而且危险很大,断缆沉舟时有发生。由北而南,则至王家营弃车马渡黄河,至清江浦石马头登舟。清江浦遂为'南船北马'的交会点,并一度被称为'九省通衢'。"明清两朝都委派大员驻淮治河。淮安驻有漕运、盐运、河工、榷关、邮驿等机关,进入鼎盛时期,与扬州、杭州、苏州并称为运河线上的"四大都市"。

黄河全流夺淮以后,境内水患愈演愈烈。淮河干流及原有支流泗、沂、沭诸水,均无法回归故道,成为徐淮平原及里下河平原的灾害根源。农业衰退,鱼米之乡的盛景不在,淮安周围地区原有的垦殖之利沃野,逐渐变为贫瘠落后地区,淮安失去了经济发展所必备的基本腹地支撑。1855 年,黄河于铜瓦厢决口,回归渤海湾入海后,废黄河的下游河道淤高。同时,随着海运的兴起、河运的废除、津浦铁路通车、近代轮船的投入使用,境内漕、盐、河、榷之利丧失,淮安进一步衰微。

民国时期淮安府撤销,市境大部分始属淮扬道,后属淮阴行政督察区,而常年战乱又给刚刚兴起的近代交通运输业和工矿业以沉重打击。

6.1.1.4 中华人民共和国成立:京杭运河进入复兴时代

中华人民共和国成立后,国家政局稳定,淮安抓住历史机遇,迅速发展,成就斐然。但纵观历史,中华人民共和国成立以来,淮安的历史地位已经不及拥有运河漕运枢纽时的地位。历史上淮安的兴起是由于它便利的水上运输条件,特别是京杭大运河的开通。在和平稳定的政治环境下,淮安的特殊水上枢纽地位给它带来了巨大的利益,相反,每当战乱之际,淮安也是兵家必争之地。明清时期,当淮安运河枢纽的地位日益下降时,其经济呈现出衰落趋势。中华人民共和国成立后,淮安运河也逐步进入一个全新的复兴时代。

6.1.2 淮安段运河水文化遗产类型及构成

6.1.2.1 物质水文化遗产资源

1. 传统民居和历史文化街区

河下古镇位于今淮安市淮安区西北的古运河畔,是当年大批徽州盐商的聚居之地,迄今仍然保持着明清时期的小镇风韵。河下古镇(后简称河下)是我国罕见的进士镇,据统计,自科举制度以来,仅明清两代河下就出进士 58 名、举人 110 名、贡生 140 名、翰林 12 名,其中状元 1 名、榜眼 2 名、探花 1 名。"当年河下有 108 条街巷,44 座桥梁,102 处园林,63 座牌坊,55 座祠庙。"明清时期,这里富商的豪宅甲第连云,可与扬州盐商的园林相媲美。著名的古迹有状元楼、魁星楼、吴承恩故居等,清代左宝贵的墓地也在河下。河下每一条街巷、每一座桥梁都有着丰富的传说故事。乾隆和嘉庆时期,此处生意鼎盛,商人日益增多,为了联络乡谊,进行商业竞争,商人们建立了诸如新安会馆、福建会馆、镇江会馆、山西定阳会馆、四明会馆、江宁会馆、江西会馆等众多会馆。这些会馆给淮安本土文化带来了新的"文化基因",进一步证明京杭大运河使淮安成了不同文化交流融合之地。

“淮安河下兴衰的决定因素是盐业。可以说，明清时期盐政制度的因革，淮北沿运线路、掣验场所和集散地的变迁，都与河下的繁荣、寂寞息息相关。”明初，盐政采用“开中法”，吸引大量商人汇聚于淮，“天下之盐利，莫大于两淮，而浙江次之，山东、长芦则其下者也。故其价，两淮最高所以然者，何也？两淮当江河之中，四通八达，水运甚易。”明中叶后，淮北盐运分司署迁移至淮安河下，河下遂为淮北盐必经之地。商务的兴盛使得河下一带商店和市场日益繁多，如西湖嘴市、姜桥市、相家湾市、罗家桥市、古菜桥市、米市、柴市、西义桥市、兰市等，盐商的聚集使河下的面貌大为改观。“高堂曲榭，第宅连云，墙壁垒石为基，煮米屑磁为汁，以为子孙百世业也。城外水木清华，故多寺观，诸商筑石路数百丈，遍凿莲花”“谈者目为‘小扬州’”。据《淮安河下志》记载：“明初运道仍由北闸，继运道改由城西，河下遂居黄（河）、运（河）之间，沙河五坝为民、商转搬之所，而船厂抽分复萃于是，钉、铁、绳、篷，百货骈集；及草湾改道，河下无黄河工程；而明中叶司农叶公奏改开中之法，盐策富商挟资而来，家于河下，河下乃称极盛。”清朝末年，自道光十一年（1831 年）实施淮北纲盐改票后，淮安河下盐商的财路大受影响，河下遂迅速衰落。咸丰五年（1855 年）黄河北徙由山东入海，郡城之北的黄河变为废河道，河下失去黄河运输之利。光绪三十四年（1908 年）津浦铁路筑成，同时海运也随之兴起，河下失去了运河水运之利。清末至民国期间战争和盗匪猖獗，河下遭受严重破坏，逐渐萧条衰落。现在河下古镇的街巷见图 6-1。

图 6-1　安静的千年河下古镇

2. 园林文化遗产

由于淮安在历史上的特殊地位，特别是隋代后成为江淮的政治、文化、经济、军事重镇，此处的官宦及商人热衷于园林的建设。清初时期，淮安的园、亭、山庄很多，如蔡四如的蔡园、探花夏曰瑚的恢台园、张鸿烈父子的曲江园、进士黄宣泰的止园、盐商程镜斋的荻庄、程莼仁的晚甘园、刘仞安的一篑园和思园、田园诗人吴进的带柳园、驸马巷的墨庄萧碧亭、程吾庐的寓园、沈氏的遂园、勺湖内的勺湖草堂等，形成了淮安造园史上的顶峰。后来由于淮安频发战乱和水灾，园林文化遗产保留甚少，现存较好的只有楚秀园、清晏园、淮城三湖胜景等。现存代表性园林见图 6-2。

勺湖　勺湖草堂　吴承恩故居　清晏园

图 6-2　淮安现存园林文化遗产代表

3. 古迹遗址文化遗产

总督漕运部院曾是我国历史上主管全国漕运的机构，位于淮安老城中心，占地约 3 万平方米，与淮安标志性建筑镇淮楼、淮安府衙在府城同一条中轴线上，是中国封建社会经济兴衰的历史见证。

淮安关署位于淮安府城城北板闸，是明清两朝设的钞关，为中央设在地方的税务机构，于民国年间裁撤。明代禁海，全国的物流主干道即为京杭大运河，当时国家共设钞关八座，有七座都设立在运河沿线，从北至南依次是崇文门（北京）、河西务（天津）、临清、淮安、扬州、浒墅（苏州城北）、北新（杭州）。淮安关监督官阶较高，相当于"道台"。

淮安的古船闸众多，其中清江闸、惠济闸、福兴闸、通济闸四闸及其越闸均位于清口上下不到十千米范围内，其中清江闸在市区水门桥东数百米，其他闸在码头镇惠济祠附近，四闸皆设有越闸，合起来便是为人所熟知的"八道闸"。清江闸是我国运河史上极为罕见的一大建筑工程，反映了我国古代劳动人民的智慧和才能。

清江浦楼始建于清雍正七年（1729 年），位于运河南岸，为清江浦标志性建筑。现中洲公园内有"新清江浦楼"景点。

镇淮楼位于淮安古城中心，是一座具有中国民族风格的古代宫殿式建筑，始建于南宋宝庆二年（1226 年），原为镇江都统司酒楼，俗称谯楼鼓楼。南粮北运要从运河穿过长江，通过淮河才能北上，船只以到淮安为安。清乾隆年间因水患频发，取"震慑淮水"之意，将其更名为镇淮楼。

洪泽湖大堤位于洪泽湖东岸，古称"高家堰"，北起淮阴码头，南至洪泽区蒋坝，始建于东汉建安五年（200 年），唐大历三年（768 年）筑唐堰，成为大堤雏形，其发展于明清，完善于当代，是淮河下游第一防洪屏障。

淮安府署位于淮安老城楚州区东门大街，总督漕运部院以北，是淮安历史地位的象征和见证，其规模宏大号称当时全国之最，现与总督漕运部院、镇淮楼连为一体，成为国内最大的古代官衙景区。以上文化遗产见图 6–3。

江南河道总督部院　清江浦楼　总督漕运部院　淮安府署

镇淮楼　若飞桥（清江大闸）　清江大闸　洪泽湖大堤

图 6–3　淮安市古迹遗址文化遗产代表

4. 名人故居文化遗产

京杭大运河对塑造淮安人的个性所起的重要作用是不言而喻的，悠久的历史、重要的政治军事地位以及繁荣的经济，造就了淮安人坚韧、聪明、好学的民风。淮安自古人才辈出，如周恩来、关天培、韩信、吴承恩等，名人文化是淮安运河水文化遗产的重要组成部分。名人生活、工作的场所以及为纪念他们所设立的纪念馆、祠堂等，既是运河流域的重要建筑，也是历史文化的物质载体，对塑造淮安运河文化性格、彰显和继承历史文脉具有重要的作用，见图 6–4。

周恩来故居　吴承恩故居　刘鹗故居　关天培故居

图 6–4　淮安市名人故居文化遗产代表

5. 宗教建筑文化遗产

由于京杭大运河所处水运要道作用显赫，往来舟楫为求平安，一般会上岸烧香祭拜，并相沿成俗，与之并行的宗教文化也得到了极大的发展，特别是在宋元时期，佛教、道教进一步传播，寺庙宫观众多。明代之后，黄河夺淮，水灾日增，人们的朝拜活动更加频繁，由此促成了明清时期沿线佛教、道教文化的昌盛。淮安历史上寺观祠庙众多，明清时，仅淮城山阳一县就有寺庙 300 多座，最盛者号称“八大寺”，淮安城内的寺庙大都毁于“文化大革命”。现存及修复后重新开放的寺庙主要有古牛花寺、铁山禅寺、慈云寺、清江文庙、清江浦清真寺、惠济祠、文通塔等。

此外，由于京杭大运河的关系，沿运河一带的外来宗教比其他地方的数量要多很多。"顺治元年，淮安府就建了天主教堂。""鸦片战争以后，天主教、基督教在帝国主义大炮的掩护下，涌入运河地区，在晚清时期获得了空前的发展。"宗教文化带来了宗教建筑，融合了本土建筑特色，是京杭大运河水文化遗产中的主要特征之一。多元文化基因的碰撞融合是淮安运河水文化的特色，淮安的地理位置也决定了其建筑风格南北交融、中西合璧的特点。

6. 运河水利工程设施遗址

淮安区南部是运河上极富特色的水利枢纽景观节点，该段主体水网复杂，京杭大运河、淮河入海道、苏北灌溉总渠、新河及多条引河纵横交错，包括淮河入海水道大运河立交，运东、运西分水闸，淮安一、二、三、四站，新河东闸，沙庄引江闸、淮安引江闸等多个水闸以及多座交通桥，形成由水体、岛屿、桥梁、船闸、绿化等融自然景观与工业景观于一体的特色文化景观。

6.1.2.2 非物质水文化遗产资源

淮安的非物质水文化遗产主要有庙会、十番锣鼓、淮扬菜、淮剧、跳判官、花跷扑蝶、博里农民画、小淮秀、蒲编、苇编等。淮安的民风民俗源远流长，既有楚风，又有吴俗，随着运河漕运、盐运而演变兴衰，内涵丰富，自成一体。晚清著名学者丁晏在评价淮安的风土民情时写道："淮土跨徐、扬之境，居南北之冲，江南诸郡文物华丽而失之浮，河北诸郡气质颛固而或失之野。惟淮安交错其中，兼擅其美，有南人之文采而去其浮，有北人之气节而去其野。"

6.2 淮安传统民居"文化基因"的系统发生分析

长期以来，我们在讨论"建筑风格"的时候，常常以地理位置或行政区域进行称呼划分，如南方建筑、北方建筑、岭南建筑、徽派建筑等。但是京杭大运河这条人工水系打破了既有的建筑风格划分，它作为贯穿多个地域文化圈层的特殊的文化载体，使得沿大运河两岸建筑的风格变得更加丰富和复杂起来。引起这种现象的原因有两个：一是在历史发展中看，沿运河的城镇有的是因运河而建，有的是因运河而兴，它们的成长繁荣离不开大运河的孕育和滋养；二是在京杭大运河2 500多年的时间里，它承担起前所未有的南北文化传播交流的重任，因此在整个运河沿线区域内不管是人们的思想意识形态、生产生活方式，还是城市外部表象都在这条南北流动的大动脉中相互影响、交流、渗透、融合、发展，使得运河沿线区域不断模糊南北之间的差异，这种影响和异化作用直接导致沿运河区域内建筑文化的多样性。正如吴良镛先生所说："如果能进一步弄清不同地区建筑文化的渊源，和各地区建筑文化发展的内在的，而非臆造的规律，比较它们相互之间的差异，研究其空间格局，这将不仅大大深化我们对中国建筑发展的整体认识，并进一步阐明其个性所在，加深对整体个性的理解，且更有助于我们理解中国建筑的区域特色，从而培养具有地方特色的建筑学派，各逞风流，使中国建筑创作真正地实现和而不同、同中有异的繁荣局面。"这段话对于运河沿线建筑文化的研究尤其适用。

淮安位于江苏省中北部古淮河与京杭大运河的交汇处，至今有2 200多年的历史，是我国著名的历史文化名城，历史上与苏州、杭州、扬州并称运河沿线的"四大都市"，有"中国运河之都"的美誉，也是历史上著名的"南船北马""辕辑交替"之所。淮安古城在历史上经历过多次兴衰，直到明朝初年，出于政治方面的因素，迫使大规模移民由江南地区迁徙至淮安，加之明代政府实施

“中盐法”，吸引了不少晋商、徽商来到淮安从事盐业生意，并世代繁衍定居于此。移民、商贾这些外部“文化基因”的携带者给淮安聚落原有的面貌带来了巨大的改观，初步形成了具有独特风格的淮安民居，它既包含了江南民居和徽派民居的“文化基因”，又有别于后两者。尤其是富甲一方的两淮盐商由明至清不断地扩张经营使得淮安古城出现了“高堂曲榭、第宅连云”之景象。而到了清道光年间，政府为了打击盐商肆意抬高盐价的垄断行为，两江总督陶澍在淮北坚决实行票盐法，导致盐商失去垄断地位而走向没落，“高台倾，曲池平，子孙流落，有不忍言者，旧日繁华，剩有寒菜一畦，垂杨几树而已。”由于此为淮安历史上最近一次的兴衰，故淮安古城中现存的传统民居大都为明清时期所遗存，少数为晚清与民国时期所建。许多明清时期遗存的传统民居建筑由于保护不利，在多次拆房修路、拆平建楼、私搭乱建中消失，现在所能见到的明清遗存下来的传统民居大都为商住两用的普通民居以及少量的官宅和富商私宅等中大型民居。淮安传统民居的形成和演变符合“文化进化论假说”的内容，存在着“文化基因”的传承与变异现象。一方面在明清时期淮安的市景风貌形成很大程度依赖徽商所带来的“徽派基因”，另一方面由于地理区域关系，扬州在经济、文化等方面对淮安传统民居特征的形成也有很深远的影响，两方面共同作用进化出具有“淮安基因”的传统民居形态特征。

6.2.1　京杭大运河流域建筑“文化基因”的地域性

京杭大运河流域的建筑文化基因是多元一体的，这种丰富文化基因主要受地缘关系的影响。京杭大运河在元、明、清截弯取直后由南至北依次沟通了钱塘江、长江、淮河、黄河和海河五大水系，串联起水田稻作文化圈和平原旱地农业文化圈，几乎涵盖了我国的整个东部区域。根据第四章中依据京杭大运河地域文化进行整体划段分析的研究结果可以看出，京杭大运河由北向南依次穿越了通惠河京城文化圈层、北运河津卫文化圈层、南运河燕赵文化圈层、鲁运河齐鲁文化圈层、中运河楚汉文化圈层、里运河淮扬文化圈层和江南运河吴越文化圈层。这几个文化圈层在文化背景、自然地理环境、社会经济水平等方面存在着很大的差异性，它们各自独立又相互交叠。

地理区域自然环境和社会经济文化需求都是建筑“文化基因”的内在相关因素，影响着建筑文化风格的发展，制约着人类聚居形式、建造技术和材料的选择。京城文化具有皇权贵族气息，是中国的首善地区、政治的中心，元、明、清三代大一统的封建王朝都建都于此，各种文化聚集升华，皇家文化基因主导的建筑风格磅礴大气、庄严稳重。津门文化是一种卫城文化，“津”乃天子渡口之意，自古作为军事重镇和货物运转京城的重要停靠中转港口，天津枕河襟海，兴盛于漕运，京杭大运河为天津引入大量的人流、物流、信息流，构成“五方杂处”的人口特点和“舟楫往来、百行杂作”的繁荣景象，随即又成为官署和驻军要地，形成进一步交汇、流动的社会环境，因此建筑文化也呈现丰富多样的局面，俗文化和官文化交相映衬，中西文化相互融合。南运河燕赵文化区则背靠燕山、太行山脉，环抱广袤的华北平原，被明成祖朱棣誉为“山川形胜，足以控四夷、制天下”的风水宝地，自然环境上看四季分明，冬冷夏热，干旱少雨，风沙大，体现的是平原文化和旱地农耕文化。会通河齐鲁文化圈层地处华北大平原，涵盖了山东省域范围，被誉为“礼仪之邦，孔孟之乡”，是正统中华文化之本儒学的发祥地。齐文化尚功利，鲁文化重伦理；齐文化讲求革新，鲁文化尊重传统。两种文化在发展中逐渐有机地融合在一起，形成了具有丰富历史内涵的齐鲁文化。中运河楚汉文化圈层指的是以古都彭城（徐州）为中心的区域，该区域北连泰山，南界淮河，东临黄海，是一个多方文化交汇之地，其经过两千多年的社会进程，广采博纳、融汇四方，呈现多元化特点和鲜明的地域特色。淮扬文化圈层处苏中地带，属江淮流域，是以淮安、扬州为代表的地域范围，伴随着京杭大运河的开通以及漕运、盐文化的发展、繁荣，使得淮安与扬州在文化、经济和建筑等方面有了更进一步的融合，我们所说的淮扬既是一种地域性的指代名词，又是一种地域性文化的象征。江南运河吴越文化圈层指的是苏南浙北吴文化与浙南越文化的统称，由于此区地处江南水乡，气候温润，土地肥沃，物产丰富，加之方便畅达的交通优势，使得吴越地区成为国家漕粮主要来源地。吴越人民崇尚自然，生活追求精致情趣，多文人雅士。不同地域的文化结构使得它们的建筑文化呈现不同风格显相，使沿运河城镇呈现出多元形态的格局。文化基因中的显性基因和隐性基因共同作用，使得不同地域文化下的建筑既有共性又有鲜明的个性，如皇家文化影响下的北京建筑恢宏雄壮，宫殿金碧辉煌，崇楼竣宇，彰显着一国之尊君临天下的气势；民居以色调朴实沉稳的四合院为代表，封闭的高墙围合抵御刺骨寒风。而吴越文化浸染下的江南地区的建筑清秀素雅，小巧玲珑，通透开放且多自带有园林庭院，文化气息浓厚。由此可见南北方在建筑文化风格上存在着很大的差异。

京杭大运河就像是飘落在我国东部版图上的一条丝带，将沿线特色鲜明的各个文化区域有机地串联起来，形成一条打破彼此之间封闭隔膜的链条，突破重重地理条件的限制，跨越五大水系，打开了我国南北七大文化区的文化交流大门，在思想意识形态、民族性格、宗教信仰、审美价值、生产生活方式、文学艺术、城市风貌、建筑文化等方面广角度、深层次地交流融合，促使京杭大运河沿线区域的建筑风格由多元共存转化为多元共融，见表 6–1 和图 6–5。

京杭大运河虽然是一条为统治阶级服务的人工河，其在很长时间内的运营都是与统治者的政治、军事目的相关，被严格限制漕运以外的商业航运，但是通过漕运、物资和相关人员的流动，商业行为还是在一定程度上得到发展[①]。随着时代的变迁，明清时期国家在政治、军事方面对大运河的依赖程度逐渐降低，大运河不单单只是承担向朝廷运输漕粮和贡品的功能，还逐渐成了商品流动的主要交通渠道，致使运河沿线城镇商业运营越来越具规模，商品经济也得到了空前的繁荣，工商业文化也越来越突显。“大运河的贯通极大地促进了运河区域工商业的发展。沿运河地区尤其是运河两岸城市百业俱兴，一大批官私工商业如造船业、制瓷业、酿造业、纺织业、编织业、印刷业、造纸业、金属品制造业、生活品制造业及其他各种手工业等蓬勃兴起。各种商业店铺数以千万计，商业人口大增，呈现出从业而聚、活动频繁的特点，形成了独具特色的运河工商业文化。随着运河的贯通，也促进了历史上规模空前的南北（也包括东西）物资大交流，加强了各区域市场的联系，促进了全国统一市场的形成。以运河为主干线的水上销售渠道将各地区的巨额商品输送到各类城镇市场，形成了完整而系统的商业销售网络，打破并改善着地域性商业的闭塞状况，使运河经济带在推动全国经济发展方面起到更大的作用。特别应指出的是，明代中后期，在商品经济发达的江南运河区域，如苏州、杭州等地的某些行业中已出现了资本主义性质的手工工场和包买商，这是资本主义萌芽的重要标志。”在很大程度上，京杭大运河工商业文化的繁荣发展是运河流域建筑文化共融的决定性因素。

运河漕运的兴起使经济空前的繁荣起来，一批运河城市应运而生，运河北段有通州、天津、沧州、德州等，中段有临清、聊城、济宁、徐州、淮安等，南段有扬州、镇江、常州、无锡、苏州、嘉兴、杭州

---

① 据《明会典》卷二十九载，为了提高漕运兵卒与运户的积极性，明政府采取了一系列优惠抚恤措施，其中之一就是准许漕船免税搭载私货，私货可在沿运码头进行贩卖。

表 6-1 京杭大运河沿线建筑风格与特点

建筑派别	主要风格表征	个性特点	代表文化	分布地点	实例代表
官式建筑	官式建筑是相对于民间建筑而言的，通常也称为宫殿式建筑，包括帝王宫殿和官署建筑。外观上常表现出一种崇高、雄伟、辉煌和超凡脱俗的气势和气魄。其风格通过占地面积的广大、建筑体量的相对高大、整体空间的巨大以及合乎等级秩序的礼制来体现	布局中轴对称 层层进深 秩序井然 气氛庄重 富丽堂皇	皇家文化 官署文化	北京 淮安	 
鲁南建筑	其结构简单，功能明确，外形古朴、简洁，整体风格既能体现北方建筑的沉稳，又能表现出南方建筑的灵巧，有“七分雄，三分秀”的特点，是南北交融、中西合璧的建筑结晶	合院布局 有序规整 青石地基 泥面墙体 不对称窗	鲁南文化	台儿庄 济宁	
晋派建筑	其平面布局上遵循四合院的规矩方正、回廊回绕的建筑特色，屋顶为双坡屋顶，建筑材料通常用青砖砌筑、墙砖铺地，建筑上的砖雕和木雕风格活泼、自然，纹样精美写实	四合院 垂花门 高墙深院 粗犷气派	晋商文化	聊城 枣庄	
徽派建筑	其总体布局构思精巧，自然得体；平面布局灵活，变幻无穷；在空间结构和利用上，造型丰富，讲究韵律美，以马头墙、小青瓦最有特色；以雕梁画栋和装饰屋顶、檐口见长；常配以精致的园林	粉墙黛瓦 四水归堂 精美“三雕” 宗族意识	徽商文化	扬州 苏州	
水乡建筑	其以木构一、二层厅堂式的住宅居多，为适应当地的气候和地理环境，住宅布局多有穿堂、天井、院落，多设有瓦顶、空斗墙、观音兜山脊或马头墙，形成高低错落、粉墙黛瓦、庭院深邃的建筑风貌。建筑多临水而建，水路和陆路交通网络密集，几乎家家都有或大或小的埠头	封火墙 小桥流水 粉墙黛瓦 四水归堂 纹样精美 小巧园林	江南水乡文化	苏州 无锡 杭州	 2015/11/06 08:43 AM
欧式建筑	拜占庭建筑的特点是屋顶造型普遍使用“穹隆顶”；哥特式建筑的特点是尖塔高耸、尖形拱门、大窗户及绘有圣经故事的花窗玻璃；巴洛克建筑的特点是建筑轮廓凹凸不平，墙面曲线波浪起伏	宗教气氛 中外融合	宗教文化	天津 嘉兴	

图 6–5 京杭大运河沿线建筑显相图

等。尤其在明清时期，这些市镇帆樯林立，舟楫相连，客商云集，南北货物堆积如山，工商业一片繁荣景象，成为运河上一个个重要的物资集散地。京杭大运河的动态开放之姿，不仅对各个地域原有文化产生了强烈的冲击，改变了原有的民风民俗，更是经过时间的洗礼磨合，在原有文化的基础上互融互补，促进文化的进步和发展。如济宁地处山东省西南部，是古代鲁国所在地，也是儒家思想的发源地，其历来民风淳朴，儒家传统深厚，士大夫重伦理、尚仁义、尊中庸，对经商嗜利嗤之以鼻。到了明嘉靖之后，随着京杭大运河漕运的繁荣，济宁地区"服饰器用，鬻自江南者十之六七"，在外来文化的冲击影响下，士大夫们也日渐成了"儒服市心，力求垄断，满口驵侩"的嗜利之徒。又如，北京、天津、临清、济宁等市镇都有一条名为"竹竿巷"的繁华商业街，然而众所周知这些北方城市并不盛产竹子，但市场上竹器的交易又如此普遍，形成整条街道成规模聚集经营的模式，甚至以此行业为街道命名，这在运河城镇是个非常普遍的现象。

京杭大运河是建筑文化传播的重要渠道，建筑文化经运河传播并发展是必然的，文化基因在沿途的传播过程中不断地融合、衍变创造新的建筑风格也是必然的。无论是工商贸易活动、人员流动、文化交流还是政治军事等传播方式，大运河都给予了最为通畅、快捷、经济的优势支持，成为思想、物资和人员流动的最理想载体。大运河流域各市镇虽然处在不同的地域文化圈内，但究其文化共通之处主要还是工商业文化，只有南北方在经济基础上产生势能差，才会促进工商业的迅猛发展，带动南北方的商品流通，在这个流通的过程中产生建筑文化的交流。尽管京杭大运河跨越四省两市五大水系，在自然地理上存在着很大的差异，但有一点是相似的，就是运河所流经的地区地势平坦，以平原为主，因此对于建筑文化来说它们有着类似的存在空间，这就为建筑文化基因的相互交融提供了基础条件。由此可见，建筑文化传播的三个基本条件"传播渠道的畅通、地域间存在较大的文化势能差、相似的自然生存空间"均得以满足，因此，运河沿线建筑文化的传播顺理成章。千百年来，京杭大运河作为建筑文化传播的重要流通载体，把各地域的文化基因传播开来，让更广泛的人群了解并接受建筑文化，概括来说，通过大运河传播的建筑文化基因主要体现在以下三个方面。

一是意识形态方面。意识形态即人对事物的理解和认知，是观念、观点、概念、思想和价值观等各要素的总和，因社会存在而形成于人脑之中，会受思维方式、环境变化、信息涌入等因素影响而不断变化。京杭大运河沿线城镇大都是政治、经济、文化重镇，尤其是明清时期更为明显，建筑式样丰富多彩，风格特色鲜明，且不同的建筑具有不同的象征意义，如明代将皇宫从南京迁至北京，这便是一次具有政治象征意义的建筑文化的传播。

二是生活方式方面。建筑是人类居住的场所，建筑文化体现的是一种生活智慧和一种生活方式。京杭大运河沿线不同地域的人们通过长期的生活经验积累和聪明才智，创造出各种适应当地自然条件和环境的建筑形式。如运河北端城镇多以有厚重高墙的四合院来抵抗寒冷和风沙，而空气湿润、夏季闷热的江南城镇居民则选择通透开敞的建筑来加强空气的流动。大运河的畅通带来了南北方文化的交流，使得不同地域的人们体验到不同的建筑环境以及不同建筑形式所带来的不一样的生活体验，通过与原来生活环境的比较产生新的需求与满足感的异化，只有新的需求才会产生打破旧方式的动力，使建筑文化得以传播、发展、融合，从而创造新的生活方式。例如江南民居中体现通透开放常用的"罩"经运河北上传播到了有厚重高墙的四合院民居中，改善了北方民居封闭死板的形象，使其室内空间也增添了一分通透流动之感，见图 6-6。

图 6-6　京杭大运河沿线"罩"的应用

三是审美情趣方面。随着京杭大运河的贯通，运河沿线呈现出欣欣向荣的繁荣景象，人们的基本物质生活与需求得到了满足，在此基础上开始追求精神领域的享受与满足，审美情趣是精神领域的一种外在表现。漕运经济的不断发展，带来了南北人员的大流动，使得运河沿线城镇人们的生活形态更加多元化，影响了人们衣食住行各个方面。而运河沿线不同地域的人们对建筑的要求、营造方式有着不同的审美情趣。不同地域的人把不同的建筑审美情趣通过大运河带到沿线各个城镇，又通过他们所营造的建筑来影响当地民众对建筑审美的取向。乾隆皇帝是位典型的建筑文化审美情趣的传播者，他曾多次沿大运河到江南各地巡查，欣赏到南方建筑、园林的美与北方不同，作为建筑审美情趣的受众者，他将南方的建筑营造审美带回北方皇家苑囿中，于是在北京出现了类似苏州街这样仿江南建筑之美的代表性建筑群，见图 6-7。

苏州山塘街　　颐和园苏州街

图 6-7　苏州山塘街与北京颐和园苏州街对比图

6.2.2　影响淮安传统民居系统发生的重要因素

1. 政治因素

明朝时期，由于战乱频发，淮安及周边地区人口纷纷四处逃离，致使两淮地区人烟稀少、百废待兴。明洪武三年（1370 年），明政府强制苏州、松江（今上海）、杭州、嘉兴、湖州五府 4 000 余户迁至临濠垦田，后又强制江南 14 万余户迁至凤阳府，此后百余年江南人不断迁移至淮安，这便是淮安民间所传的“红巾赶散”。

明清时期，朝廷设南直隶（江南省）淮安府，在山阳县内设置淮城。“明代淮安府辖有山阳、清河、安东、盐城、桃源、宿迁、沭阳、遂宁、邳州、赣榆、海州共 11 个州县，包括今苏北 5 市的绝大部分地域。其间，还有漕运总督、南河总督驻节淮安。漕运总督还经常兼巡抚江淮，节制淮（安）、扬（州）、庐（州）、凤（阳）四府，徐（州）、滁（州）、和（州）三州，管辖范围包括今江苏、安徽两省的长江以北广大地区。清末，一度设立江淮行省，淮安市江淮巡抚驻节之所，即省会所在地。”[①] 明永乐年间，为避开淮河山阳湾风涛之险，平江伯陈瑄于永乐十三年（1415 年）自淮安城西管家湖凿渠 20 里（10 千米）至鸭陈口，导湖水入淮，以清江浦河命名。此后，为了节制水位便于通航，河上建了移风、清江、福兴、新庄 4 道节制闸。明初设“支运”，当时淮安、德州、徐州、临清各有粮仓，由各地缴纳漕粮，就近储存于粮仓中，再依据政府规定的年缴额，定期由漕兵分段押送至北京。淮安的 40 座中转粮仓大都位于清江浦地区，当时全国最大的内河漕船厂——清江督造船厂也在此地。随着漕运的发达，清江浦沿运河一带（今清江浦区）逐渐由原来的“旷野闲地”发展成为“侨民宿贾、巨室鳞次”的通商大埠，清江浦与淮扬运河一起被称作里运河，以清江浦为轴心的两淮城市群进入鼎盛时期。

自古繁华与衰落此起彼伏，在两淮城市呈现一片繁荣的同时，危患也暗涌凶波。明中期开始，黄河频繁泛滥，致使淮北的漕运河道因泥沙淤积日渐不畅。明嘉靖时期，政府虽采取“借黄助运”的方式以期改善运河水源困境，然而黄河水带来的泥沙加剧了运河的淤堵。至清道光初年（1821 年）“运河底高一丈数尺，两滩积淤宽厚，中泓如线。向来河面宽三四十丈者，今只宽十丈至五六丈不等，河底深丈五六尺者，今只存水三四尺，并有深不及五寸者，舟只在胶浅，进退两难。”清政府在道光六年（1826 年）被迫改漕运为海运，淮安随着漕运的废停而失去了往日的辉煌，转运枢纽地位不在，漕船厂停办，水灾、蝗灾、旱灾使得大量淮安人流离失所、奔走他乡，淮安的经济一蹶不振，进入了衰败期。

2. 经济因素

明清时期，社会相对稳定，这让之前频遭战乱的淮安有了喘息的机会。元、明、清三朝都将漕运视作是固国之本，到了明清时期，为了漕粮运输的畅通，政府多次疏浚运河，并于淮安境内开通了清江浦，使漕粮运输更加便捷，从此淮安的经济社会进入了快速发展时期。

另一项重要经济影响因素即为两淮盐业经济。早在西汉时期，吴王刘濞便发明了“煮海水为盐”的技术，食盐是人的生活必需品，利润高，“以故无赋，国用富饶”。自明代“开中法”（源于宋，行于明）以来，山陕商人以运输粮草到边塞换取盐引的方式获得贩盐的权利，加之淮北盐场发明了滩晒制盐法，盐的成本更加低廉，盐的质量提高，利润丰厚，利益驱使越来越多的以贩盐为生的山陕商人朝两淮聚集起来。而原本在“开中法”中因地理条件处于劣势的徽商，在“开中法”使用后转劣

① 荀德麟，周平，刘功昭. 运河之都——淮安 [M]. 北京：方志出版社，2006.

势为优势，迅速潮涌般进入两淮地区行盐业。徽商凭借吃苦耐劳、善于帮派合作和优秀的商业头脑，在两淮盐业迅速占据了一席之地，也改变了两淮地区商人以山陕商人为主的格局。“故清江上下十数里，街市之繁，食货之富，五方辐辏，肩摩毂接，其盛也。曲廊高厦，食客盈门，细毂丰毛，山腴海馔，扬扬然意气自得也。青楼绮阁之中，鬓云朝飞，眉月夜朗，悲管清瑟，华烛通宵，一旦之内，不知其几十百家也。梨园丽质，贡媚于后堂；琳宫缁流，抗颜为上客。”当时清江督造船厂位于淮安河下镇，据《山阳县志》记载：“船厂抽分复萃于是，钉、铁、绳、篷，百货骈集”，《淮安河下志》中记载：“明中叶司农叶公（淇）奏改开中之法，盐策富商挟资而来，家于河下，河下乃称盛焉。”这都真实地再现了各方富商云集淮安的景象。商品经济的繁荣使得河下镇商市鳞次栉比，著名的有罗家桥市、西湖嘴市、相家湾市、姜桥市、米市、柴市等。

盐业的发达带动了淮安其他产业的发展，其经济结构也随之改变。富甲一方的盐商们在短时间聚集了大量的钱财后开始追求奢华的生活享受，他们开始广置建筑园林、修筑会馆会所，与之相伴的是餐饮业、服装业、医药业、金融业、织造业等行业的兴盛，奢靡享乐行业也迅速形成，淮安成为运河沿线著名的商业大都会，汇集三教九流各色人等，盐商带动城市经济以奢侈和高档消费为主基调。明万历《淮安府志》中记载：“淮安饮食华侈，制度精巧，市肆百品，夸视江表。”淮安著名的百年餐饮老店文楼便位于河下，其在淮扬菜系的形成和发展中起到了举足轻重的作用。

6.2.3 时间维度上的系统发生分析——从明到清

“文化进化论假说”中认为任何一种文化在进化演变过程中同时具有时间维度和空间维度，传统民居作为建筑文化基因家族中的一员，在建筑文化系统发生树中是一个相对独立完整的分支。淮安人将自己的智慧、生活经验与生产方式运用到传统民居基因的表达与控制上，呈现给世人的是兼具徽州建筑基因和江南建筑基因，但又与两者并不完全相同的淮派建筑基因表达方式。此部分从淮安现存的传统民居入手，结合文献记载，以时间为轴，主要讨论淮安传统民居宅院类型从明到清的系统进化发展。

1. 宅院兴盛期（明中叶至清初）

明代以前淮安的建设发展乏善可陈，直至明代成化年始，淮安的宅院建设才进入建设高潮，并逐渐走向兴盛。彼时淮安“郡城三里禅居百，无数亭台似画中”，比较有代表性的有杨氏园、李园、慎郎中园、闲园、蒋园等宅院。“舟楫往来，多舣于此，淮上称繁华者居最”，这是对河下镇湖嘴大街的写实描写。河下镇毗邻西湖、萧湖，是淮安著名的游赏胜地。这里宅院、园林聚集，有招隐亭、舫阁、玉诜堂、阮池等，最著名的当属明崇祯年间谢病还乡的翰林编修夏曰瑚所修建的宅院恢台园，又名绕来园。

清初，淮安受漕运和盐业的带动，经济发展异常迅猛，已然成为国内一流大都市，与苏州、扬州、杭州并称为运河上的“四大都会”。淮安府城内的宅第院落如雨后春笋般林立而起，比较著名的有“河上篇愈妙，芦中趣颇奇。空山多异响，乔木韵清飔”[①] 的听山堂，曲沼涟漪、荷香惹人醉的华平园，树木林立、泉声引人入花径的漪园以及假山蜿蜒犹如九只石狮的九狮园。此时兴起的宅院中，尤以官商宅院居多，初步形成文人宅院、官宦宅院和商贾宅院三足鼎立之势。

① 清诗人杜茶村题诗，全诗“西樵开一径，曲折少人知。河上篇愈妙，芦中趣颇奇。空山多异响，乔木韵清飔。相见斋头客，悠然听未疲。”

2. 宅院巅峰期（清康熙至乾隆时期）

清康熙至乾隆时期作为清朝统治的最高峰时期，前后历史长达 115 年，这一时期国泰民安，淮安传统民居宅院的建设也达到了巅峰。据考证，当时达官贵人、盐典富商、隐逸寒士所建造的各式庭院宅第多达 400 余处，旧城中约有 100 余座，新城中有少量，其余大都集中在京杭大运河沿线的清江浦及河下镇地区。这一时期较为著名的宅院如群星闪耀，官宦宅院有帆影楼、且园、燕怡轩、引翼堂、小自在天等；商贾宅院以晚甘园、寓园、荻庄、懋敷堂、菰蒲曲为代表；文人宅院则以十笏园、梅南堂、梧竹山房、亦庐、可园最为著名。造园之事盛行如此，涌现出一大批全国闻名的造园大家。

3. 宅院衰落期（清末）

清道光年间，京杭大运河常年因黄河泛滥而导致淤堵不畅，加之漕运逐年被海运取代，淮安的经济发展势头迅猛直下，造园高潮也随着经济的衰退而急剧缩减，无论在宅第庭院的数量还是大小各方面，都不能与清朝盛世时相比拟。政府职能部门的减裁撤销使得许多达官贵人、商贾巨富的宅第都“高台倾、曲池平”，甚至形影殆尽，以前的亭台楼阁、树影花榭皆沦落为旷野荒地，车船舟楫辐辏相连的繁华景象一去不复返。相比较而言，文人宅第的衰没进程比官宦商人的要缓一些，随着官商宅院的没落，文人宅院又占据了主要席位，据《山阳河下园亭记》中记载，从清中期到清末期，淮安兴建的宅院总数由 62 座下降到 22 座，其中文人宅院占据了 19 座，占总数的四分之三。文人宅院的数量虽有所增加，但在宅院名称中依然能感觉到园子主人对世事变迁的感叹、对淮安由全盛到衰没的叹息和落寞之情。从风雅的餐花吟馆到寡淡的味静斋，从舒适的亦适斋到简易的且住楼，从与心灵对话的问心堂到淡然的学圃，从中皆能品味到文人园主的一丝无奈和些许悲哀，他们更多的是在乱世中寻找属于自己的沉静与释然。

6.2.4 空间维度上的系统发生分析——淮安民居与徽州、扬州传统民居之比较

目前，学术界对淮安传统民居建筑的风格特点并没有一个明确的定义或权威的说法，出于淮安在历史发展过程中的特点，其与徽州和扬州有着紧密的联系，而徽州传统民居和扬州传统民居的风格特点都比较具有代表性，因此研究尝试将淮安传统民居与徽州和扬州的传统民居进行横向比较，以期发现在传统民居“文化基因”上的进化渊源以及京杭大运河在传统民居“文化基因”的传播上所起到的作用。

6.2.4.1 徽州传统民居“文化基因”入淮

自明朝中期实行“开中法”之后，占据地利优势的徽商大量涌入淮安地区，随着盐业的发达而定居于此，并建造了大量的会馆、会所和院落宅第。徽州商人带来的不仅是经济上的空前繁荣，也带来了徽州传统民居的“文化基因”，这对淮安自身的传统民居形态特征带来了一定的影响。

1. 色彩基因的表达

位于江北的淮安传统民居与江南的徽州传统民居有着明显的不同：徽州传统民居贯以粉墙黛瓦、清新淡雅之风貌示人，让人见到即联想那种“青山云外深，白屋烟中出”[①] 的清幽意境。而淮安传统民居则多以青砖灰瓦、少施粉黛为主，用糯米汁将石灰膏和细黄沙调和均匀用于青砖勾缝，表现的是淮安传统民居青砖青瓦古朴、浑厚的气质风貌（图 6-8）。淮安传统民居选择青砖青瓦作为

① 出自清代诗人曹文埴《咏西递》一诗。全诗为：青山云外深，白屋烟中出。双溪左右环，群木高下密。曲径如弯弓，连墙若比栉。自入桃源来，墟落此第一。

建筑材料符合淮安人淳朴踏实的民风，以及地处中国南北地理分界线这一客观事实的。韩少功先生对青砖的描述较好地解释了这种现象："青砖在这里又名烟砖，是在柴窑里用烟呛出来的，永远保留着青烟的颜色，毫无疑问，中国古代以木材为烧砖的主要材料，因此青砖成了秦代的颜色、汉代的颜色、唐代的颜色、明清的颜色。这种颜色甚至填定了后人的意趣，预制了我们对中国文化的理解……"

徽州传统民居　　淮安河下古镇传统民居

图 6–8　淮安传统民居与徽州传统民居对比

在作者调研淮安京杭大运河水文化遗产过程中，偶尔也会发现有少许建筑外墙有白色粉刷过的痕迹，可以推断该类建筑应该与徽州商人有着千丝万缕的联系。徽州商人尤其是盐商的奢靡生活对传统的淮安民风有一定的渗透影响，也会使原本淳朴的淮安人民效仿追求徽州商人带入淮安的各种"文化基因"："西北关厢（指河下镇）之盛，独为一邑冠。始明季，迨乎国朝，纲盐集顿。商贩阗咽，关吏颐指，喧呼叱咤。春夏之交，粮艘牵挽，回空载重，百货山列。市宅竞雕画，被服穷纤绮。歌伶嬉优，糜宵沸旦。居民从而效之，甚有破资鬻业以供一日之费，岂非浇漓之惭不学而然者哉！"白墙粉刷可能不适合淮安的气候条件，在自然选择的过程中，粉墙并没有融入淮安传统民居"文化基因"，在世代传承中也没有普及开来，只留下斑斑痕迹。因此淮安传统民居的"色彩基因表达"应该是"青砖青瓦青缝"。（图 6–9）

图 6–9　淮安传统民居"色彩基因"的表达

2. 院落基因的表达

遵从灵活性的淮安传统民居与以家族观念为核心的徽州传统民居也有不同之处。从院落单元中单个建筑来看，徽州传统民居以“天井”为院落中心，建筑在天井周边围合连接，中间形成一个小庭院；而淮安传统民居院落建筑的组合方式并不固定，考虑更多的是迎合地势地貌及使用功能，组合方式更加自由化。

正是因为淮安传统民居单元院落组合方式相对自由化，直接导致了多进或多路院落组合时没有一条明确的串联或并联的轴线关系，在单元平面形式上也呈现出多种样式，有较为规整的单院单进、单院双进、四合院式平面构成，也有不是完全规则矩形的“品”字形、“日”字形等平面构成，总体呈现一种灵活自由性。而徽州传统民居在平面构成形式上主要为“凹”字形、“回”字形、“日”字形和“H”字形，且院落单元大都有一个横向生长轴或是一个纵向生长轴，民居建筑间相互毗邻连接，前后院落中天井的大小、位置、形状基本保持一致，体现着严格的家族观念。（图 6–10）

3. 建筑装饰基因的表达

屋顶、斗拱、梁柱、门窗、墙面、地面和栏杆都属于中国传统建筑中重点的装饰部位。淮安的传统民居以木质装饰和砖瓦装饰为主。木质建筑一般出现在小的建筑构件与格栅门窗上，瓦质装饰常出现在瓦当、滴水和漏窗之上，砖雕装饰则较为常见，除在门楼上较大面积装饰出现外，一般会出现在细枝末节、不易被人发觉的角落位置，如屋脊侧边、雨搭侧边、如意门象鼻处以及屋檐侧边等，在不经意间带给人以灵巧秀美之感（图 6–11）。而徽州传统民居中最为擅长的便是被誉为徽州“三绝”的三雕艺术，即木雕、石雕和砖雕。徽州人喜爱雕刻，其精美的雕工也是其他地域人们所不能及的，徽州传统建筑从墙体、屋顶、梁架到门窗、隔扇、柱座都有精美雕刻作为装饰，雕刻手法娴熟多样，有浮雕、圆雕、半圆雕、镂空雕等，雕刻内容也丰富多彩、包罗万象，有花鸟鱼虫、祥禽瑞兽，也有人物形象、寓意器物等。

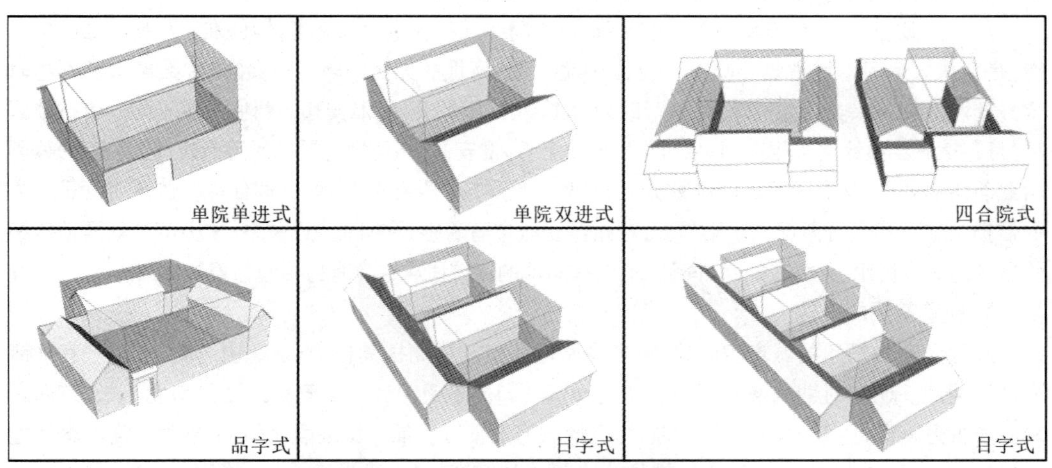

图 6–10　淮安传统民居“院落基因”的表达

图 6-11 淮安传统民居“装饰基因”的表达

通过对上述三项“基因表达”的对比分析后可以看出，明清时期随着京杭大运河的开通以及盐业的垄断性发展，虽然有大量的徽州商人聚集在淮安经商甚至定居、繁衍，带来了徽州建筑的建造技术和审美理念，但是由于地理位置、自然气候条件、传统生活方式等因素的干预，总的来说其对淮安传统民居的外观色彩、材质选择、平面布局、院落组合等方面并未造成变异性影响，更多的是对外来徽州建筑文化基因的包容和融合，使得淮安传统民居基本保持了其原有的地域风格。

6.2.4.2 淮安民居与扬州传统民居“文化基因”的比较

从中国版图上看，淮安和扬州地理位置相近，同在江苏省中北部地区，地处淮河与扬子江的中下游，是京杭大运河沿线重要的城市；从人类种源上看，两地的先民同属于东夷（或称淮夷），新石器时代开始两地都有人类活动的踪迹；从行政划分上看，从秦朝开始，淮安和扬州便同属于同一个行政区域，且各辖属县镇经常互相变动；从城市发展史上看，淮安、扬州两地均是因运河而起、因漕运而兴、因盐业而盛的城市；从文化区域圈层划分上看，两地是淮扬文化的发源地，共同创造并传承了立于一方的淮扬文化。各个方面都显示出淮安、扬州两座城市有着很近的“同源”关系，本小节单就两地传统民居进行比较讨论，分析在如此“同源”的淮扬两地的传统民居究竟有何相似与差异之处。

1. 街巷基因的表达

放眼淮安与扬州的城市空间格局，发现两地的空间格局极其相似，都是由一新一旧、一官一商两部分组成。明清时期的淮安府城主要由淮安城和河下镇组成。淮安城大致呈南北略长、东西略短的长方形格局，主要为官宦和文人居住之地。河下镇位于淮安城之西北角，主要为盐商的聚居地（图 6-12）。而自明代开始扬州古城便分为新城和旧城，以小秦淮河为界，其西为旧城，其东为新城，“半是新城半旧城，旧城寥落少人行，移来埂子中间住，北贾南商尽识名。”[①] 旧城多为文人雅士所居，新城多为盐商所居（图 6-13）。从平面图上看，新城、旧城位置、面积不尽相同，但作用却是

① 此诗自出（清）何嘉埏《扬州竹枝词》。

一致的，扬州旧城相当于淮安城，新城相当于河下镇。明清运河经济最为兴盛的时期，扬州新城与淮安河下镇均呈现盐号林立、商贾云集、盐商豪宅园林层层叠叠、商号会馆鳞次栉比的繁荣景象。

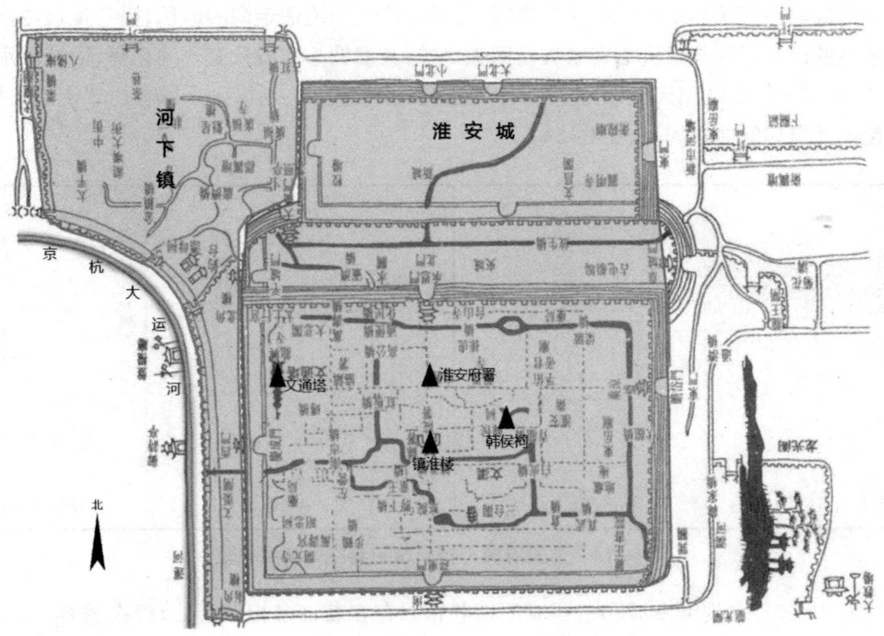

图 6–12　明清时期淮安府城平面图

注：底图来自《淮安城图》[清同治十二年，(1873 年)]

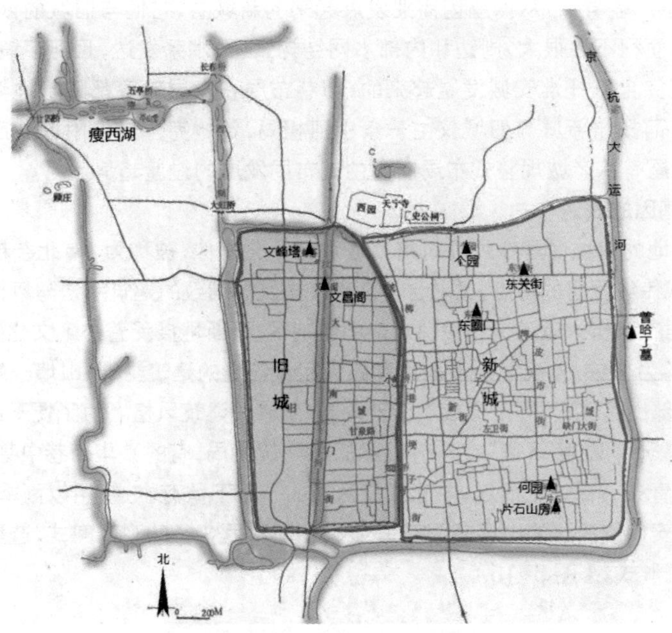

图 6–13　清时扬州城平面图

注：底图来自中国科普博览网

由于淮扬两地城市空间格局具有相似性，故其街巷空间布局也势必会呈现出一定的相似性。淮安城建成历史悠久，按照府城的规格制式兴建，规则的城市形态使其内部街巷路网布置也呈现棋盘式规则格局。河下镇则是出于商业集市需求，更是因运河河道走向的原因，街巷呈自由排布之格局。扬州城的街巷布局与淮安城有着异曲同工之妙，其旧城与新城只有一河之隔，旧城采用的是典型规则式“街坊式”布局，街道采用整齐有序的鱼骨式排列方式；新城则采取自由式街巷布局方式，大部分街道都是蜿蜒曲折的。（图 6–14）

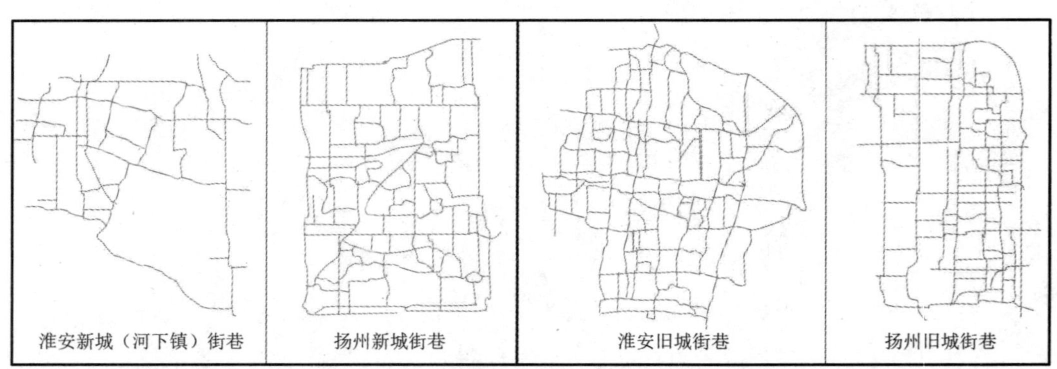

图 6–14　淮安府城与扬州城街巷空间布局比较

经过上述比较，发现淮安城和扬州城的街巷布局存在着许多相似之处，但在图 6–14 中，也呈现出一些差异性的存在。差异一：整体看两座旧城的街巷空间布局都是规整式的，相较而言扬州旧城的街巷显得更加方正，街巷更趋向于棋盘式布局，而淮安旧城的街巷略呈东北—西南走向，并无横平竖直之感。差异二：从两座因商业发展起来的新城看，它们与旧城的依附关系也不太一样，淮安的河下镇面积不是很大，周边和内部水网结构紧密，水系发达，且河下镇与淮安城之间有一定空间，并不是完全依托淮安城发展起来的，街巷布局和发展轮廓都随着地势、水系等自然环境呈自由式发展；而扬州新城与旧城仅由一条小河相隔，新城完全是依附旧城而生长出来的，在街巷布局上看，明显有从老城规整式布局向自由式布局发展的过渡趋势。

2. 外观风格基因的表达

淮安、扬州两地的传统民居在外观风格上表现得十分相似，被称为“南北杂糅、徽苏并举”，既吸收了北方合院式传统民居的特点，又融合了江南传统民居精致的建筑手法与风格。

淮安传统民居在京杭大运河文化传播功能的影响下，不断地接受着外来文化的碰撞与融合，整体布局上多以院落为单位，外观上则多采用青砖青瓦青勾缝的建筑基调，山墙一般直达屋顶，采用硬山形式，建筑顶部出檐较窄，逐渐形成了淮安淳朴、素雅的建筑风格。为了便于经商，商业街区或沿街的传统民居都采用“上宅下铺”或“前店后坊”的建筑格局，有的繁华街巷中甚至在街中间建有过街楼，街巷多以青条石板铺就而成，中间或是两侧的条石下留有水道，用以雨季排水。在山墙的处理手法来看，淮安传统民居的山墙多为简单“人”字形和西化了的观音兜式，造型比较单一，更趋向于北方民居建筑形式。（图 6–15）

图 6–15　淮安传统民居“外观风格基因”的表达（一）

扬州传统民居在外立面上同样采用青砖堆砌而少装饰的表现方式，低调的青灰色配以狭窄的街巷空间，往往给人以冷峻、肃穆、高大之感，这与苏杭水乡民居那种莺歌燕舞、小桥流水、粉墙黛瓦有着截然不同的视觉感受。扬州城小巷纵横交错、蜿蜒悠长，加之用清一色青砖堆砌而成的高大、厚实的“风火山墙”，分外显得屋高巷深了。扬州传统民居的山墙一般没有装饰，常见的有两种形式：一种叫作包檐墙，造型简单大方，又不失活泼气氛，是扬州传统民居中最为常见的；还有一种则是在徽州建筑中常见的屏风墙，也就是俗称的马头墙，多见于新城的盐商宅院，或三山屏风或五山屏风，常和高大的门楼搭配出现，彰显恢宏与富贵之气，在气势上给人以压迫感。（图 6–16）

图 6–16　扬州传统民居"外观风格基因"的表达(二)

3. 屋面基因的表达

淮安、扬州两地传统民居最直观的区别在于屋脊的建造及表现方式上。清代专门记述江南地区古建筑营造做法的《营造法原》中记录了江南建筑中厅堂屋面用脊的六种形式，分别是甘蔗脊、雌毛脊、绞头脊、纹头脊、哺鸡脊和哺龙脊。淮安传统民居屋脊用小瓦摊铺，为"一"字形，两端微微挑起，经常在屋脊中间或两端加以装饰，与徽州传统民居的屋脊相似。而扬州传统民居的正脊常常选用小瓦竖向铺置，呈水平"一"字形，更类似于甘蔗脊，两端为回字纹脊头，也常被匠人称为"万卷书"。(图 6–17)

淮安传统民居屋脊特点

扬州传统民居屋脊特点

图 6-17　淮安与扬州传统民居“屋脊基因”的表达

对于屋面的铺设方式，淮安、扬州两地也有所不同。淮安传统民居屋面借鉴了北方的抹泥盖底瓦的方式，第一层用芦柴和黏土混合成拖望，第二层铺设苫草，第三层再垒盖砖瓦，此方式铺设出来的屋顶较为松散且易长草。而扬州传统民居的屋面铺设较为厚实，椽上加设一层望砖，砖上铺两层盖瓦，且瓦与瓦之间搭接紧密，由于整个过程没有添加泥土，所以扬州传统民居的屋顶不容易长草。（图 6-18）

上：淮安　　下：扬州

图 6-18　淮安与扬州传统民居“屋面基因”的表达

4. 建筑装饰基因的表达

淮安和扬州的传统民居整体外观虽少装饰，尽显低调朴实，但在细节之处也彰显着精致之美。淮安传统民居在装饰上多以精致的砖雕和石雕为主，石雕主要运用在门前石鼓上，完好保存下来的极少，现在看到的多是经过修复和后置于名人宅院门前的，在鼓形和纹样的设计上并没有依据历史原样。石雕“基因”在淮安没有得到很好的传承，相对来说木雕和砖瓦雕的装饰“基因”留存较好，在传统民居的隔扇门以及楼梯扶手栏杆、椽子、木构架上均能看到各式各样的花纹图案，在古朴的氛围里透露着江南的细腻（图 6-19）。相比较而言，扬州的传统民居中木、石、瓦、砖雕饰留存较多，保存程度也都好于淮安。扬州的传统民居在建筑装饰上融合了北方官式装饰的大气磅礴和江南装饰的细腻精致，在此基础上加以提炼，既不刻板又不庸俗，呈现出

外表高冷、内在华丽的建筑装饰风格（图 6-20）。淮扬两地传统民居的木构架与江南的民居建筑的相似，总体采用自然的原木色。但在淮安传统民居之中，稍大型的民居中最重要的一进房子有时会被施以颜色，如刘鹗故居主厅的每根椽子都先用肤色粉打底，再用画笔描出木纹，刘氏的后人刘德馨老人将其称为“画砂”。淮扬两地传统民居的檐口一般都有盖瓦和如意滴水，瓦雕便多出现在这些部位，图案则多采用具有吉祥寓意的福、禄、寿、云纹、回纹等，有时也会有瑞兽的图案出现（图 6-21）。对于砖雕而言，门头、垛子、照壁等部位都能见到，是淮扬两地遗存下来最为完整的建筑装饰表现方式，略有不同之处在于淮安的传统民居中多了雨搭这一建筑构件，砖雕也常出现在雨搭立面部位。总的来说，淮安、扬州两地的传统民居建筑的装饰“基因”基本属于“同源基因”，无论是在材料运用上，还是装饰部位和装饰题材上，都十分相似，采江南灵巧秀美，取北方大气磅礴，形成淮扬特有的建筑装饰风格。

图 6-19 淮安传统民居“建筑装饰基因”的表达

图 6–20　扬州传统民居“建筑装饰基因”的表达

图 6–21　淮安与扬州瓦当纹样比较

前述通过空间维度的系统发生分析，将淮安传统民居与徽州、扬州两地的传统民居分别在“色彩基因”“院落基因”“街巷基因”“屋面基因”“建筑装饰基因”等方面进行了比较，不难发现淮安传统民居中虽有徽州传统民居“文化基因”的渗透，但在系统发生演化的过程中不断地被淮安本地传统民居的“文化基因”所融合、改良、变异，形成比徽州传统民居院落组合布局方式自由、建筑装饰细腻但不繁复奢华的淮安传统民居“文化基因”表达方式；而与扬州传统民居相比较得到的结果是，二者几乎是“同源基因”，整体风格十分相似，皆以青砖青瓦青缝为主体外观，低调、古朴、简洁，在建筑装饰上融合南北之长，取北方浑厚，取南方灵巧，虽处不经意间，但依然精致细腻。淮安与扬州的传统民居最大不同之处在于屋面的处理方式，淮安屋脊呈“一”字形而两端微翘，屋面铺泥；扬州屋脊呈“一”字形平直伸展，屋面无泥。淮安传统民居风格的形成应归因于京杭大运河开通后，漕河盐三大政治府衙齐会于淮，官商宅院对淮安传统民居“文化基因”进行了改良；而徽商的大量涌入，带来的徽州建筑思想和建筑风格，也深深影响着淮安传统民居“文化基因”的传承和嬗变。

6.2.5 淮安传统民居“文化基因”价值的传承

6.2.5.1 淮安传统民居审美价值的传承

淮安古城由旧城、新城、联城组成，旧城即为府城，是淮安府的政治、军事中心。新城则指的是河下镇，这两城为明清时期淮安最为繁华之地，淮安的传统民居大都集中在这两地，只不过淮安府城内多为官宦宅第和文人宅第，河下镇则多为商人聚居之地。淮安传统民居处处体现着一种中轴对称的秩序美。

淮安院落的平面布局主要有两种形式：单元式院落和组合式院落，但无论是哪种样式的院落基本都是采用轴线对称的建造手法，这种中轴对称式布局给人以一种理性的美感。主屋和院落为核心构成单元，其他房间置于核心构成单元的两侧或者重点突出主体院落，这种有着明确的轴线与主次关系的住宅布局在各种布局类型中都是最能体现封建礼制的形式，其向心式的布局形式是人类对向心内聚状态的居住空间的完美体现。淮安传统民居体现了中国和谐统一的思想，其建筑选址、布局以及建筑单体的营造均因地制宜，从而营造出一种人与自然和谐共生的审美情趣。

淮安市地处南北交接过渡之地，秦岭—淮河也是我国的气候分割线，南北方的文化、审美、饮食和生活方式等都在淮安得到体现，同样也体现在了其传统民居的建造布局及审美上。淮安的传统民居在布局形式上更接近于北方的四合院，只是常会根据院落大小在中间部位布置一间或两间房屋，使整个民居宅院在平面上看呈“日”字的二进院或呈“目”字的三进院，与北京典型的四合院单元尺度比较起来略小 5~15 米，淮安传统民居院落更接近于方形，且常见比例为院落长度是建筑高度的 2 倍。根据实际使用功能的需要，淮安传统民居规整的形体和相对集中的布局方式，降低了建筑的体形系数，前堂后寝、前店后宅的布局满足了一家一户单独经营生计以及“日出而作，日落而息”的生活要求。四合院由于地面皆有房屋，其封闭性良好，可以有效阻隔外界的干扰，营造温馨、恬静的家庭氛围。大小适中的院落可以满足通风、采光、排水的需求，表现出江南传统民居中“天井院”的功能特点。淮安李更生故居院落复原见图 6–22。

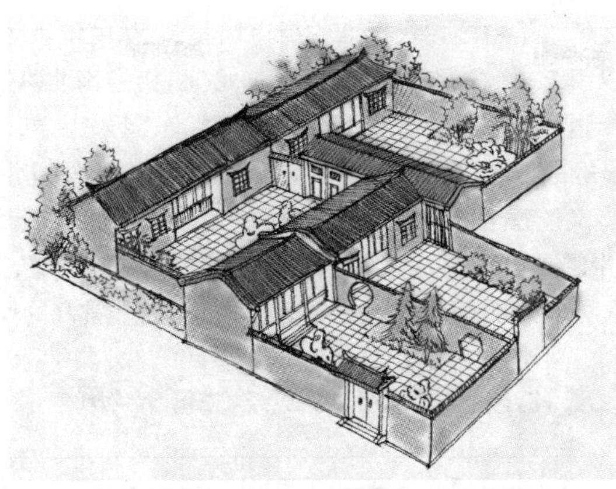

图 6–22　李更生故居院落复原图

6.2.5.2　淮安传统民居文化价值的传承

追溯京杭大运河两千五百多年的发展史，淮安从中获益颇多，也为大运河的发展以及漕运的贯通贡献了自己的力量，可以说淮安是一座起于水、兴于水又衰于水的城市。淮安城悠久的历史为我们留下了丰富璀璨的历史文化遗产，其中大部分遗存都与京杭大运河有着密不可分的关系，包括传统民居在内都应该属于广义的水文化遗产范畴。

淮安古城采用棋盘式布局方式，以镇淮楼（图 6–23）为核心，加上贯穿全境的各条水系、城内具有地方特色的传统民居以及当地天然淳朴的景观，共同构成了淮安古城古色古香的美景。淮安城内保存着数量众多的传统民居，大多数为明清或民国时期遗存下来的古民居，这些古民居具有鲜明的地方特色，是历史文化名城淮安的重要部分。淮安区的传统民居构成淮安城一道独特的风景，它们不仅是其地域特色的代表，更是当地悠久的历史文化的象征。淮安的传统民居至今仍保留着顽强的生命力，体现着淮安人民对地域文化基因的继承和发展，并在世世代代的传承中寻求更适应地区自然环境和人们生活方式的发展方向，在进化中形成具有鲜明淮安地域特色的民居风格。

图 6–23　淮安镇淮楼

淮安古城的布局依然延续了中国古代标准的街道坊巷制，从中依稀可以看到当时的那种宗法礼制秩序。老城总体上以镇淮楼（总督漕运部院）为核心轴，街道南北纵横，共同形成了棋盘式的布局。其中比较重要的街道包括镇淮楼东路、镇淮楼西路、东门大街、韩信南路、东长街及中长街等。淮安传统民居保存最好的应属河下古镇历史街区，整个街区还保留着明清时期的民居风格和特点，街巷的布局及风貌、青条石板的小巷、砖木结构的传统民居住宅、低调精细的“三雕”艺术都被完好地保留了下来，其中最具代表性的有湖嘴大街和估衣街，还有花巷、茶巷和罗家桥等小街巷。这些古迹对人们了解和识别淮安传统民居中的“文化基因”有着非常高的价值。

6.3 扬州园林“文化基因”的系统发生分析

扬州地处江淮平原，位于淮河之南、长江下游之北、长江与京杭大运河的交汇之处。无论从地理还是文化的方面看，扬州都处在南北汇聚、吴楚相接、雄秀兼佳之地，同时又是南北交通的咽喉要道，更是军事纷争时期南北对峙的前沿阵地。因此，自汉代伊始，中国历史上重要的朝代更迭使得扬州城几次覆灭，但官府漕运、私行商旅、物资集散、盐业兴盛，促使扬州又快速地复苏和崛起，经济繁复而冠盖江南。正如国学大师钱穆所言：“瓶水冷而知天寒，扬州一地之盛衰，可以觇国运。”[①] 位于“淮南江北海西头”的扬州，有着历史悠久、内涵丰富的地域文化，更是以风格独特的扬州园林闻名于世。

6.3.1 京杭大运河与扬州的发展

古运河扬州段是整个大运河中最古老的一段，现在扬州境内的运河与 2 500 多年前的古邗沟路线大部分是吻合的，与京杭大运河则完全契合，扬州是真正的与运河同生同长的城市，京杭大运河也为扬州城留下了丰富的文化遗产和精彩记忆。

1. 运河之始，扬州建成

据《左传·哀公九年》记载：“秋，吴城邗，沟通江淮。”即公元前 486 年，吴王夫差为便于进攻中原，灭邗国，开邗沟，并构筑邗城于蜀冈之上。扬州城的历史自此开始，此后其历史和文化从未中断。邗沟，作为真正意义上的第一条人工运河，对沟通大江南北文化交流起到了重大的作用，位于邗沟入江口的扬州成为南北文化的交会点。此后，越灭吴，邗城属越；楚灭越，邗城归楚；公元前 319 年，楚在邗城旧址上建广陵城（扬州旧称）。据《河图括地》解释说：“昆仑山横为地轴，此陵交带昆仑，故云广陵也。”《尔雅》对“陵”的解释为“大阜为陵”，因此蜀冈也称为阜冈，还叫昆仑冈。公元前 206 年秦亡之后，项羽自立为西楚霸王，一度准备建都于广陵，并取名“江都”（即“临江都会”之意），因此广陵又称江都。广陵、江都都是扬州的别称。直到隋开皇九年（公元 589 年），隋文帝才将此城定名为扬州，置总管府于丹阳（今南京）。

邗沟的开凿改善了扬州城南北向缺少对外沟通渠道的劣势，突破了发展瓶颈，为后期扬州的繁荣昌盛奠定了重要的基础。邗沟是大运河的起源，隋炀帝开凿大运河以扬州为中心，在古邗沟的基础上，进行南北扩建，形成贯通南北的交通枢纽。傅崇兰在他的著作《中国运河城市发展史》中认为：“大运河的开通，对扬州城址变迁产生了主要作用。这种作用在明清时期表现得尤为明显，使得

① 钱穆. 中国近三百年学术史 [M]. 北京：商务印书馆，1997.

扬州城完全脱离蜀冈，在运河边发展起来。”大运河的畅通除了影响扬州城址的选择，还对扬州城市格局、规模以及周边城镇的兴起起着极为重要的作用，逐渐形成了以扬州为核心的区域经济体系和区域文化体系。在自然地理条件的基础上，京杭大运河带给扬州更为优越的交通优势和区位优势：从东西方向看，扬州处在长江下游与长江中上游的交接点上，东西货物往来，均可由此中转；从南北方向上看，人工开凿的京杭大运河与长江形成十字交叉，扬州恰好处在这个交叉点上，因此扬州既沟通了南北物资贸易，又贯通了东西经济，很好地将长江下游区域与其他区域连接起来，成了四方贸易往来的重要中转枢纽。

2. 明清盐漕引领辉煌

宋、元时期战事不断，加之运河阻塞失修，扬州的经济遭遇了严重的破坏，发展大不如前。明朝建立后，扬州从战乱中恢复过来，运河经过整修又成为南北交通的大动脉。自公元 1421 年明永乐皇帝朱棣迁都北京后，主产粮、盐的农业经济中心设在江浙和两湖、两广地区，因此造成了中国政治中心和经济中心分割的局面。当时将政治中心和经济中心连接起来的全靠两大水路：一是东西方向的长江，另一则是南北方向的京杭大运河，而扬州正好位于长江和京杭大运河的交界处。凭借地理优势，扬州重新发展成为中国经济的核心城市之一，并且成为两淮区域盐业的集散地和南北货物的中转交易中心。随着资本主义经济的萌芽，明中期后的扬州城更加繁荣，盐业、商业以及手工业获得极大的发展。明代，扬州被列为当时中国 16 个大城市之一。

明代扬州的商业主要是两淮盐业专卖和南北货物贸易。明初时期，因朝廷实行“开中法”，引来了大批的山西、陕西商人来到扬州专事盐业。嘉庆《江都县续志》云：“明中盐法行，山陕之商麇至。”明朝数百年的安定和发展再度使扬州呈现出一派繁荣景象，并且在漆器、玉器、铜器、竹木器皿、刺绣品、化妆品的生产技术达到了极高的水平。

清王朝建立后，扬州成为我国南北漕运的咽喉要道，其经济和文化再度出现极度繁华的局面。由于长江中下游各产粮省份的皇粮国税均必须经此北上，由京杭大运河运输到北京，因此仅运输粮食的漕运量即占全国总量的 81%，扬州钞关的税收额在明清两代位居全国前八。由于自明代以后允许漕运船只自带二成货物，并允许搭载客商，因而扬州成为南北货物的集散地，外地商人在扬州急剧增多。大批安徽商人涌入扬州，陈去病的《五石脂》云：“故扬州之盛，实徽商开之……徽郡大姓，如汪、程、江、洪、潘、郑、黄、许诸氏，扬州莫不有之。”明清两代扬州的富商们为了方便交通，在扬州城东南，沿着古运河兴建了大量的住宅，这就是现今的南河下一带的盐商住宅群。各地在扬州经商的商人为了便于互通声气、提高利润，根据其产业特色和经营范围，在扬州建立了大量的地方会馆，如湖南会馆（经营湘绣）、江西会馆（经营瓷器）、湖北会馆（经营木业）、安徽会馆（经营盐业）、绍兴会馆（经营绸业）、山西会馆（经营钱业）等。康熙和乾隆的多次巡幸，也促使扬州出现空前的繁华。

6.3.2　扬州园林的系统发生过程

扬州，一个真正与大运河同生长的城市，拥有中国最古老的运河、两代帝王的陵寝、古邗城遗址等众多文化遗产和人文景观，其中最著名的、也最具有代表性的当属扬州园林了，它与京杭大运河有着密不可分的关系，属于控制区范围内的关联性水文化遗产。明清时期京杭大运河带给扬州繁荣的经济、深厚的文化底蕴以及独特的风土人情，这些都是带给扬州园林“文化基因”进化发展的重要外界因素，通过历史发展的脉络来发现扬州园林的系统发生过程，从而研究扬州园林“文化基因”的传承和演变。

1. 宫廷苑囿，园林之始——西汉

扬州最早的园林史无确载。根据鲍照《芜城赋》中的“歌堂舞榭之基”“弋林钓渚之馆”等描绘，可以推断，西汉江都王宫里已经有豪华的园林建筑。而《南史》记载，南朝徐湛之为南兖州刺史时，曾在广陵大修楼台，可能是扬州园林建筑最早而又最翔实的记录：“广陵旧有高楼，湛之更修整之，南望钟山。城北有陂泽，水物丰盛，湛之更起风亭、月观、吹台、琴室。果竹繁茂，花药成行，召集文士，尽游玩之。”史料记载虽不详尽，但仍可判断始于西汉的宫廷苑囿之建筑，当属扬州园林之始。

2. 诸家争鸣，寺庙园林兴——魏晋南北朝

魏晋南北朝时期是中国历史上思想最为活跃的时期，儒家、道家、佛学、玄学百家争鸣，彼此阐发。思想上的解放促进了艺术领域的开拓，也给园林的发展带来了巨大的影响。此时的扬州刚经过战乱的洗礼，正处在建设发展时期，由于地理位置临近建康（今南京市），这里又是吴、东晋、宋、齐、梁、陈六朝都城所在地，所以扬州在园林发展上接受了一些皇家园林的基因影响，呈现出来的多是为满足争奇斗富、奢华享受需求的官僚贵族式园林风格，讲究山池楼阁的华丽格调，追求一种近乎奢靡的园林景观，城市型私家园林开始在扬州出现。

此外，这一时期全国上下佛教盛行，扬州作为连接东西、贯穿南北、中外交流汇集之地，一时群贤毕至、百家争鸣、寺庙林立、高僧云集，成为南方当时的佛教中心，寺庙园林在这一时期应运而生。此类园林的特点是不仅作为举办宗教活动的主要场所，还可以作为民众活动聚集的公共场所，寺内除庄严肃穆的建筑外还有很好的绿化环境设施，使民众在参加宗教活动、法会、斋会的同时，还可以游览寺庙的园林景观。建于南朝宋大明年间的大明寺就是这一时期的典型代表。

3. 天下之盛扬州为首——隋唐

隋大业元年（605 年）隋炀帝继位，“发河南诸郡男女百余万，开通济渠，自西苑引洛水达于河，自板渚引河通于淮……”他全面开凿京杭大运河，分别于隋大业元年（605 年）八月、六年（610 年）三月、十二年（616 年）七月三下扬州，“欲取芜城作帝家”，此后隋炀帝在扬州大造宫苑。据史料记载，扬州的行宫有归雁、回流、九里、松林、枫林、大雷、小雷、春草、九华、光汾等十座宫苑，似又胜于汉王园囿。这一时期的扬州园林被涂上了浓浓的皇家色彩。

唐高祖武德八年（625 年），扬州治所从丹阳移至江北，从此广陵享有扬州的专名，扬州无论是社会发展、人口数量还是府城面积都达到了前所未有的极盛巅峰。扬州是南北粮、草、盐、钱、铁的运输中心和海内外交通的重要港口，为都督府、大都督府、淮南节度使治所，领淮南、江北诸州。在以长安为中心的水陆交通中，扬州始终起着骨干枢纽的作用。唐代的扬州水陆交通发达、商业繁盛、人文荟萃、富庶繁华，不仅在江淮之间“富甲天下”，而且是中国东南第一大都会，在当时享有“扬一益二”的美誉（益州即今成都）。同时，随着大运河的通畅、经济的繁荣和人口的猛增，唐代扬州府城规模不断扩大，在蜀冈平原上另建了一座新城，被称为“罗城”，从而形成了连贯蜀冈上下的双城局面。唐代诗人杜荀鹤在其诗篇中咏道：“见说西川景物繁，维扬景物胜西川。青春花柳树临水，白日绮罗人上船。夹岸画楼难惜醉，楼桥明月不教眠。送君懒问君回日，才子风流正少年”①，诗中描写唐代扬州犹如一座美丽的大花园，繁华盛景叫人流连忘返。从“园林多是宅，车马少于船”

① 出自诗篇《送蜀客游维扬》，杜荀鹤（846—904 年），唐代诗人，字彦之，号九华山人。

的诗句中可以想见当时居住建筑与园林的结合已蔚然成风；[①] 在一些诗句和随笔中亦或能窥见唐代扬州一些“花园宅邸”风貌，如“居处花木楼榭之奇，为广陵甲第”的富商周师儒家园(《广陵妖乱志》)、“楼台重复、花木鲜秀”的药商裴谌的樱桃园(《太平广记·裴谌》)、“鹤盘孤屿、蝉声别枝、凉月照窗、澄泉绕石”的郝氏园(嘉庆《江都县志》)等。另外，从时人赞咏扬州的一些诗句“街垂千步柳，霞映两重城。天碧台阁丽，风闵歌管清”(杜牧《扬州三首》)、“九里楼台牵翡翠”(罗隐《江都》)、“层台出重霄，金碧摩颢清”(权德舆《广陵诗》)、“绿水接柴门，有如桃花源”(李白《之广陵宿常二南郭幽居》)中，可以领略到当时扬州园林中的典型建筑为楼榭和台阁。

4. 构筑官式园林，注重亭子运用——两宋

北宋时期，扬州依然凭借地处漕运要冲之势，再度成为中国东南部经济与文化的中心，与都城开封相差无几，但已远逊于唐时的繁华。在北宋年间，扬州私家宅园建设所记甚少，较大型的造园活动多为官府所为。宋时的扬州园林开始注重亭子在园中的灵活运用。据清嘉庆《江都县志·古迹》中记载，镇守扬州的两淮制置使贾似道于宝祐五年，“自州宅之东”重建郡圃，将十数座亭子分布于竹间、坡顶、山趾、桥边，“历缭墙入，可百步，有二亭，东曰翠阴，西曰雪芗。直北有淮南道院，后为两庑，通竹西精舍，后有小阜，曰梅坡，上葺茅为亭，曰诗兴。坡之东北隅，有亭曰友山。循曲径而东望，气檐雕栏，缥缈于高阜之巅，是为云山观，即环碧亭旧址，乃于池上，为露桥以渡。桥之北，翼以二亭，曰依绿，南有小亭对立，曰弦风，曰箫月。又百余步，始蹑危级而登云山。东望海陵，西望天长；南揖金焦，北眺淮楚。其下为沼，深广可舟，水之外为长堤，朱栏相映，夹以垂柳，阁于南为面山亭；于东曰留春，曰好音；于西曰玉钩，曰驻履，观之直北，画拣层出，为淮海棠。堂其东，巨竹森然。亭其间者，曰对鹤，又东为道院，曰半闲，堂之后，为复道而升，与云山并峙，可以远眺者，为平野堂，即观嫁旧址。”宋时扬州园林名称多以园内的主体建筑尤其是亭子进行命名，如周淙在九曲池所建“波光亭”、彭方在学宫里所建“四柏亭”、郑兴裔新建之“矗云亭”、郭果所建“羽挥亭”、满泾所建“申申亭”、陶谷所建“秋声馆”等，多为宋代扬州私家宅院名称。两宋时期，扬州园林得到了广泛的发展，其营造技艺日臻成熟，艺术水平达到前所未有的高度。

5. 园林凋落，停滞发展——金元

扬州作为宋金、宋元的战场，当时的经济和社会遭受了严重的破坏。“自胡马窥江去后，废池乔木，犹厌言兵。渐黄昏，清角吹寒，都在空城”[②]，宋金时期，运河淤塞，至元初之时，漕运不得不改换海道，扬州经济发展大不如前。扬州园林也随着经济的萧条进入了停滞发展时期，不仅官宦家宅园林凋落，私家园林数量也急剧下降到了屈指可数的地步。这一时期的园林受画风影响，多以平远山水或单一题材为主，如“平野轩”便是以“平野风烟望远”为主题的园林，元代以平远山水著称的大画家倪云林，曾为之作过《平野轩图》。

6. 私人造园，技艺交融——明

明朝初期，扬州从宋、元的战乱中恢复过来，京杭大运河经过整修又成为南北交通的大动脉，扬州再次成为两淮区域盐的集散地和南北货物的中转交易中心，社会经济快速复苏。

明中期以后，扬州的商人以徽商居多，其后赣商(江西商人)、两湖商(湖南、湖北商人)、粤商(广

① 出自唐代诗人姚合的《扬州春词三首》，全诗为：广陵寒食天，无雾复无烟。暖日凝花柳，春风散管弦。园林多是宅，车马少于船。莫唤游人住，游人困不眠。满郭是春光，街衢土亦香。竹风轻履舄，花露腻衣裳。谷鸟鸣还艳，山夫到更狂。可怜游赏地，炀帝国倾亡。江北烟光里，淮南胜事多。市鄽持烛入，邻里漾船过。有地惟栽竹，无家不养鹅。春风荡城郭，满耳是笙歌。

② 出自宋词人姜夔《扬州慢·淮左名都》。

东商人)等亦接踵而来,他们与本地商人共同经营商业。经济的复兴带动了宅园的大规模建设,扬州城内外及所属扬州的仪征、瓜洲等地的住宅及园林建造活动相继活跃。明代扬州宅园除明末郑元嗣、郑元勋、郑元化、郑侠如兄弟各自构筑的四处园林即影园、休园、嘉树园、五亩园之外,见于著录的名园还有皆春堂、江淮胜概楼(位于瓜洲)、竹西草堂、康山草堂、偕乐园、西圃、荣园、小东园、乐庸园等。明代扬州宅园建造思想日趋成熟,园景无论简繁,均遵循画理,重在意趣。简者,如明嘉靖年间欧大任的"菖蓿园",以园林内尽种菖蓿而得名;繁者,在有限的空间里,巧于因借,构筑复杂,一园多景,采用写意的手法,布置众多的山水胜境,使园景呈现幽曲无尽、自然朴野之致,达到"虽由人作、宛自天开"的艺术效果。当时,著名造园家计成参与了汪士衡的"寤园"和郑元勋的"影园"建造,在寤园建成之后、影园建成之前,计成梳理总结了十几年的造园经验,于寤园扈冶堂中著成《园冶》一书,从侧面体现了扬州园林的建造水平。郑元勋在计成所著的《园冶》一书的题词中写道:"予卜筑城内,芦汀柳岸之间,仅广十笏,经无否(计成)略为区画,别具灵幽。"当时各地的建筑材料及苏州香山匠师汇聚扬州,徽州的建筑匠师亦随徽商而来,使苏州、徽州等地的建筑手法融汇在扬州建筑之中,从而使扬州传统建筑技术兼具东、西、南、北之长,并形成了当地鲜明的艺术特色,为清代大兴筑园之风提供了先决条件。

7. 帝王南巡,园林甲天下——清

随着清王朝的建立,位居交通要冲的扬州成为我国南北漕运的咽喉,其经济、文化再度出现极度繁华的局面。至清中期,大批盐商举族迁居扬州,以盐起家,富至万千,成为扬州最大的消费群体。"天下殷富,莫逾江浙,江省繁丽,莫盛苏扬",盐商生活奢侈,挥金如土,不惜斥巨资竞相修造宅邸园林。《扬州画舫录》记载:"……然奢靡之习,莫胜于商人:……衣服屋宇,穷极华丽;饮食器皿,备求工巧;俳优伎乐,醉舞酣歌;宴会嬉游,殆无虚日;金银珠贝,视为泥沙……各处盐商皆然,而淮扬尤甚。"他们的住宅极尽奢华讲究,私家园林大量涌现,形成一派"两岸花柳全依水,一路楼台直到山"的景象。

清康熙年间,康熙南巡驻扬州,除以元代影园旧址为基础重建的郑御史园之外,扬州盐商们先后在城池护城河(今瘦西湖)两岸建有王洗马园、卞园、员园、贺园、冶春园、南园、筱园,共称八大名园,是为湖上园林形成之始。

清乾隆年间,扬州盐商又在沿湖两岸陆续建园,"随形得景,互相因借",以供乾隆皇帝"品题湖山,流连风景"。至乾隆乙酉三十年(1766年),扬州北郊建卷石洞天、西园曲水、虹桥揽胜、冶春诗社、长堤春柳、荷蒲熏风、碧玉交流、四桥烟雨、春台明月、白塔晴云、三过留踪、蜀冈晚照、万松叠翠、花屿双泉、双峰云楼、山亭野眺、临水红霞、绿稻香来、竹楼小市、平冈艳雪二十景,后复增绿杨城郭、香海慈云、梅岭春深、水云胜概四景于湖上,这就是现在著名的扬州"二十四景"。正如《扬州揽胜录》中所载:"当高宗南巡江浙,临幸扬州,驻跸湖山,于北郊建行宫,于行宫前筑御码头,泛舟虹桥,登蜀冈,纵览平山堂、观音山诸胜,品题湖山,流连风景,赋诗吊欧公之遁踪,并幸临沿湖各盐商园林,宸翰留题,不可殚记。如江氏之净香园、黄氏之趣园、洪氏之倚虹园、汪氏之九峰园等,皆高宗亲书园名赐之,或并赐联额诗章,各盐商均以石刻供奉园中,以为荣宠,至诸名园之楼台亭榭,洞房曲室以及一花一木一竹一石之胜,无不各出新意,争奇斗丽,以奉宸游,可谓极帝王时代游观之盛矣"。清人刘大观云:"杭州以湖山胜,苏州以市肆胜,扬州以园亭胜,三者鼎峙,不可轩轾",并有"扬州园林甲天下"的盛誉。乾隆皇帝南巡时巡幸过的扬州私家园林一览表如表6–2所示。

表 6–2 乾隆皇帝南巡时巡幸过的扬州私家园林一览表

园林名称	1762 年	1765 年	1780 年	1784 年	园主人	籍贯
九峰园	√	√	√	√	汪长馨	歙县
倚虹园	√	√	√	√	洪征治	歙县
净香园	√	√	√	√	江 春	歙县
康山草堂			√	√	江 春	歙县
趣园	√	√	√	√	黄履暹	歙县
蜀冈朝旭	√				张绪增	歙县
水朱居		√		√	徐士业	歙县
篠园花瑞				√	汪廷璋	歙县
小香雪		√			汪立德	歙县

资料来源：（澳大利亚）安东篱《说扬州：1550—1850 年的一座中国城市》。

康熙与乾隆都曾多次南下，扬州官僚士绅盐商为迎合帝王，赋工属役，招聘造园名家，运用我国造园艺术手法，随形得景，互相因借，利用桥、岛、堤岸划分，使狭长的湖面形成层次分明、曲折多变的湖光山色；同时又依山临水面湖起筑，组成若干个小园，园中小园相套、自成体系，但又以瘦西湖为共同的空间，应用起伏岗峦、参错树木、院墙分隔空间，造成小中见大、意境深远的效果，还引借历史胜迹和自然景色为主题，以匾额、楹联、题咏为画龙点睛之笔，组成富有诗情画意的一区胜景，使有限的河道水面变成了无限的山水空间，创造了以人力巧夺天工的湖光胜境。扬州瘦西湖“丁溪”段和“小金山”园林平面图见图 6–24。

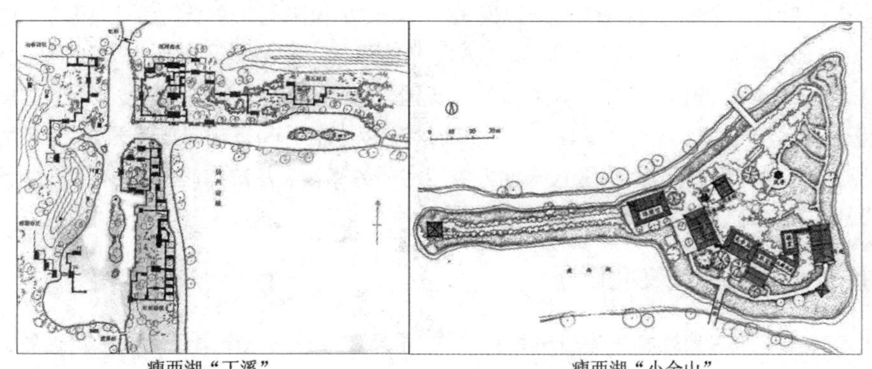

瘦西湖“丁溪”　　瘦西湖“小金山”

图 6–24 扬州瘦西湖“丁溪”段和“小金山”园林平面图

至清嘉庆八年（1803 年），因盐业走向衰败，黄河泛滥，运河淤堵，漕运弃河运改海运，扬州逐渐失去了原本的优势而走向没落，园林事业也一蹶不振，“此后渐衰，楼台倾毁，花木凋零”，到嘉庆二十四年（1819 年）“荒芜更甚”。湖上园林走向没落，而住宅园林反稍有复苏，嘉庆二十三年（1818 年），两淮商总黄应泰在东关街构筑个园，“主人性爱竹，盖以竹本固，”取宋代大文豪苏东坡诗句“宁可食无肉，不可居无竹。无肉使人瘦，无竹令人俗”，在园中遍植翠竹，因竹叶形似“个”字，故取名“个园”。《芜城怀旧录》记载：“黄氏个园，广袤都雅，甲于广陵。”个园堪称嘉庆年间扬州宅园的杰出代表。个园见图 6–25。

图 6–25 个园内小景

至清同治、光绪年间(1862—1908 年),“海内承平,两淮盐业渐盛”,扬州宅园建设渐有兴筑,相继筑有卢氏“意园”、魏氏“逸园”、梅氏“逸园”、卞氏“小松隐阁”、贾氏“庭园”、蔡氏“退园”、刘氏“刘庄”、陈氏“金栗山房”、许氏“飘隐园”、方氏“梦园”、徐氏“倦巢”、臧氏“桥西别墅”、周氏“小盘谷”、江西盐商集资“庾园”、方氏“容膝园”、毛氏园、员氏“二分明月楼”、魏氏“魏园”、华氏园、熊氏园、珍园以及李氏小筑、刘氏小筑等。此时扬州宅园以小盘谷和寄啸山庄最为知名,前者盘曲幽深,为小园佳构;后者轩朗明丽,为清代末期大中型宅园的杰作。从总体趋势看,清末扬州园林以私家宅园为甚,园林多趋向“小型化”。

6.3.3 扬州园林的地域文化特征

扬州园林在中国古典园林史中占有重要一席,尤其它独特的风格更是让其久负盛名。李斗在《扬州画舫录》中评价扬州:“杭州以湖山胜,苏州以市肆胜,扬州以园亭胜,三者鼎峙,不可轩轾。”可见,在清乾隆、嘉庆年间,甲天下的并不是苏州园林,而是扬州园林。扬州园林富天下并不是夸张溢美,这与扬州处在中国南北分界、京杭大运河与长江交汇处的地理位置有着密不可分的关系。清康熙帝、乾隆帝多次南巡以及四方商人的定居、水陆交通的畅通,使得扬州园林吸取了天南海北园林艺术的“文化基因”,再通过恰到好处的融合演变,完美地呈现在世人眼中。扬州园林融合南北园林匠师技术,既具有皇家园林金碧辉煌、高大壮丽的“基因”,又具有江南园林中小桥流水、素雅幽静的“基因”,因此扬州园林已然化身为北方皇家园林与南方私家园林之间的一种融合体,具有自成一派的“扬州风”。

1. 扬州园林具有“南秀北雄”的风格特征

在园林建筑营造和园林空间处理上，扬州园林都具有“南秀北雄”的风格特征。扬州城虽处在“淮南江北海西头”这样一个地理位置，但在文化归属上还是更趋向于江南文化体系，展现出来的是崇尚淡雅逸秀、诗情画意的江南格调，造园名家也多为江南匠师，如计成、戈玉良等。尤其是私家园林和书院会馆类园林用地狭小、有限，常常采用江南园林的空间处理手法，通过借景、透景、障景等一系列设计手段营造出多重空间，有以小见大之感。另一方面，来自徽州的盐商们，巨富豪奢，为了迎合多次南巡的“帝意”，不惜用大量的真金白银建造园林，将大量的京城园林建筑照搬至扬州，或是在建造时采用官式或京式的装饰手法，如法海寺内的白塔、熙春台、五亭桥等建筑都极具北方园林建筑特征。尤其是一些湖上园林空间的处理，大量采用了北方皇家园林外向开放式的空间处理手法。扬州园林见图 6-26。

图 6-26　扬州园林中“北雄”基因的表达

扬州最为著名的是瘦西湖直通蜀冈平山堂沿线的湖上园林集群，这些园林与山林水系相结合，“随形得景，互相因借”。从《扬州行宫名胜全图》中可看出，当时这里的园林共建楼廊达 5 154 间，亭台 196 座，“楼台相接，无一重复，其尤妙者在虹桥迤西一转，小金山矗立其南，屋顶桥锁其中，而白塔一区雄伟古朴，往往夕阳返照，萧鼓灯船，如入汙宫图画。”因当年乾隆帝巡幸此地，使得各地官绅富贾争相在湖之左右建造园林，最著名的就有二十四景之多，楼台逶迤，屋宇高筑，鳞次栉比。沈复在《浮生六记》中赞叹此景象："平山堂离城约三四里，行其途中八九里，虽全是人工，而奇思幻想，点缀天然，即阆苑瑶池，琼楼玉宇，谅不过此。其妙出在十余家之园亭合而为一，联络至山，气势俱贯。"这样的集合群，园多、精美、气势宏大，颇具北方皇家园林宏丽壮观的风貌和气魄。

2. 扬州园林具有浓厚的书卷气息

中国古典园林的审美情趣和艺术风格是受地域和当地人的影响和限制的，扬州深厚的历史文化积淀使园林拥有了浓浓的书卷气息。扬州园林的书卷气息得益于主政者的倡导和盐商的欣赏与资助。明清两代扬州文人雅士辈出，扬州园林更是蓬勃发展。清代诗坛祭酒王士禛在扬州任推官期间，模仿王羲之兰亭修禊，约请当地和旅扬的文人名士进行虹桥修禊，他的一首诗句“绿杨城郭是扬州”使“绿杨城郭”自此成为扬州城的标志。另外受徽商文化的影响，扬州盐商大都有儒商情结以及回报社会的责任意识，他们在繁荣社会经济的同时，“儒商养文”行为也带动了扬州文化的发展，促进了社会各个阶层的和谐。盐商们兴造的私家园林，在理水、叠山、建筑、花木等方面都营造出一种“本于自然、高于自然”的诗情画意和高雅的艺术品位。正如《扬州画舫录》谢溶生序文中所说："增假山而做陇，家家住青翠城新式阛；开止水以为渠，处处是烟波楼阁。"庭院内栽花种竹、略加点缀已经成为扬州建筑中不可或缺的部分，大型宅园则叠石引水，名匠辈出。

扬州园林的主人或设计者多为文人，或是崇文尚学、深谙儒学之道的商人，他们相互尊敬信赖，在审美情趣和文学艺术上有着相近的观点和修养，在筑园风格、表达意境达成共识的基础上充分发挥设计者的优势，以园林艺术构筑为第一位，营造高尚典雅的人文意境。造园对他们通常采用的方式有两种。其一，预先设定一个意境主题，然后借助假山石、理水、花木、建筑所构成的物境把这个主题表达得淋漓尽致。如郑元勋在《影园自记》中所说的那样："（我）积而久备，又胸有成竹，又以吴友计无否（计成）善解人意，意之所向，指挥匠石，百不一失，故无毁画之恨。"其二，意境营造的方式则是在园林建成之后，根据现有的景物特征做出文字上的“画龙点睛”之笔，如题名、匾额、楹联、石刻等。这是文人参与园林创作、表达园林意境的主要手段，使得园林内大多数景观皆可“即景生情”。此类方式创造的园林代表有假山“卷石洞天”“石壁留踪”，还有二十四景中的“白塔晴云”“长堤春柳”“梅岭春深”等。

6.3.4 影响扬州园林风格的其他“文化基因”

从上面的分析可以看出，扬州的园林多是文人园林，受文学艺术“文化基因”的影响较深。总体说来，影响扬州园林且具有地域性特色的“文化基因”主要有文学、书法和绘画、建筑及建筑装饰文化、传统戏剧文化、传统工艺文化、宗教文化、民俗文化、饮食文化以及盐商文化等方面。分析这些具有扬州地域特色的“文化基因”对园林营造的影响，对研究扬州园林的传承与保护有着非常重要的积极作用，因为我们要保护和传承的不仅仅是园林的一草一木这类物质遗产要素，更重要的是要将扬州园林的艺术精髓和文化内涵传承下来，结合时代的特征加以创新演变。

1.“文学基因”对扬州园林的影响

文学对扬州园林的影响可以说是长久而深远的。在园林的“基因表达”上主要有三种类型。其一，直接以文学作品的主题为造园立意主旨，表达园主人的人文精神。如“卷石洞天”则是取意于《礼记·中庸》中的“今夫山，一卷石之多，及其广大，草木生之，禽兽居之，宝藏兴焉。”此处的“卷石”同“拳石”，形容石小如拳，用拳石堆砌成仙府洞天便是此景的绝妙之处（图 6–27）。其二，园林营造后多以文记之，形成“名园记”文学作品。扬州的园记类文学作品非常丰富，这也是扬州园林“书卷气”的一种很好的体现。园记文学包含的类型也很多，如园记、堂记、亭记、楼记、馆记、台记、阁记、庄记、圃记等，通常园记类文学都是记录的真情实景，如山水画卷一般，使人由文及景、浮想联翩。有的甚至将园记刻成碑文，或镶嵌于墙壁、或矗立于庭院、或配置于亭内，成为园林中重要一景（图 6–28）。其三，对园林建筑或山石赋予文学属性，即景点文学化。这也是扬州园林的一大风格特色，通常使用御碑或碑刻记文、建筑匾额、楹联、墙壁嵌刻等表达方式。如寄啸山庄（何园）的建筑多以楹联装饰为特色，体现其浓厚的文化气息，“月做主人梅作客，花为四壁船为家”是中原船厅的楹联，运用了修辞手法，颇具文学韵味；又如徐园的“听鹂馆”之名便是取意杜甫的名句“两只黄鹂鸣翠柳，一行白鹭上青天”的意境。

图 6–27　“卷石洞天”内拳石所砌之景

图 6–28　扬州园林中的"园记"碑刻

2."艺术基因"对扬州园林的影响

这里的"艺术基因"主要指的是书法和绘画艺术。扬州的书画艺术在中国美术史上可谓独树一帜，诞生过著名的"扬州画派"。而"扬州画派"的很多绘画或书法艺术作品被作为园林营造的蓝图范本，画家更是亲自参与造园，为园林作画，使得画家在山水画与园林在创作手法和创作思想上相互交织、互相影响。如"片石山房"就是以石涛的画稿作为蓝本，主人在园中精心选石，依据石头的大小、形状、纹理组合模拟出真山的形态，运用"峰与皴合、皴自峰生"的画论指导叠石，叠出"一峰突起、连冈断堑、变幻顷刻、似续不续"的山势，又后倚绿壁，前临碧水，山侧高树映带，石隙藤萝悬垂，宛若图画（图 6–29）。另一方面，山水画在指导造园的同时也可以起到装饰的作用，如何园牡丹亭、蝴蝶楼，瘦西湖园林集中群中的静香书屋主堂都是以画作配诗文加以装饰，为园林增添了一股清逸高雅、书郁墨香的氛围。

图 6–29　石涛山水画与"片石山房"比较图

3."建筑装饰基因"对扬州园林的影响

建筑装饰对园林风格的影响是至关重要的，园与园的差异大多是通过园林建筑及其装饰特色而表现出来的。首先扬州传统建筑"南秀北雄"的风格影响着园林的基调和特色，比如扬州的传统住宅建筑多为青砖青瓦的徽州建筑风格，此类建筑布局多为内向式，且配以高墙火巷，呈现给人的

是简单低调的外观造型、整齐宽敞的厅堂、挺拔显豁的门窗等特点，藏于宅院中的园林常常也体现着一种简洁清幽、朴实内敛、细腻明快的特征。其次，建筑装饰艺术强化了园林的精巧与文韵。扬州受徽派建筑的影响，在建筑装饰方面擅长“三雕”艺术，以砖雕为主，石雕和木雕次之。青砖花窗是建筑装饰艺术的集中体现，磨砖门景、洞窗、漏窗有“雅”而“健”的形态，同时兼顾扬州园林“南秀北雄”的文化性格。此外，扬州园林建筑的屋顶中脊多是用砖瓦竖向叠出空花，脊端立面多以花砖或砖雕进行装饰，建筑的门窗多采用“框景”的造景手法，将各式雕刻艺术融入园林景观当中，丰富园林的空间层次，见图 6-30。

4.“传统戏剧基因”对扬州园林的影响

扬州园林受“传统戏剧基因”影响主要有两方面。一是湖上园林集群设置戏台、演奏场所，作为官员和盐商们欢迎皇帝御游恩迎的一种表达方式，以取悦于皇帝。如二十四桥箫声月色景点设置拱桥与曲桥相连，并设置箫亭，“是桥因古之二十四美人吹箫于此而得名”。二是盐商的私家园林中多设置构筑物、场地空间用以宴会听戏，将园林文化与戏剧文化巧妙地结合在一起。如何园的西部园林池中置一方亭，亭与戏台相结合，园周围回廊便为极佳的观戏场所（图 6-31）。又如个园主人黄至筠痴迷昆曲，家养戏班多达二三百人，“透风漏月”厅常表演昆曲，围炉赏雪听戏，别有一番情趣。

图 6-30　扬州园林建筑中脊的表达

图 6-31　何园水心亭（戏亭）

5.“传统工艺基因”对扬州园林的影响

扬州的传统工艺丰富多彩，包括漆器、玉器、剪纸、印刷、盆景、雕刻等，其中对园林影响最大的当属盆景和雕刻艺术，其次是漆器、玉器等艺术。扬州的盆景“一勺则见江湖万里，一石则见太华千寻”“以少胜多，瑶草琪花荣四季；以小观大，方丈蓬莱见一斑”，这种以小见大、借鉴画理、取法自然的布景手法正是扬派盆景最大的特点。扬派盆景配置手段精巧细腻，注重盆景构成要素的整体美感和文化印记，强调树桩、花木、山石、景盆各要素间的和谐之美，见图6–32。

图6–32　扬州盆景艺术

其他传统工艺如雕刻、漆器、玉器等则常用于装饰和室内陈设上，彰显主人的文化底蕴和对精致生活的追求。如个园大宅门主厅——汉学堂，内部宽敞明亮、气派非凡，两侧配以木刻落地罩阁，更显精美细致。木雕题材丰富多彩，多取自民间传说、历史故事、虫草鸟兽、吉祥图案等，充满了美好寓意和生活情趣。如汪氏小苑静瑞馆内飞罩海棠锦内雕有周文王访贤的人物故事，表达园主人礼贤下士、尊敬文人之意；罩心海棠框内雕有人物典故，分别为“福禄寿三星拱照”“刘海戏金蟾”“文王求贤”等，雕刻技艺精湛，图案栩栩如生，为园林建筑增添了文化内涵。

6.“民俗文化基因”对扬州园林的影响

扬州因运而生、因河而兴、因水而旺，独特的地理位置和独特的发展过程造就了其独特的民风民俗。扬州地处南北交接之地，既是淮扬文化的发祥地和中心，又受吴越文化的熏陶影响。它是一座商业城市，便利的交通带来了大量的流动人员汇集，有官、有商、有民，使得“扬州之俗，号为繁侈”“江都俗好商贾，不事农桑”。扬州民间的游赏活动风格受徽州盐商影响颇大，人们喜好游乐、崇尚奢靡。郑板桥有诗形容此景象：“长夜欢娱日出眠，扬州自古无清昼。”这些民风民俗或多或少地影响着扬州园林的风格与特色，主要有以下两个方面。

其一，民间审美观影响着城市园林的风格塑造。美学大师宗白华先生曾说：“中国园林艺术的特殊表现，是理解中国民族美感特点的一个重要的领域。”扬州园林主人以徽州籍的盐商为代表，出于种种原因，他们既需要对皇家或官府极尽讨好和奉承之事，又无法脱离当地的民风民俗，需要赢得民众的夸耀和赞许。因此，园林主人和匠师在建造园林时会兼顾诸多因素，从整体风格到局部装饰都从民间审美角度出发，故扬州园林所彰显出来的低调奢华的风格与当地民间审美观是基本一

致的。

其二，民众喜好游乐的风俗对园林开放程度及景观布局具有一定的影响。扬州是一座典型的商业城市，服务业异常发达，民间的游乐活动也都带有商业气息，如岁时习俗、婚嫁习俗、饮食习俗、吃茶习俗、香会习俗、沐浴习俗、理发习俗、娱玩习俗等，正所谓“腰缠十万贯，骑鹤下扬州”“早上皮包水，晚上水包皮”，因此园林式的茶社酒楼、浴池赌场、风月场所星罗棋布，深受富商官僚、文人雅士、甚至皇帝天子的青睐。这些园林场所一部分因商业性或政治性需求而诞生，另一部分为盐商的私家宅园，所以扬州城的园林具有一定的私密性，开放程度较低，在造景布局中常用借景手法和巧夺天工的人工造景手法。

7.“宗教文化基因”对扬州园林的影响

明清时期，扬州存在着佛教、道教、伊斯兰教、天主教和基督教等多种宗教，各建有殿堂庙宇以供受众礼拜。从历史上来看，扬州在西汉时代就有道教的寺院和道士活动，佛教传入扬州在东汉末年，伊斯兰教传入扬州在唐代中期，天主教传入扬州在元代中期。明、清时期佛教在扬州最为兴盛，清代扬州有记载的寺院有 400 余处。宗教文化对园林的影响主要体现在寺庙园林方面。

在扬州，佛教文化影响为主，道教影响为辅。自东汉末年佛教传入扬州后，久盛不衰，尤以隋唐和清代为最盛，因此这两个期间的佛教寺庙数量众多，寺庙园林因此兴盛起来。如建于 457—464 年的大明寺（图 6-33、图 6-34）位于扬州城西北蜀冈中峰上，为扬州著名的寺庙园林、清代八大名刹之一。隋仁寿元年（601 年）建栖灵塔，颇负盛名，李白、高适、刘长卿、刘禹锡、白居易等都攀登过。清乾隆十六年（1751 年）汪应庚筑西园，又名御苑、芳圃，建于蜀冈之上，四周丘陵起伏，园中有水池，池周竹木苍翠，石径盘曲，各通轩亭，错落有致。池东叠以黄石假山，怪石峥嵘，气势颇大。园中还有御碑亭两处，一处摹刻清康熙帝题杭州灵隐寺，一处刻乾隆游平山堂诗。园林布景巧随地势、注重叠山理水的应用，形成精致的人文园林景观。除此之外比较著名的佛教寺庙园林还有高旻寺、文峰寺、静慧寺等。

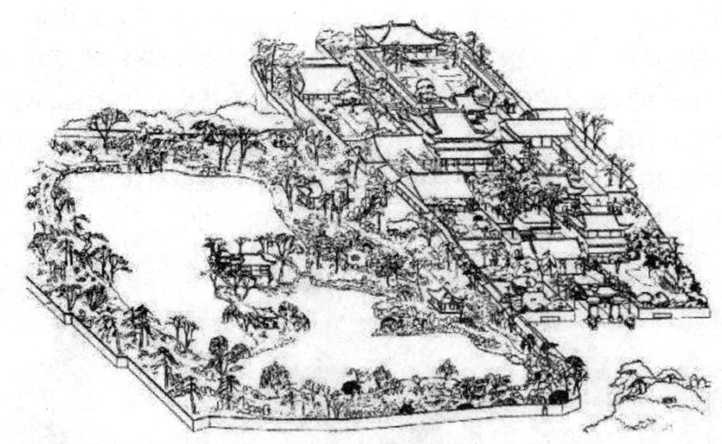

图 6-33　扬州大明寺全景

图 6-34　大明寺栖灵塔

道教是我国的本土宗教，最初形成于东汉末年。道教在扬州较为流行，至清道光以后，道教在扬州日趋没落。据《扬州市志》记载，明清时期扬州较著名的道教宫观有琼花观、佑圣观、武当行宫、槐古道院、二郎庙、赞化宫，这些道观都配有不同程度的园林布局。此外，瘦西湖湖上园林集群也颇受道教影响。

扬州所处的地理位置和便利的交通赋予了它开放包容、海纳百川的城市性格和地域文化特征，这使得许多外来宗教选择在扬州登陆并传播，像伊斯兰教、天主教和基督教先后由扬州传入中国内地。为了聚集信徒和传播教义，传教士们在扬州兴建了不少宗教场所，如教堂、清真寺、礼拜寺等，也有为纪念国外名人而建造的墓地园林等。宗教带来的不仅是文化的交流和信仰的传播，也带来了国外的建造理念和技艺，以及园林的构建法则与审美情趣，比较具有代表性的有伊斯兰教的清真寺园林仙鹤寺、古运河畔的哥特式天主教堂和圣母院等，见图 6-35。

普哈丁园

仙鹤寺

圣心堂

图 6-35　扬州运河畔外来宗教类建筑

8.“盐商文化基因”对扬州园林的影响

扬州地处京杭大运河与长江交汇之处，优越而便捷的交通条件加上盐业的高利润，吸引了四方商人纷纷来此业盐，这其中尤以素挟雄厚资本的徽商著名。扬州商人中不乏“……盛馆舍，招宾客，修饰文采；在歙县则扩祠宇，置义田，敬宗睦族，收贫乏”的“上焉者”，他们既是商人，又是一批具有较高文学素养的饱学之士，堪称是那个时代的“儒商”。扬州盐商构建的别业大都成为扬州园林胜景。盐商构造这些园林，一是为了显示自己雄厚的财力、经济地位与身份，满足自己的生活需要，招待南来北往的政府官员、贵宾和士人，还用来进行休闲与诗文集会的场所；二是为了迎接康熙和乾隆皇帝御驾的到来，凡乾隆游览过的园林，其园主人均可以得到奉宸苑卿的官衔。因此扬州盐商们修建的园林别业既彰显了扬州园林以园亭胜的历史地位，又提高了扬州的文化品位，对扬州园林整体风格的形成起到重要作用。

扬州盐商文化影响下的园林与江南文人影响下的园林有颇多相似之处，大到园林的立意布局，小到叠山、理水、植物、建筑等，都遵循着文人园林淡雅朴实、宛自天开的特点。如清乾隆九年（公元 1744 年）建造完成的贺君召东园，位于“丛竹大树，蔚有野趣”的莲性寺东侧，既无露台月榭，也无华轩邃馆。与此相似的黄为蒲韩园内也仅草屋数椽，竹木森翁，山林之趣颇胜。

扬州盐商大肆修建私人宅园，受徽州和苏州民居特色影响明显，不同之处在于盐商宅园更喜奢华，园林风格崇尚京式、西式，讲究高墙大院，建筑体量较大，楼宇高耸，色彩丰富。宅园内部的园林布局则与江南园林风格相似，曲径通幽，以小见大。从与周边环境的关系上看，盐商私宅园林不讲究与周边自然环境的结合，喜好在园内自成天地，又因结合日常生活所需，这些园林常常选址在扬州城区内，无规律分散布局，因此盐商的私宅园林受扬州民居的影响也颇为深远。

盐商园林的另一大特点是他们受传统文化的束缚比官宦文人要小得多，因此他们敢于“尝鲜”，开创先河。盐商大胆慕求西方的造园风格，以求在众多园林中脱颖而出，得到乾隆皇帝的巡幸游赏。如江春净香园中的怡性堂便采用了巴洛克式的建筑风格，堂左仿泰西营造法，为室五重，数十折不能竟。“一旋一折，目炫足惧，帷闻钟声，令人依声而转。盖室之中设自鸣钟，屋一折则钟一鸣，关按与折相应。外画山河海屿、海洋道路。对面设影灯，用玻璃镜取屋内所画影，上开天窗盈尺，令天光云影相摩荡，兼以日月之光射之，晶耀绝伦。”此外特别的还有徐士业水朱居中可乱真的西洋壁画与自动门、黄氏四桥烟雨澄碧堂仿制广州十三行碧堂的洋画，何园中的建筑风格也借鉴了欧式建筑的形式……盐商们的园林宅院异彩纷呈、中西合璧、情趣盎然，为扬州园林增添不少新鲜元素。

6.4　扬州园林“文化基因”表达分析

园林作为一种文化，有着悠久的历史、独树一帜的风格以及与众不同的系统发生体系。中国古典园林类型繁多，分布地域广阔，受各个不同地域文化背景的影响，所呈现出来的表象特征也不尽相同，但是组成园林的基本“文化基因”是相同的。这些“基因”包括建筑基因、水基因、石基因、植物基因和装饰基因，只不过这些园林“文化基因”在不同地域受到不同自然环境的影响选择了不同的进化路径，经过时间、自然和人力的调控，呈现出不同的基因表达方式。这样才会产生出丰富的地域园林风格派系，使得中国园林风格向多元化、相互融合又各具特色的方向不断地发展。扬州园林是我国众多园林体系中的佼佼者，有着深厚的历史积淀与丰厚的文化积淀，博采南北之专长，贯通中西之精髓，它的特色通过每一项园林“文化基因”的调控表达出来。

6.4.1 园林建筑基因表达

园林可以说是建筑的延续和扩大，而建筑则是园林的起点和中心，园林建筑构成了扬州古典园林的主体表达基因，对园林的空间组织和园景的布局起到了关键作用。扬州尤以私家园林著称，其建筑大都布局规整紧凑，体量高大，厅堂整齐宽敞，门窗挺拔显豁，造型朴实大方，工艺严谨精湛，砖石结构运用较多。扬州古典园林中的建筑形式多样，因所处的园林类型不同其艺术风格、空间组织、建筑装饰等也不尽相同。常见的园林建筑有厅堂、楼阁、斋馆、轩榭、亭廊、栈桥等，它们无不表达着园主人对大自然的感受和人文精神的再现。

1. 厅堂楼阁的表达

明代造园大师计成在《园冶》中这样说道：“凡园圃立基，定厅堂为主。先乎取景，妙在朝南……”可见厅堂建筑在园林中的地位多么重要，整个园林的布局是以厅堂为主定位造景的。如黄至筠的“个园”即是以宜雨堂作为全园的中心，且又“妙在朝南”，为“当正向阳之屋”，见图 6-36。有时为了营造置身山林的自然环境氛围，厅堂周围多布置层次丰富的山池花木，堂前植梧，堂后栽竹，创造宜人的小气候。湖上园林集群的厅堂前场地开阔，便于远眺，借景于大环境，如西园的平山堂和卷石洞天的妙远堂等。

图 6-36 个园宜雨堂

楼在扬州园林中的设置比较灵活，可“立半山半水之间……下望上是楼，山半拟为平屋，更上一层，可穷千里目也”。个园的壶天自春便是这样的楼：楼东与秋山相连，楼西又与夏山相接，不必下楼，即可从一山走到另一山，见图 6-37。扬州园林中若论“楼之佳者，以夕阳红半楼、夕阳双寺楼为最”，夕阳红半楼为小洪园卷石洞天景区内修竹丛挂堂后的构筑，是楼“飞檐竣宇，斜出石隙”，有“红楼抱山”之势，“气极苍莽”。

图 6-37　个园壶天自春楼

阁在《园冶》中的释义为“阁者，四阿开四牖”。《长物志》中对阁的释义更加明确：“阁即四流水顶而四面开窗的建筑物。”扬州园林中阁的代表作非平山堂晴空阁莫属，其于清康熙十二年（1673 年）由盐商汪懋麟所建，阁名取自欧阳修《朝中措》“平山栏槛倚晴空，山色有无中”的“晴空”二字，孔尚任为其手书匾额，并配联云：“雨今雨旧，乃知晴亦为佳；无想无因，那不空诸所有。”

2. 轩、榭、舫的表达

轩、榭、舫为古典园林中常见的三类点景式建筑，或融入环境成为一景，或作为赏景场所，见图 6-38。轩的造型和堂相似，不同之处在于轩四面多开阔，便于眺望；榭为半架于水面之建筑，形式多样，有的豪华精致，湖石为基，琉璃铺顶，华贵之气犹如皇家园林建筑；有的古朴低调，树桩为基，茅草为顶，追求的是闲情野趣和渔翁之乐。舫则指水边的船形建筑，下部船体多为石砌，上部建筑多为木构，固定于湖畔水边，又称“不系舟”；还有一种是漂游在水上的船形建筑，与其说是建筑，不如说是具有赏景功能的画舫，既能载人在水上欣赏沿岸景色，又可以作为移动的点景，为园林增添趣味。

图 6-38　扬州瘦西湖中轩、榭、舫的表达

3. 廊和庑的表达

廊和庑在扬州园林中使用非常普遍。廊为有顶覆盖的通道，具有径的功能，常作为连接厅堂楼馆与亭台楼阁的建筑，按功能分有走廊、游廊、楼廊、复道廊等；按表现形式分为直廊、曲廊、单廊、复

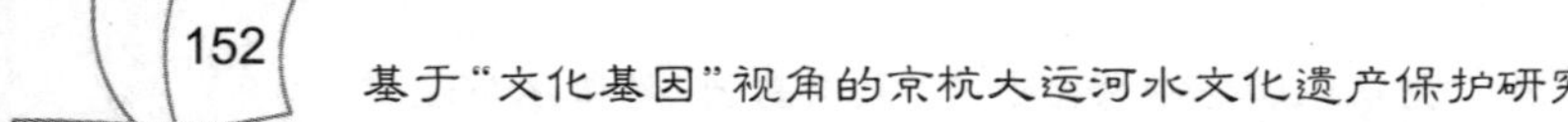

廊、爬山廊、水廊等。如小盘谷的复道廊，一半在东园，一半在西园，一半是爬山廊，一半是穿洞涉水曲廊，最后两者在山顶的亭子聚合，游之令人感到趣味盎然。庑，则是"堂下周屋也"，即堂下屋檐所覆盖的部分，如徐园享堂的"周屋"，个园宜雨堂的"周屋"，何园船厅的"周屋"都可看作是庑。

4. 亭的表达

《园冶》中对亭的释义为："亭者，停也。人所停集也。"扬州园林善用亭，其数量之众、形态之繁在全国范围内少见。扬州园林的亭或在山顶，或在水上，或在花草林木间，或在墙角幽深处。亭最大的特点便是既可作为观赏风景的绝好场所，又可成为园林中重要的点景之作。如何园之东北角有月亭、西部水池中心处有一戏亭；又如石涛的片石山房中建有半亭与山石水景交相呼应。扬州瘦西湖中的亭见图 6–39。

图 6–39　扬州瘦西湖中亭的表达

5. 景桥的表达

扬州的湖上园林集群由于河道交织，为了满足园林间的沟通之需，建造了很多融景与功能为一体的桥。明清时期的桥现如今保存下来的已然不多，但从《南巡盛典》等图卷中仍可一瞥当年桥的姿态和盛景。扬州桥以瘦西湖上的虹桥最为著名，"朱阑跨岸，绿杨荡堤，酒帘掩映，为郡城胜游之地""如垂虹下饮于涧"。扬州的桥特别注重造型美观，除连通功能外，本身更是一景。如瘦西湖的五亭桥，桥上筑有五座亭子，形似莲花，又名莲花桥，桥长三十余米，高近十米，由花岗岩构筑，造型别致，在国内现存古桥中独树一帜见图 6–40。在桥的形式上，湖上园林集群中以亭桥、拱桥或二者结合的桥居多。此类桥的特点是桥身较高，便于船只通行，同时桥本身还可以作为隔景、障景、框景以及竖向立体景观，使园林空间层次更加丰富。在私家宅园中多见的是平桥、曲桥和小拱桥，富有山林的气氛。

图 6-40　扬州瘦西湖中景桥的表达

6. 塔和台的表达

塔是宗教建筑群中常用的一种建筑形式，从上一节的论述中可以看到，佛教和道教传入扬州的时间都比较早，盛行时间也比较长，在扬州出现了大量的寺庙园林，因此塔的数量也较多。同时，扬州作为繁华的商业大都会接受外来文化的机会较多，塔的表现形式也呈现出多种样式。最著名的塔就是莲性寺白塔，它应该是模仿北京北海白塔而建，无论在瘦西湖湖上园林集群哪一个角度看过去，白塔都与其周边的建筑、景物相互映衬，形成瘦西湖上的主景见图 6-41。除此之外，还有大明寺的栖灵塔、文峰寺的文峰塔、石塔寺的石塔都是扬州此类建筑中的佼佼者。

图 6-41　莲性寺白塔

"台者，持也。言筑土坚高，能自胜持也。"这是计成在《园冶》中对"台"的释义。用现代汉语解释"台"即为高且平的建筑物。扬州园林中有许多台与建筑、山石、水体结合造景的例子，最典型的便是汪廷璋所建的熙春台，台上下三层，"飞檐反宇，五色填漆，上覆五色琉璃瓦"，照耀于水，"如昆仑山五色云气，变成五色水流，令人木米神恍，应接不暇"，见图 6–42。

图 6–42　熙春台

扬州古典园林中"建筑基因"所表达出来的匠人的高超技艺和取得的卓越成就，都为扬州园林在历史的长河中经久不衰、闻名于大江南北奠定了坚实基础。

6.4.2　园林理水基因表达

扬州园林不同于杭州西湖，也有别于苏州、无锡的太湖和南京的玄武湖，它们都有宽阔的水面可以借用，而扬州水系多以狭长为特征。瘦西湖原本不过是一条护城河，"长河如绳，宽不可二丈许"。恰恰是在这"如绳"的窄长河道两岸，呈现出我国古典园林中最为经典的湖上园林集群，也正是这样狭长的水系环境造就了"甲天下"的园林盛景。扬州的造园家是怎样利用"水基因"来表达园林景观的呢?

1. 河流、湖泊的表达

扬州城内典型的河流有瘦西湖、二道河、小秦淮河、漕河等，湖上园林集群多以自然河流为主要理水对象。如瘦西湖两岸有许多如诗如画般的妙景佳境，造园者通过拓宽水面，利用葑泥堆台造岛；或将局部河道改造的曲折变化，富有情趣；抑或沿湖修建景点，相互映衬，相互照应，各逞其妙，形成聚落。借天然河流为基础，施以人工化的造园手法，表达出水景层次丰富、景点布局错落有致的园林效果。（图 6–43）

图 6–43　扬州自然河流的表达

2. 水池的表达

水池的表达形态多出现在宅院园林中，扬州园林又以盐商的私家宅园为主，故水池的应用丰富、常见。扬州的私家宅园用地都比较局促，宅园主人对水的认知深受徽州传统思想的影响，认为“水飞走则生气散，水融注则内气聚”，因此扬州城内虽水网发达，临长江，靠运河，但在私家宅园造园时非常避讳将外网水系引入园内，而是在地形低洼处布置水池且多与建筑、山石、水生植物相结合，形成既可远观又可近触的宅园主景观，整体园内景观呈向内、向中汇聚的态势，取“聚财生气”之寓意。池可大可小、可自然、可规则，形态万千。大一些的宅园水池规模也相对较大，且多采用不规则的自然边缘形态，池岸以湖石堆砌，营造自然驳岸效果，池上设亭、桥、廊等建筑，浅水池面常配矶、汀、平桥、曲桥等，满足人的亲水愿望，增加园林体验的丰富感知。如个园、何园、壶园、小盘谷等扬州著名宅园中都设有水池，供人游、亲、赏，人们走在桥上、水边随时可感脚下步步生莲，鱼群环绕，自得濠淮悠然之趣。扬州和家园林中水池形态的表达见图 6–44。

3. 泉水、溪涧的表达

扬州地势平坦，虽有长江、京杭大运河穿城，天然水网密布，但自然形态的泉水、瀑布却并不常见，比较有名的有蜀冈西园的“天下第五泉”。为了丰富水景观的表现形式，在造园理水的方式上人工构筑了一些泉、瀑和溪涧的形态，借助机关巧妙设计，与假山砌石结合，模仿自然界真山真水之感，别有一番风味。如江氏东园，在园墙外东北角，“上置水柜，下凿深池，驱水开闸，注水为瀑布，入俯鉴室太湖石罐八九折。折处多为深潭，雪溅雷怒。破崖而下，委曲曼延，与石争道。”又如水竹居，借用泰西水法，将水引入室内，形成人工瀑布，在水势平缓之地造就气势险峻之景观，见图 6–45。

图 6–44 扬州主要私家园林水池形态表达

图 6–45 扬州园林溪涧的表达

4. 旱园水作的表达

扬州地处水系网络发达之地，城内地表水丰沛，自古就不缺园林造景之水。与江南众多园林不同的是，扬州个别园林在造景上采用了“旱园水作”的设计手法。“旱园水作”造园手法常用在地下水位较低、水资源短缺的北方地区，是北方园林较为鲜明的特色，尤其是在面积较小的私家宅园中更为常见，人工挖一方小池塘，边缘点缀星星山石，以借水气。在扬州常见的“旱园水作”处理方式有两种。一种是仿照北方园林的挖池堆石借水气的理水方式，人工营造水景于细无声处，有意境地渗透而不张扬。如被誉为“晚清第一园”的何园，在园门入口处的贴壁石山掩映下凿一弯曲水，配合婆娑山影以及参差的驳岸，一路蜿蜒至读书楼下，游人进园后不由自主受曲水引导，伴山而行，疑入山林。而另一种“旱园水作”的造园手法则彰显了扬州造园师的创新性与意境审美能力，与其说“旱园水作”，不如说“旱园水意”更为贴切，将实实在在的水景营造转换为对意境的诠释，更为抽象，更为低调。“旱园水意”类似于日本枯山水的营造手法，不凿池引水，而是通过地面铺装纹案表现水之形态，以叠石置石手法营造驳岸、岛屿、溪涧、桥梁等形式，从而使人产生虽无水、却有水之意蕴的感受。此“旱园水意”手法应用较为突出的便是“四大名园”之一的个园。个园以四季假山而闻名，秋山采用黄石堆砌而壮美雄厚，置身秋山之中可惊喜发现东峰之下有一座不起眼的小桥飞架在高岩石壁之间，驻足桥边俯视即可产生悬崖深涧之感，飞溅之水油然而生让人浮想联翩。扬州学人朱江所作《扬州园林品赏录》亦云“二分明月楼”“全园虽属有山无水，而水意涵蓄其间”。与此相似的还有位于扬州新北门桥的卷石洞天中群玉山房西侧的小院，此院也典型地体现了旱园水意的巧妙构思，黑、黄两种鹅卵石按水流的形态铺于地面，黄色为地、黑色为水，水口又与山洞相连，示意水从溶洞中流出，创造出虽无水而似有水的佳境。旱园水作的表达见图 6-46。

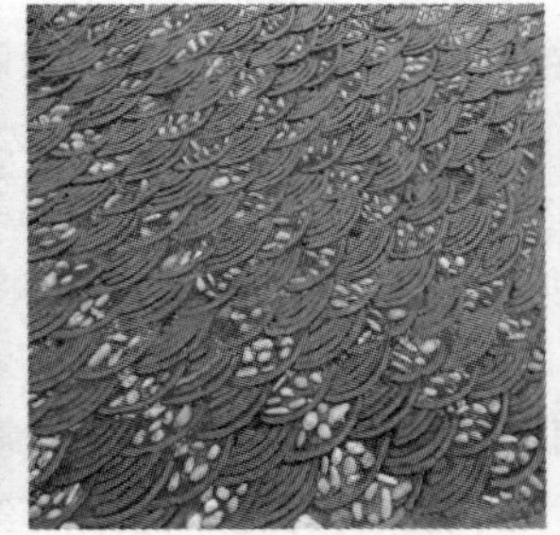

图 6-46　扬州园林旱园水意的表达

6.4.3　园林叠石基因表达

扬州城地势平坦，唯蜀冈略高，但也仅仅是一个土阜而已。扬派叠石技巧精湛娴熟且作品丰富，在国内外造园领域享有很高的盛誉，李斗在《扬州画舫录》中评价“扬州以亭园胜，亭园以叠石胜”。扬派、北派、苏派并称为中国园林界叠石三大流派。园林文化大师陈从周先生对扬州园林中的叠石技艺赞赏有加，评价其为“分峰用石，多石并用”，扬派叠石自带“高俊雄厚”的基因表达特征，与苏派“明秀平远”的基因表达特征相互映衬。黄春华认为，扬派叠石既是对计成、石涛等大师叠石理论和经验的直接传承，又有着对各家叠石技巧特别是苏派技艺的广泛吸收，在某种程度上代表了中国古典园林在山石创作上的艺术造诣。

扬州园林"石"基因的表达方式主要体现在全园山石的整体布局上，造园家们充分利用现有地形地势营造曲折有序、前后呼应、一气呵成的园林格局，体现起、承、转、合的叠石章法，先以意境为主题，再考虑局部，将细节之处贯穿于整个设计。扬派园林叠石基因表达风格形成的历史原因主要有以下几点。第一，京杭大运河在历代历次疏浚贯通过程中形成了梅花岭、康山等历史风景名胜区，汇聚了历朝历代的文人遗迹和典故，成为扬州城内私家园林效仿的典范。而康乾盛世形成的瘦西湖湖上园林集群为取得河上行船观景的最佳效果，多采用了堆石叠山的手法，如石壁流淙景观等，利用夸张的手法造成地势险峻、体态张扬之势，丰富了两岸景观的层次和视觉效果。这种叠石基因表达方式被许多盐商效仿，嫁接到私家园林的营造中，他们偏好追求这种巧夺天工的效果。第二，以计成为代表的叠山造园匠师在山水形态审美上更偏好南宗的美学思想，以中国山水画为蓝本创造叠山景观，"竖划三寸当千仞之高，横墨数石体百里之回"，追求高古荒寒的山景气势和纵向延伸及深邃悠远的山体形态。第三，扬州私园多为盐商宅园，盐商多为徽州人，虽在扬州业盐而举家定居于此，但心中仍怀念徽州的山山水水、一草一木，因此他们在造园时会将这种对故乡的眷恋自然融合到每一项"基因"的表达形式上，如在石材选取上多以徽州的黄石和宣石为主，仿照徽州自然山水景观营造园林，寄情山水已解浓浓的乡愁。如小金山，选取黄石为料，在道路两旁随势点缀山峰，人行其间忽而高山忽而低谷，配以松、竹、梅等植物，可谓是"借山叠石因成趣，种竹栽花为有香"，景色变换多样，自然而幽深。

扬州园林中叠石基因表达堪称完美的代表之一便是黄至筠的个园。个园的四季假山各具特色，其意境与主题贯穿全园，以"春山宜游、夏山宜看、秋山宜登、冬山宜居"的画理展示出来，让人流连忘返。春山，由笋石、太湖石组成，配以修竹和桂花，给人以春天的朝气蓬勃、欣欣向荣之感。春山最吸引人的还是奇思妙想的"十二生肖闹春图"，形状各异的太湖石加以贴山、围山、点石等手法，充分发挥想象力将动物生肖形象惟妙惟肖地展现在观赏者眼前。夏山全部采用太湖石堆叠而成，配以高大的广玉兰和枫杨掩映，恰到好处地展现了中国山水画中"夏云多奇峰"的意境。夏山利用太湖石柔美的曲线模拟夏日天空中变幻万千、像奇异山峰的云朵，加之山前一汪清水，俨然一幅山水写意画。秋山，由黄石堆叠，势如刀劈斧削，山势粗犷险峻，颜色赭黄、赤红相衬，有秋色浓浓之感，在石的间隙中偶有丹枫伸出，曲干虬枝煞有介事，山体不经意间隐有登山步道，不做作，自然天成，游人可上，自有登山之妙，山顶有亭两翼如飞，被山石遮掩忽隐虽近在咫尺，却有相隔百里之感。冬山，主要采用了富含石英的宣石，石英背光泛白的特点忽现，在此发挥得淋漓尽致。它们被安放于厅后背光处，无论远观近看，冬山仿佛总被一层薄雪覆盖，让人不由得联想到冬日的寒冷。冬山自然需梅花相伴，由此疏影横斜，暗香浮动。个园的四季假山完美地将中国山水画中"春山淡冶而如笑，夏山苍翠而如滴，秋山明净而如妆，冬山惨淡而如睡"的精髓再现到现实中，见图 6–47。

图 6–47　个园春山、夏山、秋山、冬山

6.4.4　园林植物基因表达

清代诗人王渔洋有诗曰："北郭清溪一带流，红桥风物眼中秋，绿杨城郭是扬州。"诗句将扬州古运河岸边碧波深处柳枝柔美、柳香浮漾的美丽景象描绘得淋漓尽致，因此"绿杨城郭"也成了扬州的代名词。扬州园林中植物基因的表达方式多有"文心画境"之意，所谓文心，指的是植物本身的寓意对造园意境的营造所起的决定性作用。例如在徽州，古树名木多是家族凝聚力的象征，徽州商人在扬州建造的私家园林也常常植以具有家族凝聚力和象征力的古树作为主景，如双槐园、百尺梧桐阁等。陈从周先生在《园说》中也提及："小园树宜多落叶，以疏植之，取其空透；大园树宜适当补常绿，则旷处有物。此为以疏救塞，以密补旷之法。"李渔在《芥子园画谱》中罗列了许多植物在园林中的搭配方式，如"高山栽松"在个园黄山石及片石山房里有所体现，"岸边植柳"在棣园中有所体现，"山中挂藤"在何园和小盘谷中可寻，此外，像水上放莲、修竹千竿、双桐相映、槐荫当庭、移竹当窗、栽梅绕屋等搭配方式均可在扬州园林中找到精准表达。

扬州因所处地理风土气候关系，南北方的植物大都可以找到，但在姿态容颜上又和生长在南方或北方的同一种植物有所差别，笼统来说扬州植物枝干秀美多姿，花朵硕大、鲜艳。在树木的配置上多以松树、柏树、榆树、枫树、槐树、银杏树、女贞、梧桐、黄杨较为常见。值得一提的是，在苏南的园林中很少有杨柳的影子，可是在扬州的园林中杨柳却是最为常见的树木，更突出扬州园林的地方特点。扬州的杨柳与其他地方的杨柳相比外形更加高大有力，枝条更加疏朗秀丽，主体枝干没有笨拙感，其植于面积不大的宅园中并无不协调的感觉，相反呈现出更多诗情画意。梧桐是另一种在扬州颇为常见的园林树种，其生长速度甚快，碧干笼阴给人以清凉之感，深受园主人和造园家的喜爱，与杨柳平分春夏风光。

在扬州园林中，乔木与花树和园林建筑搭配成景，前者主作遮阴纳凉之用，后者贵在满足观赏之需。宅园中孤植手法常采用玉兰、槐树、梧桐、枫树、青铜、香樟等，偶也见白皮松、绣球、棕榈等较为珍贵的外来树种。一般只有像何园、个园这类较大的园林中才会种植高大的乔木，大部分的私家小宅园还是以小乔木和花灌木为主。常见的以观赏为重点的花树有金银桂、腊梅、琼花、女贞、核桃、石榴、枇杷、芭蕉、竹子等，尤以桂、梅和女贞最为常见。花树常有美好的寓意和品格的象征，比如女贞、石榴、桃花、绣球、琼花往往象征女性的纯洁与美丽；而核桃、梧桐、玉兰、桂树则象征着男性的坚毅、才学。花树最大的特点就是栽植搭配灵活、占用空间不大，无论用来点缀小园还是填补大园，或于曲廊回旋处，或于墙角檐边，或与腊梅为伴，或与丛菊为伍，皆能入画。"园林无花木则无生气。盖四时之景不同，欣赏游观，怡情育物，多有赖于东篱庭砌，三径盆盎，俾自春迄冬，常有不谢之花也。"[①] 扬州园林中的植物常常依照时令节气配置，突显时空一体的境界，加之扬州淮南江北的独特地理位置，虽有四季之分，但依然可以保持终年绿意缠绵的景象，春有琼花、夏赏莲，秋闻香桂、冬吟梅，见图 6-48。

扬州古典园林尤其是私家园林在植物配植和方位选取上很受地域民俗观念的影响，认为不同方位有不同的风水寓意，适合不同植物的栽植。在清代高见南《相宅经纂》一书中记载到："中门有槐富贵三世，宅后有榆百鬼不近；门前喜种双赛，四畔有竹木青翠则进财。"个园的植物栽植应该是依据了这句话，住宅后种有一株老榆树，园子里遍植竹林，表达园主人驱凶招财的意愿。另外一种

① 童寯. 江南园林志 [M]. 北京：中国建筑工业出版社，1984.

常见的植物配植手法，就是借用植物的名字谐音组成吉利的词语，以单株或多株组合的方式种植植物，如最为常见的“玉堂富贵”便是由玉兰、海棠、牡丹、桂花组合而成，也有在这四种基础上再加植迎春，取意“玉堂春富贵”。扬州的古典园林世俗色彩较浓厚，常表达对家族、对子女的美好祝愿及荣誉期盼，具有强烈的生活气息。

图 6-48　扬州园林中植物基因的表达

6.4.5　园林建筑装饰基因表达

园林建筑装饰是承载着地域文化和风格的一种表达性的“文化基因”类型，如屋顶戗脊、大门照壁、仪门福祠、火巷墙体、青砖花瓦、铺地、雕饰、花窗门洞等都属于园林建筑装饰基因的载体，看似细小不起眼且功能性不突出的小部件，在美化装点园林或建筑的同时，却能反映扬州古典园林造园艺术的高超技艺，成为区分地域园林的主要标识之一。

1. 屋顶戗脊的表达

就扬州的私家宅园建筑来讲，最为突出的基因表达应属屋顶戗脊了。扬州园林建筑多采用嫩戗发戗的样式，与苏南园林建筑相比略显低平（图 6-49）。屋顶花瓦通脊多装饰铜钱、海棠等图案，山墙和花窗等全部采用青砖青瓦本色，以直线造型为主，在转角处加以弧线处理，显得素雅端庄（图 6-50）。钱泳《履园丛话》中评价道：“造屋之工，当以扬州为第一，如作文之有变幻，无雷同，虽数间小筑，必使门窗轩豁，曲折得宜，此苏、杭工匠断断不能也……”文中大意是说当时的苏杭工匠只会千篇一律地“以涂汰雕花为能事，既不明相题立意，亦不知随方逐圆”，且“自有一种老笔主意，总不能得心应手者也”。明清时期扬州造园艺术已经很高超，尤在创新设计和实践方面更是比苏杭匠人高出一等。

图 6-49　扬州与苏州园林建筑戗脊比较图

图 6-50　扬州园林建筑屋顶花瓦通脊的表达

2. 大门与照壁的表达

与湖上园林集群不同，大门与照壁在扬州私家园林中应用更为广泛。依照风水选址和建宅理念，一般宅园的大门会设在东南方，由大门或门楼与照壁共同组成入口区域。按照旧时礼仪及风俗习惯，宅园的主入口处的大门并不常年开放，只有在重要礼仪和节庆日才会开放使用，具有很强的仪式感和身份特征。大门里外配有台阶，两侧有门当或抱鼓石，形式、规格、图案等代表着园主人的身份地位，但与北方严苛的等级制度比较起来，扬州私家宅园的设置显得更轻松亲切一些。常见的大门造型有八字门、凹字门、匾墙门等，墙体多用青砖雕饰而成，低调素雅稳重。大门多为木质门板涂以黑色或朱色漆料，有的外包铁皮或按照一定图案钉上铆钉，既可以起到装饰的作用，又有防火、加固的功能，见图 6–51。

图 6–51　扬州私家宅园大门造型的表达

对应着大门有一面照壁，起着传统风水布局中朝山、案山的类似功能，园主人都希望“聚气生财”，照壁正好能使“气流绕壁而行，聚气而不散”。常见的照壁造型有“一”字形、“八”字形，由基座、壁身、斗拱檐组成。如个园入口处的照壁，宽九米、高六米，呈“八”字形展开，基座选取白矾石，壁身由水房砖磨砖对缝，菱形斜角景贴面，正中镶嵌楷书浮雕“福”字，四角均有雕工精美的蝙蝠图案，有着“四方纳福”的美好寓意，见图 6–52。

图 6–52　个园照壁

3. 仪门与福祠的表达

仪门是私家宅园的大门过后的二道门，进入仪门才算是真正进入了家宅里。对于大宅园来说，一般位于中路住宅的第一进入口处，也可以说是中轴线的起始端。仪门的造型比大门简洁，通常有砖雕檐口、飞椽和精美的雕刻、水磨青砖对缝拼接贴面装饰，更显素雅。仪门两侧一般也配有抱鼓石，扬州私家宅园多为文人、商人所建，因此常见的抱鼓石形状为标志文官身份的方形样式，见图 6-53。

图 6-53　扬州私家宅园仪门的表达

福祠常常位于仪门的东侧，一般供奉着土地神，是主人早晚或婚丧嫁娶时烧香敬神之所。福祠的造型多为微缩的砖雕门楼或庙宇样式，常见的雕刻图案有铜钱、暗八仙、蝙蝠、瓶戟、花卉等，隐喻着龙凤呈祥、凤戏牡丹、石榴多子、升官发财等美好愿望。（图 6-54）

图 6-54　福祠的表达

4. 火巷及墙体的表达

火巷是用来分隔大宅园中各路住宅的南北向的狭长通道，平时为仆人所用，具有防火、防盗、逃生的作用。扬州私家宅园的火巷一般采取南宽北窄的形式，形如棺材，取“升官进财”之意，同时也很好地在视觉上加深了空间的深邃感。扬州宅园的火巷比江南其他地区住宅的火巷更加宽敞，两侧墙壁不开窗，与宅园的出入口相对，便于人们遇火灾时逃生。有的火巷上方盖有坡屋顶雨搭，呈连廊状，可加挂吊灯。火巷墙体一般高于 5 米，为防止地基下沉，在墙体局部加砌拱券以加固墙体，见图 6–55。

图 6–55　拱券用以加固墙体

扬州火巷的“乱转清水墙”也称为“和合墙”，具有地方特色。历史上扬州城每逢战乱建筑都会大面积毁坏，现场会遗留大量的残砖断瓦。战乱过后，人们在重建家园的时候也会将这些碎砖瓦利用上，采用“三分砌墙，七分填馅”的做法。乱转墙面的砌筑规矩细致厚实，填馅密实，表面经过刨子平整后外观效果不比整砖墙逊色，且隔音、隔热、防寒、保暖效果均很出色。还有一种火巷墙叫作“鸳鸯墙”，指的是墙体上下两段采用不同的材料和砌筑手法，例如个园的火巷墙就是“鸳鸯墙”，其上半段为板砖空斗竖砌，下半段为青砖扁砌，均保留了砖的本色，不加以粉饰。火巷见图 6–56。

图 6–56　扬州私家宅园中火巷的表达

5. 多基因融合造就扬州经典

扬州园林在明清以前并没有自己独特的风格，多是追随宫廷样式建造。自明清以来，运河的开通和盐业的兴盛吸引了众多来自徽州、山陕、宁夏、两广、两湖、福建和浙江的商人，他们从事盐业、木制品业、布业、钱票业等各种行业，有的甚至成为左右一方政治经济的儒商豪富。追随商人来到扬州的除了各种服务行业从业人员外，也包括各地的匠人大师，极大地丰富了扬州造园的技艺。由于盐商是商业群体里实力最为显赫的一类，因此扬州大量的私家宅园主人多为来自徽州的盐商，在这些宅园中会发现浓厚的"徽派基因"的植入，如青砖厚瓦、马头墙、兰山屏风、观音兜、云山式的封火墙等，这与江南水乡一带的粉墙黛瓦、清丽秀美的园林建筑大不相同。而且扬州处于南北交界之地，气候比江南干燥，本地又不产石材和木材，故建筑中少见木雕作品，多见青砖雕刻或花瓦装饰，大木作彩绘作品较为罕见。陈从周先生认为扬州在园林建筑装饰上保留本色少粉饰的做法"多少存有原材精工取胜的意图"。

到了清朝中后期，扬州园林受"中体西用"思想的影响，更加注重空间的功能性与便捷性，甚至出现了一些早期的现代主义设计的特征，如出现了流动的空间和灰空间的处理等。有些宅园开始出现了红砖外墙、拱券门窗、彩色玻璃、铁艺、拼花瓷砖等西式建筑装饰的细节。扬州学者范绪全认为："扬州园林建筑过程中更多的是遵循清朝建筑营造法式，而苏州园林则更讲究地方的特色。扬州园林鼎盛时期，造园大家层出不穷，造园技艺精湛，可以说，曾主导过潮流。从局部单体看来，园林中的建筑、水体、假山、植物意境皆具有一定的差异性，苏州园林建筑更加轻灵飘逸，结构简洁，色彩淡雅素净，交通多为平游式；而扬州园林建筑大多华丽、结构复杂，楼宇复道往复贯穿，楼廊与假山也有连接，整体形成了一个立体的交通模式。苏州园林隽秀深远，精在造；而扬州园林兼容南北特色，'雄伟中寓明秀，精在创'。"具体来说，扬州的园林风格多以徽州、宁波的建筑艺术基因同源，遵从清营造法式，吸取以法国为代表的西方建筑装饰基因，再结合苏派的建造工艺调控，不断地进化、演变、发展，形成了集开放性、包容性、融合性于一体的扬州建筑装饰风格，何园中的装饰见图 6-57。

图 6-57　何园西方建筑装饰基因的表达

6.5 扬州园林“文化基因”的保护、传承与创新

扬州古典园林是中华文化遗产保护中的一块瑰宝，也是京杭大运河串联的众多文化遗产明珠中最闪亮的一颗。扬州城因运河而生、因水而兴，扬州古典园林更是在京杭大运河的滋养下诞生、演变、成长起来的一种文化产物，无论是园林主人还是建造材料、建造技艺都离不开大运河运输、交流与传播的功能，是名副其实的京杭大运河水文化遗产。只不过按照第 3 章中对京杭大运河水文化遗产资源分类的标准来看，扬州古典园林属于控制区范围内的关联性水文化遗产，在空间分布上和系统发生分析上与京杭大运河具有密切的关联性。我国当前处在一个民族复兴的时代，民族复兴的本质即为民族文化的复兴。扬州古典园林是民族文化、扬州文化、运河文化的集中体现，保护扬州古典园林文化遗产的根本之处在于要深入挖掘和保护其独特的“文化基因”，从而确保城市历史文脉的延续传承和创新，使得城市在建设过程中保留自身的历史风貌和独特风格，在众多的运河城市中更具魅力。

6.5.1 扬州园林“文化基因”保护的必要性

扬州是具有 2 500 多年历史的全国历史文化名城，与京杭大运河同龄共生。“淮南江北海西头”的地理位置决定了其拥有独特的城市文化与风貌，市内近 5.09 平方千米的古城区内保留了大量具有历史文化价值的建筑、园林和街区。扬州现有全国文物保护单位 10 家，市级以上文物保护单位多达 117 家，历史建筑群 500 多处，传统民居建筑 40 多万平方米，是我国现存传统风貌保护较为完整的历史古城之一，具有很高的历史科学研究价值。扬州古典园林是扬州地域文化发展的必然产物，扬州传统文化中各种“文化基因”如文学艺术、传统手工艺、绘画与书法、传统戏剧与曲艺、民风民俗、宗教信仰和商业文化等，都对扬州古典园林有着深远的影响。换言之，扬州古典园林是扬州传统文化艺术的精髓，客观记录和反映了扬州不同历史时期社会经济的兴衰、传统文化的演变以及传统造园技艺的水平，它体现的是扬州人们意识形态、价值观念、审美情趣的进化与演变，蕴含和包容了多地域多文化的交融，具有重要的历史、艺术、科学价值。

2014 年 6 月京杭大运河申遗成功，扬州作为大运河沿线牵头城市立下了汗马功劳，扬州也作为大运河线性文化遗产中的重要节点，有多项历史文化遗产被写进《世界文化遗产名录》中。扬州的古典园林占有一席之地，包括个园、何园、汪鲁门盐商住宅、卢氏盐商住宅等私家园林和瘦西湖湖上园林集群，它们是大运河的孩子，与大运河相依相存，带有大运河流动的血脉和生生不息的精神。从扬州园林系统发生分析的角度研究其来龙去脉，深入挖掘其文化基因，对京杭大运河的“活态”保护具有重要意义。在“文化基因”的视野下研究文化遗产才能真正地做到文脉的延续，才能获得永恒的价值。扬州的古典园林见证了京杭大运河带给扬州城市的繁荣兴旺与萧条衰落，参与了京杭大运河的整个生命历程，是扬州城和京杭大运河最为宝贵、最为独特的文化优势。合理保护和开发扬州古典园林有利于追溯运河记忆，丰富运河的文化内涵，了解城市文脉肌理，有助于京杭大运河水文化遗产保护和沿线运河城市保护根冠相连、有依可循。

1. 保护扬州园林“文化基因”可遵循的原则

第一，地域性原则。尊重扬州的历史文脉和地方特色，尤其是与京杭大运河息息相关、同生同长的特点，这是其他城市所不具备的优势所在。古典园林在整个系统发生过程中都有其自然和文

化两方面的双重影响和双重进化过程，二者相互影响、相互制约、共同发展，构成了其特有的风格特征和人文精神。在扬州古典园林的保护和利用的过程中应充分尊重其地域文化和精神，突出自身的历史文化和风土民风特色。做到以上要求最根本的途径就是找到园林自身的“文化基因”并真正地有效保护起来，只有深入了解扬州古典园林的本质精髓，并站在更为宏观的角度审视分析问题，利用综合科学的方法解决问题，才能实现保护工作的可持续发展。

第二，文化性原则。文化遗产的保护从根本上来说就是文化的保护和延续，发掘文化的本质（即文化基因），继承传统，延续历史，是社会朝着正确方向发展的必然现象。扬州的园林文化是渐进式的发展模式，在整个过程中所体现出来的是开放的胸怀和包容的态度。只有站在历史的角度，整体看待扬州园林文化的系统发生过程，才能真正理解其一脉相承下来的文化艺术价值和科学技术价值，并在后续的发展过程中继续承载下来。这个文化信息的积累永远是一个动态的、不断演进变化的过程，因此保护工作是没有止境的。

第三，生态性原则。对扬州古典园林“文化基因”的保护过程要运用生态学原理，如对园林场地、园林各要素以及材料的选取利用等方面都要体现生态性原则。保护手段包括：合理利用土壤、植被以及其他自然条件，因地制宜；选取当地的建筑装饰材料，注重乡土树种的运用；减少能源消耗，有些材料可循环利用，减少维护成本；注重生态系统的保护以及生物多样性的保护与建立；发挥大自然的能动性，建立合理的良性循环系统，尽量减少人为的干预。

第四，整体协调的原则。整体性意味着构成扬州古典园林系统的每一项“文化基因”都应当得到重视和保护。扬州园林的“文化基因”包括园林建筑、园林理水、园林叠石、园林植物和园林装饰等多方面，涵盖面广且井然有序，这是在一个整体性基础上的多样性表现。扬州古典园林建造的历史时期不同，园主人身份不同，民族、籍贯、性格、爱好、文化修养等不同，都是造成园林风格缤纷多姿的原因。如何将这些各具独特气质风格的园林与城市发展格局相协调，与京杭大运河整体的保护相协调，与周围复杂的环境相协调，形成彼此影响呼应、保持默契的统一体，是保护工作中需要重点考虑的。

2. 建议扬州古典园林保护采用的基本手段和方法

建议一：古典园林的保护需要具有专业资质的设计单位和具有丰富经验的设计人员来完成，最好有扬州文化学者全程参与到保护工作中，严格遵循城市历史文脉。特别是城市山林、木雕、砖雕、堆山叠石等承载大量“文化基因”信息的载体需要保护修复时，应有专业、完整的方案来修复“文化基因”，使其复活且保留原真性，切忌妄加推断导致“文化基因”变异，破坏城市文脉。

建议二：对材料、形状和历史上的功能作用要留有一定的痕迹，只顾美观而让古典园林像换了张脸一样“容光焕发”。尽量做到原材质材料的更换，被替换下来的材料可大料改小料、小料做边角，废料要有专门的保存计划，如果能进行再利用是最好不过的，这让人们始终能感受历史的气息和文脉的延续。

建议三：对扬州古典园林的保护和修复工作，应保持原受力形式不变、外形不变的手段和措施，可以采用铁箍、铁拉杆、铁杆垫等加固方法，其最大的优点便是不改变原来材料的本质特点。对于之前修缮过程中出现的改变传统做法的地方，在保护过程中要及时发现、及时纠正。

建议四：扬州的古典园林历史悠久，历经多个历史时期，虽然屡遭战火摧残洗礼，遗存下来的多为明清时期的园林，但时间上的跨度也可达几百年。因此在保护过程中一定要考虑到不同朝代、不

同地区的园林与古建筑都有各自不同的风格与手法，不能盲目地拆修、种植、加建等，要尊重扬州地域文化的传统性和延续性。

建议五：扬州的古典园林无论是瘦西湖上的园林建筑集群还是商贾巨富们的私家宅园，都以建筑为主体，以植物和其他元素为衬托，因此在保护修复过程中，应大量收集、查阅古籍文献资料，做到每一个细节都有历史事实作为依据支撑。用植物等其他元素来遮掩园林建筑是本末倒置的错误方法。

建议六：扬州的地理位置和气候因素非常适合植物的生长，因此在扬州古典园林中有很多古树名木需要引起重视并加以保护。对还活着的濒临生命周期末端的古树名木应慎重对待，利用新技术、新方法对其加以施救，如补洞、注水、防治病虫害等，需要加以避雷装置，做好防雷、防火、防风等措施。对于普通植物要遵循自然规律和植物本身的生命周期，让其来反映时空的变换和季节的循环，按照自然规律进行维护和更换。在古典园林中铺设人工草坪、修剪整齐的树丛和摆放模纹式的花坛都是违背文化遗产真实性的，甚至可以看成是人为式的破坏，要加以禁止。

建议七：扬州古典园林的保护工作应当在专门的部门建立完整的操作程序档案，无论是国家级文保单位还是市级文保单位，每一家都要建立完整的测绘资料库，测绘的对象大到布局格局、小到一花一草一树，每一个细部节点都要有图纸、有数据。资料的类型除了图纸外还要有照片、影像资料、文字记录、每一次修缮保护过程中出现的变更记录，为后人的保护工作提供可靠的事实依据。

6.5.2 卷石洞天景点现状及保护分析

卷石洞天位于扬州市瘦西湖公园内、新北门桥北侧，占地约 6 500 平方米，是湖上园林集群中著名的"清二十四景"之一。其原为清初古郧园故址，毁于咸丰年间的战火，直到 1988 年才重新扩建了部分景点，2006 年卷石洞天门厅被进行了修缮保护。

整个景点内外以水相连，以长廊相接，完美地应用了中国古典园林以小见大的造园手法。室外以精巧的叠石取胜，贵在山水相互依存，匠人运用高超的技巧将小石拼镶成巨峰，山奇、石怪、洞幽，无斧凿之痕，气势雄伟俊秀，洞曲峰回，岩壑幽藏，峡谷险奇，清泉回旋，置身其中可领略"洞中有洞、洞中有天、水中有洞、水中有天"的福地洞天胜景。卷石洞天景区由东部的水庭、中部的山庭和东北部的平庭三部分组成，包含石屏鹤舞、双木夹镜、泉源石壁、高山流水、曲院花影、松壑云卷、飞泉鸣琴、八方至爽、红楼夕照、瑶台枕流十个景点。

1. 景点现存状况

园中古木龙蛇起舞，巨石兀立为屏，折而北行，入群玉山房抱厦，可见壁泉三迭，潭水半泓，片石铺装，蒲草点苔。东侧画幅借窗浮动花影，仿佛"片图小李"。"山房"东边限于空间，点缀画舫半只，名曰"知音"，作接待与品茗之用，同时满墙镜面又使画舫的艺术形象得以完整。知音舫是与"山房"西南隅窗外的象形山石"听琴峰"遥相呼应的，取意"伯牙砸琴谢知音"的民间佳话。

山庭、水庭以长廊为界，廊中部为廊亭，廊亭北为爬山廊，南为跌落式廊。山庭最南端为二层结构的薜萝水阁，下层观瀑，上层观山，阁北面中间为画幅窗，将山庭景色尽收眼底，恰似一幅"风壑云泉"图。山顶的苍松翠柏斜出石隙，为听松看涛的佳处；假山以洞壑造型，得到曲折深邃的效果；假山堆云，其叠石依皴合掇，山体笔意为云头皴法；水皆从石隙渗流而出，化为清溪曲调，蛇行斗折于崖根石角，游人至此，如鼓琴瑟，幽趣自生。

山庭以西，土阜蜿蜒，竹径通幽；修竹之北，庭园逶迤，花木扶疏，花墙后红楼抱山，气极苍莽，有联云：“渔浦浪花摇素壁，玉峰晴色上朱阑”。楼东有山房隐于山后，花脊卷棚，四面各异，“非人思议所及”，其造型系扬州园林中的“珍品”。与委宛山房相对的丁字楼呈曲尺形旋律构筑，别具韵味，三楼环抱的平庭仅略施笔墨，运用实中求虚的手法。临街的门厅采用挑梁式，与宏伟庄重的夕阳红半楼产生矫与健的对比。

2. 现有保护与修复的特点分析

卷石洞天充分体现了“扬州以园亭胜，园亭以叠石胜”的风格特点，其堆山叠石主要体现在“卷石”和“洞天”两大特色上，巧妙地利用了瘦西湖北岸的土阜高岗，因地制宜，在土丘上堆叠湖石，其章法尤以洞壑幽深取胜，在修复过程中有所创新。在园林建筑方面，重建和修复的过程比较忠实地再现了历史记载中对该景点景观风貌的描写和记述，如薜萝水阁与水系、假山的巧妙结合，上层观山、下层观瀑与历史文献记录是吻合的。此外，景点在修复过程中在合理的范围内进行了一定程度的扩建。历史有关“卷石洞天”的画作见图 6–58，现存景观见图 6–59。

图 6–58　丘挺的卷石洞天手卷水墨纸本（图片来源：盛世收藏网）

图 6-59 卷石洞天实景照片

6.5.3 个园现状及保护分析

两淮盐业商总黄至筠的私家宅园——个园是中国古典园林四大名园之一、国家级重点文物保护单位，2014 年 6 月随大运河进入《世界文化遗产名录》，在国内外享有盛誉，被园林泰斗陈从周先生誉为“国内孤例”。个园是清嘉庆二十三年(1818 年)由黄至筠在原明代“寿芝园”的基础上拓建而成的住宅式园林，全园由南部住宅、中部花园、北部密竹三部分组成，占地约 24 000 平方米，以遍植青竹而闻名，以春夏秋冬四季假山而胜，融造园法则与山水画理于一体，令人叹为观止。

1. 近年保护修复情况

个园在清朝末年因大运河漕运功能的取消、盐业不再垄断暴利，加之清咸丰年间遭遇兵焚，逐渐走向了萧条。《芜城怀古录》中金雪舫诗云：“门前旋马集名流，兵炙余生感旧游，五十余年行乐地，个园云树黯然收。”中华人民共和国成立后，它几经修复才得以重现辉煌。2005 年修复竣工的黄至筠盐商豪宅三纵三进，气势恢宏，较为全面地展现了个园的整体历史风貌，目前个园还有两路住宅现为民居，有待修整恢复。2008 年 4 月，个园东侧新建 11 350 平方米的花局里商业街区、南依“双东”历史文化街区的东关街、北临南阜路的工艺美术一条街、东接古运河的风光带

以及宋大城东门遗址，荟萃了扬州特色名物和民俗风情，浓缩了扬州历史的丰富内涵，散发着扬州深厚的文化底蕴，是扬州“文化基因”提炼、集中、展示、创新的一种保护手段和方法。

2. 现有保护与修复的特点分析

个园属于非常典型的住宅园林，在保护与修复过程中遵循盐商住宅的原貌，在选材和结构上尽量与现存住宅建筑保持一致，复建完全是按照历史文献记载进行的。个园的植物配置以竹为主要特色，因此在历次修复中引进了各类品种的竹子，在维护原本特色风貌的基础上增加植物品种，增强观赏性，特出宅园特色，这也是保护手段的创新之处。个园在假山营造上也堪称经典，以笋石、湖石、黄石、宣石营造的春、夏、秋、冬四季假山闻名遐迩，历次修复也均保持了四季假山的原貌和神韵。对地面铺装这些细节的保护和修缮也尽量体现原汁原味的园林特色，大部分铺地花纹都完全忠实于原有图案，只有个别区域为了交通游览的需要进行了更新，但依然采用仿古砖或者花岗岩块料铺设，避免不协调的现代基因入侵。个园中小戏台有非物质文化遗产“扬州清曲”的表演，所唱曲目也是个园四季假山好风光和盐商儿女情长的内容，听上一曲恍如隔世，品味个园三百年历史，令人如梦如幻。这种将“活态”演出与园林保护展示结合的手法也是一种创新。

个园的平面、模型及现景见图 6-60~ 图 6-62。

图 6-60　个园平面图及复原模型

6.5.4　扬州园林“文化基因”的传承与创新

中国古典园林在世界园林史上独树一帜，被称为世界园林之母，而扬州的古典园林又是中国园林的杰出代表，其“虽有人作、宛自天开”的造园手法让人赞叹。如何挖掘其内在的“文化基因”，加以传承和创新，使经典的造园思想和造园技艺古为今用，创造出属于扬州地域特色、民族性格，又不失现代精神和内涵的园林作品是我们需要努力完成的任务。

图 6-61　个园实景图

6-62　个园内扬州清曲"活态传承"表演

古典园林是随着时间的推移逐渐积累而成的，具有历史性，随着科学的发展、社会的进步、人们观念意识的转换，园林内容也是不断地得以充实的。园林作为文化的综合体，包含有丰富的"文化基因”，我们既要继承和弘扬它的历史性、传承性，同时也要吸收摄取新文化、新思想的创新性。因此一味地守旧并不是对“文化基因”最好的保护，而应该站在历史的高度用发展的眼光去继承、创新、发展它，这样才能使文脉得以延续，增强文化的生命力。

1. 主体基因的传承与创新

扬州是一座真真正正因运而生、因河而兴、因水而旺的运河城市，水是扬州的灵魂。不管几千年的历史如何变迁，不管城里的建筑、园林、风土、人情如何变幻，对其影响最为深远的、起决定性作用的便是“运河水文化基因”，这也是扬州城的主体基因。扬州地处江淮地区，虽不及江南水乡枕河而居，但是古城里也是水网密布，一片水乡风光。而“扬州”之名也是取意于“州界多水，水扬波”。城市的发展、传承和创新，主体基因是不能改变的，一旦用其他基因取代了主体基因，那将会出现“物是城非”的局面。

从春秋时期吴王夫差“吴城邗，沟通江淮”，到刘濞建钓台、徐湛之在蜀冈“宫城东北角池侧”建造风亭、月观、吹台，再到宋代扬州城址布局大体沿南北向河道将城区分为东西两半，许多建筑物皆依水而建。扬州四面环水，水网密布，因而，扬州的园林建筑有着鲜明的水文化地域性特征。

扬州百姓的居所体现着“水文化基因”：“人生只合扬州住，夹岸垂杨春气熏。自摘园花闲打扮，池边绿映水红裙。”扬州的园林更是不能缺少水，因水可塑造各具特色的不同园子，水形、水声、水境可以千变万化。水在扬州古典园林中常占据中心地带，亭台楼阁依水而建，灵石桥梁、画舫长廊依水而造。水是园林的血液，有水园林才有活力，有水山石花草树木才有生机，有水亭台楼阁才会有倒影，园林才会有幽远意境。

现代城市园林中，已然没有了古时候纵横交织的发达的水系水网了。许多园林没有天然的条件做水景观，但是扬州文化中的主体基因决定着扬州园林无水不活，于是造园家们另辟蹊径，各种创新手法相继诞生，如旱园水作之法。何园船厅景观是旱园水作创新方法的杰出代表，船厅周围都是山石，厅处于深谷之中，厅为四面厅，四周廊台严整，且高于地面一阶，这样将厅周围的地面压低，造成视觉上的错觉，远望仿佛厅置于水池之中；在厅前，用小瓦、鹅卵石铺成水波纹状，起伏有致，仿佛水面在阳光照射下产生的波光粼粼，置身其中深感“无水而有水意，无山却有山情”，见图 6-63。

图 6-63　何园船厅细节体现“水文化基因”

扬州是一座水做的城市，水至清的性格养成扬州文化细腻精致的个性；水至柔的性格赋予了扬州文化刚柔并济、坚韧勇敢的文化魅力；水至灵的性格使得扬州文化开放包容、具有海纳百川的胸怀；水至动的性格让扬州文化一直生生不息、开拓创新、不断进取。扬州文化离不开京杭大运河的“水文化基因”，这是印到骨子里的主体基因，千百年来深深影响着扬州人的性格与生活，是一切其他文化基因产生的源泉。

2. 附着基因的传承与创新

附着基因是主体基因的外延延伸和外在体现，它以主体基因为载体，具有能高度反映地域文化特征的属性。扬州古典园林文化中的一些基本要素，如雕刻艺术、匾额楹联、地面铺装、园林建筑形制等，在最初应用时很讲究工艺性和材质性，具有极高的艺术价值和审美价值。而我们在现代园林创作时，可以将一些元素进行符号化信息提取，用现代的材料、工艺、表达形式、设计手法进行展示，从中既能感受到传统“文化基因”的存在，又能为现代所用，既尊重历史文化遗存，又不盲目推崇表浅模仿，通过创新、改建、修复，创造更富有生命力和现代智慧的作品。

扬州古典园林中有很多构成要素往往比较繁杂冗赘，更多的是采用写实的手法和元素，在保护传承过程中应当对这类构成元素进行提炼，经过创新应用到现代园林的设计中。符号化的处理手法可以将一些传统的建筑、器皿、植物等立体、具象、可视的形态通过抽象化的概括而转化成一种符号，这种符号具有可识别性，包含有明显的传统“文化基因”，将符号与现代设计产物相结合，传达一种特定的文化信息见图 6–64。这种方法在扬州的园林中已经有所体现，如个园中铺地艺术图案大量运用了符号化处理方式，用蝙蝠、鹿等形象寓意福、禄；个园中的笋石也是一种符号化处理的结果，映衬了整个园子竹的立意和竹的形态。

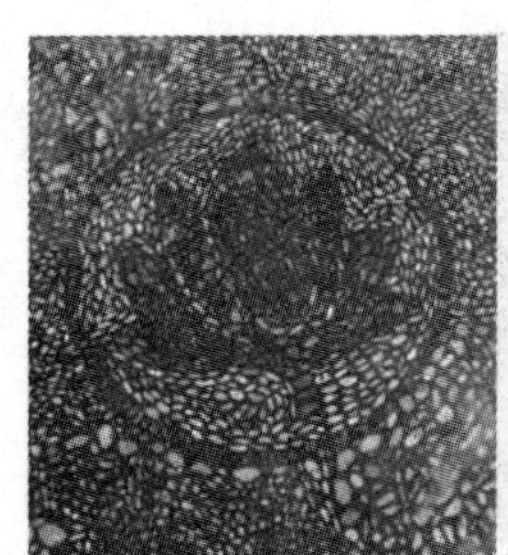

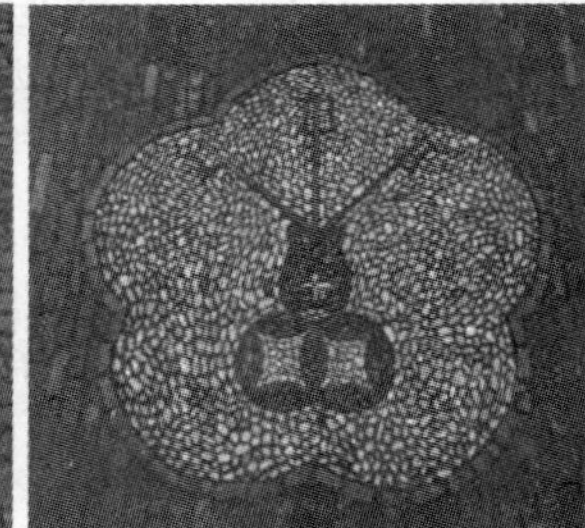

图 6–64　传统“文化基因”的符号化处理

如何在附着基因中提取出有效的信息，通过加工转换成设计符号也是一门学问。这就需要建筑保护者和设计者一定要站在历史的高度，充分了解地域文化传统，只有创造性地继承，传统文化才会更有生命力，才能更适应社会的发展。就园林传统文化而言，可以挖掘的地域文化基因有很多，包括民间传说、民间故事、民间谚语、风俗习惯、历史事件、名人事迹以及传统店名、传统地名、老街道名等，可在这些素材里找出能够代表当地特征的元素并加以提炼、更新、改造、利用。这些素材可以从地方历史文献中查询，如县志、市志、省志、等地方志，这些史志类文献记载的内容必定是各个地方、各个城镇的特有风物，具有很强的特定性。充分利用好这一特定性，对改变目前城市设计、景观设计中照搬照抄、千城一面的现象有极大的帮助。提炼到有效信息后，我们可以利用借代、更新等手法进行符号化转换，然后将其巧妙地运用到现代设计中。

当园林要素的形式与含义之间存在很强的映射关系时，且要素所表达的主题是一种永恒的、普遍的、共性的内容时，就可以用“借代”的方法，将这种园林元素符号化。借代有整体借代和局部借代之分，在园林创作中可以整体借代一种地域文化符号，使其具有地域文化特色，这一点在扬州古典园林的文脉表达上比较突出。局部借代指的是用一些景物片段来反映一段历史，如扬州运河边的东关古渡景点利用断续的城墙雕塑和吊桥雕塑进行局部借代，使人一见到此景便能联想到当年古渡繁荣时的整体景象，见图 6–65。

图 6–65　东关古渡隋炀帝下扬州大型铜板浮雕

更新，是指通过对传统文化中既有符号元素加以梳理，提取满足时代要求和现代生活的有效信息，进行更新设计的一种方法。在传统文化基因传承过程中，应避免形式、空间层面的简单具象传承，应当利用抽象、简化、信息重组等手法来实现传统符号元素的更新改造，这样才能深层次地表达扬州古典园林的地方文化精髓。如扬州瘦西湖景区及运河沿岸的一些建筑，并没有一味地按照传统建筑做成仿古街区，而是在保留扬州传统建筑中徽派风格基本结构框架的基础上，去掉了许多复杂、烦琐的装饰细部，整体上看既继承了传统的精髓，又添加了现代化的气息，具有时代特征，见图 6–66。

图 6–66　提取传统“文化基因”的现代建筑

3. 混合基因的传承与创新

扬州是一个开放、包容的城市，各民族、各地域的文化在这里都能被接纳、被融合。不同国家、不同地区、不同民族的艺术流派、传统文化都独具魅力、各成体系，而文化在传播过程中又总是相互借鉴、相互融合，不断地创新和进步。古典园林文化所承载的文化也是如此，在保留自己风格的基础上积极吸收外来文化，改变融合，为我所用。即使园林自身携带的传统文化也在随着历史的变迁、时代的进步而发展和创新着，吸收并入异域文化，形成混合型的文化基因，一方面可使传统园林在时代文化气氛中永生，另一方面也使外来的文化基因通过与本地文化基因融合再创造，适应本土地理环境和文化氛围，从而获得生命的延续。这种混合基因产生的过程实际上是一个文化离析与文化整合的过程，即从异域文化中产生分离出新的文化形态，然后去掉消极的、不符合本土地域文化的部分，再通过整合创新，换上新的、积极的、健康的内容与本土地域文化相融合，使得混合文化基因传承下去。

坐落在扬州市解放桥南堍、古运河东岸的普哈丁墓便是传统文化与异域文化相融合的典范。此墓园原是专为安葬中国伊斯兰教先贤普哈丁的，后又陆续安葬了一些阿拉伯人，整个墓园建筑分为墓园、清真寺、园林三部分。墓园东西向布置，正门临古运河，门额石刻上写有"西域先贤普哈丁之墓"的字样，下署"乾隆丙辰重建"。门厅三楹，南侧为清真寺，沿石阶抵"天方矩矱"墓园门厅，厅后为院。普哈丁墓亭就在庭院中，亭平面呈方形，四壁设拱门，外顶为四角攒尖板瓦顶，内顶为砖砌圆形穹顶。墓葬便在亭中央地下，地面用青石砌成五级矩形墓塔，每层悬出的周边、顶面雕有精美的牡丹花纹，或浮雕缠枝花草和如意纹，第三层墓塔侧面刻有阿拉伯文的《古兰经》摘录。墓亭是波斯建筑风格和中国传统建筑风格相融合的典型案例，见图 6–67。

图 6–67　普哈丁园的混合基因建筑风格

另一个混合基因创造出来的典型便是坐落在扬州城内太平桥汶河东岸的伊斯兰教礼拜寺——仙鹤寺。此寺与狮子（广州怀圣寺）、麒麟（泉州清净寺）、凤凰（杭州清真寺）三寺比美并列，为中国伊斯兰教四大名寺。仙鹤寺保存基本完整，占地面积不大，平面布局紧凑巧妙。寺为东向，大门内为院落，东南角建一小客座，南首入门，东侧为浴室（水房），是穆斯林参加宗教活动时沐浴净身的场所。西侧为宿舍，中间以小院间隔，北转经甬道，正对阿訇所居，向西经垂花门直达礼拜殿。殿前为一大院落，殿面阔五间，进深三间，带卷棚前廊。后部（神龛所在）亦面阔五间，唯梢间略小，进深则一间。在明间复增二金柱，殿外观为单檐硬山造。但其后部则为重檐歇山造，二顶形成勾连搭，因此侧背二立面看去有很多变化。殿南侧为明月亭，亭前院落置花坛，满栽牡丹、芍药。西偏新厅三间与南窑并列。南侧南向有三间楠木"老厅"，又叫"诚信堂"，为讲经、议事、接待重要客人的场所。殿内宣谕台为楠木制，上置八角亭一座，用来藏《可兰经》，斗拱比例稍大，制作精细。大门两侧有一对抱鼓石，雕刻有精美的植物花纹，左右图案各异。仙鹤寺是伊斯兰教"文化基因"与扬州传统"文化基因"相融合而形成的一种建筑风格的典型之作，中国传统建筑外形下包容着伊斯兰文化的精髓内涵，完美呈现出内雄外秀、内伊外中的特点，见图 6–68。

图 6–68　仙鹤寺的混合基因建筑及装饰

4. 变异基因的传承与创新

变异的文化基因有两大类型，一类是良性变异，其促使新文化的产生，是文化多样性的主要途径，这类变异基因应加以保护和传承；另一类是恶性变异，即外界力量完全不考虑地域文脉的肌理和特点，强行中断传统文化的传承路径，这类变异必须坚决抵制，及时发现，及时制止。

明朝末年，天主教耶稣会在苏北地区先传入淮安，再由京杭大运河传至扬州。清顺治年间，扬州为全国 28 个建有天主教堂的地区之一。可以说这是外来文化基因的一次侵入，也引起建筑、园林、审美的一次变异式发展，大量的天主教、基督教在扬州创办教堂（表 6–4）。这些教堂建筑以西方式的形体融入扬州传统文化肌理中，不仅造就了文化多样性，还丰富了视觉审美感受。位于扬州市北河下 25 号的耶稣圣心堂是一座天主教堂，包括西侧教堂建筑区和东侧照壁及园林区两大部分。这是一座中世纪哥特式建筑，两边各有一座高 17 米的钟楼，堂内祭台供奉着耶稣圣心像，内部 10 根红漆柱以及哥特式建筑梁架混搭极具特色，配以精美的彩色玻璃窗等装饰，但大门门楼和照壁的设计却浓浓地融入了扬州建筑特色。园林绿地区域在 2005 年重新修建成红十字花园，采用了规整式布局，有着明显的西方古典园林风格。这种变异式的“文化基因”主体反映了宗教文化的影响，局部细节有着“中西合璧”的特色，不仅没有破坏了城市文脉的延续，反而丰富了城市记忆和城市文化多样性。

表 6–4　明清时期扬州城教堂分布一览表

教堂名称	创建年代	分布地址	备注
耶稣圣心堂	清同治十二年（1873 年）	北河下 25 号	清光绪二十六年（1900 年）全部建成
圣母堂	清光绪十四年（1888 年）	北河下	内设育婴堂
天主堂	不详	三义阁	
天主堂	不详	东关街	
天主堂	清光绪八年（1882 年）	蜀冈破山口	
内地会教堂	清同治五年（1866 年）	皮市街 27 号	
内地会教堂	清光绪二十一年（1895 年）	南门街	
浸会教堂	清光绪十四年（1888 年）	不详	光绪十七年（1891 年）建完
卸甲桥教堂	清光绪十八年（1892 年）	卸甲桥	属美国南浸礼会

续表

教堂名称	创建年代	分布地址	备注
圣三一堂	清光绪三十三年(1907年)	左卫街	属圣公会
神在堂	清光绪三十四年(1908年)	便益门大草巷	属圣公会

扬州城是幸运的城市,虽然屡经战火兵焚,城市文脉几次被破坏,但是扬州人们是智慧的,通过城市记忆几次在战火过后将城市文脉修补延续下来。难得的是在现代化建设中,上至扬州市政府,下至普通百姓,都对扬州的传统“文化基因”小心翼翼地守护着,不允许恶性变异基因侵入破坏这个又“文”又“古”的城市。例如,在瘦西湖景区周边,城市建设有一条“铁律”——放气球,即所有地上建筑都得按设计高度放气球,若在湖边能看到,这项目就得“低头让路”。扬州人对文化遗产倾力保护是深入骨髓的理念。到过瘦西湖景区的人们会发现有一条深入地下的隧道,建设时俨然经过了“放气球”式的严格标准对待,完好地保障了瘦西湖景区天际线的疏朗;同时隧道出入口设计古韵味十足,与周边风貌深度契合、融为一体,青灰色城墙、砖雕行楷的匾额、绿意盎然的常青藤盆景,仿佛是镶嵌进城市肌肤一般。这是一条推迟了30年才建成的隧道,为了保护扬州的文化根魂,扬州始终秉承一个信念:破坏地下文物不建、影响景区景观不建、技术不成熟不建、资金不雄厚不建,宁可不建路,也绝不能对千年文脉造成任何破坏。这是现代化基因植入城市文脉的成功写照,见图6-69。

图6-69　瘦西湖隧道出入口

本章小结

本章是在前面研究的基础上,结合风景园林学的研究领域和特点,选取了淮安传统民居和扬州园林作为具体研究实例展开详细的研究和论证。这两项实例同属于控制区内的关联性水文化遗

产，在京杭大运河水文化系统发生树中同处于外部表象特征文化亚系、聚落文化种群，分属于建筑文化基因家族和园林文化基因家族，它们与京杭大运河关系紧密，受大运河兴衰影响较大。因此，在做具体研究和分析时，两项实例间既有相通之处，又各具特色。这两项实例的研究可以真实地反映京杭大运河的历史文化进程、运河城市变迁和人们依运河生活的重要信息，它们是多类型文化基因的载体，在众多京杭大运河水文化遗产中具有较强的代表性和可研究性。

通过对淮安传统民居的系统发生分析以及在“色彩基因”“院落基因”“街巷基因”“屋面基因”“建筑装饰基因”等方面的比较，可以得出以下结论：淮安传统民居中虽有徽州传统民居“文化基因”的渗透，但在系统发生演化的过程中，不断地被淮安本地传统民居的“文化基因”所融合、改良、变异，形成淮安传统民居自己的特点。淮安传统民居在与扬州传统民居相比较后得出结论：二者是“同源基因”，这与大运河对淮扬两座城市的影响以及它们同属淮扬文化圈层有很大的关系。淮安传统民居风格的形成应归咎于京杭大运河开通后，漕、河、盐三大政治府衙齐会于淮，官商宅院对淮安传统民居“文化基因”进行了改良；而徽商的大量涌入，带来的徽州建筑思想和建筑风格，也深深影响着淮安传统民居“文化基因”的传承和嬗变。

扬州是一个真正与大运河同生长的城市。明清时期京杭大运河带给扬州繁荣的经济、深厚的文化底蕴以及独特的风土人情，这些都是扬州园林“文化基因”进化发展的重要外界因素，本书通过时间轴线分析扬州园林的系统发生过程，从而研究扬州园林“文化基因”的传承和演变。扬州处在南北分界、京杭大运河与长江交汇处，扬州园林既具有皇家园林金碧辉煌、高大壮丽的“基因”，又具有江南园林中小桥流水、素雅幽静的“基因”，因此扬州园林已然化身北方皇家园林与南方私家园林之间的一种融合体，具有自成一派的“扬州风”。扬州的园林多是文人园林，受文学艺术“文化基因”的影响较深。影响扬州园林且具有地域性特色的“文化基因”主要有文学、书法和绘画、建筑及建筑装饰文化、传统戏剧文化、传统工艺文化、宗教文化、民俗文化、饮食文化以及盐商文化等多方面。扬州园林是我国众多园林体系中的佼佼者，有着深厚的历史积淀与丰厚的文化积淀，博采南北之专长、贯通中西之精髓，园林风格主要通过园林“文化基因”的调控表达出来。这些“基因”包括建筑基因、水基因、石基因、植物基因和装饰基因等。

京杭大运河水文化是一个庞大的又相对独立完整的文化系统，它在时间维度上跨越了 2 500 多年，在空间维度上绵延了 1 700 多千米。它的每一个文化系统分枝都具有独立完整性，同时相互之间又具有一定的关联性，其中起到关键作用的便是“文化基因”。“文化基因”是京杭大运河水文化系统中最基本的单位，它对文化系统的进化、传承和发展以及文化系统结构的稳定性起到制约作用。研究京杭大运河水文化的形成或进化历史以及沿线各种文化之间的进化关系，必须站在系统进化的角度去研究审视文化遗产，在时间维度和空间维度上充分梳理进化过程，找到“文化基因”在整个水文化系统中的传播和演变规律，从而找到京杭大运河沿线各水文化遗产之间的共性与异性，将结果利用到水文化遗产的保护工作上。无论是传承还是创新，都将有依可循，必将使文化遗产保护工作更具有科学性和完整性，也将有利于文化遗产保护工作更上一层楼。

第7章　京杭大运河水文化遗产保护与利用

文化遗产的保护与利用是一对矛盾体，但是如何处理好这对矛盾体，使得文化遗产在科学保护的前提下得到比较合理的开发利用，从而实现它的文化价值，这是本章重点探讨的问题。研究京杭大运河水文化遗产，它的保护与利用便是一项无法回避的研究内容。对于京杭大运河的保护很早就引起了各专业学者及相关部门的关注，在遗产点遴选、规划编制、科学研究、资料搜集、法规完善、环境整治等方面做了大量的工作。沿运河城市普遍加强对运河开发建设的同时，对水文化遗产的历史文化及价值的认知却明显不够，采取的保护及利用措施并不到位，肆意的大拆大建、仿古新建、随意的模仿等问题依然存在，因此大运河申遗的成功并不意味着保护和研究工作的结束，而是进入了一个新的时代，即“后申遗时代”。需要特别指出的是，在这个“后申遗时代”里“保护与利用”的话题显得尤为重要。本章试图在前面的研究工作基础上，将“文化基因”的概念延续到对京杭大运河水文化遗产的保护与利用中来，将千年运河文脉保护传承下来，以期更好地体现水文化遗产历史、科学、文化价值，处理好水文化遗产保护与利用的关系，更好地履行世界遗产保护公约，使京杭大运河水文化遗产更具有科学性、整体性、原真性和完整性。

7.1　京杭大运河水文化遗产保护的特点与现存问题

7.1.1　京杭大运河水文化遗产保护的特点

京杭大运河是“活着的、流动着的文化遗产”，它有血有肉有灵魂。大运河本体是它巨大的身躯，流淌的运河水是它的血脉，运河两岸的文物古迹、历史文化村镇是它的骨肉，而博大精深、绚丽多彩的运河文化则是它不灭的灵魂。京杭大运河作为独特的遗产，既是线性文化遗产，也可以看作是“文化线路”或“文化遗产廊道”。现今文化遗产保护领域常用的保护理念和认知发展的六大趋势都可以在京杭大运河上得以体现。

特点一：京杭大运河是一项文化要素和自然要素共同构成的混合遗产。

京杭大运河作为人工运河，是我国古代劳动人民智慧的结晶，凝聚着厚重的历史文化信息，并催生了丰富多样的运河文化；同时京杭大运河贯通海河、黄河、淮河、长江、钱塘江五大水系，在我国辽阔的版图上绵延出一条纵跨南北的巨大水系，改变了我国主要河流自西向东流入大海、水系分隔的自然地理格局，弥补了我国南北方向上无天然河流之短，其对东部地区的雨洪管理、旱涝调节、生物迁徙、生物多样性保护、环境净化等都具有不可替代的战略意义。

特点二：京杭大运河是静态与动态共同构成的活态的文化遗产。

历史上，京杭大运河作为贯通南北的经济大动脉，是“南粮北运”“盐运”的重要通道，今天的京杭大运河对沿线城市的交通、生态、经济作用依然显著。济宁以南的航道仍然保持畅通，承担着“北煤南运”的重要任务，济宁以北的航道目前虽已断流，但是仍在发挥着灌溉、排洪等重要作用。从这

个角度上看，作为文化遗产的京杭大运河不仅包括历史性的、静态的文化遗产，还包括现代性的、动态的文化遗产，是不折不扣的“活态的”文化遗产。

特点三：京杭大运河是由点、线、面共同构成的文化遗产廊道。

京杭大运河贯通南北，绵延千里，流经北京、天津、河北、山东、江苏、浙江 4 省 2 市，历史上还曾流经过安徽、河南，覆盖地域广阔，同时其文化遗产内容丰富、种类繁多，不仅包括运河河道、码头、船闸、堤坝、桥梁等运河水利工程设施，还包括钞关、粮仓、会馆、驿站、庙宇等运河沿线相关设施和依托运河发展起来的历史古镇、街区、村落等。如此丰富的内涵和广阔的外延，注定京杭大运河是一项规模巨大的线性文化遗产。

特点四：京杭大运河是由古代遗址、近代史迹以及当代遗产共同构成的中国文化遗产。

作为还在发挥巨大功能的活的文化遗产，大运河包含了品类众多的遗产类型，其中有南旺分水龙王庙遗址这样的古代遗址，有嘉兴海关旧址这样的近代史迹，也有亚洲最大的扬州江都抽水机站这样的当代遗址。

特点五：京杭大运河包括普通民众生产生活的文化遗产、乡土建筑等遗产。

自古以来，京杭大运河是我国连通南北的重要水道，沿京杭大运河生活着世世代代以水为生的人们，他们因大运河而生，他们的居所因大运河而建，他们的城市因大运河而繁荣。如今，他们在大运河沿线遗留下了丰富的文化遗产，比如现存于山东济宁台儿庄镇的反映当时大运河上的纤夫生存状态的纤夫村、淮安运河岸边的河下千年古镇、临清运河边依然保留原貌的明清老胡同等，这些乡土建筑遗产和文化遗产都真实地反映了运河边普通民众的生产、生活。

特点六：京杭大运河包括物质与非物质共同构成的文化空间。

除了码头、船闸、堤坝、桥梁等水工设施，钞关、粮仓、会馆、驿站、庙宇等运河沿线相关设施和依托运河发展起来的历史文化城镇、街区、村落等这些丰富的物质文化形态外，在运河开凿、使用过程中形成的绚丽多彩的运河文化，包括曲艺、舞蹈、戏曲、文学、民间艺术等相当多的人类口述和非物质文化遗产，构成了京杭大运河非物质文化遗产的重要内容。

7.1.2 京杭大运河水文化遗产保护面临的问题

京杭大运河申遗成功后，其保护工作可以说是机遇与挑战并存，希望与困难同在，我们不能盲目地躺在成功的光荣簿上享受喜悦，而是要保持头脑清晰，努力发现问题和不足，运用科学先进的理念和有效的手段加以弥补。毕竟中国大运河申遗项目自开始就存在着许多问题和矛盾，虽然有些问题随着申遗工作的进展得到了解决，但世界文化遗产“除名”制度应该时刻警醒着我们，那些遗留下来的问题更需要得到足够的重视和解决。正如国家文物局副局长童明康所说：“申遗工作的完成，只是万里长征走完的第一步，更重要的工作还在后面。申遗的成功意味着责任的加大，肩上的担子更重了。”京杭大运河被列入世界文化遗产名录，是中华民族的荣誉，也意味着我们将要担负更大的责任，在保护大运河水文化遗产上需要严格执行世界文化遗产委员会的要求，“让蕴含丰富精神内涵的大运河流淌向可持续发展的未来”。

7.1.2.1 现存的主要问题

目前京杭大运河的保护工作还存在不少问题，概括起来面临的主要问题有以下六个。

（1）我国对于京杭大运河作为世界文化遗产的认识还是不够到位，保护机制和保护理念有待

进一步加强和改善。京杭大运河与长城同为举世闻名的古代工程奇迹，如今也都被列入《世界文化遗产名录》，但对大运河保护的重视程度、文化遗产价值认定、全线整体保护工作的投入等方面还是存在差距的，需要进一步协调保护管理机制，深化价值认识，运用先进理念实施大运河整体保护。

（2）我国对京杭大运河开展的保护工作起步较晚，基础工作相对薄弱。许多运河沿线文化遗产遭到破坏或损毁，缺乏有效的法律依据和支撑来保障京杭大运河的历史地位和多重价值；对京杭大运河主干河道和沿线文化遗产的家底没有调查清楚，缺乏完整的保护方案，不少文化遗产长年失修失养，大运河依然面临着较为严重的人为与自然破坏的威胁；急需编制京杭大运河总体保护规划，对运河的利用管理、综合整治和相关文化遗产的保护进行有效的统筹和协调。

（3）一些运河城市在运河的开发利用过程中过于注重经济效益，忽视运河历史文化的积淀与挖掘，相关的研究不够充分致使开发者对运河文化内涵认识不足，对大运河保护对象和范围的认知也存在着较大的差异。一些地区忽视文化综合效益对经济建设的转化功能，人为因素破坏成为京杭大运河文化遗产目前面临的主要威胁，大运河历史文化和自然风光的退化与消亡给历史文化遗产带来了不可挽回的巨大损失。

（4）运河沿线城市特色逐渐消失。京杭大运河沿线几十座城市曾经见证了运河景观所形成的无法替代的城市特色，形成了特殊的城市肌理和特质内涵，具有明显区别于其他城市的独立性格。然而一些运河城市（城镇）由于控制失当，对运河文化遗产的忽视和放弃，造成许多沿线城市形态、城市面貌和城市文化的趋同，"千城一面"削弱了运河城市的鲜明个性和独特价值。

（5）多头并管，缺乏统一有效的管理机制。京杭大运河一直是水路商路货运的黄金水道，其保护管理工作涉及交通、水利、环保、国土、建设、规划、文物等多个部门，保护管理体制处于分散状态，缺乏统一有效的协调机制。这种状况既影响了大运河的文物保护工作，也不利于航运和地方建设的协调发展。

（6）保护经费投入严重不足。对比各地的城市建设速度和运河沿线及相关文化遗产保护程度，不难发现目前各级政府及有关部门投入到京杭大运河遗产保护的经费十分有限，而经费的捉襟见肘更使各级文物保护部门力不从心。这些行为与京杭大运河重要的文化遗产价值是极不相称的，严重影响了京杭大运河文化遗产保护工作的开展。

7.1.2.2 世界遗产委员会"除名"制度的警示作用

所谓世界遗产委员会（World Heritage Committee）的"除名"制度，即世界遗产委员会对已经列入《世界遗产名录》的遗产采取动态管理，世界遗产所在国需要严格执行"反应性监测"程序和"定期报告制度""当某一遗产面临具体的且确知即将来临的危险，或者潜在的危险——该遗产面临可能会对其固有特性造成损害的威胁，且威胁完整性的因素必须是人力可以补救的因素"，符合此标准的遗产将被列入《濒危世界遗产名录》进行监管。之后，世界遗产委员会对这些遗产展开定期检查，进行必要的监测和专家考察，根据遗产的补救效果来确定这些遗产是保留还是从《世界文化遗产名录》里除名，假如遗产的真实性与完整性未恢复，则取消其世界文化遗产的称号。一旦被《世界遗产名录》除名，即表示遗产已经丧失了列入《世界遗产名录》所具备的特征，那么之前的保护工作便会全部付之东流，这不仅会使遗产国和地方政府的国际声誉严重受损，更会导致遗产价值大幅缩水，直接影响遗产所在地的旅游业发展和社会经济发展。目前，已有 48 项世界遗产被列入最新一版的《濒危世界遗产名录》，有 2 项被《世界文化遗产名录》除名，一项是 1994 年入选《世界

遗产名录》的阿曼“阿拉伯羚羊保护区”，由于当地的保护措施不理想，加上偷猎等因素的破坏，保护区环境日益恶化，该地阿拉伯羚羊从 1996 年的 450 只减少到 2007 年的 65 只，其中只有 4 对具有繁殖能力，保护区名存实亡。更不可思议的是，当地政府计划在保护区内勘探石油，经多方多次协商未果，最终第 31 届世界遗产大会将其除名；另一项是 2004 年入选《世界遗产名录》的德国累斯顿易北河谷，2006 年由于当地政府以缓解交通为由欲在河谷上兴建一座长 635 米四车道的“森林宫殿大桥”，世界遗产委员会认为这座现代化的桥梁会破坏河谷的原始风貌景观，建议采用河底隧道，但当地政府依旧坚持建桥计划，于是 2009 年 6 月 25 日世界遗产委员会将其从《世界遗产名录》中除名。

截至 2016 年 7 月，我国共有 50 项遗产被联合国教科文组织审核批准列入《世界遗产名录》（表 7–1）。虽然我国目前尚未有遗产被列入《濒危世界遗产名录》，不过我国的世界文化遗产依然面临着人为破坏、管理不善、过度开发、资金不足等严峻形势，已有部分遗产被世界遗产委员会警告，如在 2007 年新西兰世界遗产大会上，我国的故宫、布达拉宫、颐和园、云南三江并流、天坛和丽江古城 6 处世界遗产被亮黄牌。

表 7–1　中国世界遗产保护现状表（截至 2016 年）

世界遗产名称	遗产类别	入选年份	主要面临的问题
北京故宫和沈阳故宫	文化	1987/2004	游客太多，常年失修
秦始皇陵	文化	1987	公司经营管理
莫高窟	文化	1987	游客太多，自然风化
东岳泰山	双重	1987	索道建设，人为破坏
周口店北京人遗址	文化	1987	人为及自然破坏
万里长城	文化	1987	游客太多，自然破坏
黄山	双重	1990	开发过滥
四川黄龙	自然	1992	游客太多（已缓解）
四川九寨沟	自然	1992	游客太多（已缓解）
武陵源	自然	1992	开发过滥
武当山古建筑群	文化	1994	管理不到位（失火）
拉萨布达拉宫 / 大昭寺 / 罗布林卡	文化	1994/2000/2001	保护区范围较小（已解决）
承德避暑山庄和外八庙	文化	1994	旅游公司乱开发
庐山	文化	1996	多头割据管理
峨眉山和乐山大佛	双重	1996	开发过滥
平遥古城	文化	1997	人为破坏，乱拆乱建
苏州古典园林	文化	1997/2000	未发现严重问题
云南丽江古城	文化	1997	过度开发
北京颐和园	文化	1998	年久失修失养
北京天坛	文化	1998	修缮维护
大足石刻	文化	1999	自然破坏，资金缺乏

续表

世界遗产名称	遗产类别	入选年份	主要面临的问题
武夷山	双重	1999	未发现严重问题
皖南古村落	文化	2000	过度开发
龙门石窟	文化	2000	自然破坏
明清皇陵	文化	2000/2003/2004	曾遭遇乱建电塔
青城山和都江堰	文化	2000	人为破坏,自然灾害
云冈石窟	文化	2001	开发规划缺乏论证
云南三江并流	自然	2003	建大坝电站采矿
高句丽王城及王陵	文化	2004	年久失修失养
澳门历史城区	文化	2005	未发现严重问题
四川大熊猫栖息地	自然	2006	未发现严重问题
安阳殷墟	文化	2006	年久失修失养
中国南方喀斯特	自然	2007	资金缺乏
开平碉楼与村落	文化	2007	年久失修失养
福建土楼	文化	2008	年久失修失养
三清山	自然	2008	未发现严重问题
山西五台山	文化	2009	未发现严重问题
中国丹霞地貌	自然	2010	资金缺乏
登封“天地之中”	文化	2010	未发现严重问题
杭州西湖文化景观	文化	2011	未发现严重问题
元上都遗址	文化	2012	未发现严重问题
澄江化石地	自然	2012	未发现严重问题
新疆天山	自然	2013	未发现严重问题
红河哈尼梯田	文化	2013	开发性破坏(已缓解)
中国大运河	文化	2014	缺乏统一规划
丝绸之路	文化	2014	自然灾害,人为破坏
土司遗址	文化	2015	经营体制不明确
左江花山岩画	文化	2016	未发现严重问题
湖北神农架	自然	2016	不合理过度开发

大运河作为“活态”的世界遗产,随时都会受到来自外界的干扰,一旦潜在威胁行为没有被及时监测和排解,极易对遗产价值的真实性和完整性造成难以弥补的伤害,除名风险比遗址型世界遗产要高很多。为了避免遭遇这种风险,我们需要着重关注以下三点。

第一,要认真研读《实施 < 世界遗产公约 > 的操作指南》,弄清世界文化遗产评估的操作规程,明确世界文化遗产委员会对遗产保护的要求和标准,重点是对遗产的评估标准的研读。

第二,鉴于我国已有部分世界遗产被世界遗产委员会警告,当前需要按照世界文化遗产委员会

的遗产保护标准对国内的世界文化遗产保护现状展开普查与评估，进行认真的自查，找出原因并着手解决。其实，遗产自查工作可为中国大运河遗产保护积累经验，这项工作十分重要，也十分必要。

第三，"除名"制度作为一种监督与评估手段十分有效，我国可以在国内建立中国大运河遗产保护评估制度，以"警告"为黄线，以"除名"为红线，对各运河遗产点的保护进行动态评估。

7.1.3　国外运河文化遗产保护案例分析及启示

在世界范围内，法国米迪运河和加拿大里多运河分别在 1996 年和 2007 年被联合国教科文组织列入了《世界遗产名录》中，两者在遗产点的遴选和保护管理工作中具有成功的经验和模式，此处将两者的保护管理作为案例进行分析，以期为京杭大运河水文化遗产的保护管理工作提供可借鉴的内容。

7.1.3.1　法国米迪运河遗产保护管理

米迪运河作为世界遗产运河，其遗产构成在《法国公共水域及运河条例》第 236 条款中已作出了详细的界定：遗产首先包括 1772 年会议上所规定的运河本体、圣•傅亥奥勒（Saint-Ferréol）水库，围堤、船闸和坝，高山引水渠（Rigole de la Montagne）和平原引水渠（Rigole de la Plaine）；其次是非运河本体但是仍旧在运河行政管理范围内的引水渠、桥梁、航道管理人员的房屋以及储存器械和商品的仓库等；最后还包括郎辟蓄水池（Réservoir de Lampy）①。

米迪运河的遗产管理机构大致分为三类：一是运河本体管理机构，二是相关水工遗产管理机构，三是非水工遗产管理机构。米迪运河当下主要的功能是作为重要的水路旅游通道，而非最初的运输货物功能。自 1897 年国家将米迪运河财产权由个人（家族）手中收回后，现在的米迪运河具体的管理、维护、开发工作是由国家和地方两级管辖机构负责。国家层面上，米迪运河主要由国家航道管理局负责水利工程的维修、建造和运河周边商业的开发，组织内航运输以及保障河道相关法律法规的施行；由国土设施交通整治部下属的水道管理机构负责水上交通管理和监督。地方层面上，国家航道管理局在各个地区都设有分属机构，米迪运河所属区域决定其管理权归属于国家航道管理局下属的图卢兹水运行政部。法国的环境部和文化部虽然也对米迪运河进行管理，但是并不直接参与日常河道管理事务，主要是承担监督保护运河建筑和景观遗产的任务。为了保障运河物质遗存的真实性与完整性，关于运河遗产的建设和环境改造事宜均由环境部下属的建筑和城市规划管理处及地方环境管理处管理。而文化部及其地方下属机构主要负责的是保护和管理已经被列入历史建筑物的运河周边市政建设、水利工程和建筑工程等。

对于相关的水工遗产管理机构权属问题，在《法国公共水域及运河条例》第 241 至 244 条中做了非常详细的规定：运河水主要由国家航道管理局和地方公社（即我国的村镇级别）共同维持。条例中并对二者的分工做了具体的划分，如运河引水渠的所有事物均由国家航道管理局统一管理，而其他作为供给水源的自然河流和一些引水渠，一部分由国家航道管理局管理，一部分由地方公社管理；又如对运河上桥梁的管理权属也做了细致分解，运河本体上的桥梁归国家航道管理局管理维护，非运河本体上的桥梁则由所属地方公社管理维护。对于非水工遗产主要是经过对其本身历史和文化价值进行评估来确定的，管理权属也多有国家和地方多级叠加完成的，这种多层次的管理不

① 万婷婷，王元. 法国米迪运河遗产保护管理解析 [J]. 中国名城，2011（7）：53-57.

仅不会破坏遗产完整性，反而能更有效地进行管理。

需要强调的是，米迪运河所属的地方政府（即我国省的概念）并不是运河的所有者，也不对运河的管理负责，但是对于维修和整治米迪运河的经费会由国家和地方政府共同承担。因此，在保护、开发和利用米迪运河的过程中，国家和地方政府是相互合作、相互支持的关系。

在法律法规方面，米迪运河自 17 世纪开凿以来便具备比较完善的法律法规，最早是在 1666 年颁布的穆郎法令，在 1956 年又有十月法令，其中有 58 项条款是专门针对米迪运河的。如今法国更是有两部法律适用于运河的管理，一部是《法国公共水域及运河条例》，其中的条款主要针对法国境内的自然河流和运河，特别是第 235 至 246 项条款专门针对米迪运河的管理。从这些条款中可以看出，法国从国家的角度对米迪运河遗产构成、运河水利工程设施、附属建筑物的管理机构权属及具体的维护单位作出了详细的规定和阐述。另一部是《个人集体所有权普适条例》，主要是对个人和国有财产所有权以及管理权属做出了规定和阐述。自 1996 年米迪运河被正式列入世界遗产名录后，法国虽没有颁布新的针对米迪运河的法律法规，但是颁布了一些用以规范遗产管理的章程，如描述运河遗产现状，包括驳岸、植被、设备、构筑物等，对保护措施作出相关规定的《米迪运河遗产管理手册》，其为国家管理机构提供一定的建议并保障相关法律的实施；又如明确规定保护区划的《米迪运河景观建设章程》，其作为各个市镇指导运河保护和建设的基本规章制度，使运河的管理做到有章可依。此外，还有《建筑、船闸、运河住宅和景观管理手册》用以指导更为细致领域的管理工作。

米迪运河作为第一条被列入《世界遗产名录》的遗产运河，在管理模式和保护措施上具有完善的规章制度和宝贵的经验，在遗产本体的界定上充分体现了“世界现代史上最具辉煌的土木工程奇迹”，其保护区的划分界定方式“使运河与周边环境巧妙地融为一体，从而产生一种和谐美的效果”，这些都为米迪运河的可持续发展提供了可靠保障。

7.1.3.2 加拿大里多运河保护管理规划

加拿大里多运河建于 19 世纪，从北部的渥太华到南部安大略湖的金斯敦港，全长 202 千米，最初主要用于军事防御，后主要用于商业运输功能，随着旅游业的发展，现主要为当地人及游客休闲娱乐的场所。随着时代的发展和城镇的快速建设，里多运河也面临着多方带来的压力：运河的开凿贯通使沿线的经济繁荣发展，带动两岸城镇快速增长，由此给运河周边环境带来了巨大的威胁，特别是渥太华南部的运河岸边，随着大量住宅的建设，遗址环境遭到破坏，虽然文物古迹并未被破坏，但是过高过密的现代化建筑严重阻碍了原有的遗产周边环境和文物古迹之间的视线廊道，迫切需要在保护和开发中找寻一个平衡点。此外，自然界的特大洪水也对水坝和河岸带来了威胁。

在保护区域划分方面，加拿大将运河结构体系和与之相关联的防御结构体系划分为核心区，将运河两岸 30 米宽的范围划定为缓冲区。加拿大在现行的法规政策中规定了除码头外，运河两岸新建筑必须在 30 米以外。但这 30 米的缓冲区域划定是否过于狭窄，是否难以保证遗产环境不受新建筑的影响或破坏，也引起了很大的争议。国际遗产保护委员会认为里多运河的核心区边界对于保护运河结构是适当的，但运河周边的可视环境需要更清晰的界定和合适的保护，确保遗产的环境价值不受威胁①。

加拿大从 1990 年就开始着手编制里多运河的管理规划，到 1996 年才编制完成。规划可以有

① 张广汉. 加拿大里多运河的保护与管理 [J]. 中国名城，2008（1）：44-45.

效帮助政府建立一个长期的、战略性的运河遗产保护和管理目标，同时制定公众参与基础上的法律政策框架，确保遗产的完整性和指导公共利用的合理性。2005 年，加拿大政府又在原有基础上结合新情况进行了一轮修订编制工作，从而使新规划更加重视清晰明确的实施行动，特别是五年内的实施计划。加拿大政府在每六年一次的报告中将重新评估和更新里多运河的管理规划。

里多运河的管理规划包括六部分，分别是规划背景、价值分析、目标和指导原则、规划核心部分、环境评估概述和五年实施计划，其中规划核心部分包括面临的挑战、遗产保护、生态系统管理、滨水土地利用和发展、遗产展示、游客服务设施、遗产旅游和休闲娱乐、管理与操作、水体管理、合作与公众参与等内容。规划还强调要保护运河遗产廊道的文化景观，包括历史村镇和自然生态景观等。里多运河管理规划有以下七个方面的希冀。

（1）希望本国人民以及旅游者把里多运河当作加拿大的标志，爱惜它，保护它，为它感到自豪，并愿意为保护这一国家财富贡献自己的力量。

（2）希望里多运河的文化和自然资源在加拿大公园管理局的管理下得到应有的保护。

（3）希望运河沿线的居民与政府一起共同合作保护好运河遗产廊道内的文化和自然遗产资源和景观。

（4）希望将里多运河的航行水道功能保持维护下去。

（5）希望建立里多运河廊道旅游组织联盟，共同挖掘它的旅游价值和娱乐资源，共同促进建成设施完善、品质高、独特的文化遗产体验游线，保持安大略省东部经济的可持续发展。

（6）希望里多运河的遗产价值得到更充分的展示和更多的理解、赞赏。

（7）希望运河管理人员以他们的工作而自豪，在遗产保护、可持续发展利用、遗产魅力展示等方面发挥他们的管理能力。

在管理机构规划方面，里多运河的所有者为国家，自 1972 年加拿大公园管理局接管了里多运河的具体管理工作，其与加拿大政府、省、市一起，共同协调运河遗产保护与发展利用之间的矛盾，各级政府各司其职，加强了运河遗产保护的有效性。从分工上看，加拿大公园管理局主要负责编制遗产的管理规划，制订长远的保护计划，确保遗产的价值得以充分的保护与展示；而安大略省则主要负责与遗产邻近的土地的使用与保护，通过相关的法律法规来保障土地利用规划与文化遗产及周边环境之间的合理关系；环保部门主要负责的是运河遗产范围内以及周边的湿地、林地和自然生物的保护。市一级的政府作用尤为重要，特别是在遗产环境的管理方面，市政府通过制定土地利用和发展规划来保护河岸的完整性和土地的自然特征，依法严格控制开发的位置、形式和规模，加拿大公园管理局将直接参与运河沿线市政府制定发展规划和相关政策的过程。

7.1.3.3　国外运河文化遗产保护经验的启示

国外遗产运河的保护、管理和利用经验很多，各国的国情不同，具体的保护措施也千差万别。我国也具有与其他国家不同的国情，京杭大运河同法国米迪运河、加拿大里多运河也不尽相同，京杭大运河无论是在长度、历史、文化、价值上，还是历史功能和现代功能上都具有独特性和唯一性。我们应在各国先进运河文化遗产管理经验的基础上找到规律性、普适性的成功经验加以借鉴，并探索创新，最终找到适合我国国情的具体实施方法。

1. 构建“责权利”统一的遗产管理体制

所谓“责权利”统一，即责任、权力、利益全部统一于责任承担者，这个责任承担者既要承担相应的责任，也是权力的拥有者和利益的享有者。通过前面的实例分析可以看出，国外遗产运河的管理体制均出自国家文化遗产管理制度，自然遗产与文化遗产的管理体制大同小异，更多的是二者交织在一起，构成另一种遗产形式——文化景观。不管什么样的情况组成，循序渐进地采用分工明确、多方参与、相对统一的遗产管理体制是确保运河文化遗产得到有效保护的基本前提。由于遗产运河多属于线性文化遗产范畴，常常跨越多个区域，涉及遗产种类较多，在管理上常涉及多个管理部门，这便决定最终的管理形式必然是一个多层级或多重的管理，但无论是垂直管理制度，还是属地管理制度，关键都要赋予运河所在地管理机构专一的资源处置权力，有效保证管理机构的权利与责任的一致性。我们对于京杭大运河的管理体制设想如下：首先，要实行整体保护、分段管理模式，确保大运河水文化遗产的整体性、完整性和原真性；其次，通过文物保护单位认定，逐级实现依法保护，建立联席会议制度或运河城市会商协调机制实现协调管理；第三，由文物主管部门牵头，建立多部门协调合作、共同管理的机制，以职能为基础，明确责任，做到权责统一；最后，可以参照对长江、黄河、淮河等河流实行的管理模式，设立一体化的京杭大运河管理委员会作为专职管理机构。

2. 规划先行，科学引导，注重评议和公示

国外大多数文化遗产都编制了完善的保护管理规划，如上述分析的加拿大里多运河，在成为世界遗产之前就出台了整体的保护规划，如今已经过多轮的修编完善，这在法律法规层面上很好地解决了对遗产的认知与识别、核心区与缓冲区的划定、各部门统筹协调、公众利益兼顾、保护区划分与管理策略、遗产利用与展示方案等多项重要问题。我国的京杭大运河属于活态的线性文化遗产，更要注重遵循保护、运营、维护在各个领域之间的协调原则，需要通过科学严谨的规划调控与法律法规的约束，将大运河保护与管理纳入文物保护法的框架。目前京杭大运河流经的各个城市都编制或正在编制自己城市区段内的运河保护规划，各个城市的积极态度是可取的，但是缺乏京杭大运河全线的整体遗产保护管理规划作为统一的指导，这就会导致各个城市相互竞争、相互模仿、保护管理标准不一等现象的出现。由于缺乏总体性的指导与协调，各个城市的保护意识、政府意愿和开发理念不同，已经出现了“建设”即为“破坏”的不和谐现象。从各个沿运城市推出的城市形象与口号中也能看出缺乏总体性的指导与协调，如沧州的“运河古郡”，聊城的“运河古都”，济宁的“运河之都”，枣庄的“运河水乡”等，还有多处打出了“运河古镇”的宣传口号。目前中国迫切需要京杭大运河整体的保护管理规划出台，在编制规划的过程中也要特别注重评议和公示，汲取公众的智慧。

3. 构建利益相关群体多方合作与参与机制

由于京杭大运河跨度长、所含的文化遗产种类丰富、形式多样，遗产的所有权归属也比较复杂，涉及的管理单位和利益团体较多，这给运河的保护和管理带来了很多的困难，建议以国家所有权为主要类型，统筹各方利益关系，建立一种能有效处理利益相关群体的权利、责任和相关制度建设及执行的制度来解决当前保护权属不清的问题。最重要的还是要坚持以政府保护管理为主导、民众保护为主体的多方合力原则，通过宣传和动员工作，使广大人民群众认识、了解并参与到遗产保护的全社会行动中来，鼓励民众参与保护的积极性，开拓参与渠道，发挥社会组织的作用和影响力，调动社会资本，努力形成政府和社会遗产保护与管理的合力。

4. 树立正确的遗产价值观，严格遵循保护与合理利用相统一的原则

文化遗产资源的保护与合理利用是事关遗产所在地可持续发展的重要问题，是遗产研究的永恒话题，在保护与利用之间似乎存在着不可调和的“矛盾”，如何实现二者的“共赢”是当下研究的重点和努力的目标。京杭大运河流淌了 2 500 多年，留下众多珍贵的文化遗产，对我国的政治、经济、社会以及精神文化都有着举足轻重的意义。在政治层面上，京杭大运河曾是国家身份的象征，为南北方大一统做出了重要贡献，代表着国家的形象和成就；在精神层面上，京杭大运河是中华民族的大动脉，代表着中华民族的精神和气质；在社会生活层面上，京杭大运河繁荣了沿线众多城镇的商业经济，促进着各种文化资源和旅游资源的消费。因此，我们要在全社会范围内倡导一种健康、成熟、科学的遗产价值观，在对文化遗产保护的前提下，精心、谨慎、科学地开发、利用遗产经济，带动沿线城镇经济的发展。另外，要把遗产保护与发展经济、城乡建设结合起来，特别是要发挥助推文化产业与旅游发展的作用，把改善民生和促进社会和谐作为遗产保护和利用的出发点和落脚点，必须尊重历史发展规律，保持遗产资源的真实性、完整性，加大保护和管理力度，实现人与自然、经济与社会的和谐发展。

5. 加快法制建设步伐，构建完善的遗产法规体系

完善的法律法规体系可以明确各利益群体之间的权利和义务，规范他们之间的关系。目前，我国对于文物、风景名胜、文化遗产保护通用的法律法规主要是《中华人民共和国文物保护法》（2015 年 4 月）以及各种条例、办法等，而这些对于跨地域、跨学科的超大型线性文化遗产——京杭大运河来说并不完全适应。我国在 2012 年 10 月已经出台了专门针对京杭大运河的法规文件《大运河遗产保护管理办法》，但这只是以申遗为契机，在国家层面上出台的法律法规，目前有些省市公布了运河保护规划方案，但还有很多省市地方没有专门的大运河保护管理政策出台，这便使得京杭大运河遗产保护法律法规体系还需要进一步的加强和完善，要从中央到地方，从整体到局部，都真正从法制管理的角度处理运河遗产保护、管理和利用的相关问题，坚决贯彻有法可依、有法必依、执法必严、违法必究的社会主义法治基本要求。

7.2　京杭大运河水文化遗产保护原则及措施

京杭大运河水文化是一个庞大的又相对独立完整的文化系统，它在时间维度上跨越了 2 500 多年，在空间维度上绵延了 1 700 多千米，它的每一个文化系统分支都具有独立完整性，同时相互之间又具有一定的关联性，其中起到关键作用的便是“文化基因”。“文化基因”是京杭大运河水文化系统中最基本的单位，它对文化系统的进化、传承和发展以及文化系统结构的稳定性起到关键作用。传统的文化遗产保护工作过于注重文物遗存本身的保护，认为保证文物本身的完整性即可，修旧如旧、模拟重建、重主体轻附属的文化遗存常呈现在人们眼前，让人感觉地方特色不突出、自身个性不鲜明，甚至会有牵强附会、做工粗劣的感受。究其原因无非是人们对文化遗产本身所蕴含的文化内涵挖掘不够，没有站在一个系统进化的角度去研究审视文化遗产，在时间维度和空间维度上没有充分梳理进化过程。在对京杭大运河水文化遗产的保护问题上，本书在前两章尝试利用了生物学系统发生分析的方法将京杭大运河水文化系统进行了由整体到具体的细致分析，结果显示京杭大运河水文化系统符合生物学中系统发生分析的理论和规律，对于研究水文化遗产的来龙去脉以及和它关联遗产的关系是十分有帮助的。在研究京杭大运河水文化形成、进化历史以及沿线各种文化之间进化关系的同时，找到“文化基因”在整个水文化系统中的传播和演变规律，从而找到京杭大运河沿线各水文化遗产之间的共性与异性，将结果利用到水文化遗产的保护工作上，必将会使文化遗产保护工作更具有科学性和完整性，也将有利于文化遗产保护工作更上一层楼。

7.2.1 京杭大运河水文化遗产“文化基因”的保护原则

随着新技术的发展和应用领域的延伸，文化遗产保护领域也成为众多新技术大展身手的场地，然而它在开拓我们视野、提供技术支持的同时，也出现了很多过度保护、过度修复的负面影响。为此，我们还是要冷静下来，探讨如何对京杭大运河水文化遗产进行科学有效的保护，尤其是对水文化遗产中“文化基因”的保护，必须坚持四原则。

1. 整体连贯性原则

像京杭大运河这种大尺度、多维度、包含多种内容的遗产种类，阐释难度比一般遗产要大很多，为了有利于国家宏观调控，有利于各种社会资源的共享和集中使用，在对其保护时要特别突出整体连贯性原则。尤其对于像我国这样文化遗产众多的发展中国家来说，整体连贯性原则不失为一种经济、高效的保护策略。整体保护京杭大运河，可以依据水文化遗产的构架与体量特点，形成行之有效的系统保护方法。对于“文化基因”来说，随着时间的推移演变以及人员在运河上南下北上的交流互动，同一种文化基因被分散在运河沿线各个城镇，站在一个更高的角度去看，将这些分散成点状的文化基因整体串联起来，对保护管理工作通盘考虑，能整合保护资源，加大保护影响，提高保护效率，有利于在保护的过程中探寻普遍发展演化规律，形成科学的保护方法，不断深化保护的内涵。

2. 原真完整性原则

在保护京杭大运河水文化遗产工作中，应当以科学审慎的态度保护和恢复遗产的原真性和完整性，而非简单的重建。生物学基因具有记录生命体特征信息的功能，同样文化基因也记载了大量文化遗产所展示出来的信息和特征，而这些记载下来的信息也是历史的客观记忆，具有很强的原真性，而完整性则是通过更深入的挖掘和广泛资料的搜集来达到的。原真完整性的保护就是应与既有的文化基因保持一致，对历史、对发展、对客观存在保持最大限度的尊重，这需要多学科的合作和保护实践工作中的大量积累。

3. 地域特色性原则

京杭大运河贯穿四省两市五大水系，按照第 4 章地域文化划分方法，京杭大运河又串联了七大地域文化圈层，这在世界文化遗产范围内都是独一无二的。京杭大运河水文化遗产的跨地域性、多样性和丰富性的特点，决定了在其水文化遗产保护、开发和利用过程中，必须坚持地域特色性原则。一方面可以按照地域划分结果进行资源优势整合，可以更好地制订相关保护方案和开发策略；另一方面不同地域文化必然带来同一种文化基因，与地方文化结合形成混合基因，或是被一些因素干扰形成变异基因，这都是形成地域特色、城市性格的重要因素。因此，在京杭大运河水文化遗产保护中，我们必须找到文化基因的变化规律和特点，量身定制，努力打造城市品牌和城市特色，重新唤醒大运河沿线城市历史繁荣时期的魅力与风采。

4. 线性链条联动原则

1 700 多千米长的京杭大运河就像安装在我国版图东部南北方向上的一根链条，而散落沿线的座座运河城市以及数量众多的文化遗产点被这根链条有机地串联起来，它们环环相扣，关系紧密。在申请世界遗产时我国将京杭大运河整体列为国保单位，这便意味着链条上的这些点都将受

到相应的保护，以线性区域内的铺开带动链条上的各个点实现联动效应；同样可以选择重要的点率先启动保护机制，完善保护方法和手段，用典型示范效应引发链条上各点的联动效应，从而达到整体保护的效果。线性链条联动的原则可以将沿线的物质和非物质水文化遗产保护有机结合起来，通过遗产资源和价值的调查，深入开展在文化遗产保护设计的各个相关领域的科学研究，通过多学科多领域的交叉研究有力地推动保护工作。

7.2.2　京杭大运河水文化遗产"文化基因"的传承模式

文化基因是载有文化系统遗传信息的基本单元，担负着遗传信息交换、重组甚至突变来完成传播与传承的任务。第 5 章详细阐述了分子生物学相关理论在京杭大运河水文化系统上的借鉴和应用，并且根据各类文化基因所处的地位、信息的表达进行了文化基因的分类。第 6 章通过实例详细地分析了每一类文化基因在系统发生过程中的表达与调控以及在不同地域、不同历史时期选择的不同进化路径对水文化遗产的影响。这些研究和分析都是为了在当前城镇化加速建设，中西文化、新旧文化交替碰撞的时代更好地保护京杭大运河纯正的血脉和旺盛的生命力，让传统的文化基因活态延续传承下去。

基于此目的，在保证文化基因原真性和完整性的基础上，我们可以采取文化战略转嫁、文化符号提取植入、克隆再生以及生态保育四种文化基因的传承模式（图 7–1），为文化遗产保护、城市设计和风景园林设计等领域及相关工作者提供一种历史文化、城市文脉保护的新思路。

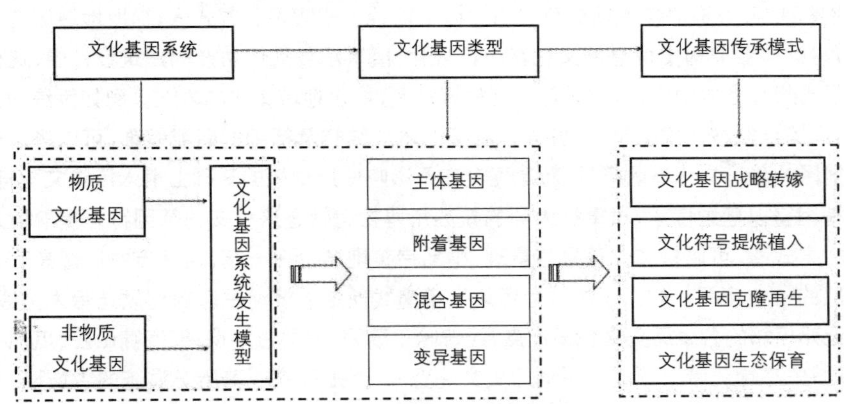

图 7–1 文化基因的传承模式逻辑分析

7.2.2.1　"文化基因"战略转嫁模式

城市文化战略是将文化基因嫁接到文化设施、文化产品、新兴文化技术、文化事件等领域而实现城市文化复兴的战略部署，是将文化资源转变为文化资本最有效的途径。纵观当今城市设计的主流趋势不难发现，城市空间的解构、重组已拉开帷幕，城市中一些大型的文化设施，如图书馆、会展中心、博物馆、城市展览馆、影剧院等，呈现向行政中心靠拢的趋势，逐渐成为城市中承载市民多样化需求的公共核心区域，也是外来人员了解城市最直接、最全面的核心区域。如扬州的双博馆区域就汇集了中国雕版印刷博物馆、扬州历史博物馆、艺术文化中心等大型文化设施建筑，距离扬州火车站和扬州客运站非常近，具有非常好的城市名片效应。此外，大型文化事件的举办是快速增强

城市影响力的举措，如 2016 年 9 月在杭州举行的 G20 峰会为杭州城市的发展打了一针兴奋剂，促进了城市经济发展，提高了城市声誉和品牌影响。文化及创意产业将启动新一轮的全球竞争，文化产业聚集区也将成为城市经济辐射的动力源。

文化基因与文化战略嫁接的模式可以考虑两个方面，以期实现城市综合效益最大化。一方面，可以将文化基因与经济元素相嫁接，这需要在城市总体规划和城市设计阶段就有所考虑，利用城市空间重组，消费转向商品化、符号化的契机，准确定位城市或城市所属文化系统的主体基因，将其作为核心要素转嫁至文化产业中去，形成高技术聚集程度较高的文化创意集群，成为带动整个城市经济发展和文化创意产业的前沿阵地。另一方面，可以将文化基因与生态层面相嫁接，这个层面需要风景园林师的关注和努力，例如将附着基因转嫁至生态基底良好的城市开敞空间中去，这既可以提高城市整体形象和人民的生活品质，又可以有效缓解城市化进程带来的诸多生态压力。如在城市主题公园、公共绿地、休闲广场、市民广场等地方，通过附着基因的植入将其打造成城市之中最具有文化特色的生态文化核心区。总之，将文化基因战略转嫁模式应用到城市规划发展的蓝图中将是对文化资源保护的最有效途径之一。

7.2.2.2 “文化基因”符号提取植入模式

“文化基因”符号提取植入模式是在现有的历史文化基因中，在确保文化基因的原真性和完整性的基础上，提取文化基因中最核心、最具有代表性的内容，将其提炼成文化符号应用到现代建筑或产品中，增强其地域识别感和文化内涵，让历史文脉传承下去。

“文化基因”符号提取植入模式可以通过以下两种方式实现。方式一，提取地域历史文化中的典型元素，将这些载有历史信息的文化基因符号化，植入承载现代功能的建筑设计中，这样既可以使建筑满足当代社会的使用功能，又能呈现地域特色，彰显地域文化的内涵。例如传统的苏州建筑以粉墙黛瓦、简洁明快为主要特征，并伴以朴实的木质结构及精细的砖雕装饰，可以将这些特征提炼成苏州地区的建筑文化基因符号，新建建筑在不影响使用功能的基础上植入传统文化符号，使得建筑文化基因得以延续传承，贝聿铭大师的新苏州博物馆就是这种文化基因符号提取植入方式的最好典范。方式二，可以将文化符号与景观、小品完美地结合在一起，在城市中打造具有公众认同感和归属感的特色空间。如扬州的古运河风光带南线便是以滨河生态绿化风光带为主线，串联起古运河与近郊相邻的各个历史文化遗产点，经普哈丁墓园、东关古渡遗址、寄啸山庄、瓜洲古渡口到镇江，在环城生态绿化带上形成一系列历史文化空间，而那些镌刻着历史痕迹的古城墙、古城门以及古老的街巷、小桥流水等成了扬州运河水文化遗产的典型文化符号，它们通过增加文化空间的精神价值来实现文化资本的增值。

7.2.2.3 “文化基因”克隆再生模式

克隆指的是生物体通过体细胞进行的无性繁殖以及由无性繁殖形成的基因型完全相同的后代个体组成的种群。克隆也可以理解为复制、拷贝和翻倍（港澳台的意译），就是从原型中产生出同样的复制品，它的外表及遗传基因与原型完全相同。那么文化基因的克隆再生模式就是借鉴了生物学克隆的概念和理论方法，通过一定的文化保护技术手段，使濒临消失或已经消失的但具有重要影响的文化基因获得重生和再现。值得强调的是，文化基因的克隆再生并不意味着整体上的仿古重建，而是为了突出地域历史文化而进行的某种文化基因的复制过程。在现实发展过程中，有很多文化遗产和原有风貌被破坏，文化生存环境破坏导致历史上一些具有重要影响和意义的建筑物被

毁坏，这些建筑物对地方特征起着至关重要的作用，具有城市象征性，因此在条件允许的情况下，可以依据历史文献记载、考古记录、调研数据等对这些建筑进行克隆再生。这种文化基因的克隆必须经过严格、科学的综合论证，避免克隆过程破坏文化基因的真实性和完整性，一定要原貌复制，按照历史文献记载的体量、风貌、特征进行再生，才能恢复文化遗产的原汁原味。如扬州的瘦西湖兴盛于清乾隆年间，清嘉庆时期随着盐业的衰退，湖上园林逐渐萧条荒废，太平天国时期经历战火后变得残破不堪。中华人民共和国成立后，政府意识到瘦西湖对于扬州城的重要意义和象征意义，通过几十年的努力修复和重建，才能有现在名扬世界的瘦西湖呈现在我们眼前，这便是文化基因克隆再生模式的典型应用。

7.2.2.4 "文化基因"生态保育模式

"文化基因"生态保育模式指的是对一切原生态的能记录历史信息的文化基因进行保护培育的方式方法，是一种具有可持续性的文化遗产保护实施路径，在非物质文化遗产保护领域应用常见。文化生态保育模式也是人类在与大自然的博弈中不断发展进化而来的，人类由征服统治自然的思想向与自然和谐共生思想不断演变的传承模式。该种传承模式的主旨在于以文化资源保护为主，以此来维护文化的生态平衡和文化基因的多样性。常见的文化基因生态保育模式有博物馆传承、文化生态保护区培育等具体措施。

博物馆作为传统的保存与传播文化的方式，其最初的保护对象是单体的、有形的、初始状态的文化遗产。伴随昆曲与古琴被列入世界非物质文化遗产，博物馆也开始关注对非物质文化遗产的保护，数字化与多媒体的运用丰富了博物馆的呈现方式，且为非物质文化遗产活态传承提供了可能性。文化生态保护区是我国针对非物质文化遗产保护提出的创新性探索，是为达到保护目的而划定自然和文化生态保护区域，对有形的物质文化遗产（如古建筑、历史街道、传统民居及历史遗迹等）和无形的非物质文化遗产（如口头传统、表演艺术、民俗活动、礼仪、节庆、传统手工艺）进行整体性保护。文化生态保护区强调文化保护的原真性与自然和谐共生的思想，地域文化离开了它所生存的自然土壤就失去了价值，像邵伯古镇、河下古镇、窑湾古镇等如果没有京杭大运河的水土滋养和文化哺育，千百年来就不会在众多的自然聚落中脱颖而出，拥有吸引世界目光的独特魅力。同样，如运河沿线的端午习俗、开漕节习俗、船工歌谣、船工号子、妈祖信仰等非物质文化遗产，如果没有京杭大运河的相生相伴，也必将走向消亡而失去它们应有的价值。

7.2.3 构建"线性运河博物馆"

一切文化遗产都是历史演进的结果，是上一个时代的产物，在下一个时代中继承发展，我们所看到的文化遗产都是经过发展后所呈现的形态。现代社会在面对文化遗产保护或遗产地区复兴时都会面临遗产与社会经济发展相矛盾的问题，我们在处理这一问题时总有力不从心之感，总是感觉现代化的基础设施和气势恢宏的城市建设与历史遗留下来的场所格格不入，想方设法将它们隔离开来，形成一边是热闹繁荣的现代化都市、一边是死气沉沉空有外壳的古老遗存的现象，这样做的结果便是文化遗产离现代人的社会生活越来越远。圈地隔离式的遗产保护方式虽然在形式上将遗产保存了下来，但是这种简单、缺乏人情味的保护会使文化遗产脱离开文化传承、延续的土壤，从"活态"转向"静止"，失去原本的活力和利用价值，最终走向衰败和灭亡。

在目前城市的快速化建设进程中，被圈地隔离式保护起来的文化遗产还算"幸运儿"，起码它们得到了封存、修缮和保护的机会，人们在观赏的过程中还能得到一些历史的回忆。而更多的“不幸儿”则在新时期的建设浪潮中，随陈旧的生活方式一同被淹没在新生活以及新城市的建设之中，随着时光的流逝消失在历史的记忆中，这就是文化遗产在面对现代化建设时所表现出来的脆弱性。对于文化遗产的保护研究，尤其是像京杭大运河这样超大型线性文化遗产的保护研究，我们必须保护它的“活态性”特点，不能将它死守在一个固定的时代，应该跳出保护历史文化遗产只能封存、隔离、重建、修复的圈子，更应该考虑的是如何使这些历史文化遗产在当代社会中发挥作用，使其实现合理利用，以科学的保护理念使文化遗产的保护、利用和发展达到和谐平衡状态。

7.2.3.1 “线性运河博物馆”设想

对于文物保护和研究，目前世界上最常用的手段就是设立各式各样的博物馆，而博物馆也主要承载着征集、收藏、陈列、展出和研究代表自然和人类文化遗产实物场所的功能，并对这些具有科学性、历史性或艺术性的物品进行分类，为公众提供学习和欣赏的机会。博物馆一般是一个具有固定场所的永久性建筑物。在京杭大运河沿线也有几座以运河为主体的博物馆，如杭州的中国京杭大运河博物馆（图 7–2）、聊城的中国运河文化博物馆（图 7–3）、淮安运河博物馆、天津陈官屯运河文化博物馆等都是以运河文化为主题的专门性博物馆，除此之外，在运河沿线城市的综合性博物馆中也都有关于京杭大运河的专题展览。可见，运河文化对沿线城市的演变与历史经济的发展具有重要的作用和意义。虽然公众对于京杭大运河文化及价值的重新关注令人欣喜，但是也存在不少问题：这些主题博物馆只是在大小和规模上有所差别，在展览的形式、内容及展示手段上却存在着雷同性，大多作为旅游景点项目进行设置，观众多为团体组织而来，观众层次和需求千差万别，有的走马观花，有的漫无目的地“闲逛”，博物馆并没有发挥出它应有的作用。

图 7–2　中国京杭大运河博物馆

图 7-3 中国运河文化博物馆

如何打破传统博物馆的束缚，尤其是对京杭大运河这一“活着的”线性历史文化遗产而言，让人们体验到水文化遗产的“原真性”“完整性”“活态性”是我们需要思考和解决的问题。

通过研究京杭大运河水文化遗产的系统发生过程、“文化基因”的演变规律和传承模式，我们发现运河文化、城市文脉对沿运河城市的发展和建设具有举足轻重的作用，而且物质文化遗产保护和非物质文化遗产保护是相辅相成的关系，不能将它们割裂开来，我们应该秉承全新的理念去做保护，为了更好地保护，必须学会更好地利用，要让文化遗产活态传承。基于此，在京杭大运河沿线建立一个“线性运河博物馆”是不错的选择。

“线性运河博物馆”与传统意义上的博物馆最大的区别在于：它并不是局限于某一巨大而固定的建筑体空间内的陈设与展览，而是将整个运河沿线一定范围内的地区空间全部包含进去的露天开放的自然场所，它将京杭大运河水文化遗产和自然环境融合在一起，保证水文化遗产存在的原真性和完整性。换言之，“线性运河博物馆”是对京杭大运河水文化遗产保护提出的一种崭新的方法和措施。“线性运河博物馆”在展示内容上也与传统意义博物馆有所不同，即不仅展示古遗迹、遗址、文物等物质水文化遗产，还展示运河沿线人们的生产生活方式、风土民情、传统手工艺、传统技艺等非物质水文化遗产。可以说，“线性运河博物馆”无论是在形式上，还是在展示内容上表达的都是一种开放、包容和融合的特点。图 7-4 中的对比展示了“线性运河博物馆”的特点，即线性运河博物馆 = 开放空间 + 文化遗产 + 运河记忆 + 景观环境。

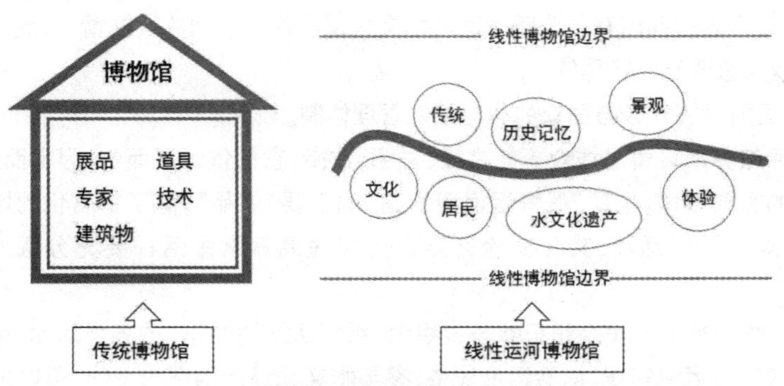

图 7-4 传统博物馆与线性运河博物馆对比图示

“线性运河博物馆”虽然在形式上与传统博物馆完全不同，但在功能上还是承载了搜集、保存、保护、修复、研究、展览、教育、娱乐等传统项目，除此之外，更为突出的还有体验和互动的功能，这是传统博物馆所不具备的。人们置身于“线性运河博物馆”任何一处，都能切身体验运河水文化，例如运河河道本身就是“活态”流动的，来往的船只真正体现着大运河的运输功能；桥梁、闸坝也不会像在传统博物馆中只以图片或以模型存在，而是实实在在的本体，还在运河之上发挥着其应有的功能，参观者甚至可以走到桥坝上去感受遗产的真实感，这种体验感是传统博物馆所不能给予的。在“线性运河博物馆”中，参观者可以近距离感受运河沿线城市人们的生活，在更多方面产生交流与互动。

从古代到现代，交通运输一直是京杭大运河的基本功能之一，这种可持续的基本功能决定了京杭大运河是活着的遗产，是有生命的遗产，在它持续不断地展示着两岸人们的生产、生活的历史。同时京杭大运河随着时代的发展吐故纳新，以彰显其顽强生命力，如在时代发展过程中逐渐淘汰了落后的工业，两岸遗留了大量的工业遗产；水利、商贸和居住等功能相对稳定；而随着物质生活和精神文明的提高，运河两岸的景观、生态、旅游等功能日益增强。京杭大运河水文化基因已经渗透到各方各面，只有建立开放式、可持续的“线性运河博物馆”才是对京杭大运河水文化遗产最有效的保护和利用方式。

7.2.3.2 “线性运河博物馆”的管理体制

“线性运河博物馆”尺度规模宏大、场景完整、内容丰富，虽然淡化了实体博物馆的建筑表皮，但在组织管理上要求却更为严格，既要保证博物馆的常规功能，又要考虑城市规划、历史街区的特点，既要考虑当地居民常态生活的意愿，又要考虑参观者深入体验大运河水文化的需求。因此，如何管理这样复杂的开放式博物馆是一项需要探讨的问题。

建议一，以政府为主导，建立非营利性管理组织。

京杭大运河跨度大、涉及的省市多，在保护管理工作中存在着不少实际困难，如果完全交由政府管理运作，势必会面临着资金与具体管理操作上的种种弊端；但如果完全交由私人或团体管理运作，又势必造成滥用开发，保护区变商业区，导致偏离保护初衷的轨道。建议成立由政府牵头，由商业组织、专家学者、当地民众代表为成员的“线性运河博物馆管理委员会”。一方面可以通过这个委员会协调、调动多方团体机构共同参与运河保护，如政府、开发商、高校、研究机构、旅游管理机构、环境管理机构等，增强社会各团体机构的公众服务意识；另一方面，在政府的主导作用下，管理委员会各成员间形成具有共同利益的平等协作关系。这种相对平衡的关系既可以保证管理运行资金的充裕，也有利于政府部门有效监管大运河水文化遗产保护规划的实施情况，反过来管理委员会其他成员也可以监督政府的管理等。

建议二，将运河沿线社区与民众的参与纳入管理体制。

京杭大运河滋养哺育着沿线众多的古城、古镇、古街，它们依运河而生、因水而盛，是京杭大运河水文化基因的重要载体，也是“线性运河博物馆”的重要“展品”，除了物质化的城区、街巷外，这里保留下来的众多民俗活动、文化交流乃至运河居民的日常生活都要充分融入“线性运河博物馆”。

鼓励运河沿线的社区与民众积极参与或组织“线性运河博物馆”的各类活动，可以组织中小学学生在博物馆内学习运河知识、体验运河民俗、参与水文化遗产的保护工作；可以把社区活动及民

俗节庆活动作为博物馆公共活动的一部分，一方面吸引参观者进行体验式参与，另一方面也增强运河沿线社区民众的归属感和荣耀感，丰富“线性运河博物馆”的展出内容，促进运河水文化基因的传播，巩固运河文化发展的土壤。

建议三，建立运河信息定期反馈机制。

自 2006 年年底京杭大运河筹备申遗工作开始，已经有众多领域学者参与到大运河的研究工作中，如水利学、考古学、历史学、建筑学、城乡规划学、风景园林学、民俗学、社会学、经济学等。然而，京杭大运河一直缺乏一个固定的机构来统计和反馈研究的信息数据，导致有些研究反复多次进行，有些信息数据统计困难重重。鉴于此，建议在“线性运河博物馆”的区域范围内建立一个常设机构——运河信息数据中心，专门针对基层进行数据收集，细致保留并跟踪运河区域的发展轨迹，为其他领域研究者提供翔实可考的基础资料。此外运河信息数据中心也要保持与各个领域科研机构的联系与互动，掌握各领域的研究动态和进展，对运河流域的研究进行跟踪和信息反馈，减少不必要的重复研究。

建议四，建立健全基础教育长效机制。

西方博物馆界有句名言：“博物馆不在于拥有什么，而在于它以其有用的资源做了什么。”作为完全开放式的“线性运河博物馆”，除了对京杭大运河水文化遗产进行展示外，它还是宣传京杭大运河水文化的、向所有人开放的文化机构，所以“线性运河博物馆”必须开展多种多样的、针对不同群众，尤其是青少年一代的教育活动，帮助他们去体验、发现、欣赏、京杭大运河水文化，深化对中华文化的理解。在接受教育和参与教育的过程中，人们的认知甚至是价值观会发生某种改变，最终转化为他们个人成长和社会进步的积极因素，因此教育功能也要作为博物馆的核心功能加以强化，这便是在“线性运河博物馆”中建立健全的基础教育长效机制的重要意义。

尤其在青少年的基础教育环节，应该秉承由“教”为中心向以“学”为中心的教育理念转换，“线性运河博物馆”恰恰能提供传统博物馆教育所不能提供的真实景观环境、强烈的外部刺激、亲身体验感知等满足青少年心理和生理特征的要求，他们可以通过真实存在、被人们使用、利用的水文化遗产来获得关于京杭大运河的历史、文化、技术、价值以及保护利用方面的知识，从而促进其对中华传统文化基因的传播与传承。

7.2.3.3　“线性运河博物馆”对水文化遗产的保护措施

1. 重新认识运河文化是水文化遗产保护的关键

“线性运河博物馆”是为保证京杭大运河水文化遗产的整体性、原真性、完整性保护而提出的一项综合措施，是对水文化遗产和运河文化的抢救工程。近百年来，航运河道淤塞断流，陆路交通进一步发达畅通，加之自然条件的变化、人为的破坏和人们对运河文化认识得不够、保护力度欠缺，使得京杭大运河沿线的水文化遗产损毁严重。如果再得不到足够的重视和有力保护，这条承载着大运河水文化基因的“历史长河”“文化长河”便有“文化断流”的危险。“线性运河博物馆”将运河沿线的物质与非物质水文化遗产全部上升到“博物馆藏品”的级别，加以保护，是对大运河文化的一次重新认识的过程。强化保护历史文化遗产是关乎社会每一个人的事，坚持保护第一、人人有责的原则，把现存的运河水文化遗产完好地保护下来，把已经损毁的重要水文化遗产按照原貌修复起来，让可以利用的水文化遗产更好更合理地为现代社会所利用，创造适合京杭大运河水文化基因“打开”的环境，激活文化基因的传播与传承的功能，再现千年运河的深厚文化底蕴，延续运河历史

文脉，在现代社会中展现京杭大运河的魅力，是我们需要进行的工作。

2. 加强生态培育与活态传承

京杭大运河水文化是受自然环境、社会环境和经济环境共同影响的，离开任何一项水文化都不能发展、传播、传承下去，尤其是非物质水文化遗产更需要“自然－社会－经济”的生态培育，只有这样才能保持其地方特色与生命力。传统博物馆将文化遗产收集后搬离其生长的生态环境，放进一个固定的、封闭的实体建筑之中供人了解、欣赏，这只会使其像一具标本一样陈设在展馆里而失去活力。

构建“线性运河博物馆”是对京杭大运河非物质水文化遗产进行“活态”传承保护方式的新探索，使非物质文化遗产进入“活态”、整体性保护的新阶段。“线性运河博物馆”在京杭大运河沿线地区的自然和文化生态环境区域中，通过生态培育的方式使有形的物质水文化遗产（如水利工程设施、古镇、古建筑、传统民居、园林宅院、文物遗存等）和无形的非物质水文化遗产（如传统技艺、传统表演艺术、民俗活动、节庆习俗、生产生活习惯、口头传统等）相依相存，并与运河沿线人们生产生活的自然环境和文化生态环境紧密关联、和谐相处，共同发展传承。

3. 打破区域界线，实施联合保护

俞孔坚教授曾指出：“造成大运河保护现状堪忧的本质原因，是我国文化遗产保护体系上存在着问题。”随着大运河的申遗成功，沿线一些城市或地区相继出台了运河保护规划，有的也做了旅游规划，但令人遗憾的是，这些规划方案都是区段性、地域性的措施，不仅没有考虑京杭大运河的整体性，也没有做到各个城市之间相互协调、统一而又有个性，而且还出现了各种重复、模仿、冲突等现象。如此下去，对京杭大运河这样的超大型“活着的”线性文化遗产来说，这是一种保护性的“破坏”，会使“文化基因”混乱不清，朝着不良方向变异，使大运河的历史文脉不能正常延续下去。要从根本上保护京杭大运河这样特殊的文化遗产，建立“线性运河博物馆”是有效可行的措施，把整个运河沿线地区视为一个整体，实行整体区域化保护，按照博物馆的功能制定相应的保护规划，改革相关的保护构架，真正认识到保护京杭大运河应该从整体性着手。整体保护文化基因是保护利用大运河的首要原则。因此，我们应从“线性运河博物馆”的角度考虑，由专门机构牵头对京杭大运河的各类设施进行摸底调查和梳理，深入挖掘辉煌千年的河道、桥梁、闸坝、码头等水利设施以及运河沿线遗留下来的历史村镇、街巷商铺、民居宅院、宗教建筑、地方会馆、各类园林、名人遗迹等。这些运河沿线独具特色的建筑群落和人文胜地展现出绚丽多姿的运河文化风貌，将成为现代化城市发展中最宝贵的资源。

“线性运河博物馆”涉及美学、地质、地貌、生态、生物、历史地理、文化、民俗、考古、社会学、博物馆学、建筑、园林、规划、旅游等多学科、多领域，这就要求在构建过程中，为了对京杭大运河水文化遗产进行合理有效的保护和合理利用，有关部门需尽快制定一套协调统一、适用全线的遗产保护法律法规，使得各类别、各级别的自然遗产、文化遗产、非物质文化遗产以及这些遗产所依赖的环境均得到有效的保护。在规划方面严格筛选符合条件的编制单位，进行规划资质认定，从而能够合理正确地制定各级遗产的保护规划，使规划成为保护的积极促进力量，而非破坏的开始。线性运河博物馆与一般历史文化保护规划的比较如表 7-2 所示。

表 7–2　线性运河博物馆规划与一般历史文化保护规划的比较

	线性运河博物馆	一般历史文化保护规划
所属区域的主要特征	物质或文化与其他区域有明显的不同，具有鲜明的特点	具有完善的历史风貌，传统文化与特色保存较好，具有典型性
	具有大量丰富的历史文化遗产	遗产保有量较大，并能形成一定规模
	存在一系列的物质或非物质文化遗产以及民风民俗节点，在地域上呈线性分布，且能通过路径规划方便连接	保护范围内的遗存必须真实，是能记录原有历史风貌的物质实体，不能是仿古建造的
	沿线区域内社区发展成熟，并形成了与大运河物质文化遗产相互遗存的生活状态	
	沿线区域内有更新和发展的机遇与要求，文化遗产保护存在着一定的挑战与压力	
保护原则与管理方式	政府主导，社区民众参与，多方组成非营利性组织进行管理	所在地地方政府组织实施管理
	鼓励社区与民众的参与，引导他们以主动的态势支撑"线性运河博物馆"的发展	鼓励民众参与
	重点是保存一种文化发展的过程，而不是文化发展的结果	以保存与恢复历史发展原貌为主
	展示运河文化的独特性，提倡整体性与地方性协调统一	保持与重现地区历史风貌
	致力于运河水文化遗产资源就地保护、原真性维护和合理利用	对遗产资源进行修复和保护，并积极探索其在现代社会中的新功能
	对物质性水文化遗产和非物质性水文化遗产同时给予关注和保护	比起非物质文化遗产来，更加关注的是物质文化遗产
	具有教育功能，属于一种文化机构，积极推动和开展沿线地区基础教育活动	
	吸引并支持各领域专家学者进行研究工作，并配合提供研究所需的基础资料和场所	规划方案实施建设完成后，鲜有专家学者跟踪研究
	努力寻找遗产保护和合理开发利用的平衡点	
	致力于传统文化基因的传播、传承与保护	

7.3　"后申遗时代"京杭大运河水文化遗产的利用

对京杭大运河这一特殊的遗产类型来说，最好的保护方式就是将京杭大运河水文化遗产合理利用起来，使其生命得以延续。这样的延续包括河道的畅通、航运的通行、水利设施等物质资源的正常运行使用，还包括运河居民生活习俗、传统节庆活动、传统手工技艺等非物质文化资源的延续和传承。只有做到了资源的合理利用，才能保证京杭大运河是一条活着的河、一项有生命力的水利工程。本书尝试借鉴数字化在遗产保护和文化旅游领域中的应用，讨论如何利用数字化实现京杭大运河水文化、水文化遗产与旅游的深度融合发展；同时研究还关注到京杭大运河沿线自然环境资源对运河河道本身及相关文化遗产的重要影响，因此特别在水文化遗产生态化利用方面提出相应策略，在遗产保护、生态恢复以及休闲游憩方面达到可持续发展的目的；并结合实际情况提出建立"线性旅游廊道"，在一定程度上缓解京杭大运河水文化遗产保护与旅游开发利用之间的矛盾。

7.3.1 京杭大运河水文化遗产利用的现存问题

京杭大运河古运河道在新的交通方式出现后遇到前所未有的威胁,漕运的废止使得一些沿运河城市由盛转衰,甚至已经处于经济落后的地区。中华人民共和国成立后,新京杭大运河的开辟,使沿运河城市内留下的古运河道面临着新的选择。京杭大运河水文化遗产自身具有很强的历史、文化及旅游价值,正是这种独特的旅游吸引力,使得众多沿运河城市相继推出一系列以大运河为主题的旅游产品,也纷纷制订了古运河旅游开发计划,旅游产业俨然成为当下京杭大运河水文化遗产最主要的利用方式。

京杭大运河沿线城市众多,社会经济和城市建设发展速度相差很大,京杭大运河水文化遗产资源的保护与利用程度也不一,有的开发较早,目前已经具备相对完善的运河旅游产品体系;有的正在开发建设古运河旅游项目;有的则刚刚起步,制订了古运河的旅游规划。随着大运河申遗的成功,新一轮的城市开发热潮也在不少京杭大运河沿线城市中再次兴起,其中以江浙地区为最。如苏州结合大运河整治,把沿河的枫桥古镇、运河公园、横塘古驿站、彩云桥、石湖风景区及宝带桥景点进行了水上线路沟通,把姑苏著名的名胜古迹连接起来,形成"舟楫绕城过,胜景依水来"的运河风光带。无锡将古运河市区段列入江苏省历史文化区建设中,并规划制订了保护区范围及保护实施方案,规划指导思想为保护好古运河的古朴风貌、文物古迹特色建筑,保持运河水质洁净和航运畅通,加强绿化建设,创造出一个优美整洁的城市环境,为全市人民服务,为无锡市旅游事业发展和社会经济建设服务。常州在古文化旅游区的规划中,将古运河的整治放在了首位,古运河穿常州城而过,许多名胜古迹集中地分布在古运河两岸,整治的目的是净化运河水质,防止河道污染,疏通水道,保持古运河的清洁和航运的畅通。在城市整体发展规划中,常州结合运河旅游资源的开发和利用,改建了西仓人行桥、朝阳桥等,移建了方济桥、文亨桥,将篦箕巷改造成为特色步行街,增建了半月岛等八个景点,同时在古运河两岸开设了游船码头,加大绿化规模,加装运河风情灯光装饰等,对古运河两岸的旅游景点进行了重点建设,如天宁寺、东坡公园等。扬州的旅游规划更是将古运河风光带建设列为特色旅游线路和重点线路,采取的措施为整治运河环境,完善运河沿线景点建设,增添游船码头及豪华游轮。扬州共开辟了南北两条古运河游览线路,南线自扬州市区到瓜州古渡,北线则从扬州市区到高邮盂城驿,两条线路沿线的旅游景点建设已成规模,是众多沿运河城市中运河水文化遗产利用最为充分的城市之一。淮安市的运河旅游产业是围绕里运河展开的,相关部门已经制订了《里运河旅游开发规划》,运河边的慈云寺已经建设完毕并对外开放,成为苏北地区最大的佛教寺庙。里运河风光带也已投入使用,古运河博物馆与运河文化广场都建在了里运河风光带内,此外还推出了"乾隆运河水上游"观光线路等。徐州的古运河游览项目则是六大旅游板块开发建设重点之一,集中分布在京杭大运河两岸的关帝庙、马迹亭、奶奶庙、大墩子遗址等处,形成了新兴游览区。吴江对京杭大运河沿线做出了"珍珠项链工程"的总体规划,因地就势地点缀了园林小品,把运河两岸地区建成集旅游、运输、农作、绿化于一体的综合风光带。聊城、临清和阳谷也积极制订运河旅游发展计划,筹划建设明清风格运河古街。济宁在铁塔旁建成了博物馆,运河古街巷也陆续旧貌换新颜。

这些规划和建设情况充分说明京杭大运河沿线城市对京杭大运河水文化遗产的利用和运河旅游产业的迅猛发展,但纵观全局,运河旅游并没有一个统一的规划和形象的设定,对水文化遗产的利用也并没有一个科学规范的标准,存在的问题还比较多。我们必须正视问题,并积极寻求解决方

法，加强沿线城市对运河水文化遗产开发利用的认知，尊重运河水文化遗产的价值，成立一个能统揽运河水文化遗产合理利用全局的管理机构，对各个城市地区的运河水文化遗产的利用从而进行指导和协调科学地开发、管理和运行，减少地区间的冲突，避免重复建设和资源浪费，打造统一的京杭大运河整体旅游形象。合理利用是我们对运河最好的保护。

7.3.2　京杭大运河水文化遗产数字化利用

当前，人们生活在以数字化技术为特征的互联网时代，高速的信息化不但丰富了人们的生活，拓宽了人们的视野，也改变了人们的思维方式和价值观念。数字化技术悄然改变着人们的生活，我们无法阻挡数字化对传统生活及思维方式的冲击，数字化技术对传统文化的传承、保护以及传播、交流和展示成为文化传承新的利用方式。

京杭大运河作为我国乃至世界上仅有的“活着的”、超大型线性文化遗产，汇聚了中华文明的精华，留下了丰富珍贵的文化遗产，被誉为“国家的命脉”及“古代文化长廊”。京杭大运河沿线生态环境脆弱，文化遗产种类繁多，保护难度极大，伴随着大运河申遗的成功，爆发式的旅游产业更让京杭大运河水文化保护难上加难。“经过几代人的努力方才取得成就，仍阻止不了时间的消磨，只有真正认识文化遗产及其保护的价值意义，才是文化遗产数字化保护理论首先要解决的问题。”只有正确理解大运河文化数字化保护的意义，掌握大运河文化数字化保护的方法，才能更好地对京杭大运河水文化遗产进行保护，并指导各个领域对水文化遗产进行合理化利用。

7.3.2.1　京杭大运河水文化数字化利用的意义

京杭大运河地处我国东部，拥有悠久的历史文化积淀和内容丰富的水文化遗产，它们是中华传统“文化基因”的重要载体。近年来，人们对京杭大运河的重视程度越来越高，各个领域及科研机构对京杭大运河的保护工作投入了大量的人力、物力及财力，也取得了一定的成果。然而来自大自然和人类的破坏使得一些珍贵的水文化遗产濒临消失，对于一些文物来说，消失即意味着失去，是永远不能再生的。运河旅游产业的快速发展和旅游者数量的剧增，使得本身就脆弱的运河生态环境承受了更大的压力，为水文化遗产保护工作提出了更大的挑战。我们保护京杭大运河水文化遗产是为了将水文化更好地传承下去，坚决不能以牺牲珍贵的遗产资源为代价来换取社会经济的发达；但我们也不能只一味地保护而将大运河封锁起来，不许人们接近、了解它。所以我们要寻找一个保护和利用的平衡点，在切实保护和管理好大运河水文化遗产的前提下，充分发挥其线性文化遗产的重要作用。

在遗产保护过程中，我们应当时刻保持积极的态度去应对一切可能发生的危险，未雨绸缪掌握多种方式和途径对文化遗产进行保护和利用。数字化和虚拟现实技术可以促进京杭大运河水文化遗产保护与利用的和谐共生，并永久性、原真性地记录下文化遗产的存在状态，是缓解大运河保护和利用之间矛盾的有效手段。而面对历经 2 500 多年、跨越 1 794 千米、利用自然环境创造、维持和发展积累所形成的人类文明，我们也需要与时俱进地进行文化传承和创新，从最初的口头流传、文字记载、遗产遗迹保存，到如今用数字化技术记录，让我们深知没有保护就没有传承，不能传承也就失去了保护的意义。

京杭大运河水文化遗产采用数字化传承和传播原因有四：其一，数字化的采集，对信息的摄取、分类、存储和检索的研究，有助于保障水文化的延续性；其二，数字化的修复、物理还原、民风民俗生活场景再现、水利技术展演等再现性技术的发展，有利于修补或弥合时间对物质及非物质水文化遗产的侵蚀；其三，数字化的展示和传播是对文化遗产保护的一种全新探索和延展，有利于对中华传统文化的历久弥新以及在当今社会的传播、继承与创新；其四，数字化虚拟现实技术具有很强的真实再现性和参与互动性，随着技术的不断更新和研究的不断深入，将为京杭大运河水文化遗产的开发、利用提供无限拓展的空间。前两点是出于历时性对京杭大运河水文化继承与延续的支撑；后两点更侧重于对京杭大运河水文化共时性的传播与共享。

在传统文化遗产保护的基础上，对京杭大运河水文化遗产合理利用，采取数字化技术具有重要的创新意义。第一，在当前的社会经济条件下，有利于缓解京杭大运河水文化遗产保护与利用之间的矛盾问题。如水文化遗产的脆弱性与运河旅游产业飞速发展之间的不协调；当代社会与民众对京杭大运河水文化遗产认知和探索的欲望与水文化遗产在时间维度和空间维度之间产生的局限性；传统博物馆静物式陈列展览模式与参观者渴求互动性参与体验需求之间的矛盾；京杭大运河沿线水文化遗产所在地居民的经济状况及生活状况，难以随文化遗产保护工作的深入开展而得到良性的循环和改善。这些现实矛盾，通过数字化技术和新媒体手段在文化遗产保护中的应用，都可以得到有效缓解和调和。第二，数字化和新媒体的发展为京杭大运河水文化遗产在当代的展示利用带来了新的可能。之前对数字化在文化遗产中的应用只停留在信息复制和存储的层面上，对数字化和新媒体功能的开发远远不够，应深入研究新技术，使水文化遗产更贴近民众生活，更具有展示性和科普教育性。第三，如今民众对文化遗产的要求越来越高，京杭大运河水文化遗产应该能让人看得见、摸得着，应该能够让人参与其中，亲耳聆听、亲眼所见，甚至是能亲身感受与体验。尤其是虚拟交互元素的设计，会使参观者通过人与人、人与自然的交流与互动，感受传统水文化及水文化遗产历经千年所带来的信息传递与表达。

7.3.2.2 京杭大运河水文化数字化利用的类型

京杭大运河水文化数字化利用的内容庞杂，水文化遗产的数量众多、分布广泛、类型多样，因此在数字化保护和利用上难度也很大。水文化资源的数字化工作开展涉及对历史文化的数字采集、对物质和非物质文化遗产资源的采集、数字信息处理、数字考古修复、信息保存管理、虚拟交互设计、数字传播、新媒体应用等方面。

自京杭大运河漕运功能衰败以来，人类活动、环境变迁、自然灾害、人为损坏以及保护工作欠缺等使得京杭大运河水文化遗产保护工作形势严峻。承载着大量历史文化信息、水利技术信息和文化价值、水利工程价值的水文化遗产正在以不可逆的方式快速消亡。将数字化技术结合到"线性运河博物馆"的建设中，利用先进的工程测绘、3D 扫描、数字摄影、3D 建模与图像处理等技术，可以将京杭大运河全线数字化，实现运河河道、水利设施、附属建筑、沿线古镇古村落等相关信息高精度的获取与保存。结合移动终端设备进行线上京杭大运河的数字展示和体验，通过数字漫游和虚拟现实等技术手段，可以让参观者全方位、立体化、互动式地欣赏、体验京杭大运河的魅力。针对收集到的信息建立京杭大运河数据库，可以以大数据的方式实时观测和跟踪大运河的保护情况和利用情况，并为各个领域和研究机构提供更新后的精准数据，为及时发现问题、解决问题提供科学依据。

除了对物质文化遗产进行数据采集和监测外，我们也不能忽视丰富多彩的京杭大运河非物质水文化遗产的保护和利用。本研究建议对非物质类水文化进行追踪，将它们的起源、历史演变发展、与京杭大运河的关系以及现代社会存在（即传承情况）都以数字化形式记录并展示出来。非物

质文化遗产的利用可以借鉴故宫博物院的成功经验，借助新媒体对大运河自身文化品牌进行创新、建设和推广，打造属于自己的文创品牌及风格，通过现代创意包装和新媒体平台的推介，使京杭大运河沿线众多著名的非遗项目（如昆曲、评弹、传统相声、服饰、版画、漆器、玉器、文学作品、传说故事、茶酒美食等）形成系列文创产品，以传说故事、历史事件、生活场景等开发与运河相关的游戏产品，吸引更广泛的群体接触、了解大运河水文化，将保护科普观念渗透于合理化利用中。

7.3.3 京杭大运河水文化遗产生态化利用

京杭大运河河道本身、沿线沟通的大小水系湖泊以及沿线密集分布的众多文物古迹和非物质文化遗产都是组成大运河水文化遗产的重要元素。除了对京杭大运河水文化遗产文化资源的合理利用外，对于像河道、河岸、河漫滩、河堤、护堤林、水系、湖泊、湿地及周边环境等自然资源的生态化利用具有同等重要的意义。京杭大运河水文化遗产生态化利用有利于保护生物多样性、过滤污染物、防止水土流失、防风固沙、调控雨洪等生态服务功能的正常运转，有利于保障运河沿线周边生态环境，提升周边居民生活环境及土地经济价值，也为文化遗产资源的利用提供良好的生存环境。

1. 京杭大运河的生态功能

京杭大运河除了南北运输、文化交流、科普教育、休闲旅游等功能外，还具有多种生态功能，如对污染物的过滤功能。磷和氮是构成河流水体污染的主要元素，河流缓冲带能够通过吸附、滞留、分解等方式有效地过滤地表营养元素，减少对河流的污染。而河岸缓冲带过滤污染物的能力主要由植被结构、土壤状况、地形地势等因素决定，一般来说，底层土壤疏松、有大量凋落物及草木地被、微地形复杂的缓冲带具有较强的污染过滤功能。此外，生态功能还体现在水土保持方面，河道两岸的缓冲地带可以有效减少周围环境中的水土流失。

2. 京杭大运河缓冲带设置标准

影响京杭大运河两岸缓冲带的因素有坡度、植被、土壤、水文特征、湿地和洪泛区，针对不同位置及不同环境状况，可以考虑不同标准的缓冲带设置。为保持水土、防止污染，结合沿线城市布局及对水质的特殊要求，京杭大运河河道两岸缓冲带建议设定为 30 米。但是在现实中，运河沿线有些城市将污水口开到了运河边，将生活污水和工业污水都直接排到运河中，这种情况下，缓冲带设置多宽都没有用，必须加大力度整治污水排放才能保证大运河本身的水体质量和沿岸环境，才能保证京杭大运河水文化遗产的生态化利用。

3. 京杭大运河水文化遗产生态化利用的意义

京杭大运河古代是连接城市的重要交通枢纽，如今是现代城市重要的水体景观。因此，京杭大运河河道不仅是城市水生态环境的重要载体、环境优美的风景线，也对城市的社会经济发展起着至关重要的作用。京杭大运河河道生态化利用可以有效改善水质，通过水体自净、生物处理等方式形成富有生命力的特色区域，以京杭大运河为主线，将沿线水系、湖泊、湿地等整合串联成一个有机体。京杭大运河河道生态化利用可以维护陆地和水生动植物的多样性，为众多动植物提供条件良好的栖息地和迁徙通道，为水生动植物提供能量和食物，保证种群的生存和繁衍。京杭大运河河道生态化利用还可以为民众提供文化休闲、娱乐健身的生态环境，提高城市居民的生活质量和幸福指数，大运河局部节点地区还可以结合“线性运河博物馆”的建设，规划主题公园或市民广场，为物质水文化遗产和非物质水文化遗产提供环境优良的展示场所。

4. 京杭大运河水文化遗产生态化利用策略

京杭大运河从北到南流经不同城市，不同城市地段中的河道形态不尽相同，有的地段采用全封闭方式，用高高的水泥砌石将运河水体与民众分离开；有的地段设置了滨水绿地，并铺设连续的滨水景观步道，成为城市一道重要的绿色风景线；有的地段则尽量少地掺加人工干预痕迹，使河道保持原有的自然风貌。由于地理区域和历史因素的不同，京杭大运河南北方河段现存状况差异非常大。济宁以北的运河河道大部分处于干涸状态，有的河道干涸年代久远以至于被挪作他用（开垦成农田或者防护林带）；有的河道虽未完全干涸，却已经沦为排污河，存留了大量的垃圾废物。相比较而言，济宁以南部分河道保护良好，有些地段水面宽阔、水质清澈、风景优美，还保留着大运河迷人的姿态；南段运河依然保持着繁忙的货物运输功能，成本低、运能大、占地少、节能环保，是大宗货物南北运输的首选方式，也是带动大运河沿线社会经济发展的重要保障。对待大运河南北段生态状况不平衡现象，应当积极采取措施，将京杭大运河作为一个线性整体看待，尽量保证全线水文化遗产的生态化利用，结合地域文化特色，恢复京杭大运河的连续性和完整性，使其成为贯通南北的生物多样性生态廊道和内容丰富、环境优美的"线性运河博物馆"，使各类京杭大运河水文化基因在条件优越的载体中得以发展、传承、进化，真正激活京杭大运河的活力。京杭大运河水文化遗产生态化利用策略见表 7–3。

表 7–3　京杭大运河水文化遗产生态化利用策略

<table>
<tr><th colspan="2">运河遗产要素</th><th colspan="2">生态化利用策略</th></tr>
<tr><td colspan="2">A. 河道</td><td>河道要求</td><td>保持原有自然河道，清理水体污染物，进行污水治理，严禁城市污水排入，对硬化的河道进行软化处理，恢复自然河道形态；
增加城区河道水量，可作为城市水景重要组成部分，做好夜间照明设计；
至少保证Ⅳ级水质，满足城市景观用水标准和乡村农业灌溉用水需求，提供适宜水生生物的生存环境</td></tr>
<tr><td colspan="2">B. 堤岸</td><td>驳岸形式</td><td>满足基本的城市防洪要求；
丰富沿岸缓冲带植物配植，近岸多种植水生植物，改造为生态堤岸，为水生动植物提供适宜的生存环境</td></tr>
<tr><td rowspan="3">C. 沿河绿带</td><td rowspan="2">植被</td><td>范围</td><td>城区控制在堤外 15 米以上，其间可作为城市滨水开放空间，供民众休憩，乡村郊野段要严格保护护堤林及周边林地</td></tr>
<tr><td>植被配植</td><td>优先保护现有的自然植被资源，对于遭到破坏的地段恢复时优先选用地方乡土树种；
恢复时以乔木为主，灌草地被相结合，最大效应地将污染物控制在缓冲带中，严格控制水土流失、保证水质达标，有效调节局部小气候，提供适宜的游憩空间；
堤边防护林具有隔离城市噪声和城市景象作用，营造滨水空间的静谧感</td></tr>
<tr><td>遗产点</td><td>保护措施</td><td>保护运河以及运河沿线遗产点的真实性；
加强沿河分布遗产点与运河的交通联系，维护运河遗产廊道的完整性</td></tr>
</table>

续表

运河遗产要素			生态化利用策略
C. 沿河绿带	游道线路	步行道	保证连续性，并与周边步行交通相衔接； 在局部结合所在地段的周边使用需求、游憩资源形成独立系统； 尽可能做到滨水设置，两侧配植乔灌花草相结合的绿带，路面材质采用石砌铺装为宜，城区段要考虑夜间照明设计； 乡村郊野段可将堤顶路作为步行道，对于植被破坏之处要恢复护堤林带
		自行车道	城区可利用现有临近运河的城市道路两侧的非机动车道，要确保连续性，并与周边非机动车交通做好衔接； 自行车道应方便达到运河沿线的各个遗产点和游憩资源处； 乡村郊野段可利用堤顶路作为自行车道，与步行道合并使用； 路面可使用柏油铺砌
		机动车道	出于安全考虑，机动车道应与步行道和自行车道分开设置，并保证连续性，与周边城市路网衔接； 不应做滨水设置； 路面不宜过宽，应属于较低等级的城市道路； 路面材质可以使用柏油或水泥
	游憩设施	场地	结合周边现有的遗产点和游憩资源设置较大型的、开放的游憩场地； 结合周边社区和居民点的使用需求设置中小型的、开放的游憩场地
		建筑	需设置的设施包括信息服务中心、商业服务中心、餐饮设施、休憩设施、体育康乐设施等； 结合活动场所和现有的游憩资源进行设置
	解说系统	设置原则	人流量大的地段需要设置信息服务标识，包括指示牌、地图、数字化导引等； 专题解释，包括针对特殊环境教育资源的解释性标牌、信息中心、数字化移动终端设施等
D. 基质		控制要求	遵守历史街区的整体保护要求，对现有景观不协调的建筑进行改造，确保与运河历史风貌相协调； 控制城市建成区基质与运河相邻的边界，保证运河与基质间通畅的联系与相互之间的开放性； 城郊过渡带注意维护城市形象，清除垃圾堆放，限制和改造杂乱房屋的建设； 加强自然环境保护，使其与该段运河两岸优美的自然环境相协调

7.3.4　京杭大运河水文化遗产科技再利用

京杭大运河是世界上使用时间最久、空间跨度最大的运河，被《国际运河古迹名录》列为世界上“具有重大科技价值的运河”，是世界运河工程史上的里程碑。在京杭大运河开凿和建设的过程中，古代人民因地制宜、因势利导，发明了很多具有代表性的工程技术，形成了具有东方文明特征的工程技术体系，显示了古代中国水利航运工程技术的卓越成就。京杭大运河留给我们现代社会的众多水文化遗产，有些依然还在行使其功能，保障京杭大运河的畅通，是京杭大运河具有生命力“活着的”具体体现，也对现代社会科学技术的发展产生了重大而深远的影响。

中华人民共和国成立后，国家不断地利用先进、强大的水工技术整治、维修大运河，使大运河获得新生，目前通航里程已达到 1 442 千米，重新成为我国东部南北运输的大动脉。如今，京杭大运河南北两端逐渐发展成为我国两个最具有活力的经济圈——长江三角洲经济圈和京津冀经济圈，新兴的生态运河游方兴未艾，随着申遗的成功，京杭大运河沿线整体旧貌换新颜。京杭大运河将结合南水北调东线工程逐步恢复和实现全线通航，其中济宁至黄河段、黄河至天津段分别规划为二、

三级航道。

京杭大运河的综合价值在不断地得到全面的利用和提升，除正常的航道、灌溉、防洪等功能外，京杭大运河河道更是作为南水北调东线工程的主要调水线路。整个工程从江苏扬州的长江段引水，利用京杭大运河以及与其平行的相关河道输水，连通洪泽湖、骆马湖、南四湖、东平湖等沿线湖泊，这是当代社会对京杭大运河水文化遗产最大规模的再利用。保证京杭大运河的活态性，让它的生命不断地延续下去，不仅要把它作为文化遗产保护起来，还需要让它更好地发挥作用，为沿线经济发展、现代化建设多做贡献。沿线众多城市应当加快修复已损坏的运河水文化遗产，加大力度整治环境，将京杭大运河打造成黄金水道，对其进行全面保护，使其全线通航、全面利用，重现独特的魅力。

7.3.5 京杭大运河“线性旅游廊道”的构想

京杭大运河蜿蜒纵贯了众多区域，这就要求运河沿线各个市镇区县通力合作，携手将运河旅游推向市场并使之产生良好的社会效应。无论是各级政府部门，还是规划实施单位、旅游管理部门都应该树立全局观念，建立区域旅游合作模式，加强相互之间的密切合作，共同筹措资金，进行京杭大运河水文化遗产旅游资源的合理开发和利用。根据京杭大运河区域旅游资源空间分布特征，结合各个流经区域的社会经济条件和客源质量以及对旅游产品的需求，本书从运河文化区域联动、运河旅游产品整合、运河旅游形象整合三个方面提出建立“线性旅游廊道”的构想，以期建立一种运河城市间有效的区域合作模式。

1. 运河文化区域联动

在第四章中，按照“元—链—域—层”的结构模式对运河地域文化进行了整理划分，在构建“线性旅游廊道”的时候依然可以采取同样的层级结构在线性的京杭大运河沿线诸多城市开展区域联动模式，以使运河遗产资源得到最有效的利用。按照社会经济发展的基本空间规律，按照层级结构对大运河水文化遗产资源进行系统布局、合理利用，尊重京杭大运河“文化基因”的生成、发展、传播、演进、传承的规律，有利于旅游资源要素的合理流动和集聚优化，从而促进京杭大运河整体线性旅游产业健康、快速的发展。“线性旅游廊道”通过资源点的聚集，加上线状基础设施的相互联系共同作用，形成一个以点连线、多点辐射、线性链条联动的有机空间结构体系。

京杭大运河的水文化遗产利用中最主要的一项就是运河旅游的发展，对于不同的发展阶段、不同的地域，应该采取不同的发展模式。在发展初始阶段，可以先选择各方面条件成熟的城市重点打造，以单核辐射方式进行水文化遗产的利用，如北京、天津、杭州、苏州、扬州、济宁、聊城等运河城市，同时培育、影响其他城市；到发展成熟阶段后，可以采取双核或多核互动模式，形成连点成线、多线成网的相互交织、相互影响的多点联动模式，最终达到区域之间协助合作的目的。按照京杭大运河水文化遗产资源的品位等级、基础设施配套情况、社会经济状况等因素建议将大运河沿线城市分成三个发展等级（表 7-3）：一级为核心城市，具有丰富的水文化遗产资源，具有较强的核心带动作用，能辐射相邻城镇对运河水文化资源的合理利用，对整个京杭大运河沿线地区的旅游发展具有带动和示范作用；二级为联动城市，主要由运河沿线的代表性市镇构成，具有重要的旅游地位，在核心城市的带动下进行联动配合，形成区域性的联动体系；三级为节点城市，主要由京杭大运河沿线具有特色旅游吸引力的市镇组成，其中一些为运河特色古镇和古文化历史街区。三个级别的城市相互交错、相互影响、相互支撑，共同构成京杭大运河“线性旅游廊道”的主要元素和带动点，带动运河旅游整体发展。

表 7–3　京杭大运河沿线旅游城市体系

流经省市	一级核心城市	二级联动城市	三级节点城市
北京	北京	通州	张家湾镇
天津	天津	武清	杨柳青镇、河西务镇
河北		沧州	东光县连镇镇、沧县捷地镇、泊头市
山东	聊城、济宁	德州、武城、临清、阳谷、台儿庄、微山	阳谷运河三镇（张秋、阿城、七级），临清中洲古城、聊城东昌府、微山县夏镇、南阳镇、南旺镇
江苏	淮安、扬州、无锡、苏州	徐州、宿迁、常州、镇江	新沂市窑湾镇、宿迁市皂河镇、淮安市河下镇、清江浦、板闸镇、淮阴区码头镇、邳州市土山镇、宝应县安宜镇、无锡市惠山古镇、清名桥历史文化街区、江南水乡古镇等
浙江	杭州	嘉兴、湖州	拱墅区小河直街、拱墅区桥西历史街区、余杭区塘栖镇、滨江区西兴镇，江南水乡古镇等

2. 运河沿线旅游资源整合模式

在对运河沿线水文化遗产旅游资源进行整合时，可以按照“文化基因”是否同源及系统发生过程中的内在联系，遵循“求同存异”的原则，既保持京杭大运河水文化整体一致性，又突出各个地域运河水文化的鲜明特色，确保水文化遗产的原真性、完整性和连续性，各区域优势互补、相互协同，在京杭大运河沿线形成一条系列化、精品化、特色化的“线性旅游廊道”。由于京杭大运河规模宏大，全长 1 794 千米，涉及众多省市，短时间对其整体打造绝非易事，应采取“整体把握、局部实施”的策略。整体把握即打造京杭大运河“线性旅游廊道”，整个廊道跨越北京、天津、河北、山东、江苏和浙江，贯通海河、黄河、淮河、长江、钱塘江五大水系，连接着中国经济实力较强、人口密度较大的东部板块，是最能体现中华文明和水文化历史的旅游线路，也是世界上规模最大的线性水文化遗产旅游廊道。局部实施策略则是指在整体统一规划的大背景下，结合京杭大运河文化圈层的划分积极打造京城文化之旅、津卫文化之旅、燕赵文化之旅、齐鲁文化之旅、楚汉文化之旅、淮扬文化之旅和吴越文化之旅。

除打造各省市各自的鲜明特色外，在各省市交会处可以跨区域整合水文化遗产资源，作为两种文化的连接和过渡，也为形成整体连贯的“线性旅游廊道”打下基础。如山东省推出的儒风运河文化旅游品牌，整合了山东境内运河沿线市镇的水文化遗产资源；江苏省徐州市与山东省济宁市、枣庄市合作推出“一山一湖两汉三孔”旅游线路，其中“一山”指的是徐州云龙山，“一湖”指的是徐州、枣庄交界区域的微山湖，“两汉”为徐州的汉代历史文化景观，“三孔”为曲阜的孔府、孔庙、孔林①。而最为关键的是这一系列跨区域的旅游资源都是由京杭大运河连接起来的。京杭大运河沿线的市镇都可以基于大运河这条广阔的平台，深入、充分地挖掘各自的物质与非物质水文化遗产资源，组成特色鲜明、主题突出的运河文化旅游线路。

① 刘庆余. 世界遗产视野下的线性文化遗产旅游合作研究——以京杭大运河为例 [M]. 北京：中国经济出版社，2015.

3.“线性旅游廊道”的规划策略

“线性旅游廊道”在规划策略上采用创意旅游新模式，主要体现在游线系统规划、解说系统和区域协作三个方面。

第一，游线系统规划。根据运河两岸地势建立连续的步行系统和非机动车交通系统，包括水上交通路线的规划设置。规划利用京杭大运河主航道及其主要支流航道，设计内容丰富的运河游览线路，这也将成为体验京杭大运河水文化遗产的最佳旅游方式；在“线性旅游廊道”中找出能够真实反映大运河相关文化的中心集散地，建立线性旅游中心节点，方便游客集中参观体验；结合运河两岸景色优美、遗产丰富、具有游憩价值的自然和人文景观建立绿色非机动车道使其成为“线性旅游廊道”小区域内的主要交通连接路径；对各个城市区域内运河两岸的观光步行小路进行统一的规划，使其成为“线性旅游廊道”细部节点游览观景的主要连接路线。在规划过程中，尽量将运河游线系统与廊道范围内的对外交通系统和公共开放绿地结合设置，以增加京杭大运河“线性旅游廊道”的可达性和通畅性。

第二，解说系统规划。结合新媒体、新技术，建立先进完善的运河旅游廊道解说系统，打破现有单一的指示牌、导览牌引导游客游览的惯例，以激发游览者兴趣和体验参与为目的设置解说框架和形式，通过一个核心主题和多个相关主题展开运河历史文化的解说，根据不同年龄、不同层次设置解说媒体，通过旅游杂志、手机 APP、二维码系统、视听系统、可视化虚拟互动系统、户外导览牌、民俗节庆表演等增强解说系统的互动性、教育性和科普性，增加相应的硬件设施，使“线性旅游廊道”在使用上更加人性化、现代化和科技化。

第三，区域协作系统规划。规划时将“线性旅游廊道”视为一个整体的旅游目的地，增加游客的停留时间，建立区域间统一、协作、发展的平台，以减少重复劳动，如规划“线性旅游廊道”整体视觉形象设计、品牌口号，设立跨区域管理机构，发展互利协作的伙伴关系，建设功能完善、信息全面、交互良好的门户网站等。在旅游产品开发方面，各个区域要提供特色鲜明的产品，使游客行进在“线性旅游廊道”整体中感觉不到雷同和乏味。在活动推广与营销方面，各区域通过区域协作发展平台进行统一策划和推广，在“线性旅游廊道”上建立京杭大运河旅游品牌体系，结合自身的具体情况，围绕整体大运河旅游品牌设立特色鲜明的区域活动，从而有效避免重复和恶性竞争。

7.4 京杭大运河水文化遗产保护与合理利用保障措施

7.4.1 摸清京杭大运河水文化遗产的历史家底

京杭大运河水文化遗产拥有其独特的历史文脉，它在历史长河中留下了或深或浅的文化足迹。只有掌握历史家底，摸清历史文脉，获取文化基因，解读其进化传承规律，才可能准确定位它的价值，找到正确合理的保护方法和开发措施。获取京杭大运河的文化基因可以考虑以下几条途径。

第一，广泛收集有关京杭大运河水文化遗产的历史文化记载，弄清水文化遗产形成的原因，并按照系统进化论的理论和方法找到其发展演变的历史踪迹，此途径可大量查阅地方图书馆、民间收藏馆（室）等处的各种历史文献信息，以避免由于渠道单一而导致的基础资料薄弱、信息不完整以及观点片面。

第二，走访请教相关领域的学者专家。对京杭大运河水文化遗产的保护已经不能局限于历史学、考古学、水力学，需要更多交叉学科的参与，如地理学、人类学、建筑学、风景园林学等，此外民间也有一批地方文化爱好者或管理者，他们都是摸清京杭大运河历史文化家底不可或缺的力量。只有综合各方面专家的意见才能确保我们对水文化遗产的认知是全面性、深刻性、客观性和完整性的。

第三，必须对水文化遗产进行实地考察。文化遗产本身是最真实、最丰富的历史信息载体，但由于自然环境影响、人为的破坏以及历史的变迁等因素，要在遗产本身寻找最大化的信息也绝非易事，需要结合文献信息和专家给出的信息，加上科研人员自身专业知识的储备和积累，结合实际详细地调研，才能掌握更多、更全面、更彻底的一手资料。

第四，可以借鉴先进的技术，如 GIS 等，建立基础资料信息库，加以辅助作图，更方便将各种文字信息、人类口述信息和实地考察调研信息进行有效汇总，同时结合可视化技术建立各种模型和数据库，提高资料的使用价值，优化工作程序，这有利于将京杭大运河水文化遗产系统发生过程梳理清楚，并进行科学性、系统性、动态性的展示。

7.4.2　准确定位京杭大运河水文化遗产的历史文化价值

京杭大运河同时具备线性遗产、文化景观、遗产运河三种遗产类型的典型特点，关于它的价值的研究可以为全世界其他复合类型遗产的价值研究提供重要的范例模板。京杭大运河水文化遗产是京杭大运河文化遗产的重要组成部分，是其最精华的遗产构成，具有京杭大运河文化遗产的典型性和代表性。申遗的成功使之前被忽视、冷落的京杭大运河水文化遗产重新进入人们的视野并逐渐活跃起来，沿运河城市的各级政府争相开发自己市域内的水文化遗产资源，提升城市旅游业和对外知名度。但是值得注意的是，京杭大运河水文化遗产承载的社会使命绝不仅仅是带来丰厚的旅游收益，它更重要的使命是帮助人们更深刻地关注、理解、挖掘自己的“文化基因”，了解自己城市的文脉和历史厚度，从而更加真实、完善地还原传统文化的整体感。只有对水文化遗产的定位准确了，发现了它真正的历史文化价值，才能使人们在欣赏、游览京杭大运河的过程中在时间和空间的维度上得到真实的文化体验，这种建立在历史文化价值深层次的体验会弥补过去人们在“单景点式游览”中历史信息片段化、表浅化的缺憾。

京杭大运河申遗成功后，其历史文化价值体现得越来越充分、丰富，京杭大运河水文化遗产的角色也悄然发生着变化。在行使交通功能的同时，京杭大运河水文化遗产在景观、生态、教育、文化旅游等方面的作用和价值逐渐突显，它的转型与欧美国家的运河及其他遗产的转型过程极为相似，因此加大对它的研究和保护也是正当其时。当然，作为一个超大型、线性文化遗产，尤其是在基础工作比较薄弱的情况下，保护工作将面临巨大的挑战，这便要求我们对京杭大运河的历史价值、文化价值及遗产价值进行充分、彻底的研究，并在此基础上使用多样化的形式将其价值展现到公众视野中。只有这样，才能确保这项具备极高历史文化品质的世界文化遗产更加有效地为社会创造出更多的财富。

7.4.3　充分挖掘水文化遗产价值的可展示性文化基因

可展示性文化基因指的是能够体现京杭大运河水文化遗产价值、特色、个性和内涵的，拥有外化表征的物质性的实体作为载体，具有良好的视觉展示和欣赏价值的一种文化基因类型。如运河沿线的古镇、古村落、古街区等，承载着影响城市风貌和城市文脉的文化基因；各种桥梁、闸坝等水利工程设施承载着记录古代人类技术智慧的文化基因；而版画、手工艺品、戏剧、文学作品等则承载着运河沿线人们艺术与审美的文化基因，这些都是水文化遗产中文化基因与历史衔接、与环境对话、与时代交流、与人类沟通的有效载体。通过对这些载体鲜活的展示，我们在准确定位水文化遗产历史文化价值的基础上，可对文化基因进行深层次的挖掘，彰显水文化遗产的魅力与个性，从而在京杭大运河保护开发的过程中更具有科学性、真实性和完整性。

7.4.4 科学评估水文化遗产既有文化基因的完整性

建立水文化遗产文化基因的数据库和科学评估体系，对文化基因完整的评估是其前期调查、定位和初步挖掘工作的纵向延伸，也会为后续更深层次的保护与利用工作的开展打下坚实基础，在整个保护与利用工作中具有十分重要的地位。如何对京杭大运河水文化遗产既有文化基因的完整性进行评估，包含两个层面：一是通过大量翔实的资料收集、实地调研，建立初步的水文化遗产文化基因数据库；二是通过查漏补缺和整理关键性的文化基因，严格比对、科学分类，严格按照文化基因完整性的理念不断地加以补充完善。在研究过程中逐渐形成科学性的评价体系和完整性的评估指标，在整体评估中，只需要进行数据上的比对即可清楚该项水文化遗产所包含的文化基因是否具有完整性和真实性。在具体的评估上，技术性相对较强，需要相关领域专家进行深层次的研究。例如同为运河沿线的聚落民居，因其地域差异、形成年代、形成原因以及承载功能的不同，其院落结构、外观特征、体量大小等必然不尽相同，其中所包含的同一类文化基因通过比对也会有很大的差异，而这种差异性正是我们在开发运河时要重点保护的，是体现地域独特性的最有利因素。

7.4.5 构建完整的“文化基因”体系

在前期准备工作完善的基础上，找准水文化遗产文化基因的价值与定位，按照第五章所列水文化系统分类方法构建完整的文化基因体系，按照“文化基因（点）—文化基因家族（点群）—文化种群（面）—文化系统（体）”四个步骤构建完整的文化基因体系。其要点见表 7–4。

表 7–4 构建完整文化基因体系要点一览表

结构名称	构建要点
文化基因（点）	文化系统的最基本单位，保障文化遗产的原真性和完整性
文化基因家族（点群）	在系统演进过程中，经过时间维度和空间维度衍生出的一系列相似的文化基因，具有很近的同源性，确保文化的多样性和丰富性
文化种群（面）	可以自称体系，具有明显的地域文化个性和文化类别的整体性
文化系统（体）	相对独立完整，与其他文化系统具有紧密的联系，且相互和谐

在构建完整的文化基因体系时应注意以下几点。

第一，确保文化基因的数量。一方面，基于水文化遗产中文化基因的稀缺性和不可多得性，必须尽可能多地发掘出能表达水文化遗产中历史文化价值和个性的文化基因，这些均是水文化遗产留给人们的重要财富，也是其自身历史文脉传承的有效信息载体；另一方面，基于开发和保护京杭大运河水文化遗产中文化基因所投入的人力、物力、财力的有限性，建议将有限的资源加大比例投入到文化基因的发掘工作中去，为适应现代市场经济的需求，必须注意投入和产出比例，尽可能最大化地提高投入产出比，必须预防和抵制对单一资源无限制的滥开发，必须讲究文化基因在数量和种类上科学合理的搭配开发使用。

第二，确保种类的多样性。种类的多样性是就水文化遗产中的文化基因家族而言的。对于水文化遗产来讲，其历史文化信息的载体必定是多种多样的，必定涵盖了物质文化遗产和非物质文化遗产，因此，在运河开发和保护过程中，要尽可能多地恢复各种文化基因，最大限度地寻找水文化遗产的历史文化记忆，确保基因的多样性和丰富性。

第三，各种开发模式合理搭配，切忌一个方法用到底。水文化遗产资源丰富多彩，应该根据遗产本身的特点或是开发保护的需求选择科学合理的方式。因此，为了适应开发和保护的阶段性和逐步深入性，需要对不同的水文化遗产采取不同的开发与保护的方式。我们既要保护精、奇、特的文化遗产，发挥核心典范作用，又要适当地保留一些原生态、带有历史变迁痕迹的，甚至是遗址、遗迹一类的文化基因载体，确保开发与保护工作相互协调、相互促进，使开发变成一种更好促进保护的创新性、可持续性工作，为水文化遗产的生命力和活力留足后劲。

第四，确保信息的完整性和原真性。水文化遗产的历史文化价值和信息是通过文化基因记录表达的，换句话说，水文化遗产是文化基因记录历史文化价值和信息的直观载体，是人们认知、传承历史文化信息的直接窗口。因此，对于文化基因而言，要发挥它真正表达和传递历史文化信息的功能，并且确保所传递信息的真实性与完整性。在对水文化遗产的保护和开发工作中，应坚决抵制扭曲历史文化本来面貌、人为编造历史信息的行为。

第五，确保历史文化系统进化的连贯性。对于京杭大运河水文化遗产而言，它的形成并不是一朝一夕之功，而是经历了漫长的积淀和演变的过程。我们在运河保护过程中要尽可能地发掘各个历史时期在文化基因上留下的痕迹，力求让水文化遗产真正成为京杭大运河诞生—兴起—繁荣—衰落—复兴的见证，突显出历史文化积淀的厚重感和原生性。

7.4.6 加强配套措施

前期的调研、水文化家底的摸清、历史文化价值的定位、可展示基因的挖掘、评估体系的构建等工作均是京杭大运河水文化遗产保护与利用工作中不可或缺的重要环节，它们之间是环环相扣的关系。因此，完整保护和科学开发利用京杭大运河水文化遗产是一项系统工程，需要多领域、多学科的专家学者共同协作完成，同时也需要公众的有效参与和相关管理部门的积极推动。

第一，做好京杭大运河水文化遗产保护规划编制工作，加强大运河保护的法律法规建设。作为超大型线性文化遗产，京杭大运河穿越省份多、历史跨度大、内涵丰富且复杂，与一般的文物保护单位相比，保护难度更大。建议根据其特殊的遗产属性要求国家各个部门加强沟通协作，出台有关京杭大运河的专项管理法规，并编制大运河保护规划，从全局和整体保护的高度，把京杭大运河保护管理工作纳入到有法可依的科学轨道上。与此同时，在调查摸清京杭大运河水文化遗产情况的基础上，抓紧开展专项保护规划编制的工作，划定保护范围和缓冲控制用地，确保京杭运河及两岸水文化遗产的安全性，并对开发利用等工作进行科学的指导。

第二,动员社会全民参与。由于在申遗成功之前,京杭大运河长期游离于文化遗产保护范围之外,民众对其作为文化遗产的认识长期不到位,相应的保护工作也没有引起足够的重视,与国外一些古代水利工程受到的保护程度形成强烈反差,随着城镇化进程不断深入,人们对京杭大运河水文化遗产的破坏尤为严重。这就需要我们通过加大宣传和教育力度,普及京杭大运河水文化遗产保护的知识,提倡用理性的态度审视文化遗产,提高社会全民的自觉保护意识,动员全社会关心、关注大运河的开发保护工作,发挥出民众监督的作用。

第三,专家层面要加强科学研究,与具体实施相关工作的技术部门进行有效沟通,领导部门要给予有效的组织和推动,千万不能在保护开发过程中控制失当,造成运河沿线城市形态、城市面貌和城市文化趋同化,削弱大运河的独特价值。开发工作不是打造千城一面的共同文化,而是让京杭大运河恢复往昔风采、更具生命力,所以我们要深入挖掘文化基因,恢复和保护文化多元性,这才是复兴京杭大运河的正确路径。

本章小结

京杭大运河水文化遗产保护的研究涵盖社会、文化、经济、生态、新媒体等多个方面。京杭大运河地域跨度之大、涉及的城乡区域范围之广是其他文化遗产所不能企及的,在四省两市、18 个地级城市、沿线 1 794 千米的区域内切实对京杭大运河及其水文化遗产进行保护,实现跨区域的经济互补,建立连贯协调的保护管理机制,需要付出巨大的努力。本章在借鉴国内外相似文化遗产成功案例的基础上,探讨了京杭大运河保护与合理利用的方法和策略。通过对"文化基因"保护原则和传承模式的研究,提出构建京杭大运河"线性运河博物馆"的设想。在管理机构与体系方面,"线性运河博物馆"提倡设置以政府为主导,由商业组织、专家学者、当地民众代表为成员的"线性运河博物馆管理委员会"非营利性管理机构,以及运河信息数据中心,以此来保证对京杭大运河水文化遗产整体保护的协调与平衡,最大限度地保证京杭大运河水文化遗产的真实性和完整性。

京杭大运河水文化遗产整体性保护的重点是处理好保护与利用的关系,对待"活着的"超大型线性文化遗产来说,最好的保护方式就是对其进行合理化利用。本章梳理了京杭大运河沿线主要城市对水文化遗产的利用形式与方法,并从中发现存在的主要问题。研究认为应当积极寻求解决方法,加强沿线城市对京杭大运河水文化遗产开发利用的认知,尊重京杭大运河水文化遗产的价值,成立一个能统揽京杭运河水文化遗产合理利用全局的管理机构,对各个城市地区的京杭大运河水文化遗产的利用进行从而指导和协调科学地开发、管理和运行,减少地区的冲突,避免重复建设和资源的浪费。针对京杭大运河自身特点和现代社会的发展需求,本章重点在水文化遗产数字化利用、生态化利用、水利科技再利用和旅游廊道建设四个方面进行详细探讨,以期为线性文化遗产的合理利用提供新的思路和方法。

结 语

行笔至此即将付梓，非研究的终结，而是需要沉淀总结。回想初选此题时对京杭大运河的无知、懵懂与向往已如昨日，如今它在我心里烙下了深深的印记。它弯弯曲曲的身姿，它走过的悠悠岁月，它哺育过的城镇以及它留下来的水文化遗产情况我已然了然于胸。2014 年，我初识京杭大运河，内心被那种历经两千多年依然旺盛的生命力所震撼，四年间从南向北走过了运河沿线的每一个城市，了解它们与京杭大运河的前世今生，追随运河文化感受水文化遗产带给现代社会的种种恩惠。每每欣赏到保护完好的水文化遗产，骄傲与自豪感油然而生；每每见到破损而受冷落的水文化遗产或是遗址遗迹，总有种锥心的痛；每每见到为了某种迎合而不尊重原真性仿造出来的水文化遗产，也会产生一种近乎愤怒的悲凉之感。

在反复的思考与辩证过程中，我逐渐发现“文化”才是京杭大运河各类型水文化遗产的灵魂、本质所在，这种文化是经过长期发展沉淀形成的。京杭大运河对于我国南北文化的交流发挥着重要的作用，它既是一种文化遗产，又是至今仍活态存在的大型线性文化景观，同时它又是“文化基因”的载体，沟通与融合着运河沿线诸多的地域文化。对“文化基因”的研究无疑是保证京杭大运河水文化遗产原真性、完整性、连续性最为有效的方法和手段之一。京杭大运河从“线”上看，它沟通了京城、津卫、燕赵、齐鲁、楚汉、淮扬、吴越等多个文化区域；从“面”上看，它贯通了海河、黄河、淮河、长江、钱塘江五大水系。各个区域由于地理、气候、环境等自然条件的差异，政治、历史背景的不同，形成了各个地域间的文化差异。京杭大运河最重要的功能便是促进了运河周边区域的社会发展，促进并带动了大半个中国横向与纵向的文化交流，加快了我国文化的演进和融合。这种演进与融合，从生产力到生产方式，从经济基础到上层建筑，其痕迹随处可见。京杭大运河，对于中华文化的广博、厚重、包容、共融、共通等特性的形成与发展，对于我国广大地区在习俗、习惯、信仰、价值观等方面的趋同与保护，对于吸收世界多民族的优良传统并保持自己的民族特色等方面，都发挥了重要的纽带作用。

随着我国经济的快速发展，京杭大运河及沿线众多城市正在迎接文化的复兴与繁荣，只有在建设中坚持突出文化的地位，深入发掘文化底蕴与“文化基因”，才能找到大运河整体的共性与每个运河城市的个性。研究京杭大运河水文化的形成或进化历史以及沿线各种文化之间进化关系的时候，必须站在系统进化的角度去研究审视文化遗产，在时间维度和空间维度上充分梳理进化过程，找到“文化基因”在整个水文化系统中的传播和演变规律，从而找到京杭大运河沿线各水文化遗产之间的共性与个性，将结果利用到水文化遗产的保护工作上。只有这样，传承和创新才不是“空中楼阁”，文化遗产保护工作才能稳步前行。

对于京杭大运河这一特殊的、超大型“活着的”线性文化遗产来说，最好的保护方式就是将其合理化利用起来，使其焕发出全新的活力。要认清水文化遗产并不是一种孤立存在的物质或非物质，而是与周边环境、人类活动、社会经济等息息相关的，保护和利用要在政府、社会和个人中找到平衡点，形成一个良性循环的保护利用模式。相关部门应制订一套合理的保护、管理机制和良性循环的运作模式，这不仅可以调动各部门和民众的保护积极性，而且能有效地抑制破坏、损坏行为的发生。我们应确立可持续发展的观念，认清京杭大运河水文化遗产保护和利用是一项复杂的系统工程，保持科学审慎的态度，切不可只图眼前利益、急功近利。京杭大运河是先人用智慧创造的伟大工程，我们应当珍惜。我们更应当在尊重历史的基础上，结合时代的特点有所创新，创造融入当代社会的“文化基因”，使大运河焕发出勃勃生机，并将这一伟大创举留给未来。

虽然很想竭尽全力为京杭大运河水文化遗产的保护和利用多做一些贡献，怎奈课题所涉及的相关理论研究和实践探索都远远超越了风景园林学科的传统研究领域。整个博士就读期间，我在导师的引领下，通过大量文献的阅读和实地调研走访，努力开拓学术视野，充实自己的知识储备，不断地完善自己的知识结构，尽可能多地消除课题中的研究盲点，尽量将多学科融会贯通起来进行研究，形成一套相对完善的研究成果。但是也不得不承认，文化遗产保护领域涵盖的知识体系极为庞大和烦琐，个人所做的工作实在是微不足道，研究领域和成果更是冰山一角。因此我们更需要调整心态、戒骄戒躁，在文化遗产保护与利用研究方兴未艾之时，将研究继续深化下去，并在今后的实践中加强理论联系实际，不断用实践检验、丰富和提炼我们对京杭大运河水文化遗产的认知。

霍艳虹
2018 年 11 月

参考文献

[1] 刘易斯·芒福德. 城市文化 [M]. 宋俊峰，李翔宁，周鸣，译. 北京：中国建筑工业出版社，2009.

[2] 仇保兴. 城市文化复兴与规划变革 [J]. 城市规划，2007，31(8)：9-13，44.

[3] 单霁翔. 大运河遗产保护 [M]. 天津：天津大学出版社，2013.

[4] 单霁翔. 大型线性文化遗产保护初论：突破与压力 [J]. 南方文物，2006(3)：2-5.

[5] 张佳. 大运河"申遗"成功之后的文化治理和规划研究 [D]. 杭州：浙江大学，2014.

[6] 安宇，沈山. 运河文化景观与经济带建设 [M]. 北京：中国社会科学出版社，2014.

[7] 俞孔坚，李迪华，李海龙，等. 京杭大运河国家遗产与生态廊道 [M]. 北京：北京大学出版社，2012.

[8] 汪芳，廉华. 线型旅游空间研究：以京杭大运河为例 [J]. 华中建筑，2007(8)：108-112.

[9] 李林. "文化线路"对我国文化遗产保护的启示 [J]. 江西社会科学，2008(4)：201-205.

[10] 俞孔坚. 世界遗产概念挑战中国：第 28 届世界遗产大会有感 [J]. 中国园林，2004(11)：68-70.

[11] 罗伯特·波拉克. 解读基因：来自 DNA 的信息 [M]. 杨玉玲，译. 北京：中国青年出版社，2000.

[12] 苏珊·布莱克摩尔. 迷米机器 [M]. 高申春，吴友军，许波，译. 长春：吉林人民出版社，2001.

[13] 刘长林. 中国系统思维：文化基因透视 [M]. 北京：中国社会科学出版社，1990.

[14] 徐杰舜. 文化基因：五论中华民族从多元走向一体 [J]. 湖北民族学院学报，2008(3)：9-14.

[15] 乌再荣. 基于文化基因视角的苏州古代城市空间研究 [D]. 南京：南京大学，2009.

[16] 谢青桐. 作为线性文化遗产的中国大运河及其比较研究 [J]. 文教资料，2008(18)：59-62.

[17] 爱德华 O 威尔逊. 社会生物学：新的综合 [M]. 毛盛贤，译. 北京：北京理工大学出版社，1999.

[18] 吕嘉. 中国文化的"基因" [J]. 中共宁波市委党校学报，2015，37(1)：56-59.

[19] 爱德华·泰勒. 原始文化 [M]. 连树声，译. 上海：上海文艺出版社，1992.

[20] 王恩涌. 人文地理学 [M]. 北京：高等教育出版社，2000.

[21] 中国水利文学艺术协会. 中华水文化概论 [M]. 郑州：黄河水利出版社，2008.

[21] KLAMER A. Accounting for social and cultural values [J]. De Economist，2002，150(4)：453-473.

[22] KLAMER A. The value of culture：on the relationship between economics and arts [M]. Amsterdam：Amsterdam University Press，1997.

[23] 联合国教科文组织. 世界文化报告[M]. 北京：北京大学出版社，2002.

[24] 王永波. 运河文化的运动规律及其启示 [J]. 东南文化，2002，155(3)：64-69.

[25] 刘士林. 特别策划：京杭大运河申遗支撑研究：大运河城市文化模式初探 [J]. 南通大学学报(社会科学版)，2008，24(1)：1-4.

[26] 姜师立，陈跃，文啸，等. 京杭大运河历史文化及发展 [M]. 北京：电子工业出版社，2014.

[27] Richard Brodied. Viruses of the mind：the new science of the meme[M]. Seattle：Integral Press，1997.

[28] BLACKMORE S. The meme machine [M]. Oxford：Oxford University Press，1999.

[29] 何自然，何雪林. 模因论与社会语用 [J]. 现代外语，2003(2)：200-209.

[30] 侯国金. 模因宿主的元语用意识和模因变异 [J]. 四川外语学院学报，2008(4)：50-58.

[31] 吴燕琼. 国内近五年来模因论研究述评 [J]. 福州大学学报(哲学社会科学版)，2009(3)：81-84.

[32] 潘小波. 模因论的新发展：国外模因地图研究 [J]. 广西社会科学，2010(8)：131-134.

[33] 钟玲俐. 国内外模因研究综述 [J]. 长春师范学院学报(人文社会科学版),2011,30(5):107–111.

[34] 干映锋. 国内模因论研究综述 [J]. 佳木斯教育学院学报,2013,132(10):8–9.

[35] 王蔚,史箴. 与天对话:略析中国园林的传统文化基因 [J]. 新建筑,1997(2):46–48.

[36] 张鸿雁. 人类城市化的“城市文化基因”与“城市社会再造文化因子”论:城市社会进化的人类学与社会学新视角 [J]. 社会科学,2003(9):65–73.

[37] 梁鹤年. 文化基因 [J]. 城市规划,2011,35(10):75–85.

[38] 王海宁. 聚落形态的文化基因解析:以贵州省青岩镇为例 [J]. 规划师,2008,24(5):61–65.

[39] 安玉源. 从甘南地区传统住居的地域基因浅析地域建筑文化的延续和发展 [J]. 兰州理工大学学报,2004,30(3):102–104.

[40] 赵鹤龄,王军,袁中金,等. 文化基因的谱系图构建与传承路径研究:以古滇国文化基因为例 [J]. 现代城市研究,2014(5):90–97.

[41] 刘沛林. 中国传统聚落景观基因图谱的构建与应用研究 [D]. 北京:北京大学,2011.

[42] 曹帅强,邓运员. 非物质文化遗产景观基因的挖掘及其意象特征:以湖南省为例 [J]. 经济地理,2014,34(11):185–192.

[43] 王吉美,李飞. 国内外线性遗产文献综述 [J]. 东南文化,2016(1):31–38.

[44] 陶犁,王立国. 国外线性文化遗产发展历程及研究进展评析 [J]. 思想战线,2013,39(3):108–114.

[45] CHAIRATUDOMKUL S. Cultural routes as heritage in thailand：case studies of king narai's royal procession route and buddha's footprint pilgrimage Rout[D]. Thailand：Silpakorn University，2008.

[46] MEYER D. Tourism routes and gateways：key Issues for the development of tourism routes and gateways and their potential for pro-poor tourism[D]. Sheffield：Sheffield Hallam University，2004.

[47] 单霁翔. 关注新型文化遗产:文化线路遗产的保护 [J]. 中国文物科学研究,2009(3):12–23.

[48] 姚雅欣,李小青.“文化线路”的多维度内涵 [J]. 文物世界,2006(1):9–11.

[49] MARIA S. A new category of heritage for understanding，cooperation and sustainable development；their significance within the macrostructure of cultural heritage；the role of the CIIC of ICOMOS：Principles and methodology[C].Xi'an：Xi'an World Publishing Corporation，2005.

[50] ALBERTO M. The route of Santiago in Spain (Camino Frances) as WHS：its conservation and management[C]. Xi'an：Xi'an World Publishing Corporation，2005.

[51] PRIETO R. Analytic schemes for the territory of the cultural routes and their settings，towards the standardization on the methodology[C]. Xi'an：Xi'an World Publishing Corporation，2005.

[52] SUGIO K. A consolidation on the definition of the setting and management / protection measures for cultural routes[C]. Xi'an：Xi'an World Publishing Corporation，2005.

[53] ONO W. A case study of a practical method of defining the setting for a cultural route[C]. Xi'an：Xi'an World Publishing Corporation，2005.

[54] LOUIS C W. Conservation and management of ceramic archaeological sites along the Maritime Silk Road[C]. Xi'an：Xi'an World Publishing Corporation，2005.

[55] DALY J. Heritage Areas：“Connecting people to their place and history”[J]. Forum Journal，2003，17(4)：5–12.

[56] BARRETT B. Roots for the national heritage area family tree[J]. The George Wright Forum，2003，20(2).

[57] ZUBE E H. Greenways and the US National Park System[J]. Landscape and Urban Planning，1995

(33):17–25.

[58] JOHNSON J. Economic impact of Pennsylvania's heritage areas: a study in success[R]. Washington: Alliance of National Heritage Areas, 2010.

[59] 谭徐明. 水文化遗产的定义、特点、类型与价值阐释 [J]. 中国水利,2012(21):1–4.

[60] 王英华,吕娟. 美国垦务局文化资源管理模式对我国水文化遗产保护与利用的启示 [J]. 水利学报,2013,43(S1):51–56.

[61] 徐红罡,崔芳芳. 广州城市水文化遗产及保护利用 [J]. 云南地理环境研究,2008,20(5):59–64.

[62] 张志荣,李亮. 简析京杭大运河(杭州段)水文化遗产的保护与开发 [J]. 河海大学学报(哲学社会科学版),2012,14(2):58–61.

[63] 董小梅,董记. 略论淮安里运河水文化遗产的保护与利用 [J]. 淮阴工学院学报,2014,23(2):6–8.

[64] 李海霞,武廷海. 学科背景下的文化遗产保护研究动态 [J]. 中国文化遗产,2016(2):58–65.

[65] 迈克·克朗. 文化地理学 [M]. 杨淑华,宋慧敏,译. 南京:南京大学出版社,2003.

[66] 哈特向. 地理学的性质:当前地理学思想评述 [M]. 北京:商务印书馆,1996.

[67] 李泉. 中国运河文化及其特点 [J]. 聊城大学学报(社会科学版),2008(4):8–13.

[68] 陈永金,王云,刘加珍,等. 运河文化的地学分析 [J]. 聊城大学学报(社会科学版),2012(6):64–72.

[69] 李泉. 中国运河文化的形成及其演进 [J]. 东岳论丛,2008,29(3):57–61.

[70] 陈怡,吕舟. 京杭大运河突出普遍价值的认知和保护 [M]. 北京:电子工业出版社,2014.

[71] 汤因比. 历史的研究(上册)[M]. 余哲雄,蔡美玲,译. 台北:好时年出版社,1984.

[72] 费孝通. 中华民族多元一体格局 [M]. 北京:中央民族大学出版社,1999.

[73] 贺淹才. 简明基因工程原理 [M]. 北京:科学出版社,1999.

[74] 毕明岩. 乡村文化基因传承路径研究:以江南地区村庄为例 [D]. 苏州:苏州科技学院,2011.

[75] 李丽芳. 民族文化原传介质与艺术传播 [J]. 云南师范大学学报(哲学社会科学版),2007(2):36–41.

[76] 牛乐. 文化基因的地域性流变与活态传承:以临夏砖雕非物质文化遗产为例 [C]// 北京艺术人类学学会,北京舞蹈学院. 文化自觉与艺术人类学研究(下卷). 北京:中国文联出版社,2015.

[77] 王纪武. 地域文化视野的城市空间形态研究 [D]. 重庆:重庆大学,2005.

[78] 周振鹤. 唐代安史之乱和北方人民的南迁 [J]. 中华文史论丛,1987(2):115–137.

[79] 王瑞平. 论明清时期大运河上涌动的思想浪潮 [J]. 聊城大学学报(社会科学版),2010(1):1–5.

[80] 高建军. 运河民俗的文化蕴义及其对当代的影响 [J]. 济宁师范专科学校学报,2001(2):7–12.

[81] 田庆余,李孝聪. 运河访古 [M]. 上海:上海人民出版社,1986.

[82] 高毓秀,曹娟. 对文化资源的认识和思考 [J]. 发展研究,1999(3):46–47.

[83] 米子川. 文化资源的时间价值评估 [J]. 开发研究,2004(5):25–28.

[84] 刘伟. 简论加入 WTO 对我国地方政府文化资源的冲击 [J]. 学术论坛,2003(2):142–147.

[85] 王健. 大运河文化遗产的分层保护与发展 [J]. 淮阴工学院学报,2008(2):1–6.

[86] 荀德麟,刘志平,李想,等. 京杭大运河非物质文化遗产 [M]. 北京:电子工业出版社,2014.

[87] 陈璧显. 中国大运河史 [M]. 北京:中华书局,2001.

[88] 陈丽华,黄建康. 常州文物 [M]. 北京:中国文史出版社,2003.

[89] 刘玉平. 中国运河之都 [M]. 北京:中国文史出版社,2003.

[90] 山东省济宁市政协历史资料委员会. 济宁运河文化 [M]. 北京:中国文史出版社,2000.

[91] 中国人民政治协商会议天津市委员会 / 南开区委员会. 天津老城忆旧 [M]. 天津:天津人民出版社,1997.

[92] 吕舟. 面向新世纪的中国文化遗产保护 [J]. 建筑学报,2001(3):58–60.

[93] 李伟,俞孔坚. 世界文化遗产保护的新动向:文化线路 [J]. 城市问题,2005(4):7–12.

[94] 李德明. 运河古镇:台儿庄 [M]. 北京:红旗出版社,2002.

[95] 王育民. 中国历史地理概论 [M]. 北京:人民教育出版社,1987.

[96] 姚汉源. 京杭运河史 [M]. 北京:中国水利水电出版社,1998.

[97] 张英霖. 苏州古城散论 [M]. 苏州:古吴轩出版社,2004.

[98] Daily G. Nature's Services: Society Dependence on Natural[M]. Washington, D. C.: Island Press, 1997.

[99] TICCIH. The nizhny tagil charter for the industrial heritage[M]. Paris: TICCIH, 2003.

[100] 谭徐明,于冰,王英华,等. 京杭运河遗产的特性与构成 [J]. 中国名城,2008(2):24–30.

[101] 俞孔坚,李伟,李迪华. 京杭大运河的完全价值观 [J]. 地理科学进展,2008,27(2):1–9.

[102] 张廷皓. 中国大运河文化线路的工程性 [N]. 中国文物报,2005–05–29.

[103] 向柏松. 道教与水崇拜 [J]. 中南民族大学学报(人文社会科学版),1999(1):45–48.

[104] 顾希佳. 传统庙会的当代意义:以浙江为例 [J]. 浙江学刊,2010(6):184–189.

[105] 赵林. 明清时期以大运河为载体的建筑文化及其传播 [D]. 南京:东南大学,2005.

[106] 吴良镛. 江南建筑文化与地区建筑学 [M]// 吴良镛. 吴良镛城市研究论文集. 北京:中国建筑工业出版社, 1995.

[107] 章用秀. 天津文化及其思想精华 [J]. 天津行政学院学报,2004,6(4):66–70.

[108] 孟召宜,苗长虹,沈正平,等. 江苏省文化区的形成与划分研究 [J]. 南京社会科学,2008(12):88–96.

[109] 张崇旺. 略论“江淮文化” [J]. 文化学刊,2008(6):112–118.

[110] 姜涛. 关于淮扬文化的几点思考 [J]. 盐城师范学院学报(人文社会科学版),2015,35(2):48–51.

[111] 陈然. 淮扬建筑风格要素厘定及文化价值认知 [J]. 规划师,2015,31(S1):280–284.

[112] 安作璋. 中国运河文化史 [M]. 济南:山东教育出版社,2006.

[113] 高建军. 运河民俗的文化蕴义及其对当代的影响 [J]. 济宁师范专科学校学报,2001(2):7–12.

[114] 戴志中,杨宇振. 中国西南地域建筑文化 [M]. 武汉:湖北教育出版社,2003.

[115] 王世仁. 明清时期的民间木构建筑技术 [J]. 古建园林技术,1985(3):2–6.

[116] 刘广新. 清代济宁“河道总督衙门” [J]. 安徽史学,1996(4):96.

[117] 朱仰石. 明清漕、河总督署西花园:清晏园 [J]. 中国园林,1994,10(1):15–18.

[118] 贾珺. 淮安清晏园考略 [J]. 建筑史,2011,27(4):130–146.

[119] 王春花. 京杭运河沿线驿站与运河关系初探:以地方志资料为中心的考察 [J]. 中国地方志, 2016(3): 51–56.

[120] 岳广燕. 明代运河沿线的水马驿站 [J]. 聊城大学学报(社会科学版),2010(2):247–248.

[121] 彭成,汤晓敏. 明代江南运河沿岸驿站选址特征 [J]. 上海交通大学学报(农业科学版), 2016, 34(2): 54–63.

[122] 王日根. 乡土之链:明清会馆与社会变迁 [M]. 天津:天津人民出版社,1996.

[123] 王明德. 明清时期的运河商人会馆 [J]. 江苏商论,2010(11):32–33.

[124] 朱玉贤,李毅. 现代分子生物学 [M]. 2 版. 北京:高等教育出版社,2006.

[125] 陈阳. 文化进化论批判:一种文化进步主义视角 [D]. 哈尔滨:黑龙江大学,2014.

[126] 张开. 扬州运河文化的传播与交流 [M]. 北京:外文出版社,2012.

[127] 刘士林. 大运河与中国城市的历史、社会及文化 [N]. 中国文化报,2014–04–26(014).

[128] 霍艳虹,曹磊,杨冬冬. 京杭大运河“文化基因”的提取与传承路径理论探析 [J]. 建筑与文化, 2017, 155 (2):59–62.

[129] 沈旸,陈薇. 明清时期天津的会馆与天津城 [J]. 华中建筑,2006,24(11):102–107.

[130] 刘艺. 淮安传统民居形态特征研究 [D]. 无锡:江南大学,2014.

[131] 韩少功. 山居心情 [M]. 南京:江苏文艺出版社,2008.

[132] 康锦润,陈萍,王成修. 浅析淮安市传统民居的形成因素 [J]. 中外建筑,2015(6):70-72.

[133] 马融. 扬州传统民居建筑空间特色初探 [J]. 大众文艺,2011(22):277-279.

[134] 徐秀飞. 淮安区名人故居的地域性表达研究 [D]. 南京:南京工业大学,2015.

[135] 孙璇. 基于场所精神的古运河景观设计研究:以淮安古运河为例 [D]. 苏州:苏州科技学院,2015.

[136] 张理晖. 广陵家筑:扬州传统建筑艺术 [M]. 北京:中国轻工业出版社,2013.

[137] 杨建华. 明清扬州城市发展和空间形态研究 [D]. 广州:华南理工大学,2015.

[138] 傅崇兰. 中国运河城市发展史 [M]. 成都:四川人民出版社,1985.

[139] 赵昌智. 扬州文化通论 [M]. 扬州:广陵书社,2011.

[140] 魏徵. 隋书·炀帝本纪 [M]. 北京:中华书局,2008.

[141] 周武忠. 浅论扬州园林 [J]. 中国园林,1991(2):21-26.

[142] 宗白华. 美学散步 [M]. 上海:上海人民出版社,1981.

[143] 计成. 园冶注释 [M]. 北京:中国建筑工业出版社,1988.

[144] 朱江. 扬州园林品赏录 [M]. 上海:上海文化出版社,2002.

[145] 李金宇. 试析扬州园林的北方风格 [J]. 中国园林,2004(12):57-60.

[146] 黄春华,王晓春,张杰,等. 层次分析法构建扬派叠石技艺评价体系 [J]. 扬州大学学报(农业与生命科学版),2013,34(2):92-96.

[147] 吴涛. 基于地域文化的扬州历史园林保护与传承 [D]. 南京:南京林业大学,2012.

[148] 谢明洋. 晚清扬州私家园林造园理法研究 [D]. 北京:北京林业大学,2015.

[149] 陈从周. 园说 [M]. 上海:同济大学出版社,2009.

[150] 童寯. 江南园林志 [M]. 北京:中国建筑工业出版社,1984.

[151] 钱泳. 履园丛话 [M]. 上海:上海古籍出版社,2012.

[152] 陈从周. 扬州园林 [M]. 上海:上海科学技术出版社,1980.

[153] 倪若花. 水韵扬州的文化品质探析 [D]. 扬州:扬州大学,2010.

[154] 李坦. 扬州历代诗词(二)[M]. 北京:人民文学出版社,1998.

[155] 刘致平. 中国伊斯兰教建筑 [M]. 乌鲁木齐:新疆人民出版社,1985.

[156] 王鹏. 嵌入历史肌理的"新通道"[N]. 扬州日报,2014-09-22(02).

[157] 荀德麟. 淮阴市志 [M]. 上海:上海社会科学出版社,1995.

[158] 王颖. 淮安市的空间结构与区域发展 [D]. 南京:南京师范大学,2003.

[159] 张小侠. 刍议经济欠发达地区历史文化古镇的保护与开发:以江苏淮安市河下古镇为例 [J]. 科技信息(学术研究),2008(16):299.

[160] 荀德麟. 历史文化名镇淮安河下 [J]. 江苏地方志,2002(6):26-31.

[161] 王振忠. 明清徽商与淮扬社会变迁 [M]. 北京:生活·读书·新知三联书店,1996.

[162] 张力. 中国教案史 [M]. 成都:四川科学出版社,1990.

[163] 丁晏. 山阳艺文志. 卷五·淮阴说 [M]. 南京:江苏古籍出版社,1982.

[164] 魏雷."后申遗时代"隋唐大运河安徽段文化遗产保护与利用 [D]. 淮北:淮北师范大学,2016.

[165] 杨爱英,王毅,刘霖雨. 实施世界遗产公约的操作指南 [M]. 北京:文物出版社,2014.

[166] 张敏,刘学,汪飞. 南京城市文化战略及其空间效应 [J]. 城市发展研究,2007(5):13-18.

[167] D. 罗宾斯. 布迪厄"文化资本"观念的本源、早期发展与现状 [J]. 李中泽,译. 国外社会科学,2006(3):36-42.

[168] 韩洋. 非物质文化遗产与博物馆相关问题的探讨 [J]. 博物馆研究，2006(3):68-75.
[169] 李勤德. 中国区域文化简论 [J]. 宁波大学学报(人文科学版)，1995,8(1):40-46.
[170] 周威. 中国运河遗产廊道的开发与保护 [D]. 成都：四川师范大学，2008.
[171] 王元. 申遗视野下中国大运河的保护管理模式研究 [D]. 南京：东南大学，2012.
[172] 龚道德，张青萍. 美国国家遗产廊道的动态管理对中国大运河保护与管理的启示 [J]. 中国园林，2015(3):68-71.
[173] 董文虎. 京杭大运河的历史与未来 [M]. 北京：社会科学文献出版社，2008.
[174] 李伟，俞孔坚，李迪华. 遗产廊道与大运河整体保护的理论框架 [J]. 城市问题，2004(1):28-31.
[175] 金平斌，沈红心. 京杭运河(杭州段)旅游资源及其旅游功能开发研究 [J]. 浙江大学学报(理学版)，2002(1):115-120.
[176] 于富业. 关于中国生态博物馆的初步研究 [D]. 南京：南京艺术学院，2014.
[177] 李利. 开放式博物馆理论在杭州运河遗产保护规划中的应用 [D]. 杭州：浙江大学，2010.
[178] 刘庆余. 世界遗产视野下的线性文化遗产旅游合作研究：以京杭大运河为例 [M]. 北京：中国经济出版社，2016.
[179] 张誉腾. 生态博物馆：一个文化运动的兴起 [M]. 台北：五观艺术管理有限公司，2004.
[180] 苏东海. 中国生态博物馆 [M]. 北京：紫禁城出版社，2006.
[181] 王宏钧. 博物馆学基础 [M]. 上海：上海古籍出版社，2001.
[182] 乌丙安. 非物质文化遗产保护理论与方法 [M]. 北京：文化艺术出版社，2010.
[183] 麦克切尔，克罗斯. 文化旅游与文化遗产管理 [M]. 朱路平，译. 天津：南开大学出版社，2006.
[184] 王艳平. 遗产旅游管理 [M]. 武汉：武汉大学出版社，2008.
[185] 宋俊华. 关于国家文化生态保护区建设的几点思考 [J]. 文化遗产，2011(3):1-7.
[186] 言省. 凝聚中国智慧的大运河遗产 [N]. 中国文化报，2014-7-17.
[187] 刘庆余. 国外线性文化遗产保护与利用经验借鉴 [J]. 东南文化，2013(2):29-35.
[188] 万婷婷，王元. 法国米迪运河遗产保护管理解析：兼论中国大运河中遗与保护管理的几点建议 [J]. 中国名城，2011(7):53-57.
[189] 张广汉. 加拿大里多运河的保护与管理 [J]. 中国名城，2008(1):44-45.
[190] 郭爱民. 保护大运河文化景区 打造“东方莱茵河” [J]. 水利发展研究，2005(11):58-60.
[191] 曹丽娟. 从世界遗产到国家遗产、地方遗产体系 [J]. 城市规划，2004(8):65-68.
[192] 汪欣. 非物质文化遗产保护的文化生态论 [J]. 民间文学论坛，2011(1):51-58.
[193] 马德. 敦煌文化遗产数字化保护之浅见 [J]. 敦煌学辑刊，2013(2):158-161.

附录A　京杭大运河沿线(由北向南)水文化遗产资源一览表

河段	编号	名称	类别	类型	地址	时代	现状	保护级别	备注
通惠河段(A)	A-001	广源闸	运河工程设施	闸坝	北京市海淀区,共两座:上闸位于万寿寺东;下闸位于白石桥下	元	上闸破坏严重;下闸不存,遗址可考	非文保单位	
	A-002	西城闸			北京市海淀区,共两座:上闸即高梁桥前石闸;下闸在护城河边	元	上闸保存较好;下闸不存,遗址可考	非文保单位	
	A-003	朝宗闸			北京市西城区,两座:德胜门水关至西护城河之间	元	不存,遗址可考	非文保单位	
	A-004	海子闸			北京市西城区,三座:上闸在后门桥下;中闸在东不压桥胡同;下闸在北河胡同	元	不存,遗址可考	非文保单位	
	A-005	文明闸			北京市东城区,两座:上闸在正义路北口;下闸在台基厂胡同	元	不存,遗址可考	非文保单位	
	A-006	魏林闸			北京市东城区,两座:上闸在船板胡同东口;下闸在北京站东南	元	不存,遗址可考	非文保单位	
	A-007	万宁桥		桥梁	北京市西城区地安门外大街	元	破坏严重	北京市文保单位	
	A-008	庆丰闸		闸坝	北京市朝阳区,两座:上闸在东便门外丰闸村;下闸在深沟村	元	不存,遗址可考	非文保单位	
	A-009	禄米仓	仓储设施	漕仓	北京市东城区朝阳门里南小街	明、清	保存较好	北京市文保单位	57 廒[1]
	A-010	北新仓			北京市东城区北新仓胡同甲16号	明、清	保存较好	北京市文保单位	85 廒
	A-011	南新仓			北京市东四十条22号	明、清	保存完好	北京市文保单位	76 廒
	A-012	兴平仓			北京市平安大街东端	明、清	不存,遗址可考	非文保单位	81 廒
	A-013	东岳庙	古迹建筑	宗教建筑	北京市朝阳区朝外大街141号	始建于元,明、清重建	保存较好	国家级文保单位	道教建筑
	A-014	十方诸佛宝塔		宗教建筑	北京市朝阳区王四营乡马房寺	明	保存较好	北京市文保单位	佛教
	A-015	山东会馆		会馆建筑	北京市朝阳区呼家楼南里2号	清	保存较好	区级文保单位	

① 廒:围起的园仓;住所。

续表

<table>
<tr><th>河段</th><th>编号</th><th>名称</th><th>类别</th><th>类型</th><th>地址</th><th>时代</th><th>现状</th><th>保护级别</th><th>备注</th></tr>
<tr><td rowspan="7">通惠河段（A）</td><td>A-016</td><td>南下坡清真寺</td><td rowspan="2">古迹建筑</td><td rowspan="2">宗教建筑</td><td>北京市朝阳区朝外二条</td><td>清</td><td>保存较好</td><td>区级文保单位</td><td rowspan="2">伊斯兰教</td></tr>
<tr><td>A-017</td><td>常营清真寺</td><td>北京市朝阳区常营乡常营村</td><td>明</td><td>保存较好</td><td>区级文保单位</td></tr>
<tr><td>A-018</td><td>平津闸</td><td rowspan="5">运河工程设施</td><td rowspan="4">闸坝</td><td>北京市朝阳区，共三座：上闸即今高碑店闸；中闸不可考；下闸在花园闸村</td><td>元</td><td>上闸完全重建，中闸、下闸不存，遗址可考</td><td>非文保单位</td><td></td></tr>
<tr><td>A-019</td><td>普济闸</td><td>北京市朝阳区，共两座：上闸在通州西门普济闸村；下闸在老龙背村东</td><td>元</td><td>上闸完全重建，下闸不存，遗址可考</td><td>非文保单位</td><td></td></tr>
<tr><td>A-020</td><td>通流闸</td><td>北京市通州区，共两座：上闸在新华大街与人民路交叉口附近；下闸在南门外明代称南浦闸的位置</td><td>元</td><td>不存，遗址可考</td><td>非文保单位</td><td></td></tr>
<tr><td>A-021</td><td>广利闸</td><td>北京市通州区，共两座：上闸在张家湾城北二里土桥附近；下闸在张家湾东南何各庄东</td><td>元</td><td>不存，遗址可考</td><td>非文保单位</td><td></td></tr>
<tr><td>A-022</td><td>永通桥</td><td>桥梁</td><td>北京市通州区，距通县城西八里（四千米），故俗称“八里桥”</td><td>明</td><td>保存较好</td><td>北京市文保单位</td><td>北京四大名桥之一</td></tr>
<tr><td rowspan="10">北运河段（B）</td><td>B-001</td><td>石坝遗址</td><td>运河工程设施</td><td>闸坝</td><td>北京市通州区西海子公园葫芦湖</td><td>明</td><td>不存，遗址可考</td><td>非文保单位</td><td></td></tr>
<tr><td>B-002</td><td>大运西仓</td><td rowspan="2">仓储设施</td><td rowspan="2">漕仓</td><td>北京市通州区天花牌楼东</td><td>明</td><td>不存，遗址可考</td><td>非文保单位</td><td>98 廒</td></tr>
<tr><td>B-003</td><td>大运中仓</td><td>北京市通州区天花牌楼南</td><td>明</td><td>不存，遗址可考</td><td>非文保单位</td><td>124 廒</td></tr>
<tr><td>B-004</td><td>燃灯塔</td><td rowspan="2">古迹建筑</td><td rowspan="2">宗教建筑</td><td>北京市通州区大运河北端西畔</td><td>辽</td><td>保存良好</td><td>北京市文保单位</td><td rowspan="2">佛教</td></tr>
<tr><td>B-005</td><td>佑胜教寺</td><td>北京市通州区大运河北端西畔</td><td>辽</td><td>保存良好</td><td>北京市文保单位</td></tr>
<tr><td>B-006</td><td>通州清真寺</td><td>古迹建筑</td><td>宗教建筑</td><td>北京市通州区清真寺街1号</td><td>不详</td><td>保存较好</td><td>北京市文保单位</td><td>伊斯兰教</td></tr>
<tr><td>B-007</td><td>通运桥</td><td rowspan="2">运河工程设施</td><td>桥梁</td><td>北京市通州区张家湾镇</td><td>明</td><td>保存较好</td><td>北京市文保单位</td><td></td></tr>
<tr><td>B-008</td><td>张家湾运河码头</td><td>码头</td><td>北京市通州区张家湾镇</td><td>元</td><td>不存，遗址可考</td><td>非文保单位</td><td></td></tr>
<tr><td>B-009</td><td>张家湾清真寺</td><td>古迹建筑</td><td>宗教建筑</td><td>北京市通州区张家湾镇</td><td>元</td><td>保存较好</td><td>区级文保单位</td><td>伊斯兰教</td></tr>
<tr><td>B-010</td><td>土桥镇水兽</td><td>文物古迹</td><td>民间信仰</td><td>北京市通州区张家湾镇土桥村</td><td>明</td><td>保存较好</td><td>区级文保单位</td><td>镇水兽</td></tr>
</table>

续表

河段	编号	名称	类别	类型	地址	时代	现状	保护级别	备注
北运河段(B)	B-011	秦营古码头遗址	运河工程设施	码头	天津市武清区大沙河乡东,北运河西岸	元	不存,遗址可考	非文保单位	
	B-012	三角坝沉船	古迹遗址	沉船	天津市武清区大沙河乡木厂村以东、北运河西岸	元	保存较好	非文保单位	
	B-013	东西仓沉船			天津市武清区大沙河乡北运河故道西岸	元	保存较好	非文保单位	
	B-014	十四仓	仓储设施	漕仓	天津市武清区大沙河乡北运河故道两岸	元	不存,遗址可考	非文保单位	
	B-015	河西务清真寺	古迹建筑	宗教建筑	天津市武清区河西务镇	清	完全重建	县级文保单位	伊斯兰教
	B-016	小河遗址	古迹遗址	河道	天津市武清区双树乡小河村西,紧临北运河旧道	元	不存	非文保单位	
	B-017	蒙村遗址		村落	天津市武清区双树乡蒙村,紧靠北运河	元、明	不存	非文保单位	
	B-018	辛庄遗址			天津市武清区双树乡辛庄西、北运河东岸河滩上	元、明	不存	非文保单位	
	B-019	仓上遗址			天津市武清区泗村店乡仓上村西南	元	不存	非文保单位	
	B-020	聂官屯沉船		沉船	天津市武清区南蔡村乡北运河东岸	元	保存较好	非文保单位	
	B-021	筐儿港坝	运河工程设施	闸坝	天津市武清区杨村镇北51千米处	清	破坏严重	非文保单位	
	B-022	五街沉船	古迹遗址	沉船	天津市武清区杨村镇五街,北运河西岸	元	保存较好	非文保单位	
	B-023	杨村遗址		村落	天津市武清区杨村镇北运河西岸	元、明、清	不存,遗址可考	非文保单位	
	B-024	杨村清真寺	古迹建筑	宗教建筑	天津市武清区杨村镇七街	清	保存良好	非文保单位	伊斯兰教
	B-025	天穆清真北寺			天津市北辰区天穆村北	明	完全重建	非文保单位	
	B-026	天穆清真南寺			天津市北辰区天穆村南	清	完全重建	非文保单位	
	B-027	耳闸	运河工程设施	闸坝	天津市河北区天纬路新开河上	民国	完全重建	非文保单位	
	B-028	大悲禅院	古迹建筑	宗教建筑	天津市河北区天纬路26号	清	保存良好	天津市文保单位	佛教
	B-029	望海楼教堂			天津市河北区狮子林桥东口	清	完全重建	国家级文保单位	天主教

续表

河段	编号	名称	类别	类型	地址	时代	现状	保护级别	备注
北运河段（B）	B-030	大红桥	运河工程设施	桥梁	天津市红桥区子牙河北路	1937年	保存较好	非文保单位	
	B-031	同义庄清真寺	古迹建筑	宗教建筑	天津市红桥区同义庄清真寺前胡同7号	清	保存良好	非文保单位	伊斯兰教
南运河段（C）	C-001	天后宫	古迹建筑	民间信仰	天津市南开区古文化街	元	保存较好	天津市文保单位	纪念妈祖
	C-002	天津文庙		文庙建筑	天津市南开区东门里大街	明	保存良好	天津市文保单位	纪念孔子
	C-003	吕祖堂		宗教建筑	天津市红桥区如意庵大街何家胡同	明	保存良好	国家级文保单位	道教
	C-004	广东会馆		会馆建筑	天津市南开区南门里大街	清	保存较好	国家级文保单位	
	C-005	九宣闸	运河工程设施	闸坝	天津市静海区大张屯乡	清	部分重建	非文保单位	
	C-006	靳官屯闸碑		石刻	天津市静海区大张屯乡	清	保存较好	非文保单位	
	C-007	唐官屯清真寺	古迹建筑	宗教建筑	天津市静海区唐官屯镇	清	完全重建	非文保单位	伊斯兰教
	C-008	沧州铁狮子	文物古迹	民间信仰	河北省沧县旧城	五代	异地保存	国家级文保单位	
	C-009	捷地闸	运河工程设施	闸坝	河北省沧县捷地镇	明	完全重建	非文保单位	
	C-010	捷地乾隆碑	文物古迹	石刻	河北省沧县捷地镇捷地闸旁	清	保存较好	县级文保单位	
	C-011	捷地石姥姆坐像		民间信仰	河北省沧县捷地镇捷地村	明	异地保存	县级文保单位	道教姥姆
	C-012	捷地清真寺	古迹建筑	宗教建筑	河北省沧县捷地镇	明	完全重建	市级文保单位	伊斯兰教
	C-013	泊头清真寺			河北省泊头市区清镇街南端	明	修旧如旧	国家级文保单位	
	C-014	东光码头遗址	运河工程设施	码头	河北省东光县码头镇	不详	破坏严重	县级文保单位	
	C-015	苏禄王墓	古迹建筑	古墓葬	山东省德州市城北1千米处北营村	明	保存良好	国家级文保单位	伊斯兰教
鲁运河段（D）	D-001	问津桥	运河工程设施	桥梁	临清市会通河北支入卫处	明	完全重建	国家级文保单位	
	D-002	月径桥			临清市官驿街西端	清	完全重建	国家级文保单位	
	D-003	永济桥			临清市城区内锅市街北端	明	完全重建	非文保单位	

续表

河段	编号	名称	类别	类型	地址	时代	现状	保护级别	备注
鲁运河段(D)	D-004	通济桥	运河工程设施	桥梁	临清市城区鳌头矶北	明	完全重建	非文保单位	
	D-005	会通闸		闸坝	临清市福德街北门外	元	破坏严重	县级文保单位	
	D-006	头闸			临清市夹道街南端	明	完全重建	县级文保单位	
	D-007	临清清真北寺	古迹建筑	宗教建筑	临清市先锋街道办事处桃园街西侧	明	保存良好	国家级文保单位	伊斯兰教
	D-008	临清清真东寺			临清市先锋街道办事处桃园街西侧 古运河入卫处	明	保存良好	国家级文保单位	
	D-009	临清大宁寺			临清市新城中州大寺街北侧	不详	部分修建	非文保单位	佛教
	D-010	二闸	运河工程设施	闸坝	临清市会通街东	明	完全重建	县级文保单位	
	D-011	临清钞关	古迹建筑	官署建筑	临清市青年路南侧，古运河西岸	明	保存较好	国家级文保单位	
	D-012	鳌头矶		古建筑群	临清市区元代运河与明代运河分岔处	明	保存良好	国家级文保单位	
	D-013	临清歇马亭古岱庙		驿站	临清市东南京杭大运河岸边	明	修旧如旧	非文保单位	
	D-014	戴闸	运河工程设施	闸坝	临清市戴闸村南，距市区 15 千米	明	保存较好	县级文保单位	
	D-015	魏湾闸			临清市魏湾南 1 千米，会通河入马颊河处	明	完全重建	非文保单位	
	D-016	临清魏湾钞关	古迹建筑	官署建筑	临清市魏湾镇魏湾村运河北岸折弯码头处	不详	20 世纪 70 年代拆毁	非文保单位	
	D-017	梁家乡闸	运河工程设施	闸坝	聊城市东昌府区梁家镇梁闸村中部偏南	明	破坏严重	县级文保单位	
	D-018	土闸			土桥北，距戴家湾 17.5 千米，南距梁家乡 6 千米	明	破坏严重	县级文保单位	
	D-019	辛闸			聊城市东昌府区北杨集乡辛闸村西古运河道	明	破坏严重	县级文保单位	
	D-020	通济闸			聊城市东关大桥	明	不存，遗址可考	非文保单位	
	D-021	小码头		码头	聊城市东关运河西岸大码头街	明、清	修旧如旧	市级文保单位	
	D-022	大码头			聊城市大码头街	明、清	修旧如旧	市级文保单位	
	D-023	山陕会馆	古迹建筑	会馆建筑	聊城市东关古运河西岸	清	保存良好	国家级文保单位	

续表

河段	编号	名称	类别	类型	地址	时代	现状	保护级别	备注
鲁运河段（D）	D-024	光岳楼	古迹建筑	历史建筑	聊城市东昌府区古城中央	明	保存良好	国家级文保单位	
	D-025	聊城铁塔		宗教建筑	聊城市东关古运河河畔，原护国隆兴寺内东南角	宋	保存较好	国家级文保单位	佛教
	D-026	小礼拜寺			聊城市东关大街路北，古运河西岸，铁塔以南	明	破坏严重	市级文保单位	伊斯兰教
	D-027	基督教堂			聊城市山陕会馆北行50米	清末	修旧如旧	市级文保单位	天主教
	D-028	海源阁		历史建筑	聊城市旧城万寿观街路北	清	完全重建	省级文保单位	藏书阁
	D-029	王口古槐	文物遗迹	民间信仰	聊城市隆兴寺铁塔北1千米运河西岸	唐	保存良好	市级文保单位	古树
	D-030	李海务闸	运河工程设施	闸坝	聊城市东昌府区李海务镇	元	不存，遗址可考	非文保单位	
	D-031	周店闸			聊城市东昌府区周店镇	元	保存较好	市级文保单位	
	D-032	七级闸			阳谷县城东北30千米、七级镇东北7.5千米	元	保存较好	市级文保单位	
	D-033	刘楼闸	运河工程设施	闸坝	阳谷县阿城镇刘楼村	元	破坏严重	非文保单位	
	D-034	阿城闸			阳谷县阿城镇，阿城下闸位于阿城北5.5千米阿城上闸位于阿城镇北4千米	元	保存较好	非文保单位	
	D-035	张秋下闸			阳谷县张秋镇下闸村西	元	保存较好	市级文保单位	
	D-036	张秋上闸			阳谷县张秋镇下闸村西	元	保存较好	市级文保单位	
	D-037	张秋古桥		桥梁	阳谷县张秋镇	不详	保存较好	市级文保单位	
	D-038	七级镇古街	古迹建筑	建筑群	阳谷县七级镇	清	保存较好	市级文保单位	
	D-039	张秋镇			阳谷县	明	保存较好	市级文保单位	
	D-040	海会寺		宗教建筑	阳谷县阿城镇	清	保存较好	国家AA景区	佛教
	D-041	清真东寺			阳谷县张秋镇	明	破坏严重	非文保单位	伊斯兰教
	D-042	清真南寺			阳谷县张秋镇	不详	保存尚好	市级文保单位	
	D-043	陈家老宅		民居建筑	阳谷县张秋镇北街路东	清	保存一般	市级文保单位	

续表

河段	编号	名称	类别	类型	地址	时代	现状	保护级别	备注
鲁运河段（D）	D-044	张秋山陕会馆	古迹建筑	会馆建筑	张秋镇南街，东距运河70米	清	破坏严重	非文保单位	
	D-045	靳口古闸		闸坝	济宁市梁山县馆驿镇靳口村	元	不存，遗址可考	非文保单位	
	D-046	袁口古闸			济宁市梁山县韩岗镇袁口村	明	完全新建	非文保单位	
	D-047	开河古闸			济宁市梁山县韩垓镇开河村	元	完全新建	非文保单位	
	D-048	柳林闸			济宁市汶上县南旺镇柳林闸村	明	完全新建	非文保单位	
	D-049	南旺分水龙王庙		民间信仰	济宁市汶上县南旺镇	明	破坏严重	市级文保单位	祭祀龙王
	D-050	运河石碑	文物古迹	石刻	济宁市汶上县南旺镇柳林闸村	清	破坏严重	非文保单位	
	D-051	佛庙石碑			济宁市汶上县南旺镇柳林闸村	清	破坏严重	非文保单位	
	D-052	十里闸	运河工程设施	闸坝	济宁市汶上县南旺镇十里闸村	明	完全重建	非文保单位	
	D-053	长沟古桥		桥梁	济宁市任城区长沟镇	明	不存，遗址可考	非文保单位	
	D-054	东大寺	古迹建筑	宗教建筑	济宁市小闸口上河西街古运河西岸	明	保存良好、完整	国家级文保单位	伊斯兰教
	D-055	太白楼		历史建筑	济宁市中区太白中路古运河北岸	不详	改建恢复	省级文保单位	
	D-056	竹竿巷		建筑群	济宁市中区古运河岸	元	破坏严重，大量改建	非文保单位	
	D-057	黄家街教堂		宗教建筑	济宁市中区县前街路东57号	1925年	保存较好	市级文保单位	基督教
	D-058	济阳会馆		会馆建筑	济宁市中区运河北岸	不详	不存，有碑可考	市级文保单位	
	D-059	吕家宅院		民居建筑	济宁市中区财神阁街11号	清	改建恢复	市级文保单位	
	D-060	大石桥	运河工程设施	桥梁	济宁市环城路北侧大石桥街	明	改建恢复	市级文保单位	
	D-061	礼拜堂教士楼	古迹建筑	宗教建筑	济宁市中区人民医院内	清	保存较好	省级文保单位	基督教
	D-062	清真寺			济宁市微山县南阳镇中心	明	破坏严重	非文保单位	伊斯兰教
	D-063	东西古街		建筑群	济宁市微山县南阳镇东牌坊街和北小井子街上	明、清	保存较好，改建恢复	已纳入保护范围	
	D-064	新河神庙		民间信仰	济宁市微山县南阳镇南阳中学院内	明	不存，有石碑可考	非文保单位	祭祀河神

续表

河段	编号	名称	类别	类型	地址	时代	现状	保护级别	备注
鲁运河段（D）	D-065	南阳闸	运河工程设施	闸坝	济宁市微山县南阳镇古运河上	明、清	不存	非文保单位	
	D-066	闸口桥			济宁市微山县夏镇老城区	不详	完全新建	非文保单位	
	D-067	台儿庄船闸			枣庄市台儿庄节制闸左侧	1968年	保存良好	非文保单位	
	D-068	台儿庄清真古寺	古迹建筑	宗教建筑	枣庄市台儿庄区大门北里	明、清	保存较好，改建恢复	省级文保单位	伊斯兰教
	D-069	清真南寺			枣庄市台儿庄区古运河畔	明	完全新建	非文保单位	
	D-070	太和号及周边商号		建筑群	枣庄市台儿庄	明、清	保存较好，改建恢复	纳入特定保护范围	
	D-071	山西商会会馆		会馆建筑	枣庄市台儿庄区运河街道办事处	清	保存较好，改建恢复	非文保单位	
	D-072	古码头	运河工程设施	码头	枣庄市台儿庄区古运河北岸顺河街	明、清	破坏严重	纳入特定保护范围	
	D-073	明崇祯碑	文物古迹	石刻	枣庄市台儿庄区黄林庄南旧运河道内	明	—	—	
中运河段（E）	E-001	荆山桥	运河工程设施	桥梁	江苏省徐州市东北荆山下	清	不存	市级文保单位	
	E-002	乾隆行宫	古迹建筑	官署建筑	徐州市云龙山北麓	清	改建恢复	市级文保单位	
	E-003	山西会馆		会馆建筑	徐州市云龙山东麓	清	保存较好	市级文保单位	
	E-004	兴化寺		宗教建筑	徐州市云龙山北数第一节山的东山腰	明	保存较好	市级文保单位	佛教
	E-005	龙王庙行宫		官署行宫	宿迁市西南运河西岸，皂河镇	清	保存良好	国家级文保单位	
	E-006	大王庙		民间信仰	宿迁市东南运河西岸，宿城东关口	明	破坏严重	市级文保单位	祭祀金龙四大王
	E-007	孔庙大成殿		民间信仰	宿迁市宿城镇南宿迁中学内	明	保存一般	市级文保单位	祭祀孔子
	E-008	通汇桥	运河工程设施	桥梁	宿迁市城南马陵河上	清	不存，遗址可考	县级文保单位	
里运河段（F）	F-001	清江大闸	运河工程设施	闸坝	淮安市区里运河航道上	明	保存较好	市级文保单位	
	F-002	清江浦楼	古迹建筑	标志建筑	淮安市清江浦区运河南岸	清	保存较好	市级文保单位	

续表

河段	编号	名称	类别	类型	地址	时代	现状	保护级别	备注
里运河段(F)	F-003	慈云禅寺	古迹建筑	宗教建筑	淮安市承德路北端与轮埠路交界处	明	保存较好	市级文保单位	佛教
	F-004	清江文庙		文庙建筑	淮安市清江浦区轮埠路169号	明	破坏严重	省级文保单位	
	F-005	东西大街	古迹建筑	建筑群	淮安市西大街、东大街	清	完全重建	非文保单位	
	F-006	清宴园		园林建筑	淮安市人民南路西侧92号	明	改建恢复	省级文保单位	户部分司署
	F-007	关帝庙		民间信仰	淮安市青浦区清宴园内	明	保存较好	省级文保单位	祭祀关公
	F-008	丰济仓	仓储设施	漕仓	淮安市青浦区西大街草市口向北100米	清	不存,遗址可考	国家级文保单位	
	F-009	铁牛	文物古迹	民间信仰	洪泽区洪泽湖大堤	清	异地保存	省级文保单位	镇水兽
	F-010	文渠	运河工程设施	—	淮安市楚州区城内	明	—	县级文保单位	
	F-011	龙光闸		闸坝	淮安市楚州区淮城镇东南角	明	—	县级保护单位	
	F-012	康熙乾隆碑	文物古迹	石刻	淮安市楚州区勺湖公园碑园内	清	—	县级文保单位	
	F-013	吴承恩故居	古迹建筑	民居建筑	淮安市楚州区河下居委会打铜巷内	明	完全重建	市级文保单位	
	F-014	江宁会馆		会馆建筑	淮安市楚州区河下中街	清	破坏严重	市级文保单位	
	F-015	古枚里		历史建筑	淮安市楚州区河下镇里运河畔	明	完全重建	市级文保单位	
	F-016	河下古镇石板街		建筑群	淮安市楚州区河下古镇	明	改建恢复	省级文保单位	
	F-017	润州会馆		会馆建筑	淮安市楚州区西北北角楼外	清	保存较好	市级文保单位	
	F-018	总督漕运公署		官署建筑	淮安市楚州区南门大街北端市中心	南宋	破坏严重	省级文保单位	
	F-019	镇淮楼		标志建筑	淮安市楚州区南门大街北端市中心	北宋	保存良好	省级文保单位	
	F-020	盂城驿		驿站建筑	扬州市高邮镇馆驿巷13号	明、清	保存良好	国家级文保单位	
	F-021	镇国寺塔		宗教建筑	扬州市高邮镇运河中心岛上	唐	保存较好	国家级文保单位	佛教
	F-022	当铺		商铺建筑	扬州市高邮镇人民路19号	清	—	省级文保单位	
	F-023	高邮奎楼		民间信仰	扬州市高邮镇东南郊	宋	修复重建	省级文保单位	祭祀奎星

续表

河段	编号	名称	类别	类型	地址	时代	现状	保护级别	备注
里运河段（F）	F-024	禹王庙	古迹建筑	民间信仰	扬州市周巷乡张平村	明	—	市级文保单位	祭祀大禹
	F-025	高邮王氏故居		民居建筑	扬州市高邮镇西后街21号	清	—	市级文保单位	
	F-026	百岁巷纱帽厅			扬州市高邮镇百岁巷65号	清	保存较好	市级文保单位	
	F-027	人民路民居			扬州市高邮镇人民路50-2	清	保存较好	市级文保单位	
	F-028	北门街明清民居			扬州市高邮镇北门大街158号	明、清	保护较好	市级文保单位	
	F-029	中二街民居			扬州市三垛镇中二街114号	清	保护一般	市级文保单位	
	F-030	陈家巷民居			扬州市三垛镇陈家巷8号	清	保护一般	市级文保单位	
	F-031	县府街清代民居			扬州市府前街91号现文游台内	清	—	市级文保单位	
	F-032	秦家大院民居			扬州市高邮镇焦家巷31号	明、清	—	市级文保单位	
	F-033	百岁巷民居			扬州市高邮镇百岁巷63号	清	保存较好	市级文保单位	
	F-034	三层楼巷民居			扬州市高邮镇三层楼巷17号	明、清	保存较好	市级文保单位	
	F-035	南门大街民居			扬州市高邮镇南门大街48号	清	保存较好	市级文保单位	
	F-036	当典巷民居			扬州市三垛镇当典巷2号	清	—	市级文保单位	
	F-037	前河路民居			扬州市三垛镇前河路100号	清	—	市级文保单位	
	F-038	引江西路民居			扬州市三垛镇引江西路6号	清	—	市级文保单位	
	F-039	平津堰	运河工程设施	堤堰	扬州市高邮镇大运河西侧	唐	保存较好	国家级文保单位	
	F-040	御码头		码头	扬州市高邮镇通湖路	清	改建复建	省级文保单位	
	F-041	昭关坝		闸坝	扬州市江都市邵伯镇	清	不存，遗址可考	非文保单位	
	F-042	子婴闸			扬州市高邮市界首镇	清	不存，遗址可考	非文保单位	
	F-043	车逻闸			扬州市高邮市车逻镇	清	不存，遗址可考	非文保单位	
	F-044	界首镇古国寺大殿	古迹建筑	宗教建筑	扬州市高邮市界首镇	清	改建恢复	市级文保单位	佛教
	F-045	绿荫禅林			扬州市高邮镇马饮塘	清	—	市级文保单位	

续表

河段	编号	名称	类别	类型	地址	时代	现状	保护级别	备注
里运河段(F)	F-046	千佛庵巷清真寺	古迹建筑	宗教建筑	扬州市高邮镇千佛庵巷14号	清	—	市级文保单位	伊斯兰教
	F-047	菱塘清真寺			扬州市菱塘乡新景村	清	—	市级文保单位	
	F-048	净土寺塔			扬州市高邮镇东郊	明	—	市级文保单位	佛教
	F-049	耿庙石柱	文物古迹	石刻	扬州市高邮镇通湖路运河对岸	明	—	市级文保单位	
	F-050	马棚湾铁牛		民间信仰	扬州市马棚湾运河古道旁	清	保存完好	市级文保单位	镇水兽
	F-051	童氏住宅	古迹建筑	民居建筑	扬州市大桥镇昌松薛河村	清	—	市级文保单位	
	F-052	史宅厅房			扬州市打钱真昌松善玉村	明	—	市级文保单位	
	F-053	于氏姊妹楼			扬州市塘头镇东	清	—	市级文保单位	
	F-054	广福庵		宗教建筑	扬州市浦头镇韩桥村	清	改建恢复	县级文保单位	佛教
	F-055	邵伯清真大寺			扬州市邵伯礼拜寺巷3号	清	—	市级文保单位	伊斯兰教
	F-056	嘶马镇关帝庙		民间信仰	扬州市嘶马镇牌楼街63号	清	—	市级文保单位	祭祀关公
	F-057	捐修码头记事碑	文物古迹	石刻	扬州市江都镇工农路37号	清	—	市级文保单位	
	F-058	宝镇寺碑			扬州市张纲镇张纲小学院内	清	—	市级文保单位	
	F-059	江都铁牛		民间信仰	扬州市邵伯镇西运河大堤	清	保存良好	市级文保单位	镇水兽
	F-060	茱萸湾古闸	运河工程设施	闸坝	扬州市市区湾头镇	清	保存较好	市级文保单位	
	F-061	隋炀帝陵	古迹建筑	古墓葬	扬州市槐泗镇槐二村	唐	保存较好	省级文保单位	
	F-062	个园		园林建筑	扬州市市区东关街328号	清	保存良好	国家级文保单位	
	F-063	何园			扬州市市区徐凝街77号	清	保存较好	国家级文保单位	
	F-064	扬州城遗址		建筑群	扬州市市区及西北郊	隋	保存较好	国家级文保单位	
	F-065	普哈丁墓		古墓葬	扬州市解放桥古运河边	南宋	保存较好	国家级文保单位	

续表

河段	编号	名称	类别	类型	地址	时代	现状	保护级别	备注
里运河段（F）	F-066	莲花桥	古迹建筑	园林建筑	扬州市市区瘦西湖内	清	保存较好	省级文保单位	
	F-067	重宁寺		宗教建筑	扬州市市区长征路15号	清	改建恢复	省级文保单位	佛教
	F-068	天宁寺			扬州市市区丰乐下街	清	保存较好	省级文保单位	
	F-069	天主教堂			扬州市市区北河下25号	清	保存较好	省级文保单位	天主教
	F-070	大明寺鉴真纪念堂			扬州市市区蜀冈中峰	清	保存较好	省级文保单位	佛教
	F-071	汪氏小院		园林建筑	扬州市市区南河下174号	清	改建恢复	省级文保单位	
	F-072	平园			扬州市市区南河下723所内	清	改建恢复	市级文保单位	
	F-073	珍园		园林建筑	扬州市市区文昌中路	清	—	市级文保单位	
	F-074	壶园			扬州市市区东圈门22号	清	保存较好	市级文保单位	
	F-075	刘氏庭园			扬州市市区粉妆巷19号	清	改建恢复	市级文保单位	
	F-076	长生寺阁			扬州市市区跃进桥北古运河东岸	清	保存较好	市级文保单位	
	F-077	盐运使司衙署门厅		官署建筑	扬州市市区国庆北路	清	完全重建	市级文保单位	
	F-078	莲性寺白塔		园林建筑	扬州市市区瘦西湖内	清	保存较好	省级文保单位	
	F-079	文峰塔			扬州市市区宝塔湾运河边	明	保存较好	市级文保单位	
	F-080	廿四桥			扬州市市区念泗路上	清	保存较好	市级文保单位	
	F-081	大虹桥			扬州市市区瘦西湖内	清	保存较好	市级文保单位	
	F-082	文昌阁			扬州市市区汶河路广场中	明	保存较好	市级文保单位	
	F-083	卢氏住宅		民居建筑	扬州市市区康山街22号	清	完全重建	市级文保单位	
	F-084	小金山		园林建筑	扬州市市区瘦西湖内	清	保存较好	市级文保单位	
	F-085	棣园			扬州市市区南河下26号723所内	明	完全重建	市级文保单位	

续表

河段	编号	名称	类别	类型	地址	时代	现状	保护级别	备注
里运河段(F)	F-086	岭南会馆	古迹建筑	会馆建筑	扬州市新城仓巷4-3号	清	—	市级文保单位	
	F-087	湖北会馆			扬州市市区南下河174号	清	保存较好	市级文保单位	
	F-088	永宁宫古戏台		戏台	扬州市市区永宁巷23号	清	保存一般	市级文保单位	
	F-089	廖氏住宅		民居建筑	扬州市市区南河下118号	清	改建恢复	市级文保单位	
	F-090	诸氏住宅		民居建筑	扬州市市区国庆北路342-346号	清	改建恢复	市级文保单位	
	F-091	周氏住宅			扬州市市区青莲巷19号	清	—	市级文保单位	
	F-092	丁氏住宅			扬州市市区地官第12号	清	—	市级文保单位	
	F-093	马氏住宅			扬州市市区地官第10号	清	—	市级文保单位	
	F-094	古邗沟	古迹遗址	古河道	扬州市市区城北螺丝湾桥至黄金坝	春秋	保存较好	市级文保单位	
	F-095	东关古渡	运河工程设施	渡口	扬州市市区东关街口	唐至清	改建恢复	—	
江南运河段(G)	G-001	通阜桥	运河工程设施	桥梁	镇江市大西路中部	不详	完全重建	非文保单位	
	G-002	大京口闸		闸坝	镇江市中华路北段与鱼巷口交会处	唐	—	非文保单位	
	G-003	小京口闸			镇江市京口闸北侧	北宋	—	非文保单位	
	G-004	北水关石闸			镇江市北水关巷南段江奎住宅区内	明、清	不存,遗址可考	非文保单位	
	G-005	焦山碑林	文物古迹	石刻	镇江市焦山公园内	北宋	保存较好	国家级文保单位	
	G-006	观音洞一条街	古迹建筑	建筑群	镇江市小码头街	六朝至清	保存较好	市级文保单位	
	G-007	新河街			镇江市新河街	清	保存较好	市级文保单位	
	G-008	福音堂		宗教建筑	镇江市大西路343号	清	保存良好	市级文保单位	基督教
	G-009	古定福禅寺			镇江市宝盖路	清	破坏严重	市级文保单位	佛教
	G-010	虎踞桥	运河工程设施	桥梁	镇江市南门外运河上	明	改建恢复	市级文保单位	
	G-011	千秋桥			镇江市千秋桥街东端	东晋	—	非文保单位	

续表

河段	编号	名称	类别	类型	地址	时代	现状	保护级别	备注
江南运河段（G）	G-012	南水关石闸	运河工程设施	闸坝	镇江市南水桥西北排污截流管理站内	明、清	不存，遗址可考	非文保单位	
	G-013	城隍庙戏台	古迹建筑	戏台	镇江市城隍庙街6号	清	保存较好	市级文保单位	
	G-014	清真寺石刻	文物古迹	石刻	镇江市剪子巷150号	清	破坏严重	市级文保单位	
	G-015	清真寺	古迹建筑	宗教建筑	镇江市清真寺街84号	清	保存较好	市级文保单位	伊斯兰教
	G-016	招隐寺			镇江市南郊兽窟山北	清	改建恢复	市级文保单位	佛教
	G-017	火星庙戏台		戏台	镇江市火星庙巷	清	保存较好	市级文保单位	
	G-018	丁卯桥	运河工程设施	桥梁	镇江市丁卯村	东晋	不存，遗址可考	市级文保单位	
	G-019	练湖闸		闸坝	丹阳市老西门西北2千米处	民国	不存，遗址可考	非文保单位	
	G-020	五洞桥		桥梁	常州市赛桥乡下坊村	明	完全重建	市级文保单位	
	G-021	文亨桥			常州市市区西瀛里西南箟箕巷	明	完全重建	市级文保单位	
	G-022	广济桥			常州市东坡公园东首	明	完全重建	市级文保单位	
	G-023	新坊桥			常州市和平南路中段东侧	梁	完全重建	市级文保单位	
	G-024	飞虹桥			常州市东坡公园西首	清	完全重建	市级文保单位	
	G-025	毗陵驿	古迹建筑	驿站	常州市城区西古码头	清	修建恢复	市级文保单位	
	G-026	乾隆御碑	文物古迹	石刻	常州市舣舟阁内	清	保存良好	市级文保单位	
	G-027	约园	古迹建筑	园林建筑	常州市第二人民医院	明	保存良好	市级文保单位	
	G-028	近园			常州市化龙巷	清	保存良好	市级文保单位	
	G-029	意园			常州市后海岸	清	保存良好	市级文保单位	
	G-030	天宁寺		宗教建筑	常州市解放西路	唐	保存较好	省级文保单位	佛教
	G-031	清凉寺			常州市市区清凉路22号	北宋	修旧如旧	省级文保单位	

续表

河段	编号	名称	类别	类型	地址	时代	现状	保护级别	备注
江南运河段(G)	G-032	县文庙	古迹建筑	文庙建筑	常州市工人文化宫	南宋	修旧如旧	市级文保单位	
	G-033	崇法寺		宗教建筑	常州市双桂坊	北宋	修旧如旧	市级文保单位	佛教
	G-034	阳湖县城隍庙戏楼		戏楼	常州市青果巷新坊桥小学内	清	—	市级文保单位	
	G-035	关帝庙		民间信仰	常州市关帝庙弄	明	修旧如旧	市级文保单位	祭祀关公
	G-036	青果巷历史文化保护街区		建筑群	常州市青果巷	明、清	保存较好	纳入特定保护范围	
	G-037	前北岸后北岸		建筑群	常州市局前街	明、清	保存较好	纳入特定保护范围	
	G-038	万安桥	运河工程设施	桥梁	常州市戚墅堰老三山港	明	—	市级文保单位	
	G-039	惠济桥			常州市戚墅堰老三山港	清	—	市级文保单位	
	G-040	寄畅园	古迹建筑	园林建筑	无锡市惠山横街	明	改建恢复	国家级文保单位	
	G-041	龙光塔			无锡市锡惠公园内	明	完全重建	市级文保单位	
	G-042	惠山寺石径幢			无锡市惠山寺古华山门内两侧	唐、宋	完全重建	省级文保单位	
	G-043	天下第二泉			无锡市锡山公园	唐	保存较好	省级文保单位	
	G-044	二泉书院	古迹建筑	园林建筑	无锡市松风堂	明	保存较好	省级文保单位	
	G-045	黄埠墩		—	无锡市梁溪区吴桥东运河中流	宋	完全重建	市级文保单位	
	G-046	天主堂		宗教建筑	无锡市梁溪区民主街86号	清	保存较好	市级文保单位	天主教
	G-047	东林书院		建筑群	无锡市解放东路867号	北宋	—	省级文保单位	
	G-048	西水仙庙		民间信仰	无锡市梁溪区解放西路古运河	明	改建恢复	市级文保单位	
	G-050	妙光塔		宗教建筑	无锡市梁溪区向阳路32号	北宋	完全重建	市级文保单位	佛教
	G-051	南禅寺				梁			
	G-052	清明桥	运河工程设施	桥梁	无锡市梁溪区古运河清明桥	明	修旧如旧	市级文保单位	

续表

河段	编号	名称	类别	类型	地址	时代	现状	保护级别	备注
江南运河段（G）	G-053	清明桥历史街区	古迹建筑	建筑群	无锡市梁溪区古运河清明桥	明	修旧如旧	市级文保单位	
	G-054	耕读桥	运河工程设施	桥梁	无锡市梁溪区	明、清	破坏严重	—	
	G-055	伯渎桥			无锡市古运河与伯渎巷交汇处	—	完全重建	—	
	G-056	大窑路窑群	古迹建筑	建筑群	无锡市大窑路沿线	明	保存较好	市级文保单位	
	G-057	三里亭		驿站	苏州市兴贤桥南运河西岸	清	保存较好	市级文保单位	
	G-058	十里亭			苏州市枫桥、射渎口（运河西）	明	保存较好	市级文保单位	
	G-059	枫桥	运河工程设施	桥梁	苏州市枫桥镇铁岭关前	清	保存较好	省级文保单位	
	G-060	江村桥			苏州市枫桥镇寒山寺前	清	保存较好	省级文保单位	
	G-061	彩云桥			苏州市横塘镇横塘驿站东侧	民国	改建恢复	省级文保单文	
	G-062	越城桥	运河工程设施	桥梁	苏州市横塘镇石湖北侧，跨越来溪	清	保存较好	市级文保单文	
	G-063	行春桥			苏州市横塘镇上方山路，跨石湖北渚	清	保存较好	市级文保单位	
	G-064	铁岭关	古迹建筑	防御建筑	苏州市古城外枫桥	明	保存较好	省级文保单位	
	G-065	寒山寺		宗教建筑	苏州市枫桥	南朝	改建恢复	省级文保单位	佛教
	G-066	横塘驿站		驿站	苏州市横塘	清	保存较好	省级文保单位	
	G-067	楞枷寺塔		宗教建筑	苏州市上方山	北宋	保存较好	省级文保单位	佛教
	G-068	吴城遗址		古遗址	苏州市石湖磨盘屿，属治平寺遗址	春秋	—	—	
	G-069	越城遗址			苏州市石湖	春秋	—	省级文保单位	
	G-070	宝带桥	运河工程设施	桥梁	苏州市吴中区运河与澹台湖交口处	唐	保存较好	国家级文保单位	
	G-071	三里桥			苏州市松陵北门外，跨古运河	元	破坏严重	市级文保单位	
	G-072	垂虹桥			苏州市松陵东门外，跨太湖通运河及吴淞江的隘口	北宋	破坏严重	市级文保单位	
	G-073	孔庙	古迹建筑	文庙建筑	苏州市吴江市中心	清	—	市级文保单位	

续表

河段	编号	名称	类别	类型	地址	时代	现状	保护级别	备注
江南运河段(G)	G-074	先蚕祠	古迹建筑	民间信仰	苏州市盛泽镇五龙路	清	—	省级文保单位	祭祀蚕花
	G-075	运河古纤道	运河工程设施	桥梁	苏州市吴江城南	唐	破坏严重	省级文保单位	
	G-076	安民桥			苏州市北前街跨古运河	明	保存较好	市级文保单位	
	G-077	安德桥			苏州市司前街,运河与由荻塘河汇合处	唐	保存较好	市级文保单位	
	G-078	白龙桥			苏州市盛泽镇坛丘白龙桥村	清	—	市级文保单位	
	G-079	升明桥			苏州市盛泽镇跨东白漾口	清	—	市级文保单位	
	G-080	泰安桥	运河工程设施	桥梁	苏州市盛泽镇黄家溪村,跨市河	清	—	市级文保单位	
	G-081	中和桥			苏州市盛泽镇王家庄街,跨市河	清	—	市级文保单位	
	G-082	济东会馆	古迹建筑	会馆建筑	苏州市盛泽镇斜桥街	清	—	市级文保单位	
	G-083	西山庙桥	运河工程设施	桥梁	苏州市山塘街西首(山塘)	清	—	已纳入保护范围	
	G-084	万点桥			苏州市山塘街席场弄口	清	—	已纳入保护范围	
	G-085	绿水桥			苏州市山塘街	清	—	已纳入保护范围	
	G-086	青山桥			苏州市山塘街五人墓西侧	清	—	已纳入保护范围	
	G-087	普济桥			苏州市山塘街	清	—	已纳入保护范围	
	G-088	星桥			苏州市山塘街星桥湾	清	—	已纳入保护范围	
	G-089	通贵桥			苏州市山塘街杨安浜口	清	—	已纳入保护范围	
	G-090	白姆桥			苏州市山塘街	清	—	已纳入保护范围	
	G-091	龙华寺桥			苏州市虎丘乡茶花村	清	—	已纳入保护范围	
	G-092	引善桥			苏州市虎丘乡茶花村打柴浜	清	—	已纳入保护范围	
	G-093	同善桥			苏州市虎丘山塘普济桥西南	清	—	已纳入保护范围	
	G-094	白公堤石幢	文物古迹	石刻	苏州市山塘街五人墓院内	明	—	市级文保单位	

续表

河段	编号	名称	类别	类型	地址	时代	现状	保护级别	备注
江南运河段（G）	G-095	石牌坊	文物古迹	石刻	苏州市渡僧桥下塘水星桥	清	—	已纳入保护范围	
	G-096	虎丘塔	古迹建筑	宗教建筑	苏州市虎丘	宋	保存良好	国家级文保单位	
	G-097	岭南会馆		会馆建筑	苏州市山塘街 136 号	清	—	已纳入保护范围	
	G-098	山东会馆			苏州市山塘街 552 号	清	—	已纳入保护范围	
	G-099	天和药铺	古迹建筑	商铺建筑	苏州市山塘街 374 号	清	—	已纳入保护范围	
	G-100	下津桥	运河工程设施	桥梁	苏州市枫桥路（上塘河）	明	保存较好	市级文保单位	
	G-101	上津桥			苏州市枫桥路	明	保存较好	市级文保单位	
	G-102	长善浜桥			苏州市上津桥下塘街	清	—	已纳入保护范围	
	G-103	普安桥			苏州市上塘街	清	—	已纳入保护范围	
	G-104	鸭蛋桥			苏州市阊门外鸭蛋桥浜饭店弄	清	—	已纳入保护范围	
	G-105	潮州会馆	古迹建筑	会馆建筑	苏州市上塘街	清	破坏严重	市级文保单位	
	G-106	安徽会馆			苏州市阊门外辛庄	民国	—	已纳入保护范围	
	G-107	戒幢律寺		宗教建筑	苏州市古城外虎丘路西园弄	清	保存良好	省级文保单位	
	G-108	留园		园林建筑	苏州市古城外留园路	明、清	保存良好	国家级文保单位	
	G-109	汀州会馆		会馆建筑	苏州市阊门外上塘街 285~287 号	清	—	已纳入保护范围	
	G-110	梨园公所		会馆建筑	苏州市义慈相三乐湾 16 号	清	—	已纳入保护范围	
	G-111	阊门遗址		城门	苏州市西中市西首 15 号	元	改建恢复	市级文保单位	
	G-112	金门			苏州市景德路西首	—	破坏严重	市级文保单位	
	G-113	南壕桥	运河工程设施	桥梁	苏州市胥门外南浩街与万年桥大街连接处	清	—	已纳入保护范围	
	G-114	吉水桥			苏州市盘门外，跨盘溪	清	—	已纳入保护范围	
	G-115	程桥			苏州市盘门内西大街	清	—	已纳入保护范围	

续表

河段	编号	名称	类别	类型	地址	时代	现状	保护级别	备注
江南运河段(G)	G-116	吴门桥	运河工程设施	桥梁	苏州市盘门外	北宋	保存较好	市级文保单位	
	G-117	水关桥			苏州市盘门水关外	清	保存较好	已纳入保护范围	
	G-118	兴龙桥			苏州市盘门外兴龙桥下塘	清	保存较好	已纳入保护范围	
	G-119	胥门	古迹建筑	城门	苏州市城西	春秋	破坏严重	省级文保单位	
	G-120	盘门			苏州市古城西南角	元	保存较好	国家级文保单位	
	G-121	全晋会馆		会馆建筑	苏州市姑苏区张家巷	清	保存较好	省级文保单位	
	G-122	拙政园		园林建筑	苏州市东北角	明、清	保存良好	国家级文保单位	
	G-123	环秀山庄			苏州市景德路	明、清	保存良好	国家级文保单位	
	G-124	玄妙观三清殿		宗教建筑	苏州市观前街	南宋	保存较好	国家级文保单位	道教
	G-125	罗汉院双塔			苏州市定慧寺巷	北宋	保存良好	国家级文保单位	佛教
	G-126	瑞光寺塔			苏州市盘门内	北宋	保存良好	国家级文保单位	
	G-127	报恩寺塔			苏州市平门内、人民路	南宋	保存较好	省级文保单位	
	G-128	开元寺			苏州市东大街	明	—	省级文保单位	
	G-129	苏州文庙		文庙建筑	苏州市人民路	南宋	保存较好	国家级文保单位	
	G-130	耦园		园林建筑	苏州市小新桥巷	清	保存较好	国家级文保单位	
	G-131	网师园			苏州市阔家头巷	清	保存良好	国家级文保单位	
	G-132	五峰园			苏州市西北角	明、清	保存较好	省级文保单位	
	G-133	艺圃			苏州市文衙弄	明	保存较好	省级文保单位	
	G-134	狮子林			苏州市园林路	清	保存较好	国家级文保单位	
	G-135	怡园			苏州市人民路	清	保存较好	省级文保单位	
	G-136	沧浪亭			苏州市沧浪亭街	北宋	保存良好	国家级文保单位	

续表

河段	编号	名称	类别	类型	地址	时代	现状	保护级别	备注
江南运河段（G）	G-137	织造署旧址	古迹建筑	官署建筑	苏州市带城桥下塘	清	—	省级文保单位	
	G-138	武安会馆		会馆建筑	苏州市天库前	清	—	市级文保单位	
	G-139	春晖堂杨宅		民居建筑	苏州市景德路	清	—	市级文保单位	
	G-140	钱宅			苏州市悬桥巷	明、清	—	市级文保单位	
	G-141	寿星桥	运河工程设施	桥梁	苏州市望星桥北	宋至清	—	市级文保单位	
	G-142	官太尉桥			苏州市石匠弄唐家巷口	清	—	市级文保单位	
	G-143	关帝庙	古迹建筑	民间信仰	苏州市西北街关帝庙弄4号	清	—	已纳入保护范围	祭祀关公
	G-144	春申君庙			苏州市王洗马巷16号	清	—	已纳入保护范围	祭祀春申君
	G-145	宣州会馆		会馆建筑	苏州市吴殿直巷8号	清	—	已纳入保护范围	
	G-146	嘉应会馆			苏州市枣市街（泰让桥东）	清	—	市级文保单位	
	G-147	觅渡桥	运河工程设施	桥梁	苏州市南门路东侧赤门湾	元	保存较好	市级文保单位	
	G-148	秀城桥			嘉兴市秀洲区	明	保存较好	市级文保单位	
	G-149	秋泾桥			嘉兴市闸前街	明	—	市级文保单位	
	G-150	国界桥			嘉兴市洪合乡洪合村	宋	—	市级文保单位	
	G-151	文星桥			嘉兴市秀城区南湖乡南湖村	清	—	市级文保单位	
	G-152	塔塘桥			嘉兴市秀城区余新镇西南0.5千米	清	—	市级文保单位	
	G-153	北丽桥			嘉兴市建国路与环城北路口	宋	破坏严重	非文保单位	
	G-154	觉海寺	古迹建筑	宗教建筑	嘉兴市市区斜西街4号	南宋	保存良好	市级文保单位	佛教
	G-155	清真寺			嘉兴市东门大年堂前13号	清	保存良好	市级文保单位	伊斯兰教
	G-156	西驿亭		驿站	嘉兴市市区环城西路口运河畔	元	完全重建	市级文保单位	

续表

河段	编号	名称	类别	类型	地址	时代	现状	保护级别	备注
江南运河段(G)	G-157	司马高桥	运河工程设施	桥梁	嘉兴市桐乡崇福镇南,跨京杭运河故道	明	保存良好	市级文保单位	
	G-158	乌镇双桥			嘉兴市乌镇西栅	明	保存良好	非文保单位	
	G-159	语儿桥			嘉兴市桐乡市濮院镇万兴街东端	清	—	非文保单位	
	G-160	大积桥			嘉兴市桐乡市濮院镇观前街	元	—	非文保单位	
	G-161	大德桥			嘉兴市桐乡市濮院镇观前街	元	—	非文保单位	
	G-162	大有桥			嘉兴市桐乡市濮院镇大有桥街	元	—	非文保单位	
	G-163	栖凤桥			嘉兴市桐乡市濮院镇北横街西端	宋	—	非文保单位	
	G-164	定泉桥			嘉兴市桐乡市濮院镇北廊棚	清	—	非文保单位	
	G-165	升平桥			嘉兴市桐乡市濮院镇仓前街北端	清	—	非文保单位	
	G-166	众安桥			嘉兴市桐乡市濮院镇花园街	清	—	非文保单位	
	G-167	大通新桥			嘉兴市崇福镇西南上市乡新桥村	—	—	市级文保单位	
	G-168	浮澜桥			嘉兴市乌镇南大街	—	—	市级文保单位	
	G-169	福兴桥			嘉兴市乌镇南大街中段	明	—	市级文保单位	
	G-170	长安虹桥			嘉兴市长安镇中街、西街相连处	南宋	保存良好	市级文保单位	
	G-171	修真观戏台	古迹建筑	戏楼	嘉兴市桐乡乌镇观前街南侧	清	保存良好	市级文保单位	
	G-172	孔庙大成殿		文庙	嘉兴市崇福镇中山公园内	清	保存良好	市级文保单位	祭祀孔子
	G-173	崇福寺金刚殿		宗教建筑	嘉兴市崇福镇中山公园内	清	保存良好	市级文保单位	佛教
	G-174	乾隆碑刻	文物古迹	石刻	杭州市塘栖镇、距广济桥500米	清	—	非文保单位	
	G-175	塘栖镇	古迹建筑	建筑群	杭州市塘栖镇	明	保存良好	—	
	G-176	广济长桥	运河工程设施	桥梁	杭州市塘栖镇	明、清	保存较好	省级文保单位	
	G-177	古通济桥			杭州市拱墅区石桥镇石桥村	明	保存较好	市级文保单位	

续表

河段	编号	名称	类别	类型	地址	时代	现状	保护级别	备注
江南运河段（G）	G-178	拱宸桥	运河工程设施	桥梁	杭州市拱墅区运河上	明	保存良好	市级文保单位	
	G-179	欢喜水宁桥			杭州市石桥镇石桥村	清	保存较好	市级文保单位	
	G-180	祥符桥			杭州市祥符桥镇	明	保存较好	市级文保单位	
	G-181	桂芳桥			杭州市余杭区临平镇	清	完全重建	市级文保单位	
	G-182	东新桥			杭州市上塘乡东新村	清	保存较好	非文保单位	
	G-183	上塘桥			杭州市石桥乡石桥村	—	完全重建	非文保单位	
	G-184	广济桥			杭州市衣锦桥东北 3.5 千米处	清	完全重建	非文保单位	
	G-185	赤岸桥			杭州市广济桥东北	—	完全重建	非文保单位	
	G-186	衣锦桥			杭州市半山镇金家堰	民国	保存较好	非文保单位	
	G-187	隆兴桥			杭州市余杭区临平镇	—	保存较好	非文保单位	
	G-188	三堡船闸		闸坝	杭州市杭海路	—	保存良好	非文保单位	
	G-189	德胜坝			杭州市下塘河	明	不存，遗址可考	非文保单位	
	G-190	武林门	古迹建筑	城门	杭州市下城、拱墅、西湖三区交界处	明	保存良好	非文保单位	
	G-191	汇芳园		园林建筑	杭州市拱宸桥东北	清	—	非文保单位	
	G-192	化度寺		宗教建筑	杭州市拱墅区江涨桥东	南朝	—	非文保单位	佛教
	G-193	接待寺			杭州市拱墅区左家桥东南	北宋	—	非文保单位	
	G-194	大中祥符律寺			杭州市拱墅区祥符镇	南朝	—	非文保单位	
	G-195	潮王庙			杭州拱墅区德胜坝	唐	—	非文保单位	
	G-196	金祝庙			杭州市拱墅区西湖东北	北宋	—	非文保单位	
	G-197	金刚寺			杭州市拱墅区德胜桥东北	清	—	非文保单位	佛教
	G-198	文昌阁	古迹建筑	民间信仰	杭州市拱墅区万物桥北	—	—	非文保单位	
	G-199	天仙戏院		商铺建筑	杭州市拱墅区拱宸桥旁	—	—	非文保单位	
	G-200	丹桂茶园		商铺建筑	杭州市拱墅区拱宸桥旁	—	保存较好	非文保单位	
	G-201	香积寺石塔		宗教建筑	杭州市拱墅区香积寺巷	清	保存良好	省级文保单位	
	G-202	高家花园		园林建筑	杭州市拱墅区拱宸桥附近	清	保存良好	市级文保单位	

续表

河段	编号	名称	类别	类型	地址	时代	现状	保护级别	备注
江南运河段(G)	G-203	富义仓	仓储设施	漕仓	杭州市拱墅区江涨桥东南	清	修复重建	非文保单位	
	G-204	凤山关城门	古迹建筑	城门	杭州市上城区凤山门	元	保存较好	市级文保单位	
	G-205	拱宸桥桥西历史街区	古迹建筑	建筑群	杭州市拱墅区拱宸桥西	清	保存较好	市级文保单位	
	G-206	小河直街历史街区			杭州市小河直街	清	保存较好	市级文保单位	
	G-207	凤山关城门		城门	杭州市上城区凤山门	元	保存较好	市级文保单位	
	G-208	福德桥	运河工程设施	桥梁	杭州市中河之上嵇接骨桥北	南宋	改建恢复	市级文保单位	
	G-209	嵇接骨桥			杭州市省军区后勤部西侧	宋	修旧如旧	市级文保单位	
	G-210	六部桥			杭州市凤山桥北	南宋	修旧如旧	市级文保单位	
	G-211	老南星桥			杭州市凤山路南段	宋	修旧如旧	市级文保单位	
	G-212	海月桥			杭州市洋桥东北,临复兴街	明	修旧如旧	市级文保单位	
	G-213	化仙桥			杭州市中河之上,临复兴街	明	修旧如旧	市级文保单位	
	G-214	小诸桥			杭州市中河之上,美政桥东北	明	修旧如旧	市级文保单位	
	G-215	美政桥			杭州市中河之上,洋泮桥东北	宋	修旧如旧	市级文保单位	
	G-216	洋泮桥			杭州市中河之上,海月桥东北	宋	修旧如旧	市级文保单位	
	G-217	庆余桥			杭州市庆春路与中河交界处	宋	完全重建	非文保单位	
	G-218	仙林桥			杭州市中河之上,盐桥北,东接长庆桥	清	完全重建	非文保单位	
	G-219	丰乐桥			杭州市解放路中段	宋	完全重建	非文保单位	
	G-220	西斜桥			杭州市中河之上,贡院前	明	完全重建	非文保单位	
	G-221	西桥			杭州市中河之上,东接贡院	明	完全重建	非文保单位	
	G-222	望仙桥			杭州市中河之上,江干区内	宋	完全重建	非文保单位	
	G-223	通江桥			杭州市中河之上,福德桥北	宋	—	非文保单位	

续表

河段	编号	名称	类别	类型	地址	时代	现状	保护级别	备注
江南运河段（G）	G-224	上仓桥	运河工程设施	桥梁	杭州市上仓桥路	宋	—	非文保单位	
	G-225	凤山桥			杭州市中河之上，老南星桥北	清	完全重建	非文保单位	
	G-226	水澄桥			杭州市复兴街西南	宋	—	非文保单位	
	G-227	梁家桥			杭州市中河之上，化仙桥东北	宋	—	非文保单位	
	G-228	新宫桥			杭州市中河之上	南宋	完全重建	非文保单位	
	G-229	三圣桥			杭州市中河之上	南宋	完全重建	非文保单位	
	G-230	铁佛寺桥			杭州市中河之上	宋	完全重建	非文保单位	
	G-231	府桥			杭州市中河之上	清	完全重建	非文保单位	
	G-232	柴垛桥			杭州市中河之上	宋	完全重建	非文保单位	
	G-233	荐桥			杭州市中河之上	宋	完全重建	非文保单位	
	G-234	道明桥			杭州市中河之上	宋	完全重建	非文保单位	
	G-235	油局桥			杭州市中河之上	清	完全重建	非文保单位	
	G-236	盐桥			杭州市中河之上	北宋	完全重建	非文保单位	
	G-237	登云桥			杭州市中河之上	明	完全重建	非文保单位	
	G-238	平安桥			杭州市中河之上	明	完全重建	非文保单位	
	G-239	梅东高桥			杭州市中河之上	宋	完全重建	非文保单位	
	G-240	龙山闸		闸坝	杭州市之江中路	唐	—	非文保单位	
	G-241	浙江闸			杭州市之江中路	唐	—	非文保单位	
	G-242	圣塘闸			杭州市古村新河与西湖交界处	元	完全重建	非文保单位	
	G-243	钱塘门			杭州市圣塘闸附近	—	不存，遗址可考	非文保单位	
	G-244	临安城遗址	古迹建筑	古遗址	杭州市上城区	南宋	保存良好	国家级文保单位	
	G-245	胡庆余堂		建筑群	杭州市清河坊大井巷	清	保存良好	国家级文保单位	
	G-246	梵天寺经幢		宗教建筑	杭州市凤凰山脚	五代	保存良好	国家级文保单位	佛教
	G-247	天主教堂			杭州市中山北路415号	清	保存良好	市级文保单位	天主教
	G-248	湖州会馆		会馆建筑	杭州市上城区小营巷酱园弄12号	清	破坏严重	市级文保单位	
	G-249	六和塔		宗教建筑	杭州市西湖区钱塘江北岸	南宋	保存良好	国家级文保单位	佛教
	G-250	凤凰寺			杭州市中山中路227号	元	保存良好	国家级文保单位	
	G-251	清河坊历史街区		建筑群	杭州市清河坊街	南宋	保存良好	市级文保单位	

续表

河段	编号	名称	类别	类型	地址	时代	现状	保护级别	备注
江南运河段（G）	G-252	五柳巷	古迹建筑	建筑群	杭州市斗富三桥与西湖大道之间	清	—	非文保单位	
	G-253	万安桥	运河工程设施	桥梁	杭州市东河之上	明	修旧如旧	非文保单位	
	G-254	淳佑桥			杭州市东河之上	宋	完全重建	非文保单位	
	G-255	健民桥			杭州市清泰街	清	完全重建	非文保单位	
	G-256	安乐桥			杭州市东河之上	南宋	完全重建	非文保单位	
	G-257	斗富二桥			杭州市东河之上	宋	完全重建	非文保单位	
	G-258	斗富三桥			杭州市东河之上	宋	完全重建	非文保单位	
	G-259	章家桥			杭州市清泰街	清	—	非文保单位	
	G-260	菜市桥			杭州市庆春路西段	南宋	—	非文保单位	
	G-261	太平桥			杭州市体育场路与庆春路之间	清	—	非文保单位	
	G-262	新桥			杭州市体育场路与庆春路之间	宋	—	非文保单位	
	G-263	东河第一桥			杭州市东河之上	清	修旧如旧	非文保单位	
	G-264	宝善桥			杭州市体育场路东段	清	完全重建	非文保单位	
	G-265	凤起桥			杭州市东河之上	—	完全重建	非文保单位	
	G-266	艮山门		城门	杭州市艮山门	南宋	不存，遗址可考	非文保单位	
	G-267	东河滚水坝		闸坝	杭州市艮山门	—	完全重建	非文保单位	

附录B 京杭大运河沿线非物质水文化遗产资源一览表

分类	编号	名称	地点	保护级别
传统戏剧（A）	A-001	京剧	以北京为中心遍及全国	人类非物质文化遗产代表作
	A-002	昆曲	苏州、上海、宁波、浙江东部和福建北部等地区	人类非物质文化遗产代表作
	A-003	评剧	北京、天津、河北	国家非物质文化遗产
	A-004	梆子戏	陕西、甘肃、山西、河北、山东、河南	国家非物质文化遗产
	A-005	越剧	上海、浙江、江苏、安徽等地	国家非物质文化遗产
	A-006	扬剧	以扬州为核心，流行于泰州、南京、镇江、上海以及安徽部分地区	国家非物质文化遗产
	A-007	淮剧	江苏里运河沿线及里下河地区	国家非物质文化遗产
	A-008	苏剧	江苏南部、浙江北部地区	国家非物质文化遗产
	A-009	锡剧	无锡、常州、上海及浙江北部一带	国家非物质文化遗产
	A-010	柳子戏	以山东为核心，流行于河南、江苏北部、河北南部、安徽北部等地区	国家非物质文化遗产
	A-011	哈哈腔	流行于南运河流域，保有诸多运河文化的烙印	国家非物质文化遗产
	A-012	柳琴戏	主要分布在山东、江苏、安徽、河南四省交界地区	国家非物质文化遗产
	A-013	皮影戏	河北、北京、杭州	人类非物质文化遗产代表作
	A-014	木偶戏	扬州	国家非物质文化遗产
传统技艺（B）	B-001	宜兴紫砂陶制作技艺	无锡太湖流域、宜兴市	国家非物质文化遗产
	B-002	龙泉青瓷烧制技艺	浙江丽水市龙泉一带	人类非物质文化遗产代表作
	B-003	北京景泰蓝制作技艺	舶来技艺，由运河传入北京	国家非物质文化遗产
	B-004	苏州宋锦织造技艺	苏州	国家非物质文化遗产
	B-005	辑里丝手工制作技艺	湖州市南浔镇	
	B-006	临清贡砖烧制技艺	山东临清	国家非物质文化遗产
	B-007	苏州御窑金砖制作技艺	苏州	国家非物质文化遗产
	B-008	香山帮传统建筑营造技艺	起源于苏州太湖之滨，沿运河传至北京	人类非物质文化遗产代表作
	B-009	泊头铸造工艺	河北泊头市	
	B-010	张小泉剪刀锻制技艺	杭州	国家非物质文化遗产
	B-011	王麻子剪刀锻制技艺	北京	国家非物质文化遗产
	B-012	扬州漆器髹饰技艺	扬州	国家非物质文化遗产
	B-013	大厂花丝镶嵌制作技艺	由南京沿运河北上至北京	人类非物质文化遗产代表作
	B-014	雕版印刷技艺	北京、苏州、扬州、南京	人类非物质文化遗产代表作
	B-015	荣宝斋木版水印技艺	北京	国家非物质文化遗产
	B-016	湖笔制作技艺	扬州	国家非物质文化遗产
	B-017	姜思序堂国画颜料制作技艺	苏州	国家非物质文化遗产

续表

分类	编号	名称	地点	保护级别
传统技艺（B）	B-018	碧螺春及其制茶技艺	苏州太湖之滨	国家非物质文化遗产
	B-019	龙井茶制作技艺	杭州西湖龙井村	国家非物质文化遗产
	B-020	花茶制作技艺	始于南方，运河沿线广为传播	国家非物质文化遗产
	B-021	北京烤鸭制作技艺	北京	国家非物质文化遗产
	B-022	天津狗不理包子制作技艺	天津	国家非物质文化遗产
民间文学（C）	C-001	历史故事	大运河沿线地区	
	C-002	民间传说	大运河沿线地区	
	C-003	诗歌童谣	大运河沿线地区	
传统杂技、武术与曲艺（D）	D-001	吴桥杂技	沧州市吴桥县	国家非物质文化遗产
	D-002	聊城杂技	聊城	国家非物质文化遗产
	D-003	中幡	北京、天津、香河	国家非物质文化遗产
	D-004	沧州武术	沧州	国家非物质文化遗产
	D-005	临清潭腿	山东临清	
	D-006	临清肘捶拳	山东临清	国家非物质文化遗产
	D-007	抖空竹	北京	国家非物质文化遗产
	D-008	口技	大运河沿线地区	国家非物质文化遗产
	D-009	戏法	天津	国家非物质文化遗产
	D-010	扬州评话	扬州、江苏北部、南京、镇江、上海等地	国家非物质文化遗产
	D-011	扬州弹词	扬州、镇江、南京及苏北里下河地区	国家非物质文化遗产
	D-012	苏州评弹	苏州、上海	国家非物质文化遗产
	D-013	杭州评话	杭州及周边地区	国家非物质文化遗产
	D-014	北京评书	北京、天津、河北等地	国家非物质文化遗产
	D-015	山东大鼓	山东、河南、河北、江苏交接区域	国家非物质文化遗产
	D-016	京韵大鼓	北京、天津、河北等地	国家非物质文化遗产
	D-017	山东快书	北京、天津、山东、河北等地	国家非物质文化遗产
	D-018	相声	生在北京、长在天津	国家非物质文化遗产
	D-019	天津时调	天津	国家非物质文化遗产
传统工艺美术（E）	E-001	杨柳青木版年画	天津杨柳青	国家非物质文化遗产
	E-002	桃花坞木版年画	苏州桃花坞	国家非物质文化遗产
	E-003	扬州剪纸艺术	扬州	国家非物质文化遗产
	E-004	玉雕	扬州、苏州、北京	国家非物质文化遗产
	E-005	苏州核雕	苏州	国家非物质文化遗产
	E-006	东昌葫芦雕刻	聊城	国家非物质文化遗产
	E-007	天津泥人张	天津	国家非物质文化遗产
	E-008	惠山泥人	无锡	国家非物质文化遗产
	E-009	苏州泥塑	苏州	国家非物质文化遗产
	E-010	苏绣	江苏、上海、浙江	国家非物质文化遗产
	E-011	北京灯彩运河沿线灯彩匠人汇聚	北京	国家非物质文化遗产
	E-012	纸塑狮子头	邳州	国家非物质文化遗产

续表

分类	编号	名称	地点	保护级别
传统工艺美术(E)	E-013	常州梳篦	常州	国家非物质文化遗产
	E-014	扬派盆景技艺	扬派	国家非物质文化遗产
	E-015	苏派盆景技艺	苏派	国家非物质文化遗产
传统音乐与传统舞蹈(F)	F-001	古琴艺术	北京、浙江、苏州、扬州	人类非物质文化遗产代表作
	F-002	唢呐艺术	徐州、宿州、聊城等	国家非物质文化遗产
	F-003	琵琶艺术	无锡、浙江平湖、上海	国家非物质文化遗产
	F-004	锣鼓艺术	天津汉沽	国家非物质文化遗产
	F-005	十番音乐	浙江、江淮地区等	国家非物质文化遗产
	F-006	苏州玄妙观道教音乐	苏州	国家非物质文化遗产
	F-007	东平腊山祥龙观道教音乐	聊城	
	F-008	北京智化寺佛教音乐	北京	国家非物质文化遗产
	F-009	津门法鼓	天津	国家非物质文化遗产
	F-010	余杭滚灯	杭州	国家非物质文化遗产
	F-011	邳州跑竹马	邳州	国家非物质文化遗产
	F-012	京西太平鼓	北京永定河流域	国家非物质文化遗产
	F-013	狮子舞	大运河沿线地区	国家非物质文化遗产
民俗与歌谣(G)	G-001	妈祖信俗	大运河沿线地区	人类非物质文化遗产代表作
	G-002	天津皇会	天津	国家非物质文化遗产
	G-003	开漕节	通州	
	G-004	端午节	大运河沿线地区	人类非物质文化遗产代表作
	G-005	南运河船工号子	南运河沿线地区	
	G-006	武城运河船工号子	德州与临清之间的运河沿线	
	G-007	通州运河船工号子	北运河沿线地区	北京非物质文化遗产
	G-008	天津漕丁谣	天津运河岸边、码头等	
	G-009	北京童谣	北京及周边地区	国家非物质文化遗产
	G-010	南闸民歌	淮扬运河沿线地区	
京杭大运河沿线的地名遗产(H)	H-001	通惠河北运河流域地名	北京通州至天津	
	H-002	南运河卫河流域地名	天津至临清	
	H-003	会通河流域地名	临清至徐州	
	H-004	中运河流域地名	苏鲁交界处至淮安	
	H-005	里运河流域地名	淮安至扬州	
	H-006	江南运河流域地名	镇江至杭州	

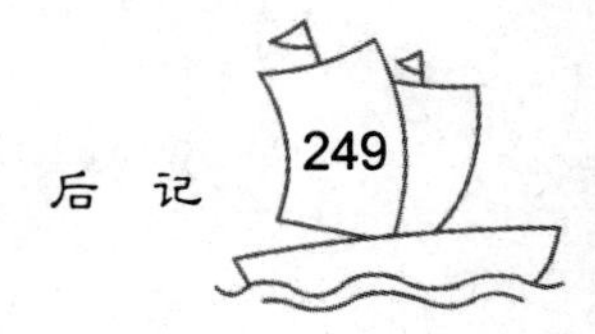

后 记

“花堤蔼蔼，北运滔滔，巍巍学府北洋高……”

是年，阔别母校五载，业已为人妻、为人母、为人师，时光如白驹过隙，惊韶华之虚度，恐学疏德浅无以撑未来，遂愈发惶惶不可终日。吾幸于癸巳年金秋，重入曹公门下，再续师徒之缘，以期登高远眺，更上层楼。四载光阴挥手间，虽不敢以勤勉自居，尚不至疏懒懈怠。卌余万字论文付梓之际，吾欣慰之余，以情叙文。

恩师曹先生乃儒雅学者之真典范，修业贞谨，谦恭厚德，博学笃行，利物不争，古之良师。先生事冗务繁，少有暇，稍有余，即为弟子答疑解惑。吾愚钝，初不具学之术，先生温言勉励，耐心蒙之，导吾以学问博，师吾以为人雅，渔鱼双授，益受终身。吾亦为人师，常以先生德行为镜自省，以期不负师之望。

师李公雄飞先生，待吾如女，亦师亦友。岁已古稀，常挂念吾之学业，虽困于眼疾之苦，仍为吾指点迷津，望吾能钻业习艺渐入佳境。每念及此，常怀滴水涌泉之心。更欲备述其他师长桃李之恩，然恩长笔短，片纸难陈，恐挂一漏万，诸位先生之恩，永记吾心。

吾已近不惑，未见光耀门楣以尽孝道，反累及耳顺双亲操神累心。每见双亲斑斑白发，任劳任怨，化日常琐事于无形，使吾超然物外而静心学业，吾深感愧疚。正所谓，象牙塔中修学业，高堂殷殷盼佳音。吾之幸，双亲尚康健；吾之本，报得三春晖；吾之愿，双亲福寿绵长。

与先生相识二十载，今朝步入锡婚之年，相濡以沫，知吾若己。先生深明大义，鼎力支持吾之学业，从无忧心埋怨，娇宠之情滋润吾心。教吾儿，孝吾亲，解吾忧。愿得一人心，白首不分离，夫之深情，此生莫失莫忘哉。

人常问吾，而立之年再入学堂，何为？吾答曰：“吾为母亦为师，小儿学龄，愿以身教之。以期吾儿尚学、尚雅，吾愿与其共成长。”小儿虽年幼，但性乖张，品行优，习尚佳，吾深感欣慰。

吾心悸动，思绪万千，不知所云，诚惶诚恐。各方恩情、亲情、友情滔滔，笔短语拙，敬谢难穷，唯有藏爱于心。愿诸位舒神舒身，顺水顺心。浮云一别后，流水十年间，欢笑情如旧，聚散两从容。

戊戌年 桂月
于卫津路 92 号 博士后公寓

后记